Uni-Taschenbücher 1753

UTB
FÜR WISSEN
SCHAFT

Eine Arbeitsgemeinschaft der Verlage

Wilhelm Fink Verlag München
Gustav Fischer Verlag Jena und Stuttgart
Francke Verlag Tübingen und Basel
Paul Haupt Verlag Bern · Stuttgart · Wien
Hüthig Verlagsgemeinschaft
Decker & Müller GmbH Heidelberg
Leske Verlag + Budrich GmbH Opladen
J. C. B. Mohr (Paul Siebeck) Tübingen
Quelle & Meyer Heidelberg · Wiesbaden
Ernst Reinhardt Verlag München und Basel
F. K. Schattauer Verlag Stuttgart · New York
Ferdinand Schöningh Verlag Paderborn · München · Wien · Zürich
Eugen Ulmer Verlag Stuttgart
Vandenhoeck & Ruprecht in Göttingen und Zürich

Winfried Freund (Hrsg.)

Deutsche Novellen

Von der Klassik bis zur Gegenwart

Wilhelm Fink Verlag · München

Die Deutsche Bibliothek - CIP-Einheitsaufnahme

Deutsche Novellen: von der Klassik bis zur Gegenwart /
Winfried Freund (Hrsg.). - München: Fink, 1993
(UTB für Wissenschaft: Uni-Taschenbücher; 1753)
ISBN 3-8252-1753-1 (UTB)
ISBN 3-7705-2864-6 (Fink)
NE: Freund, Winfried [Hrsg.]; UTB für Wissenschaft / Uni-Taschenbücher

Ohmstraße 5, 8000 München 40
ISBN 3-7705-2864-6

Printed in Germany
Herstellung: Ferdinand Schöningh GmbH, Paderborn
Einbandgestaltung: Alfred Krugmann, Freiberg am Neckar

UTB-Bestellnummer: ISBN 3-8252-1753-1

Inhalt

Winfried Freund

Einleitung
„... und ob es eine Tat war oder nur ein Ereignis,...“
Ein Versuch über die Novelle

Seiner frühen, 1859 erschienenen Novelle „Auf dem Staatshof“ schickt Storm eine allgemeine Bemerkung voraus, die programmatisch den Kern novellistischen Erzählens trifft:

> „Ich kann nur einzelnes sagen: nur was geschehen, nicht wie es geschehen ist; ich weiß nicht, wie es zu Ende ging und ob es eine Tat war oder nur ein Ereignis, wodurch das Ende herbeigeführt wurde.“[1]

Die Novelle ist mit dem Geschehen selbst befaßt, mit seinen Inhalten, mit Auswirkungen, deren Ursachen verborgen sind. Über die Art und Weise des Geschehens, seine mögliche Planung und Steuerung vermag der Novellist nichts auszusagen. Das Geschehen scheint auf den isolierten Einzelfall reduziert. Täter und Verursacher bleiben namenlos, im dunkeln liegen Anfang und Ende des Geschehens.

Beherrschend ist der anonyme Prozeß, von den Betroffenen erlitten, unparteiisch und objektiv wiedergegeben durch den novellistischen Berichterstatter. Menschliches Dasein sieht sich Kräften ausgeliefert, die jeder Kontrolle, jedem Eingreifen entzogen scheinen. Gründe für das, was geschieht, sind ebensowenig ausfindig zu machen wie Sinn und Ziel des Geschehenen. Die Novelle gestaltet Ereignisse, das, was dem einzelnen in des Wortes wahrster Bedeutung vor Augen steht bzw. gestellt wird, ohne es in seinen Antriebsgründen erkennen und verstehen zu können. In der Novelle wird dem Menschen die Welt unerklärlich und fremd.

Dem Fatum des Ereignisses ausgesetzt, scheint der einzelne ausweglos determiniert, ein Spielball undurchschaubarer Prozesse. Storms programmatischer Hinweis deckt sich sowohl mit Goethes berühmter, an Cervantes angelehnter Definition: „... denn was ist

---

[1] Theodor Storm: Sämtliche Werke Bd. 1. Hrsg. v. Peter Goldammer. 4. Aufl. Berlin und Weimar 1978. S. 586.

die Novelle anders als eine sich ereignete unerhörte Begebenheit“[2] als auch noch mit der Auffassung Robert Musils, daß der Dichter in einer Novelle nicht über sich berichte, sondern über „etwas, das über ihn hereinbricht, . . .“.[3]

„Unter einer Novelle verstehen wir die Darstellung einer Begebenheit oder eines Ereignisses von eindringlicher Bedeutung“, schreibt André Jolles in der Einleitung zu Boccaccios „Dekameron“. „Auf das Geschehene kommt es an.“[4]

Es ist der besondere, unverwechselbare Perspektivismus des novellistischen Erzählens, der in den zitierten Äußerungen zur Sprache kommt. Ähnlich Lautendes ließe sich ohne Mühe aus anderen Definitionsversuchen zusammentragen.[5] Nicht einzelne, mehr oder weniger vordergründige Merkmale bestimmen das Genre, wie man überhaupt wenig über eine Gattung sagt, wenn man ihre angeblichen Merkmale aufzählt. Rahmen, Dingsymbol, Falke, Silhouette, Wendepunkt u.a.m. entfalten ihre spezifisch novellistische Funktion erst in der skizzierten Perspektive. Aus der Sicht anderer literarischer Aussageweisen mögen die gleichen Merkmale wohl auch andere Funktionen übernehmen.

Entscheidend für die Erkenntnis novellistischen Erzählens ist die Dominanz prozeßhaften Geschehens, des Ereignisses, das den Menschen aus dem Mittelpunkt verdrängt. Hier genau liegt der Unterschied zum Roman und zu der weniger komplexen Erzählung, die beide mehr die Tat als das Ereignis, mehr die Entwicklung als die Verwicklung akzentuieren. „Der Roman geht aus von dem, was der Mensch ist“, schreibt vergleichend Johannes Klein in seiner Novellengeschichte, „die Novelle von dem, was am Menschen geschieht.“[6] Im Roman hat das Subjekt eine Chance, sei es als Abenteuerheld, als geprägte Einzelpersönlichkeit, als souveräner Individualist oder als Anachoret, der sein Selbst vor der Welt bewahrt.

---

[2] Johann Wolfgang Goethe: Gespräch mit Eckermann v. 29. 1. 1827. In: Goethes Werke Bd. VI hrsg. v. Erich Trunz. 5. Aufl. Hamburg 1963. S. 726.

[3] Robert Musil: Literarische Chronik (1914). In: R .M.: Tagebücher, Aphorismen, Essays und Reden. Hrsg. v. Adolf Frisé. Hamburg 1355. S. 684.

[4] André Jolles: Einleitung zur neuen deutschen Ausgabe des Dekamerons. Leipzig 1921. S. LXXVII.

[5] Vgl.: Theorie und Kritik der deutschen Novelle von Wieland bis Musil. Hrsg.v. Karl Konrad Pohlheim. Tübingen 1970. (= Deutsche Texte 13).
Benno von Wiese: Novelle. 8. Aufl. Stuttgart 1982. (= SM27).
Hellmuth Himmel: Geschichte der deutschen Novelle. Bern und München 1963.

[6] Johannes Klein: Geschichte der deutschen Novelle. Von Goethe bis zur Gegenwart. 2. Aufl. Wiesbaden 1954. S. 8.

Robinson Crusoe, Wilhelm Meister, Heinrich Schaumann in Raabes „Stopfkuchen“ oder Grimmelshausens Simplicissimus behaupten jeder auf seine Weise die menschliche Existenz im Strudel des Geschehens. „Der Roman“ ist für Georg Lukàcs „die Form des Abenteuers, des Eigenwertes der Innerlichkeit.“[7]

In der Novelle hat das Subjekt nur dann eine Chance, wenn es mitschwimmt im Strom, wer gegen den Strom zu schwimmen versucht, geht unweigerlich unter. Wenzel Strapinski treibt als brotloser spätromantischer Schwärmer in einer bürgerlichen Gesellschaft notwendig der Katastrophe zu, erst die ihm von weiblicher Seite verordnete Anpassung an die geltende Wirtschaftsorientierung bringt ihm Ansehen und Erfolg. Doch solches Überleben bildet in der Novellenliteratur eher die Ausnahme. Vorherrschend ist das Scheitern wie in Arnims Novelle „Die Majoratsherren“, in der diejenigen, die mit der höheren Welt in Verbindung stehen und von ihr nicht lassen können, am Ende von der unaufhaltsam voranschreitenden kapitalistischen Entwicklung verdrängt und aufgezehrt werden. Schillers Räuber Christian Wolf verfällt ebenso der Unerbittlichkeit geltender Normen wie Kleists Kohlhaas oder Abel Hradscheck in Fontanes „Unterm Birnbaum“. Die Novelle duldet keine Alleingänge. Darin liegt ihr häufig hervorgehobener gesellschaftlicher Charakter begründet. Wer sich außerhalb des kollektiv Gültigen stellt, den holt das Gesetz, das Schicksal oder sein persönliches Verhängnis ein und räumt ihn ohne viel Aufhebens aus dem Weg, zumindest aber erleidet er eine empfindliche Selbstbeschneidung.

Wie ein Alp lastet die Heimat in der „Judenbuche“ auf Friedrich Mergel und treibt ihn schließlich in die Selbstauslöschung. In Mörikes „Mozart auf der Reise nach Prag“ liegt im Genie selbst, in seiner sich verströmenden Schaffenskraft der Keim des Todes. Die Unbedingtheit des Ichs erscheint in der Novelle gleichermaßen als dämonische Obsession und soziales Verhängnis. Als seinen Unstern erlebt Hoffmanns Cardillac das eigene Selbst, das ihn in grausamer Konsequenz ins Verderben stürzt. Hoch zu Roß spukt Storms Deichgraf als Dämon heilloser Ichvergottung dort, wo er katastrophal gescheitert ist. Doch nicht länger wird der einzelne in erster Linie von der kollektiven Übermacht bzw. von seinem persönlichen Verhängnis gerichtet, vielmehr richtet er sich selbst. In dem Maße, wie

[7] Georg Lukàcs: Geschichtsphilosophische Bedingtheit und Bedeutung des Romans (1914/15). In: G. L.: Schriften zur Literatursoziologie. Ausgew. u. eingel. von Peter Ludz. 3. Aufl. Neuwied 1968. S. 105.

in ihm die Fähigkeit zu eigener Entscheidung reift, entwächst er dem novellistischen Fatum. Storms „Schimmelreiter“ steht auf der Schwelle zur Erzählung. Gelegentlich gelingt es wie in Gotthelfs „Schwarzer Spinne“, die dämonischen Kräfte hinter Schloß und Riegel zu verbannen. Auch hier scheint der Fatalismus des Unglücks zumindest vorübergehend bezwungen, allerdings um den Preis der Selbstverkürzung.

Insbesondere die romantische Novelle zeigt Übergänge zum Märchen. Der Fatalismus des Unglücks weicht dem Fatalismus des Glücks. Märchen und Novelle sind insofern verwandt, als sie den einzelnen im Einflußbereich überpersönlicher Mächte ansiedeln, die ihn glücklich bzw. unglücklich zu machen imstande sind. Aus dem Pechvogel Schlemihl wird nach dem Erwerb der Wunderstiefel fast noch ein Glückspilz, und das Wunder der Liebe macht aus dem umherschweifenden Taugenichts einen braven häuslichen Ehemann. Ähnlich märchenhaft wirkt der Schluß der Kellerschen Novelle, erfüllt sich doch auch hier der naive Märchenglaube, daß die guten glückstiftenden Mächte immer mit denen im Bunde sind, die der Kraft des Wünschens und Hoffens und der Ankunft der guten Fee zur rechten Zeit vertrauen. Der eigentliche Antrieb aber geht weder in der Novelle noch im Märchen vom einzelnen aus.

Dort, wo das Wünschen nicht mehr hilft und die guten Feen ausbleiben, triumphiert das böse Fatum. In Meyers Novelle „Das Amulett“ schützen kein Wunder und kein Medaillon länger vor den heillosen Kräften einer entfesselten Geschichte. Mit dem Ende der Kunstperiode dankt auch die romantische Märchennovelle mit ihren fließenden Übergängen von scheiternden Lebensläufen zu gelingendem Überleben als Medium der Selbstbewahrung ab.

An ihre Stelle treten in zunehmendem Maß die Erzählung und der Roman. In Grillparzers „Der arme Spielmann“ gelingt es der Titelfigur immer wieder, sich den drohenden Verwicklungen zu entziehen und ein souveränes poetisches Dasein zu führen. Während in Storms „Schimmelreiter“ der Übergang zur Erzählung zum Schluß nur angerissen wird, steht Grillparzers Werk von vornherein im Spannungsfeld zwischen objektivem Scheitern und subjektivem Gelingen und entwickelt sich in dem Maße zur Erzählung, wie der einzelne sich als unberührbar erweist durch kollektive Verführungen. In Stifters „Brigitta“ droht demgegenüber die Leidenschaft die Liebe, die Faszination der äußeren Schönheit den Frieden der inneren, der eigentlichen Schönheit zu überwältigen und zu zerstören, bis am Ende das sanfte Gesetz den Sieg davonträgt über Triebe und Affekte. Die Novelle mündet in die Erzählung.

Anders als in der Märchennovelle kommen dem einzelnen in der Erzählung keine glückstiftenden Mächte zu Hilfe. Allein sein sittlicher Wille entscheidet über den Ausgang. Der Vorrang, den der Erzähler Wilhelm Raabe dem Eigenwert der Innerlichkeit einräumt, mag dafür verantwortlich sein, daß die Novelle in seinem Gesamtwerk keine beachtenswerte Ausprägung erfahren hat. Bei Raabe erfüllt sich, was bei Storm, Stifter und Grillparzer erste Konturen gewinnt: die geistige Selbstbefreiung von determinierenden Zwängen. Insofern ist auch der Humor viel eher in der Erzählung und im Roman beheimatet als in der Novelle.

Der novellistische Fatalismus, sowie er sich im 19. Jahrhundert ausprägte, ist der literarische Reflex existentieller Verengung, Symptom einer subjektiven Krise, heraufbeschworen durch zunehmenden kollektiven Druck, durch die Entmachtung und Entmündigung des einzelnen. Weniger das blinde Schicksal, das Fatum waltete als der ganz konkrete Druck von oben nach unten. Die Macht der wenigen schuf die Ohnmacht der vielen, das von einer winzigen Elite ausgeübte Monopol der Tat verurteilte die Menge zum bloßen Erleiden. Die geltenden Herrschaftsverhältnisse verfremdeten Politik und Geschichte, indem sie sie der breiten Mitgestaltung entzogen, zum Ereignis. An die Stelle von Wielands heiter unterhaltsamen Gesellschaftsnovellen aus dem verspielten Geist des Rokoko traten im Zeitalter revolutionärer Erschütterungen Novellen, in denen unkontrollierbare Prozesse Gestalt gewannen, die den einzelnen mitfortzureißen drohten. Angesichts schwankender Ordnungsgefüge, in den Wechselbädern hektischer Geschichtsentwicklungen, wuchs das Bewußtsein der Undurchschaubarkeit und des Ausgeliefertseins.

Man reagierte mit den Wunschträumen und Utopien der Poesie, aber auch, und das im wachsenden Maße, mit unerhörten Falldarstellungen ausweglosen Scheiterns, mit dem Märchen ebenso wie mit der Novelle, mit dem Fatalismus des Glücks wie mit dem Fatalismus des Unglücks. Eine Relativierung der Märchenillusion und des novellistischen Fatums setzte im restaurativen und realistischen Erzählen ein, indem man neues Vertrauen zu schöpfen begann in die geistig und sittlich ordnenden Kräfte des einzelnen. Führte diese Entwicklung etwa bei Raabe konsequent zur Erzählung und zum Roman, so bewirkte sie in der iNovelle dieses Zeitraums eine stärkere Akzentuierung des menschlichen Anteils an den scheinbar ausweglosen Verwicklungen. Das novellistische Scheitern, so wie es die Droste, Storm, Meyer, Fontane u. a. darstellen, scheint prinzipiell abwendbar, sofern sich der Mensch selbst als der eigentliche Verursacher dessen, was geschieht, begreift.

Doch das neue Vertrauen in die Humanität, in die Kräfte der geistigen Selbstbefreiung von kollektiver Bedrückung vermochte die Existenz des Bedrückenden selbst nicht zu leugnen. Der Humor der Realisten umfaßte beides: das kollektiv Unausweichliche wie die individuelle Selbstbehauptung. Bereits bei Storm erweisen sich im „Carsten Curator", deterministischer Naturauffassung folgend, die Kräfte des Erbguts als übermächtig und machen alle sittlichen Anstrengungen zunichte. In Hauptmanns „Bahnwärter Thiel" setzt sich mit unheimlicher Konsequenz der zerstörerische Aspekt der Natur durch und in Thomas Manns „Tod in Venedig" gerät Gustav Aschenbach in den Sog des Sterbens, der alle Gegenwehr des Individuums sinnlos macht.

Spätestens mit Franz Kafka setzt eine Entwicklung ein, die von der Krise des Ich-Bewußtseins als auslösendes Moment der Verwicklungen ihren Ausgang nimmt. Gregor Samsa sieht sich in eine grotesk abstoßende Käfergestalt verwandelt, weil er persönlich zu schwach ist, sich als Individuum gegen die Unterdrückung und Ausplünderung durch seine berufliche und insbesondere familiäre Umwelt zu behaupten. Das deformierte Ich selbst trägt die Verantwortung für die zugelassenen Deformationen. Weniger radikal scheint die Position in Stefan Zweigs „Schachnovelle", in der in erster Linie der Unmenschlichkeit der Geschichte die Schuld an den Beschädigungen des einzelnen gegeben wird.

In der Gegenwart spielt die Novelle als ausdrücklich gewählte Aussageweise eine erstaunlich große Rolle. Autoren wie Grass und Walser bis hin zu Christoph Hein, Hartmut Lange und Bodo Kirchhoff haben sich der Gattung angenommen. In Mahlkes übergroßem Adamsapfel in „Katz und Maus" tritt leitmotivisch die Mißbildung des einzelnen hervor, Anlaß zum Spott wie zur persönlichen Kompensation. Die zeitgenössische Novelle zeigt das Ich in der Krise, leidend an den sozialen Blessuren, vor denen es sich schließlich in einem unzugänglichen Panzer abschottet und darin menschlich zusehends verkümmert (Hein: „Drachenblut"), sich narzißtisch verstrickt in ein juveniles Wunschbild, dem die Wirklichkeit des Alterns grausam widerspricht (Walser: „Ein fliehendes Pferd") oder im Ghetto des eigenen Ichs gefangen, unfähig ist, sich dem nur benutzten Du gegenüber zu öffnen (Kirchhoff: „Mexikanische Novelle“).

Anders als die Novelle im 19. Jahrhundert akzentuiert die zeitgenössische Novelle weniger die kollektiven Zwänge als die individuellen Obsessionen, anders als die realistischen Novellisten relativieren die Novellisten der Gegenwart die Kraft des einzelnen zur geistigen Selbstbehauptung wie seine Fähigkeit und Bereitschaft zur Selbsterkenntnis. Das deformierte Ich scheint alle Humanitätskonzepte Lügen zu strafen. Heillos in die eigenen Beschädigungen verstrickt, vermag der einzelne nur noch eine beschädigte Welt hervorzubringen. Die Novelle spiegelt den Teufelskreis moderner Existenz. Jede Tat wird zum Ereignis, in dem der Täter sein eigenes Tun erleidet, jeder Schritt zu neuer Entwicklung führt nur noch tiefer in die Verwicklung hinein und macht die Welt ein Stück fremder und unbewohnbarer. Das geschenkte Paradies hat sich in die selbstgeschaffene Hölle verwandelt.

Hartmut Lange versammelt in seiner Novelle „Das Konzert“ die Opfer des Faschismus und seine Täter, die selbst ihrerseits längst zu Opfern geworden sind, nach ihrem Tode, um nach einem Ausweg aus dem scheinbar unentrinnbaren Inferno Ausschau zu halten, das der entstellte und entstellende Mensch ohne Ende anrichtet. Rettung kann es nur geben, wenn der einzelne sein Leben sub specie aeternitatis betrachtet, wenn er vom Sterben her das Leben begreift, im Bewußtsein des für alle gleichermaßen unweigerlichen Endes einen neuen Anfang im Zeichen versöhnlicher Menschlichkeit macht. „... es hat doch keinen Zweck, jene Unterscheidung, die wir im Leben treffen, nämlich die zwischen Gut und Böse, im Tode beizubehalten“, läßt Lange eine seiner Figuren sagen. „Wir würden nur die Unvereinbarkeit aller Lebendigen bis in die Ewigkeit fortsetzen... Und wo bliebe die Chance, von dieser Fata Morgana endlich einmal erlöst zu sein?“[8]

[8] Hartmut Lange: Das Konzert. Novelle. (1986). Zürich 1988. S. 132 f.

Roswitha Jacobsen

Die Entscheidung zur Sittlichkeit
Friedrich Schiller: *Der Verbrecher aus verlorener Ehre* (1786)

Knapp vier Jahre nach dem spektakulären Erfolg der *Räuber*-Uraufführung in Mannheim, die den jungen Dichter über Nacht berühmt gemacht hat, verarbeitet Schiller erneut einen „Räuber"-Stoff, diesmal in Form einer Novelle, in einer von ihm ja bekanntlich nicht sehr geschätzten Prosagattung also. Der einjährige Vertrag mit dem Mannheimer Theater war nicht verlängert worden, und Schillers finanzielle Situation blieb trotz der Unterstützung durch die Leipziger und Dresdener Freunde unverändert prekär. Ein Zeitschriftenprojekt sollte die Lage verbessern. Er gibt 1785 die *Rheinische Thalia* heraus, die vom zweiten Heft an als *Thalia* erscheint und einen Versuch Schillers darstellt, sich als freier Schriftsteller auf dem Buchmarkt zu behaupten. Er ist entschlossen zu einer Vermittlung seiner künstlerischen Intentionen mit dem Publikumsgeschmack. Durchaus hoffnungsvoll rechnet er zunächst auf die Mitwirkung des Publikums an seinem Plan der „allgemeine(n) Volksbildung".[1] Eine Möglichkeit, das Publikum zu erreichen, sieht er in der Beschäftigung mit dem „unbegreiflichen Uhrwerk der Seele"[2], wofür er seit seinen medizinischen Studien auf der Karlsschule selbst wärmstes Interesse aufbringt. So sieht er für die *Thalia* eine Abteilung „Gemälde merkwürdiger Menschen und Handlungen" vor; zwischen 1792 und 95 gibt er vier Bände nach dem berühmten französischen Werk des Pitaval heraus.

Die Novelle erscheint zuerst anonym im 2. Heft der *Thalia* 1786 unter dem Titel *Der Verbrecher aus Infamie. Eine wahre Geschichte*. Die ohnehin sogleich enthüllte Anonymität[3] gibt Schiller sechs Jahre

---

[1] So in der Ankündigung der *Rheinischen Thalia*, 11. November 1784. In: Schillers Werke. Nationalausgabe (im folg. NA) 22. Bd. Hg. v. Herbert Meyer. Weimar 1958, S. 95.

[2] NA (Anm. 1), S. 95.

[3] Eine Voranzeige in der gleichfalls von Göschen hg. Archenholzschen Zeitschrift *Zur Litteratur und Völkerkunde* nennt Schiller als Verfasser des *Verbrechers*, wogegen sich dieser scharf verwahrt.

später auf, als er den gering veränderten und mit dem fortan gültigen Titel versehenen Text in eine Sammlung nicht selbständig veröffentlichter Prosatexte einrückt, die er „der Vergessenheit zu entziehen“ wünscht.[4] Der kommerzielle Aspekt erscheint dabei um so mehr maßgeblich, als sich der Autor angestrengt bemüht, seine Distanz zu den früheren Arbeiten zu markieren: In „Ton und Inhalt“ seien sie von der„gegenwärtigen Vorstellungsart“ verschieden, sie trügen „das jugendliche Gepräge ihrer ersten zufälligen Entstehung“, eine „strengere Feile“ wäre „bei den mehresten der hier abgedruckten Aufsätze . . . nicht überflüssig gewesen“. Das tatsächliche Niveau dieser Erzählungen unterschreitend, verspricht er „eine flüchtige, für ernsthafte Zwecke nicht ganz verlorene Unterhaltung“ – als könne er die Anforderungen an den Leser nicht gering genug ansetzen.

Schillers Reflexionen über Kunst und Lesergeschmack, gar über die „Fassungskraft des großen Haufens“, wie es in der Rezension der Bürgergedichte heißt[5], sein Bestreben, diese Kluft zu überwinden, ohne allzu große Abstriche am eigenen Dichtungsprogramm, schließlich die distanzierte Selbsteinschätzung der frühen Versuche haben der ausgesprochen stiefmütterlichen Behandlung des *Verbrechers* durch eine Literaturwissenschaft vorgearbeitet, der die Dichotomie von Kunst und Trivialliteratur Axiom war. Die Gestaltung des *Verbrecher*-Stoffes in vielgelesenen Romanen des 19. Jahrhunderts[6] hat auch nicht eben zur ästhetischen Rehabilitation der Schillerschen Novelle beigetragen. So wird sie in den meisten Literaturgeschichten des 19. und noch des 20. Jahrhunderts übergangen, allenfalls mit einem abschätzigen Urteil bedacht, wie durch Scherer, der meint, „ein Geringerer“ hätte den *Verbrecher* schreiben können.[7] Seit den sechziger Jahren unseres Jahrhunderts jedoch erlebt Schillers Novelle – zweifellos im Zusammenhang mit dem sozialrevolutionären Impetus jener Zeit – eine Renaissance, die bis

---

[4] Kleinere prosaische Schriften. Vorbericht. In: NA (Anm. 1), S. 102.

[5] NA (Anm. 1), S. 248.

[6] Wilhelm Friedrich Wüst: Der Sonnenwirthle oder Leben und Thaten des berüchtigten Räubers und Mörders Johann Friedrich Schwan von Ebersbach. Reutlingen 1854.
Hermann Kurz: Der Sonnenwirth. Schwäbische Volksgeschichte aus dem vorigen Jahrhundert. Frankfurt 1855.

[7] Wilhelm Scherer: Geschichte der Deutschen Litteratur. 10. Aufl. Berlin 1905, S. 585.

zur Gegenwart anhält und sich in einer beachtlichen Zahl von Interpretationen niederschlägt.[8]

Schillers Novelle geht stofflich auf einen authentischen Kriminalfall zurück, der sich nur 25 Jahre zuvor im Württembergischen ereignet hatte und so spektakulär war, daß die Erinnerung an ihn auch zu Schillers Zeit noch kaum verblaßt ist. Eine neuere Edition von Novellentext und kommentierten Zeitzeugnissen legt überzeugend dar, daß auch Schiller mit Sicherheit von diesem Fall Kenntnis hatte.[9] Die Frage nach seiner Quelle ist damit obsolet: Der von ihm hochverehrte Lehrer Jakob Friedrich Abel auf der Karlsschule war gewiß nicht seine erste oder gar einzige Quelle, wenngleich auch diesen die Biographie des Räubers Friedrich Schwan, genannt Sonnenwirtle, stark beschäftigte[10] und eine Verständigung mit Schiller darüber angenommen werden darf. Der Einfluß von Abels moralphilosophischen Auffassungen auf Schiller steht indes außer Zweifel.

Mitte des 18. Jahrhunderts war die Darstellung ‚merkwürdiger‘ Kriminalfälle zu einer beliebten und verbreiteten literarischen Gattung geworden. Den chronikalisch-annalistischen Prozeßbericht, wie ihn die sogenannten „Historischen Relationen“ boten, hatte eine modernere Form abgelöst, in der außer dem Prozeßverlauf auch die gesellschaftlichen Hintergründe der Tat und die psychologischen Motivationen des Täters zu erfassen gesucht wurden.[11] Die Sammlung der durchaus literarisch geformten Rechtsfälle Pitavals (1673 - 1743), die zwischen 1747 und 1768 neunbändig in deutscher Übersetzung vorlagen, übten eine enorme Wirkung aus. Sie waren nicht nur eine beliebte Stoffvorlage der Romanciers, son-

[8] Über die in den nachfolgenden Anmerkungen genannten hinaus sind erwähnenswert:
Gerhard Köpf: Friedrich Schiller. Der Verbrecher aus verlorener Ehre. Geschichtlichkeit, Erzählstrategie und „republikanische Freiheit“ des Lesers. München 1978.
H. H. Rautenberg, A. Hoppe, W. Dehn: Friedrich Schiller. Der Verbrecher aus verlorener Ehre. Einführung in rezeptionsästhetische Betrachtungsweisen. Text- und Arbeitsbuch. Frankfurt/M. 1982.

[9] Horst Brandstätter: Eine wahre Geschichte von Friedrich Schiller. Aufs Neue ans Licht geholt und mit Erkundungen zum Dichter- und Räuberleben der republikanischen Freiheit des lesenden Publikums anheimgestellt von H. B. Berlin 1984.

[10] Er beschrieb sie ebenfalls: Geschichte eines Räubers. Geschichte einer Räuberin. In: Sammlung und Erklärung merkwürdiger Erscheinungen aus dem menschlichen Leben von Jacob Friedrich Abel. 2. T. Stuttgart 1787, S. 1–104.

[11] Vgl. Edgar Marsch: Die Kriminalerzählung. Theorie-Geschichte-Analyse. München 1983, S. 117 ff.

dern wurden auch – einem Urteil von Kennern aus dem 19. Jahrhundert zufolge – praktisch von „Jedermann“ gelesen.[12]

Schiller macht sich die Beliebtheit der dokumentarischen Gattung zunutze; mit dem Titel seiner Novelle kündigt er die *wahre Geschichte* eines Verbrechers an. Die Art der Darbietung aber enttäuscht ganz offensichtlich den Erwartungshorizont der Leser, deren Irritation in den spärlich vorhandenen Reaktionen, zumeist dem summarischen Lob zwischen „merkwürdig“ und „vortrefflich“, zutage tritt.[13] Das Ausmaß des Mißverständnisses erhellt in einer Kritik, die bedauert, daß die Geschichte nicht bis ans Ende des Unglücklichen fortgeführt wurde.[14] Die innovative Leistung Schillers, der mit voller Absicht mit den herkömmlichen Mustern bricht, überforderte wohl die Zeitgenossen.

Schon der Titel verletzt eine Konvention: Zum üblichen ‚Personal‘ der Prozeßberichte gehören die „Verbrecher aus Ehrsucht“[15], wobei das schuldhafte Versagen eindeutig dem ‚Verbrecher‘ zugerechnet wird, der seinen übersteigerten Affekten folgt. Schiller kehrt die Sichtweise um: Jemand wird zum Verbrecher, weil er die Ehre *verlor*. Unklar bleibt dabei vorerst, wem die Schuld dafür angelastet wird, dem Verbrecher oder seinem gesellschaftlichen Umfeld. Entscheidend aber ist, daß bereits im Titel – wenn auch negativ – eine Auffassung vom Individuum etabliert wird, die seinen Anspruch auf ‚Ehre‘, das heißt auf Achtung und Anerkennung durch die Gesellschaft[16], prinzipiell einschließt, ja ihn sogar als wesentliche Voraussetzung von Soziabilität faßt. Insofern ist die Titelvariante von 1792 die stringentere: ‚Infamie‘ bedeutet justiziell verhängter Ehrverlust[17], während der Text ja nicht nur auf die juridischen Aspekte des Umgangs mit einem Verbrecher abhebt; zerstörerisch für die Menschenwürde Wolfs erweisen sich gerade die außerhalb der Rechtsmittel liegenden Reaktionen der Menschen.

Beim Blick auf Hauptfiguren der Sturm- und Drang-Literatur von Werther über den Hofmeister bis zu Karl Moor, die alle letzt-

---

12. Vgl. Marsch (Anm. 11), S. 122.
13. Vgl. Schiller und Goethe im Urtheile ihrer Zeitgenossen. . ., gesammelt und hg. v. J. W. Braun. 1. Abteilung: Schiller, 1. Bd. Leipzig 1882.
14 Vgl. Rautenberg (Anm. 8), S. 55 f.
15 So der Titel eines Dramas von Iffland.
16 Zedlers Universallexikon Bd. 8, 1734, Sp. 415 definiert Ehre als „Meynung andrer Leute, nach der sie einem Menschen einen Vorzug vor den andern beylegen.“
17 Vgl. Günther Kräupl: Verbrechen, Justiz und Strafe bei Schiller. In: Neue Justiz. 10/1986, S. 409.

lich an vorenthaltener Anerkennung zugrunde gehen, wird klar, daß es sich bei der Insistenz auf ‚Ehre' als Menschenrecht des einzelnen nicht um einen ephemeren Aspekt, dem Stoff entwachsend, handelt, sondern um ein Zentralthema vorrevolutionärer bürgerlicher Ideologie: die Anerkennung des Individuums als autonome Größe, ungeachtet seiner Zugehörigkeit zu einem Stand. Schiller entwickelt seine Novelle aus der Antinomie zwischen der Subjektwerdung des einzelnen, der Ansprüche selbstbewußt, besser: selbstgerecht einfordert und den normierenden Institutionen der Gesellschaft, die – wie unvollkommen sie im einzelnen immer sein mögen – die Einhaltung eines allgemeinen Gesetzes der Sittlichkeit als Voraussetzung jeglicher Zivilisation garantieren.[18]

Er braucht dazu ein leidenschaftliches Individuum, groß, ‚laut', ‚kolossalisch' im Irrtum (oder: im Laster) wie in der Einsicht (oder: der Tugend).

> „... außer dem sage ich, kann ich die Tugend selbst in keinem triumphierendern Glanze zeigen, als wenn ich sie in die Intrigen des Lasters verwickle und ihre Strahlen durch diesen Schatten erhebe, denn es findet sich nichts Interessanteres in der moralisch ästhetischen Natur, als wenn Tugend und Laster an einander sich reiben."[19]

In der Vorrede seiner Pitavalausgabe offenbart Schiller den Grund seines Interesses an ‚großen' Verbrechen. Die Analyse der starken Leidenschaften gewähre Einblick in die bewegenden Momente der Geschichte, in ihre Triebkräfte. Die Hypertrophie der Leidenschaften ist ein alter europäischer Topos, implizit schon bei Platon anzutreffen. Von Jaspers, Hegel zustimmend, wird er auf den Punkt gebracht: „Eine matte Natur bewirkt nie etwas Großes, sei es gut oder schlecht."[20] Auch Abel teilt wie Herder und Fichte die Meinung, es sei „nichts Großes in der Welt ohne Leidenschaften".[21]

Schiller erzählt die Geschichte des Sonnenwirts unter strenger Konzentration auf das für seine Intentionen Wesentliche. Das „bloß

---

[18] Vgl. Gerhard Neumann. Die Anfänge deutscher Novellistik. Schillers *Verbrecher aus verlorener Ehre* – Goethes *Unterhaltungen deutscher Ausgewanderten*. In: Unser Commercium. Goethes und Schillers Literaturpolitik. Hg. v. W. Barner u. a. Stuttgart 1984, S. 433–460.

[19] NA (Anm. 1), S. 118.

[20] Zitiert nach: Historisches Wörterbuch der Philosophie. Hg. v. Joachim Ritter. Basel/Stuttgart 1971. Bd. 1, Sp. 97.

[21] Hist. WB d. Philosophie (Anm. 20), Sp. 96.

Abscheuliche"(23,7)[22] übergehend, zeigt er die inneren Triebkräfte der Figur, die sie zunächst zum schlimmsten Gesetzesbrecher absteigen, dann aber zu moralischer Größe aufsteigen lassen. In der Umkehr kann man wohl das Gattungsmerkmal ,unerhörte Begebenheit' sehen, ohne Zweifel aber bildet die erst verweigerte, dann freiwillig vollzogene sittliche Entscheidung den „eigentlichen Mittelpunkt"[23] der Novelle. Dieser Mittelpunkt nun hat mit der „Lockspeise"[24] fürs Publikum, der Verbrecher-Vita, insofern zu tun, als sie ein geeignetes Medium darstellt, in dem sich die Idee der sittlichen Entscheidung entwickeln läßt. Schiller ist auch hier der ,sentimentalische' Dichter.

Die ,sentimentalische' Arbeitsweise vergegenständlicht sich nicht zuletzt in der auffälligen Grobstruktur der Novelle. Offenbar meinte der Autor, seinen Lesern den narrativen Teiltext nicht unvorbereitet zumuten zu dürfen. So schaltet er ihm eine dreiseitige Reflexion seiner Intentionen und der sich daraus ergebenden „Behandlung der Geschichte"(7,31) vor. Ihr Zweck ist zum einen die Legitimation seines innovativen ästhetischen Verfahrens, zum anderen die explizite Vorgabe aufklärerischer Wirkungsmomente der Geschichte – ungeachtet des apologetischen Appells an die „republikanische Freiheit des lesenden Publikums"(8,29 f.): Werbung um Verständnis und Nachsicht für den Gesetzesbrecher, für eine sinnvolle, dem Staat nützende (!) Strafe. Vorweggenommen wird schließlich der äußere Abschluß des Verbrecher-Lebens, die Hinrichtung. Sie nämlich spielt in der Reduktion der Geschichte auf die Stufen Abstieg – Umkehr – Läuterung und deren psychische Voraussetzungen keine Rolle. Allerdings klingt die dem Erzähltext immanente Kritik an einem Bereich zeitgenössischer Wirklichkeit damit auch schon im Reflexionsteil an, insofern der humanitäre Appell mit dem real ergangenen Urteil kontrastiert: „Unsre Gelindigkeit fruchtet ihm nichts mehr, denn er starb durch des Henkers Hand . . ."(9,33). Gerade der Umstand der faktischen Abgeschlossenheit des Rechtsfalls aber erlaubt seine vorurteilsfreie Begutachtung; sie „unterrichtet vielleicht die Menschheit und – es

---

22. Der Text wird zitiert nach NA, 16. Bd. Erzählungen, hg. v. Hans Heinrich Borchert. Weimar 1954, S. 7–29. Die Zitatnachweise betreffen Seite und Zeile.

23 Benno von Wiese: Friedrich Schiller: Der Verbrecher aus verlorener Ehre. In: ders.: Die deutsche Novelle von Goethe bis Kafka. Interpretationen. Düsseldorf 1960, S. 45 vermißt einen solchen „eigentlichen Mittelpunkt" der Novelle.

24 Brief an Körner, 12. Juni 1788. In: Dichter über ihre Dichtungen. Hg. v. B. Lecke. München 1969, S. 793.

ist möglich, auch die Gerechtigkeit"(9,35 f.), (d. h. hier: die Institution Justiz).

Es ist nicht zu leugnen, daß der Reflexionsteil scheinbar ausschließlich auf die unmittelbar zeitkritischen, aufklärerischen Intentionen der Erzählung orientiert.[25] Dennoch liegt darin nur eine, vielleicht sogar sekundäre Sinndimension der Novelle. Tatsächlich läßt sich diese Sinndimension auch im Narrationsteil durchweg auffinden. Ungünstige soziale und natürliche Voraussetzungen stehen am Anfang von Wolfs Unglück, sie bewirken die Unerfüllbarkeit seiner Wünsche. „Er wollte ertrotzen, was ihm verweigert war" (10,14), und er gerät immer tiefer hinab. Sein treibendes Motiv ist nicht etwa Rebellion gegen eine als unmenschlich empfundene Gesellschaft, die grundsätzlich in Frage gestellt wird (wie durch Karl Moor), sondern der Wunsch nach Integration in die Gemeinschaft, nach Anerkennung in seiner Umwelt, zunächst: nach Erwiderung seiner Zuneigung zur „armen" Johanne. Er wird Wilddieb, mehrfach rückfällig und hat mit Geldstrafe, Zuchthaus, schließlich Festungshaft zu büßen. „Die Richter sahen in das Buch der Gesetze, aber nicht *einer* in die Gemütsverfassung des Beklagten." (11,38 f.) Wolf ist nun bereit, eine niedere Tätigkeit (Schweinehirt) auszuüben, man gibt sie ihm nicht; „man flieht ihn" (11,25). Die Schuld der Gesellschaft an seinem je tieferen Fall, so legt die Erzählung nahe, besteht einerseits im Unverständnis, in der Intoleranz und Unbarmherzigkeit seiner näheren Umwelt und andererseits in der starren, ausschließlich an der Tat orientierten Rechtsprechung. Beides versperrt dem einmal Gestrauchelten die Chance zur Wiederaufnahme in die Gesellschaft. Er wird zum schlimmeren Verbrechen (Mord, Räuberleben) getrieben, weil ihm die Integration verweigert wird.

So offensichtlich der kritische Impuls, mit dem Schiller in den zeitgenössischen Diskurs um Rechtsfragen eingreift, auch ist, die Schuld an Wolfs Unglück wird keineswegs einseitig der Gesellschaft zugesprochen. Wohl werden die Motive Wolfs einsichtig, und er erscheint eher als Unglücklicher denn als Verbrecher, aber gerechtfertigt wird der Gesetzesbrecher keineswegs. Als „Beleidiger des

[25] Das ist wohl ein Grund für manche Interpreten, hauptsächlich oder ausschließlich dieses Moment zu sehen, wie Kräupl (Anm. 17); Klaus-Michael Bogdal: Geschichte in der Erzählung. Heinrich von Kleist: Michael Kohlhaas. Friedrich Schiller: Der Verbrecher aus verlorener Ehre. Stuttgart 1986, S. 6–19; Gert Sautermeister: Unverjährte Aufklärung. Schillers „Der Verbrecher aus verlorener Ehre". In: die horen. 30. Jg. Bd. 4/1985, S. 273–279.

Gesetzes" ist er ohne jeden Zweifel im Unrecht. Der Narrationsteil steigert diese Position noch insofern, als Wolf selbst das von ihm verletzte ‚Gesetz' völlig akzeptiert. Er erstrebt seine Integration in die Gesellschaft, er wird sich seiner Schuld bewußt, er liefert sich freiwillig den Justizorganen aus; mehr noch, er hat die gewöhnlichen (und durch Schiller kritisierten) Verhaltensnormen soweit internalisiert, daß er sich geradeso verhält wie seine Umwelt: Gegenüber der zur Dirne gewordenen und nun gleichfalls ausgestoßenen Johanne gibt er sich nicht etwa solidarisch, sondern es befriedigt ihn zutiefst, daß *ein* Wesen noch unter ihm steht, das er seinerseits verachten kann. Auf Kosten der einst begehrten Frau meint er, einen Rest ihm verbliebener Menschenwürde behaupten zu können. Vom Standpunkt eines hunmanistischen Ideals aus gesehen ist Wolf keineswegs besser als seine Umwelt. Er erkennt ihr Gesetz an, das er gleichwohl aus Not verletzt, und auch die Konsequenz, den Gesetzesbrecher zu ächten. Diese Konsequenz scheint als inhumane auf und unterliegt der Kritik Schillers. Wolf aber hat des Autors Sympathien nicht, weil er ungewollt zum Antipoden der Gesellschaft wird, sondern weil die Größe seiner inneren Kraft ihn schließlich zur Sittlichkeit gelangen läßt. Ohne diese Voraussetzung wäre der ‚Bösewicht' für den Moralisten Schiller uninteressant.

Um so weniger aber wird man seine Intention auf den an der Oberfläche der Erzählung durchweg greifbaren zeitkritischen Bezug reduzieren dürfen. Die Darbietung der Geschichte ist so organisiert, daß sie einem moralphilosophischen Axiom Schillerschen Denkens Raum gibt, das die zeitkritischen Aspekte überlagert und übrigens mit ihnen durch die „Integrationsproblematik"[26] zusammengebunden ist: die Vermittlung individueller Triebe, Neigungen („Begehrungskraft") mit Gesellschaft, das heißt mit Normen, die jene „Begehrungskraft" des Individuums notwendig beschränken. An zwei prominenten Stellen des Textes wird die Alternative zu einem Gesetzesbruch und der ihm folgenden rigiden Vergeltung offeriert: „die Aussöhnung des Gesetzes mit seinem Beleidiger" (9,26) postuliert der Erzähler im Reflexionsteil als anzustrebende Lösung des Konflikts; den innigen Wunsch, „den Staat zu versöhnen, den ich beleidigt habe" (25,1) spricht der Verbrecher aus, nachdem er das Laster bis zum Grund ausgekostet hat und seinen

[26] Winfried Freund: Die deutsche Kriminalnovelle von Schiller bis Hauptmann. Einzelanalysen unter sozialgeschichtlichen und didaktischen Aspekten. Paderborn-München-Wien-Zürich 1980, S. 17.

Irrtum einsieht: „Ich hasse das Laster und sehne mich feurig nach Rechtschaffenheit und Tugend." (25,3 f.) Zwischen diesen Polen, die gleichsam den äußeren Rahmen bilden, wird Wolfs Geschichte entfaltet.

Am Anfang folgt er blind seiner „Begehrungskraft", ungeachtet der Konsequenzen, die ein Ausleben der Affekte mit sich bringen könnte. Unreflektiert erstrebt er das Wohlbefinden seiner „thierischen Natur".[27] Er ist Objekt seiner Triebe, die ihn unvermeidlich in Konflikt mit dem ‚Gesetz' bringen müssen. Der Ehrverlust erst bringt ihn zum Bewußtsein seiner selbst als moralisches Wesen. Von nun an bestimmt er selbst seinen Weg, indem er Entscheidungen trifft. An den Wendepunkten seiner Vita begegnet jetzt im Text stets das Wort „Wahl". Noch lange aber trifft Wolf seine Entscheidungen nicht ‚frei'. Noch immer beherrscht von Affekten, ist er von der Erkenntnis seiner Schuld weit entfernt, er lastet sie dem Konfliktpartner Gesellschaft an und sieht sich als „Schlachtopfer der Gesetze" (12,34 f.). Sein Haß kehrt sich folglich gegen die Welt; hat er vorher aus Not und Leichtsinn gesündigt, so tut er es nun „aus freier Wahl zu meinem Vergnügen" (15,3). Er entscheidet sich ganz bewußt für das Böse, das Ungesetzliche. Nach der „schreckliche(n) Wahl", den gehaßten Nebenbuhler zu töten (16,1), macht sich erstmalig sein Gewissen bemerkbar, das ihm von da an keine Ruhe mehr läßt. Die „Gewissensangst" (17,23) stellt ihn wieder vor eine „schreckliche Wahl": der ständigen Todesfurcht oder des Selbstmords. Er durchlebt unendliche Qualen (17,34). Vor dem Abgrund der Räuberbehausung hätte es eines „beherzten Entschlusses" zur Flucht bedurft, doch er zögert, und dann ist „keine Wahl mehr" (21,21). Die scheinbare Erfüllung der ersehnten Anerkennung und Integration in eine menschliche Gemeinschaft, die Räuberbande, entpuppt sich als grobe Täuschung. Das Räuberleben schildert der Autor nicht als Raum der Freiheit gegenüber einer unakzeptablen Ordnung gesellschaftlichen Lebens – so die anfängliche Illusion Karl Moors in den *Räubern* –, sondern er entwirft es geradezu als Gegenbild zum Ideal eines nach sittlichen Grundsätzen aufgebauten Gemeinwesens: Die waltende Anarchie, das grenzenlose Ausleben egoistischer Bedürfnisse haben zerstörerische Wirkungen und machen Wolf das Leben „unerträglich" (23,27). Diese Erfahrung bewirkt den Umschwung: Der ihn noch immer bestimmende Haß richtet sich nun gegen ihn selber.

[27] NA, 20. Bd. Unter Mitwirkung von H. Koopmann hg. v. B. v. Wiese, S. 37–75.

„Auf dem höchsten Gipfel seiner Verschlimmerung war er dem Guten näher, als er vielleicht vor seinem ersten Fehltritt gewesen war“, denn er erkennt seine Schuld, will den „Staat versöhnen“, den er beleidigte. Gnadengesuche als neuerliche Integrationsversuche bleiben unbeantwortet, Wolf flieht wieder; noch ist er nicht bereit, Sühne für die erkannte Schuld zu leisten. Dazu bedarf es noch der wesentlichen Bedingung, menschenwürdig behandelt zu werden. Als das geschieht, liefert er sich „aus freier Wahl“ der Justiz aus.

Die Geschichte liest sich unter dieser Perspektive wie eine Illustration zu Kants *Kritik der praktischen Vernunft*, deren wesentlichen Ideen sich ganz offensichtlich schon der ‚vorkantische‘ Schiller auffällig angenähert hatte. Kant bestimmt das Gewissen als den Vermittler des allgemeinen Sittengesetzes. Als Korrektiv des Willens bringt es das Handeln in Übereinstimmung mit der „Form der allgemeinen Gesetzgebung“.[28]

Wolfs Selbstauslieferung bedeutet keineswegs ein Selbstopfer und ist auch nicht etwa Resignation vor der Übermacht der Justizorgane. Vielmehr ist der gesamte Weg der Erkenntnis Wolfs auf die endliche zweckfreie und bedingungslose Anerkennung des Sittengesetzes als Vernunftgebot ausgerichtet, die von ihm als Erlösung erlebt wird. Im Augenblick der Selbstidentifikation – „Ich bin der Sonnenwirt.“ – ist er nicht mehr das ohnmächtige Objekt der Umstände oder seiner Affekte, sondern er erhebt sich zum autonom handelnden Subjekt des Geschehens. In der freien Entscheidung zur Sittlichkeit vollzieht er seine Selbstverwirklichung als moralisches Wesen jetzt positiv und erlangt damit im Sinne Schillers „Vollkommenheit“.[29] Konsequenterweise endet hier die Novelle, eine Steigerung ist nicht mehr möglich.

Angesichts dieser im höchsten Maße idealistischen Apotheose des sich selbst erzeugenden moralischen Menschen wird klar, daß die von der Kunstfigur geleistete Anerkennung des allgemeinen Sittengesetzes völlig unabhängig von dessen historischen Realisierungen erfolgt und nicht als Apologie der spätabsolutistischen Gesellschaft zu verstehen ist. Die überhistorische ‚Wahrheit‘ besitzt Gültigkeit ungeachtet aller konkreten Unzulänglichkeiten einer Gesellschaft.

---

[28] Vgl. Hans Joachim Störig: Kleine Weltgeschichte der Philosophie. Frankfurt/M. 1987, S. 409 ff.

[29] Etwa in *Die Tugend in ihren Folgen betrachtet.* (1780). In: NA (Anm. 27), S. 30 ff.

So darf zusammenfassend festgestellt werden: Die zeitkritische und die moralphilosophische Dimension der Novelle überlagern einander in scheinbarer Paradoxie. Die erste zielt auf Reform der Rechtsprechung und auf humane Verhaltensnormen der Menschen; die zweite erklärt die Unterordnung des Individuums unter ein allgemeines Sittengesetz als generelles Erfordernis menschlicher Existenz. Im Prozeß der Erkenntnis dieser Wahrheit bringt sich der vernünftig handelnde Einzelne als Subjekt hervor. Der streng intentionale Bau der Novelle wird von dieser zweiten Sinndimension bestimmt. Damit ordnet sich der Text ein in den im Vorfeld der Französischen Revolution statthabenden Diskurs über die Autonomie des Subjekts[30], wobei die Verkürzung des Problems auf den Anspruch nach individueller Verwirklichung, wie ihn die Sturm- und Drang-Literatur emphatisch formuliert, zugunsten einer komplexeren Sicht aufgehoben wird.

[30] Vgl. Neumann (Anm. 18), S. 435 ff.

Klaus-Michael Bogdal

Erinnerungen an einen Empörer Heinrich von Kleist: *Michael Kohlhaas* (1810)

An Empörer aus dem Volk lassen sich die Leser in ganz Europa auch nach der Französischen Revolution immer wieder gerne erinnern. Eine zweite, nun literarische Karriere erleben u. a. Pugatschow, Stenka Rasin, Robin Hood, Cartouche, Michael Kohlhaas*. Letzterem fehlt die ‚Leichtigkeit des Seins', die seine europäischen Brüder so populär werden läßt. Ihr anarchisches Gebaren, ihr Spiel mit den Mächtigen, ihr ‚Witz' ist dem preußischen Roßkamm fremd. Sein Anliegen ist ihm tödlicher Ernst, von Kleist ins Grundsätzliche stilisiert. Für Ernst Bloch ist Kohlhaas daher kein Empörer von historischem Format, sondern ein „Paragraphenreiter" und „Querulant", „der rebellische Rechthaber seiner Zeit".[1]

Historisch gesehen, wird Bloch mit seiner Typisierung weder der literarischen Figur noch Kleist gerecht. Entstanden im Spannungsfeld zwischen napoleonischem Hegemonialstreben und preußischen Reformversuchen, greift Kleists Erzählung in historischem Gewand ein durch die egalitäre Tendenz der Französischen Revolution nicht gelöstes, sondern eher noch verschärftes Problem auf: die Wiederherstellung der durch Gewalt und Unrecht verletzten Integrität des einzelnen.

Die Erzählung beginnt mit einem im 16. Jahrhundert alltäglichen Gewaltakt. Der sächsische Junker Wenzel von Tronka versucht unter Vorspiegelung falscher Tatsachen dem Pferdehändler Michael Kohlhaas Abgaben abzupressen und hält zwei Pferde zurück. Den später auf Entschädigung pochenden Händler beleidigt und demütigt er und mißhandelt dessen treuen Knecht Herse. Kohlhaas, ein „rechtschaffener" Bürger und fürsorglicher ‚Hausvater', betreibt seine Rechtssache zunächst mit einer Gelassenheit, die kaum etwas von seiner späteren *Rechtsleidenschaft* erahnen läßt. Ihn leitet „ein richtiges, mit der gebrechlichen Einrichtung der Welt

---

* Zitiert wird nach: Heinrich v. Kleist: Michael Kohlhaas In: H. v. K.: Sämtliche Werke und Anekdoten. 2. erw. Aufl. 1978. (Seitenzahlen in Klammern)

[1] Ernst Bloch: Naturrecht und menschliche Würde, zit. n. Bogdal, 1981/91, S. 107.

schon bekanntes Gefühl" (15f.), das sich jedoch nicht mit einer ‚gebrochenen' Identität der eigenen Person abfinden kann und wird: „Lieber ein Hund sein, wenn ich von Füßen getreten werden soll, als ein Mensch!" (27) Die Empörung beginnt, als sich die Wiederherstellung seiner verletzten Menschenwürde und Ehre auf dem Rechtsweg nicht erreichen läßt. Es geht ihm nicht allein um die Bestrafung der Schuldigen und ihrer Hintermänner, sondern um *Genugtuung* in einem umfassenden Sinn. Genau deshalb kann Kohlhaas die geheimnisvolle Kapsel als Hilfsmittel zur Bestrafung der sächsischen Adelsclique und zur eigenen Rettung nicht ernsthaft in Erwägung ziehen und wird zum tragischen Schluß wie selbstverständlich seiner Hinrichtung zustimmen. Kohlhaas greift durch *Selbsthilfe* ein korruptes Staatswesen an, das die Menschenrechte aus niedrigen Motiven und innerer Schwäche mit Füßen tritt. Diesem Staat setzt er die Souveränität des Individuums entgegen, das sich, wie alle Kleistschen Figuren, auf sein innerstes Gefühl verläßt. Die Empörung bricht jedoch, wie die Hinrichtungsszene in Berlin zeigt, widerspruchslos vor der unpersönlichen Macht einer allgemeinen (modernen) Rechtsordnung zusammen. Kleist bläst nicht den Staub von den Akten und Chroniken über den historischen Hans Kohlhase, um eine ‚merkwürdige' Geschichte aus der Luther-Zeit zu erzählen. Er schreibt im Sinne von August Wilhelm Schlegels *Vorlesungen über die schöne Literatur und Kunst* (1803/04) „moderne Poesie", die den verborgenen Ursachen eines außergewöhnlichen Geschehens nachspürt, die noch in die Gegenwart hineinwirken.

In der Konstellation der Kurfürsten von Sachsen und Brandenburg ist unschwer die historische Situation wiederzuerkehnen, in der Kleist schreibt.[2] Die Analogien zum *Katechismus der Deutschen* (1809), die Idealisierung des Brandenburgers und die Funktion des Kaisers lassen im Erscheinungsjahr 1810 eine aktualisierende Lesart durchaus zu. Aber Kleist spricht, indem er als Höhepunkt der Erzählung eine Begegnung zwischen dem Empörer Kohlhaas und dem Reformator Luther wählt, tiefere Probleme an. Im Disput in Luthers Studierstube (44 ff.) geht es um nichts weniger als die innere und äußere Legitimation öffentlichen Handelns in ‚unsicherer Zeit'. Orientierungslos und verunsichert sind auch die meisten deutschen Länder und ihre Bewohner nach der Auflösung des Deutschen Reichs im Jahre 1806. Vor diesem Hintergrund wird

[2] Vgl. Wolf Kittler: Die Geburt des Partisanen aus dem Geist der Poesie. Heinrich von Kleist und die Strategie der Befreiungskriege. Freiburg 1987.

klarer, weshalb das Thema der ‚Zerbrechlichkeit' der Ordnung und die Sehnsucht nach innerer und äußerer Sicherheit leitmotivisch die Erzählung durchziehen.

Aus philologischer Sicht müssen alle Äußerungen über das Verhältnis von historischer Vorlage und Aktualisierung Spekulation bleiben. Zwar ist inzwischen die Fehde des historischen Hans Kohlhase mit dem Junker von Zaschwitz in den Jahren 1532–1540 quellenmäßig mehrfach erschlossen worden.[3] Welche Quellen Kleist gekannt und benutzt hat, ist weiterhin genauso unsicher wie seine Kenntnis des Lutherbriefs an Kohlhase. Wir dürfen jedoch annehmen, daß Kleist die *Maerckische Chronik* von Peter Hafftitz (1731) bekannt war. Auf sie könnte sich der Untertitel *Aus einer alten Chronik* beziehen.

Zur Entstehung, Konzeption und zu möglichen aktuellen Bezügen der Erzählung sind uns keine Äußerungen Kleists überliefert, so daß der genaue Zeitpunkt der Niederschrift nur mühsam zu rekonstruieren ist.[4] Im Juni 1808 veröffentlicht Kleist im 6. Heft seiner Zeitschrift *Phoebus* einen ersten Teil, dessen angekündigte Fortsetzung nicht mehr zustande kommt. 1810 erscheint die vollständige Fassung im ersten Band der *Erzählungen* in Berlin.

Die Geschichte des Michael Kohlhaas wird aus der Perspektive eines *Chronisten* erzählt, dessen altertümlicher Berichtstil nachgeahmt wird. Mit der Wahl eines beobachtenden und kommentierenden Chronisten entzieht sich Kleist dem von Herder über Schiller bis zu den Romantikern formulierten Anspruch auf eine systematische Geschichtsdeutung in der Dichtung. Dem schwerfälligen, vor der ‚Entsetzlichkeit' des Michael Kohlhaas zurückschreckenden Erzähler bleiben die tieferen Ursachen der Ereignisse verborgen. Das *Verstehen* wird durch das Entsetzen und die Bewunderung über Ereignisse ersetzt, die eintreten, wenn jemand aus der Bahn bürgerlichen Lebens geworfen wird. Je mehr sich der Chronist im Laufe seines Berichts von der Rechtsleidenschaft des Protagonisten distanziert, um so deutlicher wird, daß es nicht um eine der vielen Rebellionen aus der Epoche der Reformation und der Bauernkriege geht, sondern um das Thema legitimer Gewalt und das Recht auf Selbstbestimmung des einzelnen.

Die Erzählung wird, dem Chronikstil entsprechend, nach einer kurzen Stoffanzeige *monolinear* entwickelt. Nur die Episode mit der

[3] Zuletzt zusammenfassend durch Dießelhorst, 1988/89.
[4] Vgl. Bogdal, 1981/91, S. 11.

Zigeunerin auf dem Marktplatz in Jüterbock wird durch zwei *Rückblenden* aus der Perspektive des Kurfürsten von Sachsen und von Kohlhaas eingefügt. Der Gesamtaufbau erinnert, was schon von Kleists Zeitgenossen bemerkt worden ist, an die klassische fünfaktige Tragödie. Im ersten Teil brechen Gewalt und Willkür von außen in das geregelte Alltagsleben des Helden ein. Doch nicht allein der Grundkonflikt um Recht und Gerechtigkeit, Gewalt und Macht, um Willkür und Selbstbestimmung wird hier entfaltet. Die Erzählung legt - und dies wird die Entwicklung der Gattung *Novelle* im 19. Jahrhundert nachhaltig prägen[5] - bisher verborgene Persönlichkeitsschichten der ‚gewöhnlichen' Figuren wie Kohlhaas, Elisabeth und Herse offen und setzt (wie bei der Marquise von O., der weiblichen Heldin einer anderen berühmten Erzählung Kleists) ungeahnte Kräfte frei. Diese Entdeckung gibt dem lesenden Bürger des 19. Jahrhunderts das Selbstvertrauen, daß - trotz der Wechselfälle des Glücks - die Geschichte nicht immer wieder spurlos über ihn hinweggeht, sondern daß er zumindest in der Literatur in Erinnerung bleibt. In der Gestalt des *Kohlhaas* finden wir also den ‚Bürger als Helden'[6], der unfreiwillig in den Strudel der Geschichte gerät. Ihn zeichnet ein Rechtgefühl aus, d. h. eine kaum reflektierte, unbewußte Sicherheit des Urteils und des Handelns im Blick auf die Identität und Integrität des einzelnen. Dieses ‚Gefühl' verhindert auch in extremen Konfliktsituationen den Verlust des Selbstwertgefühls. Es drängt ihn im Gegenteil in einen leidenschaftlichen Kampf um sein Recht. Bei aller Gewaltätigkeit bleibt er stets ein guter ‚Hausvater', dessen soziale Verantwortung für Familie und Untergebene niemals erlischt.

Der *Kurfürst von Brandenburg* verkörpert diese Eigenschaften auf geläuterte und idealisierte Weise. Anders als der Privatmann Kohlhaas muß er sich auf ein allgemeines, rational begründbares Rechtsbewußtsein stützen, das die Rechtsleidenschaft durch eine strenge Rechtspflege ersetzt hat.[7]

Beider Gegenspieler ist, mit einer Verschiebung innerhalb des Erzählgeschehens, der *Kurfürst von Sachsen*. Er repräsentiert ein höfisches Leben absolutistischen Zuschnitts, das in seiner von Kleist ironisch geschilderten Dekadenzphase nur noch am Lustprinzip

[5] Vgl. die Einleitung von W. Freund zu diesem Bd.
[6] Vgl. H. Schlaffer: Der Bürger als Held, Frankfurt a. M. 1973.
[7] Historischer Hintergrund ist hier die langwierige Diskussion um das ‚Allgemeine Landrecht für die preußischen Staaten'.

orientiert und auf partikuläre Interessen einer parasitären Schicht ausgerichtet ist. Die Nebenhandlung um die Kapsel der Zigeunerin legt offen, daß seine Identität einzig von seinem sozialen Status und nicht von individuellen Tugenden oder staatsmännischen Fähigkeiten abhängt.

Den beiden Fürsten werden jeweils auf differenzierte Weise sächsische und brandenburgische Hofleute und Adlige zugeordnet, die entweder auf eine rationale und gerechte Lösung des Konflikts hinwirken oder durch Intrigen ihre persönlichen Interessen durchzusetzen versuchen. Luther, die prägende Gestalt dieser Epoche, nimmt eine zentrale Rolle in der Erzählung ein. Kleist entmystifiziert jedoch das historische Bild des aufrührerischen Reformators. Empörer ist der Pferdehändler Kohlhaas, der in der Kernszene der Erzählung auf einen um seinen Nachlaß besorgten Gelehrten trifft, der das individuelle, für Kohlhaas nicht hintergehbare ‚Rechtgefühl‘ theologisch als Herausforderung Gottes deutet. Luther übernimmt, wie der Chronist zufrieden konstatiert, „das Geschäft“, „durch die Kraft beschwichtigender Worte, von dem Ansehn, das ihm seine Stellung in der Welt gab, unterstützt“, Kohlhaas „in den Damm der menschlichen Ordnung zurückzudrücken“ (42). Er vermittelt unter den Leitbegriffen der Ordnung und der „öffentlichen Meinung“ (41) zwischen dem Empörer und der Staatsmacht, um die gewaltsamen Konflikte dem Blick einer mit Kohlhaas sympathisierenden Öffentlichkeit zu entziehen. Kohlhaas streitet er mit dem Hinweis auf die göttliche Vorsehung jegliches Recht auf Selbstrache ab. Dessen Vorstellung, aus der menschlichen Ordnung „verstoßen“ und damit zu einem ‚Rechtlosen‘ geworden zu sein, weist er als Selbsttäuschung eines Beleidigten und Gedemütigten zurück. Dem Kurfürsten von Sachsen gegenüber tritt er in einem Schreiben als diplomatischer Ratgeber von Rang auf und fordert im Blick auf die Erfolge des rebellischen Pferdehändlers die zur Herstellung des Sozialfriedens notwendige Bestrafung Wenzel von Tronkas und Schadensersatz für Kohlhaas. Kohlhaas argumentiert Luther gegenüber aus naturrechtlicher Sicht. Leidenschaftlich fordert er ein, was Hobbes als *natürliches Recht* bezeichnet hatte, die

> „Freiheit eines jeden, seine eigene Macht nach seinem Willen zur Erhaltung seiner eigenen Natur, das heißt seines eigenen Lebens einzusetzen und folglich alles zu tun, was er nach eigenem Urteil und eigener Vernunft als das zu seinem Zweck geeignetste Mittel ansieht.“[8]

[8] Thomas Hobbes: Der Staat als Instrument eines aufgeklärten Egoismus, in: Klassische Texte der Staatsphilosophie, hg. v. N. Horster, München 1976, S. 120.

Er orientiert sich an naturrechtlicher Ethik:

> „Verstoßen", antwortete Kohlhaas, indem er die Hand zusammendrückte, „nenne ich den, dem der Schutz der Gesetze versagt ist! Denn dieses Schutzes, zum Gedeihen meines friedlichen Gewerbes, bedarf ich; ja, er ist es, dessenhalb ich mich, mit dem Kreis dessen, was ich erworben, in diese Gemeinschaft flüchte; und wer mir ihn versagt, der stößt mich zu den Wilden der Einöde hinaus; er gibt mir, wie wollt ihr das leugnen, die Keule, die mich selbst schützt, in die Hand." (45)

Nur dieses ‚letzte Recht' scheint Kohlhaas ein menschenwürdiges Leben als freier Bürger zu garantieren und seine Integrität auch dann zu schützen, wenn die Rechtsinstitutionen versagen. Es ist ein Recht auf Widerstand, wenn die Staatsgewalt selbst zur Ursache des Unrechts und des sozialen Unfriedens wird. Deshalb muß ihm Luthers theologische Argumentation, die die entscheidende naturrechtliche Prämisse, das autonome, mit einem natürlichen Recht auf Selbsterhaltung ausgestattete Individuum, nicht teilt, fremd bleiben.[9]

Obwohl es für Kohlhaas wichtig ist, seine Ehre nicht nur vor den Menschen, sondern auch vor Gott wiederherzustellen [vor seiner Hinrichtung empfängt er von einem Abgesandten Luthers zu seiner „Genugtuung" „die Wohltat der heiligen Kommunion" (100)], bleibt der entscheidende Bezugspunkt seines Fühlens und Handelns die Gewißheit der eigenen unzerstörbaren menschlichen Würde. Deshalb kann er auch nicht die Hilfe aus dem Reich des ‚Wunderbaren', die ihm in der Nebenhandlung um Zigeunerin und Amulett zuteil wird, annehmen. Dennoch wird das Amulett, das einen Zettel birgt, auf den die geheimnisvolle Zigeunerin „den Namen des letzten Regenten" des sächsischen Kurfürstenhauses, „die Jahreszahl, da er sein Reich verlieren, und den Namen dessen, der es durch die Gewalt der Waffen, an sich reißen wird" (92), schreibt, zu einem wichtigen Machtmittel. Kohlhaas setzt es jedoch nicht zu seiner Rettung ein, sondern um den in letzter Konsequenz für seinen ‚Fall' Verantwortlichen, den die Machtverhältnisse der Zeit juristisch unantastbar machen, wenigstens zu demütigen. Der Kurfürst von Sachsen, der sich abergläubig zwei Hofastrologen hält, muß, in Umkehrung der Herrschaftsverhältnisse, unerkannt dem Delinquenten Kohlhaas nach Berlin folgen, um die Prophezeiungen der Zigeunerin in Erfahrung zu bringen. Durch eine zweite, ‚wunderbare' Erscheinung informiert die Zigeunerin nun als Wie-

[9] Zur Interpretation der Rechtsproblematik siehe Bogdal, 1981/91 u. Bohnert, 1988/89.

dergängerin seiner verstorbenen Gattin Elisabeth Kohlhaas über die Anwesenheit des Kurfürsten von Sachsen bei der Hinrichtung. Indem Kohlhaas sich in aller Öffentlichkeit und doch nur für seinen „Feind" verständlich das begehrte Wissen über das Schicksal des sächsischen Fürstenhauses aneignet und dann, „das Auge unverwandt auf den Mann mit blauen und weißen Federbüschen gerichtet" (103), mit in den Tod nimmt, demonstriert er noch einmal seine Autonomie. Dieser heroischen Demonstration gegenüber ist der Kurfürst im Wortsinn „ohnmächtig".

Die Schlußkonstellation erscheint trotz des pathetischen Auftritts von Kohlhaas auf den ersten Blick Ernst Blochs eingangs zitierte Kritik zu bestätigen: der Empörer wird, nachdem ihm „Genugtuung" (102) widerfährt und „Recht geschieht" (101), vom Scharfrichter mit dem Beil hingerichtet und sein Gegenspieler sinkt gedemütigt und gebrochen „in Krämpfen nieder" (103), während die *Objekte* des Rechtsstreits, die „von Wohlsein glänzenden, die Erde mit ihren Hufen stampfenden Rappen" (101), unversehrt nach dem letzten Willen des Verurteilten als Geschenk an seine Söhne Leopold und Heinrich fallen. Bloch sieht denn hier auch einen Rechtsfanatismus am Werk, der über Menschen hinweggeht, Unerbittlichkeit mit Gerechtigkeit und formale Strenge mit Rechtsbewußtsein verwechselt.[10] Wir dürfen jedoch nicht übersehen, daß die Pferde eine *symbolische* Ebene der Erzählung konstituieren, die über ihren Objektstatus hinausweist. Für Kohlhaas sind sie eben nicht ein beliebiges, in einen Geldwert konvertierbares Handelsgut, sondern Teil seiner Existenz. Unrechtmäßige Aneignung und Mißbrauch der Pferde erlebt er als Mißachtung seiner Person, d. h. seiner Selbständigkeit und Selbstbestimmung: „Kohlhaas, dem es nicht um die Pferde zu tun war – er hätte gleichen Schmerz empfunden, wenn es ein paar Hunde gegolten hätte" (24). Nach dem ‚Sündenfall' auf dem Anwesen der Tronkas spiegelt der jeweilige Zustand der Pferde nicht allein den jeweiligen Rechtszustand, sondern mehr noch den Grad der Wiederherstellung von Kohlhaas' Integrität und Souveränität als Bürger wieder. Selbstjustiz und Rachefeldzüge haben ja nicht primär die Wiedererlangung der Pferde und Schadensersatz zum Ziel, sondern wollen in erster Linie über den Weg der Fehde die *Anerkennung als Rechtssubjekt* erzwingen. Im „Kohlhaasischen Mandat" betont er, daß er „in einem gerechten Krieg liege" (34), Luther erwidert er: „Kohlhaas will der Welt

[10] Siehe Anm. (1).

zeigen, daß sie (die Gattin – KMB) in keinem ungerechten Handel umgekommen ist." (47) Für die Tronka-Sippe werden die Pferde zu einem Fluch, der sie bis zum Ende der Geschichte verfolgt. Insbesondere die Vorführung auf dem Marktplatz von Dresden vor einem „von Augenblick zu Augenblick sich vergrößernden Haufen von Menschen" (58) setzt eine Serie von Demütigungen in Gang. Die Menge kann angesichts des Zustands der vom Abdecker herbeigeführten Pferde Kohlhaas' Kränkung nachvollziehen und nutzt ihrerseits die Situation, um dem Adel gegenüber ganz handfest bürgerliches Selbstbewußtsein zu demonstrieren. Nach diesem Tumult verschwinden die Pferde aus der Erzählung, um erst in der Schlußszene als symbolisches Vorzeigeobjekt einer auf allen Ebenen wiederhergestellten Rechts- und Sozialordnung zu erscheinen, deren Garant, der Kurfürst von Brandenburg, ihnen nicht zufällig zu Pferde gegenübertritt.

Die Hinrichtungsszene ist von verwirrender Ambivalenz, denn Anerkennung als Rechtssubjekt und Bestrafung des Empörers fallen zusammen. Das Strafritual wird von Kleist zu einem feierlichen Staatsakt aufgewertet, der den höchsten Repräsentanten der Staatsgewalt, den Kurfürsten von Brandenburg, in den Mittelpunkt des Geschehens stellt. Jedes Glied der brandenburgischen (preußischen) Gesellschaft befindet sich in diesem Szenarium an seinem angestammten Platz: Fürst, Anwälte, Gefolge, Soldaten, Volk, die Pferde und der Delinquent Kohlhaas, der sich „ganz überwältigt von Gefühlen, mit kreuzweis auf die Brust gelegten Händen, vor dem Kurfürsten" (102) niederkniet. Der Bestrafung stimmt er selbstbewußt zu, weil er nicht zugleich Recht verlangen und sich ihm entziehen kann. Die von „der Stadt" (100) erwartete Begnadigung wird nicht ausgesprochen, da sie gewissermaßen ein willkürliches, persönliches Eingreifen in eine dezidiert funktionalisierte Ordnung darstellen würde, bei der die konkreten Menschen hinter ihrer Repräsentationsfunktion im System (Abgesandte des Kaisers und des Dresdener Gerichts, Delinquent, höchster Repräsentant, Öffentlichkeit usw.) verschwinden.

So zeigt sich am Ende, daß der Empörer im Grunde immer ein Vertreter der Ordnung und seine Rebellion nur Sehnsucht nach ihr war. Gewalttätigkeit und ‚Entsetzlichkeit' seines Aufbegehrens korrespondieren der Gewalt und Unerbittlichkeit des Rechtssystems.

Die Erzählung dringt hier bis zum Grundkonflikt neuzeitlicher bürgerlicher Ordnung vor, die ihr Rechtssystem letztlich nur durch die Möglichkeit seiner gewaltsamen Durchsetzung garantiert sieht.

Die idealisierte Figur des Kurfürsten von Brandenburg präsentiert Strenge und Rigorosität der Rechtssprechung. Damit wird zwar das Prinzip der Gleichkeit angedeutet, allerdings nur abstrakt-formal und ohne eine substantiierte *Legitimation* der richtenden Instanz.

Vielleicht liegt in diesem die Rechts*ordnung* feiernden Schluß die wirkliche ‚Tragik' der Hauptfigur. Nur ein von Willkür und Ungerechtigkeit beherrschter Schauplatz wie das Sachsen der Erzählung weckt große Leidenschaften und bringt Helden und Empörer hervor, ‚entsetzliche' Menschen, deren Geschichte es sich zu erzählen lohnt. In einer vernünftigen, ‚kalten' Ordnung, in der die Grenzen des einzelnen eng gezogen sind, wird jede Überschreitung, wird jeder Widerstand nur zu einem behördlichen Rechtsfall. In einem Brief Kleists aus dem Jahr 1801 heißt es:

> „*Ordentlich* ist heute die Welt; sagen Sie mir, ist sie noch schön? Die armen lechzenden Herzen! Schönes und Großes möchten sie tun, aber niemand bedarf ihrer, alles geschieht jetzt ohne ihr Zutun. Denn seitdem man die Ordnung erfunden hat, sind alle großen Tugenden unnötig geworden. ... Wohl dem Arminius, daß er einen großen Augenblick fand. Denn was bleibt heutzutage übrig, als etwa Lieutnant zu werden in einem preußischen Regiment?"[11]

Von den im letzten Satz der Erzählung erwähnten „frohe(n) und rüstige(n) Nachkommen" „im Mecklenburgischen" (103) wissen wir nichts, wohl aber von der zahlreichen literarischen Nachkommenschaft des Michael Kohlhaas. Offensichtlich gewinnt die Figur durch den aus unserer Sicht ambivalenten, tragisch-heroischen Schluß mythische Qualitäten. Wie man vom „Faustischen" spricht, kann man heute sagen: *Er ist ein Kohlhaas*, um damit ein bestimmtes Grundmodell menschlichen Handelns zu bezeichnen. Diese Dimension der Erzählung ist schon früh bemerkt und geschätzt worden. Davon zeugen die zahlreichen Dramatisierungen von Gotthilf August von Maltitz (1828) über Gertrud Prellwitz (1902) bis zu Arnolt Bronnen (1948) und James Saunders (dt. 1973), der auch das Drehbuch zu Volker Schlöndorffs Verfilmung (1969) verfaßt hat, ebenso wie die Übersetzungen in ungefähr 30 Sprachen. Ein Lektüre-Klassiker in der Schule ist die Erzählung bis heute. In den siebziger Jahren haben nicht wenige Schriftsteller aktuelle gesellschaftliche Konflikte im Rückgriff auf den Kohlhaas-Stoff dargestellt. Hier ist neben E. L. Doctorows *Ragtime* (1976), E. Plessens *Kohlhaas* (1979), Heiner Müllers *Leben Gundlings* (1977) und Y. Karsunkes *Des Cohlhaas' letzte Nacht* (1979) zu nennen.

[11] Heinrich von Kleist: Werke und Briefe, Bd. 2, Darmstadt 1962, S. 422 f.

Diese Aktualisierungen tendieren in einer historischen Situation, in der sich Bürger übermächtigen, undurchschaubaren Staatsapparaten ausgeliefert und ihre Autonomie und Integrität bedroht sehen, wie schon der Dramatiker Friedrich Wolf 1928 dazu, in Kohlhaas einen „Vorkämpfer einer kommenden Zeit"[12] zu sehen. Der 68er Generation gilt er als wesensverwandter anarchischer Rebell, der weder taktiert noch vor der Übermacht resigniert, sondern die direkte Aktion wählt.

Für die konservativen oder völkischen Schriftsteller der zwanziger Jahre verkörpert Kohlhaas hingegen ein Preußentum, „das in unseren Tagen von einer Welt von Feinden verhöhnt und verhaßt wird, weil in ihm Macht und Recht, Redlichkeit und Ordnung sind."[13] Sie sind beeindruckt von seinem ‚Dezisionismus', dem unerwarteten Umschlagen von bürgerlichem Normalleben in Rebellion, von Frieden in den Kriegszustand, von familiärer Fürsorge in „eiserne Härte"[14] und umgekehrt, wobei sie weniger an die Revolution von 1918 als an Freicorps und Feme der Nachkriegswirren denken.

Daß die Erzählung auch diese konträren Deutungen zuläßt, hat mit der von uns aufgezeigten Ambivalenz des Schlußteils zu tun. Ihre Faszination verdankt sie neben der sprachlichen Gestaltung gerade den Widersprüchen, Brüchen und einer Vieldeutigkeit, die durch bisherige Lesarten noch lange nicht ausgeschöpft ist. Weitere Nachkommen werden folgen, nicht nur im Westfälischen.

---

[12] Friedrich Wolf: Kunst ist Waffe! [1928], zit. n. Bogdal, 1981/91, S. 104.

[13] Karl Wächter, Kleists Michael Kohlhaas [19181], zit. n. H. v. Kleist, ‚Michael Kohlhaas' mit Materialien, hg. v. R. Siegle, Stuttgart 1984, S. 133.

[14] Ibid.

Hans-Ulrich Treichel

Der Schatten des Verschwindens Adelbert von Chamisso: *Peter Schlemihls wundersame Geschichte* (1814)

Man sollte meinen, der eigene Schatten ist kein allzu wertvoller Besitz. Einen Schatten hat jeder, der sich unter der Sonne bewegt, und „daß dem so ist, verringert ein bißchen seine Bedeutung“[1], wie Robert Walser in seiner Prosaskizze „Schatten“ mit ironischer Untertreibung bemerkt. Ganz anders nun verhält es sich in der Novelle[2] Chamissos. Hier kommt dem eigenen Schatten eine geradezu überragende, schicksalsbestimmende Bedeutung für den Helden der Geschichte zu. Denn der Schatten des Peter Schlemihl ist nicht nur etwas, was für den „Grauen“, der Schlemihl den Schatten abhandelt, anscheinend einen großen Wert besitzt. Er bringt Schlemihl auch vieles und gänzlich Ungleiches ein: das nie versiegende

[1] Robert Walser: Schatten. In: Ders., Das Gesamtwerk in 12 Bänden. Hg. v. Jochen Greven. Bd. 9: Verstreute Prosa II (1919–1925) Zürich/Frankfurt am Main 1978, S. 195.

[2] Chamissos „wundersame Geschichte“ des Peter Schlemihl hat zahlreiche Gattungszuweisungen erfahren und wurde sowohl als „Märchen“, „Erzählung“, „Novelle“ und sogar als „Roman“, aber auch als „Märchenerzählung“, „Kunstmärchen“ und „Märchennovelle“ beschrieben. (Vgl. hierzu Jürgen Schwann: Vom ‚Faust‘ zum ‚Peter Schlemihl‘. Kohärenz und Kontinuität im Werk Adelbert von Chamissos. Tübingen 1984, S. 52–71.) Der Autor selbst hat seinen Text sowohl „das Märchen ‚Peter Schlemihl‘“ genannt (vgl. Adelbert von Chamisso: Werke in zwei Bänden. Nach dem Text der Ausgaben letzter Hand und den Handschriften. Textredaktion J. Perfahl. Bibliographie und Anmerkungen von V. Hoffmann. München 1975, Bd. 2, S. 11.) wie auch eine Novelle: „Ich habe auch außer dem Schlemihl keine Novellen geschrieben (. . .)“ (Adelbert von Chamisso: Brief v. 28. Juni 1832. Zit. n. Chamissos Werke in fünf Teilen. Neu hg. v. Max Sydow. Berlin u. a. 1909, Bd. 5, S. 312.) Mittlerweile hat sich die Gattungsbezeichnung „Novelle“ durchgesetzt, nicht zuletzt dank Thomas Manns Vorschlag, für den Schlemihl den Gattungsnamen „einer ‚phantastischen Novelle‘ zu wählen“. (Thomas Mann: Nachwort. In: Adelbert von Chamisso: Peter Schlemihls wundersame Geschichte. Frankfurt am Main 1973, S. 141.) Für Thomas Mann gründet sich die „novellistische Natur“ (ebd.) der Schlemihl-Geschichte sowohl in ihrer „autobiographische(n), bekenntnismäßige(n) Form“ (ebd.) wie in ihrem „Anspruch auf Wahrhaftigkeit und Realität“ und in ihrer ‚modernen Leidenschaftlichkeit‘ (vgl. ebd. S. 140).

Glücksäckel, also unendlichen Reichtum auf der einen und gesellschaftliche Isolierung, das Stigma des Schattenlosen und damit von der Menschenwelt Entfremdeten auf der anderen Seite.

Natürlich fragt sich der Leser und fragen wir uns, was denn den Schatten so bedeutsam macht und was er im Kontext der Erzählung und für den Erzähler bedeutet. Der Autor selbst hat auf diese Frage und ihm zugetragene Deutungsversuche eher ironisch reagiert, wenn er, wie in der Vorrede zur französischen Ausgabe des „Peter Schlemihl", eine Schattendefinition des Physikers Hauy zum besten gibt: „Ein nicht leuchtender Körper kann nur teilweise von einem leuchtenden Körper erhellt werden. Der lichtlose Raum, welcher auf der Seite des nicht beleuchteten Teiles liegt, ist das, was man Schatten nennt."[3] So also kommt man dem Phänomen nicht bei und soll ihm wohl auch nicht beikommen. Ein wenig konkreter wird Chamisso dort, wo er den Schatten „das Solide" nennt und erklärt: „Von dem zuletzt erwähnten Soliden ist nun die Rede in der wundersamen Historie des Peter Schlemihl. Die Finanzwissenschaft belehrt uns hinlänglich über die Wichtigkeit des Geldes; die des Schattens ist minder allgemein anerkannt. Mein unbesonnener Freund hat sich nach dem Gelde gelüsten lassen, dessen Wert er kannte, und nicht an das Solide gedacht."[4] Nun ließe sich hieraus mit einem gewissen Recht schließen, daß es Chamisso um den Zusammenhang von Geld und Solidität geht und daß er seinem Helden Peter Schlemihl insofern Unsolidität nachsagt, als dieser sich über jegliches bürgerliches Arbeits- und Leistungsethos hinwegsetzt und nicht über Leistung – denn der Verkauf des Schattens ist keine – sondern „allein über das Geld zu Ansehen gelangen will (und so) im eigentlichen Sinne unsolide wird"[5]. Mit anderen Worten: mit seinem Schatten geht auch die bürgerliche Solidität Peter Schlemihls ‚zum Teufel', und in diesem Sinne konnte dann auch Thomas Mann konzedieren: „Der Schatten ist im ‚Peter Schlemihl' zum Symbol aller bürgerlichen Solidität und menschlichen Zugehörigkeit geworden."[6]

---

[3] Zit. n. Winfried Freund: Adelbert von Chamisso: Peter Schlemihl. Geld und Geist. Ein bürgerlicher Bewußtseinsspiegel. Entstehung-Struktur-Rezeption-Didaktik. Paderborn u. a. 1980, S. 61.

[4] Ebd.

[5] Ebd. S. 62.

[6] Thomas Mann: Nachwort. In: Adelbert von Chamisso: Peter Schlemihls wundersame Geschichte. Illustriert von Emil Preetorius. Frankfurt am Main 1973, S. 150.

Doch so leicht ist der Schatten nicht zu fassen. Gewiß hat Thomas Mann einen zentralen Aspekt des Schattens und damit auch der Schlemihl-Novelle benannt: die entfremdende Macht des Geldes und seine Verwandlung vom bloßen Tauschmittel zu dem, was Marx in kritischer Absicht „das wahre Vermögen"[7] nennt, denn „alles was du nicht kannst, das kann dein Geld"[8]. Was ebensogut heißen kann und heißt: Wenn dein Geld alles kann, dann kannst du nichts mehr. Wenn dein Geld alles ist, dann bist du nichts. Insofern kann Chamissos Schlemihl-Novelle wohl auch als kapitalismuskritische Erzählung gelesen werden, als ein Lehrstück über die vernichtende, dem Menschen seine Wesensmerkmale raubende Wirkung des Geldes. Denn ganz offensichtlich ist Peter Schlemihl ohne seinen Schatten ein unendlich reicher Mann, aber zugleich auch ein entwurzelter, betrogener und stigmatisierter. Ihm fehlt etwas, was normalerweise jedem Menschen anhaftet, und nicht nur den ‚Soliden'. Ihm fehlt, so könnte man sagen, ein – wenn auch unspezifisches – Gattungsmerkmal. Und zwar eines, welches leicht verzichtbar erscheint, doch sobald man auf es verzichtet – oder es dem Teufel überläßt –, skandalisiert und erschreckt sein Fehlen die Mitmenschen auf eine unerwartet drastische Weise. Die Schattenlosigkeit haftet dem armen Schlemihl an wie ein Aussatz, wie ein Fluch. Und so ruft denn auch Schlemihls treuer Diener Bendel aus: „Weh' mir, daß ich geboren ward, einem schattenlosen Herrn zu dienen!"[9] Der menschliche Schatten ‚verkörpert' paradoxerweise die Menschenzugehörigkeit des Menschen. Er verbürgt seine Leiblichkeit, seine ‚Natur'. Der Mensch, der einen Schatten wirft, signalisiert physische Zugehörigkeit zu seinen Mitmenschen und ist nicht zuletzt gerade darum einer der ihren. Denn Leiblichkeit, das heißt auch Sterblichkeit. Und der Schrecken, der von dem schattenlosen Schlemihl ausgeht, ist wohl auch dem Eindruck zu verdanken, daß er dem Diesseits und den Sterblichen nicht mehr gänzlich anzugehören scheint. Als sei er, der keinen Schatten und *nur* einen Leib hat, gerade darum kein Mensch aus Fleisch und Blut. Der fehlende Schatten verrät – wider den Augenschein – eine gleichsam verborgene Körper- und Gestaltlosigkeit, die ihn, der nur noch Leib ist, zugleich zu einem unheimlichen ‚Schattenwesen' macht, das

---

[7] Karl Marx: Die Frühschriften. Hg. v. Siegfried Landshut. Stuttgart 1971, S. 255.

[8] Ebd.

[9] Adelbert von Chamisso: Peter Schlemihls wundersame Geschichte. Nachwort von Thomas Mann. Illustriert von Emil Preetorius. Frankfurt am Main 1973, S. 45.

schließlich auch zur Liebe nicht mehr fähig und berechtigt ist. Die Mitmenschen meiden Schlemihl, und die Frauen fliehen ihn wie den ‚Leibhaftigen' selbst – wenn sie nicht gar, wie die schöne Fanny, „in eine Ohnmacht sinken"[10] angesichts des schattenlosen Mannes. Und schließlich läuft es auch Schlemihl selbst, wenn er seiner Schattenlosigkeit gewahr wird, „eiskalt über den Rücken"[11]. Er ist sich fremd und unheimlich geworden, und es scheint, als sei das Erschrecken Schlemihls vor sich und seiner Schattenlosigkeit das Erschrecken vor einer abgespaltenen Leerstelle des eigenen Selbst. Dieses Erschrecken vor dem fehlenden Schatten *als* Erschrecken vor sich selbst ist eines, das eben auch ausdrückt: hier ist etwas, das in Wahrheit zu mir gehört, nicht mehr bei mir. Es ist mir genommen, ich habe es fortgegeben, und nun verfolgt es mich beständig *in abesentia.*

Nun wissen wir nicht, was der fehlende Schatten in der Psyche und im Gefühlsleben des Peter Schlemihl – außer seiner Begierde nach Reichtum und billig erworbener gesellschaftlicher Anerkennung – repräsentiert, weil der Schatten, zeichentheoretisch gesprochen, kein verbindliches Signifikat hat. „Präziser gesagt: der Schatten ist ein verschobener Signifikant, der sich dauernd jeglichem Signifikat entzieht."[12] Der abwesende Schatten repräsentiert dort, wo Schlemihl vor ihm und vor sich selbst erschrickt, ein allenfalls unbestimmtes Grauen. Dieses unbestimmte Grauen wird allerdings von Zeit zu Zeit durch „den Grauen" ersetzt. Das unbestimmte ‚Teuflische' in der Psyche des Helden, seine Habgier und Anerkennungssucht, erhält so seine Personifikation im „Grauen", den ja nicht nur die Farbe des Schattens kennzeichnet, sondern der Schlemihl auch wie ein Schatten folgt. Als „Grauer" freilich wird das Grauen wenn nicht beherrschbar, so doch zumindest faßbar. Mit dem personifizierten „Grauen" läßt sich verhandeln, läßt sich reden. Mit dem gestaltlosen Grauen des abwesenden Schattens allerdings nicht. Insofern kommt „dem Grauen" und seinem Bemühen um Schlemihl eine gewisse zwischenmenschliche Verbindlichkeit zu, die anders, ohne Personifikation, nicht zu haben wäre. Denn „der Graue" ist wohl der Teufel, aber er ist auch ein ausgesucht höflicher Mann, der sich zudem selbst als „eine Art von

---

[10] Ebd. S. 47.

[11] Ebd.

[12] Alice A. Kuzniar: „Spurlos . . . verschwunden": „Peter Schlemihl und sein Schatten als verschobener Signifikant." In: Aurora. Jahrbuch der Eichendorff-Ges. Bd. 45. (1985), S. 194.

Gelehrten und Physikus“[13] beschreibt, der „auf Erden keinen andern Spaß hat, als sein bißchen Experimentieren“[14]. Und damit erweist er sich fast schon als ein antizipiertes alter ego des späteren, naturforschenden Schlemihl. Es besteht also, bei aller Gegnerschaft, eine gewisse brüderliche Nähe zwischen dem „Grauen“ und Schlemihl. Zumal auch jener am Ende ein Zukurzgekommener ist, denn Schlemihl versagt ihm den Rücktausch Schatten gegen Seele, wenn auch mit der für ihn äußerst bitteren Konsequenz, nicht nur weiter schattenlos, ein Umhergetriebener zu bleiben, sondern auch die geliebte Mina dem schurkischen Diener Raskal zu überlassen. Diese libidinöse Widerstandskraft Schlemihls ist selbst dem Teufel unheimlich, so daß er sich noch einmal eigens der ‚Menschlichkeit‘ Schlemihls versichern muß, ihm mit einer raschen Bewegung die Hand aufritzt und feststellt: „Wahrhaftig, rotes Blut! – So unterschreiben Sie.“[15] Doch Schlemihl unterschreibt nicht. Er widersteht dem Teufel, gibt ihm sogar das Geldsäckel zurück und rettet so zumindest seine Seele. Der Graue verschwindet, und mit ihm auch das von diesem verkörperte ‚Grauen‘, das Schlemihl wie ein Schatten und teuflischer Zwillingsbruder gefolgt ist. Nun ist er frei: „Ich saß da ohne Schatten und ohne Geld; aber ein schweres Gewicht war von meiner Brust genommen, ich war heiter.“[16]

So könnte die Geschichte enden, doch es wäre ein blasses, spannungsloses Ende. „Ich wußte nicht, wie es enden sollte“[17], läßt Chamisso seinen Helden denn auch an einer Stelle sagen, und es scheint, als spräche dieser zugleich für den Autor, dem der Erzählfaden anscheinend vor der Zeit aus den Händen gegelitten ist und der ihn nun wieder aufnehmen muß. Der Fortsetzung der Novelle – die nun ohne den Zentralkonflikt auskommen muß – haftet etwas Zufälliges, wenn nicht gar Willkürliches an. Und war auch die Erzählrichtung schon vorher nicht streng linear – „Ich werde in meiner Erzählung schnell über eine Zeit hineilen müssen“[18], heißt es einmal –, so gerät sie nun ein gutes Stück mehr aus der vorgegebenen Bahn. Und mit ihr, so ließe sich ergänzen, auch Peter Schlemihl, der durch einen bloßen Zufall in den Besitz von Siebenmeilen-

[13] Adelbert von Chamisso: Peter Schlemihls wundersame Geschichte, S. 70.
[14] Ebd.
[15] Ebd. S. 86.
[16] Ebd. S. 103.
[17] Ebd. S. 99.
[18] Ebd. S. 49

stiefeln gerät und erst einmal nicht weiß, wie ihm geschieht. Wollte er sich ursprünglich noch – hier ein romantisches Motiv aufnehmend – Arbeit im Bergwerk suchen, so durcheilt er nun, über alle Maßen mobil gemacht, die verschiedensten Weltgegenden. Die Stiefel scheinen ein Zeichen des Himmels – „Ich fiel in stummer Andacht auf meine Knie und vergoß Tränen des Dankes"[19] – und schenken Schlemihl die plötzliche Erkenntnis seines weiteren Lebensweges und -sinnes: das wissenschaftliche Studium der Natur. Allerdings – und hier zeigt Chamisso eine frühe Einsicht in die Dialektik des Fortschritts und der technischen Naturbeherrschung – erlauben die wunderbaren Stiefel Schlemihl nicht nur, die Welt in Windeseile zu erlaufen. Sie verurteilen ihn und seine forscherischen Schritte auch zu einer äußerst hohen Geschwindigkeit, die die Möglichkeiten seiner Sinne überfordert. Zu große Schnelligkeit macht blind. Schlemihl, der sich fortan als Empiriker versteht, muß sich also in Langsamkeit üben, um das, was er erforschen möchte, überhaupt in den Blick zu bekommen. Wohl ist ihm die Welt dank der schnellen und raumgreifenden Stiefel wie ein – nach Klima- und Vegetationszonen angelegter und aufgeteilter – Botanischer Garten, den man in kurzer Zeit durchwandern kann. Doch erst mit Hilfe von „Hemmschuhen"[20], einer künstlichen Brems- und Verlangsamungstechnologie gewissermaßen, gelingt es ihm, ganz wie ein Linné zu botanisieren und an seinem „Systema naturae"[21] zu arbeiten. Das ist sein Lebensglück, und getrübt ist es nur durch die Erfahrung, daß auch die wunderbaren Siebenmeilenstiefel nicht wunderbar genug sind, um ihn überall hinzutragen. Dem Forscher Schlemihl bleiben Neuholland und die Südsee verschlossen, was seinen Drang nach universaler Systematisierung, nach Erfassung des Weltganzen einschränkt und den Triumph der durch ihn repräsentierten empirischen Naturwissenschaft letztlich vereitelt: „(...) und so war im Ursprung schon alles, was ich sammeln und erbauen sollte, bloßes Fragment zu bleiben verdammt."[22] Fragment zu bleiben – dieses Schicksal ist nicht nur dem Naturforscher Schlemihl beziehungsweise seiner Natursystematik beschieden, sondern in gewisser Weise auch ihm selbst, denn ein Mensch ohne Schatten ist eben kein ganzer Mensch. Wobei Schlemihl nicht nur auf seinen

---

[19] Ebd. S. 110.
[20] Ebd. S. 114.
[21] Ebd. S. 121.
[22] Ebd.

Schatten verzichten muß, sondern auch auf das Glück der Liebe. Auch dieses wird „dem Grauen" – im zweifachen Sinne – geopfert, und Schlemihl bleibt ein unvollständiger Mensch sowohl in sozialer wie in affektiver, um nicht zu sagen triebökonomischer Hinsicht. Er ist wohl heiter, aber auch ein wenig so, wie der fiktive Erzähler den Autor Chamisso, also dieser sich selbst durch die Augen Schlemihls, im Traum erblickt: „... und sähe dich von da an deinem Arbeitstische zwischen einem Skelett und einem Bunde getrockneter Pflanzen, vor dir waren Haller, Humboldt und Linné aufgeschlagen, auf deinem Sofa lagen ein Band Goethe und der Zauberring, ich betrachtete dich lange und jedes Ding in deiner Stube und dann dich wieder, du rührtest dich aber nicht, du holtest auch nicht Atem, du warst tot."[23]

Nicht nur die fiktive Autorenanrede, in der der naturforschende Autor sich selbst zudem als Toten darstellt, so als ahnte er schon etwas von der lebensweltlichen Entrückung der biedermeierlichen Schmetterlingsfreunde und Käfersammler, auch die Herausgeberfiktion, das „An meinen alten Freund Peter Schlemihl" gerichtete Gedicht von 1834, die der Novelle vorangestellten Briefe an Hitzig und Fouqué erweisen sich als erzählerische Schatten- und Spiegelspiele, die auf den ersten Blick vielleicht verwirren. Auf den zweiten machen sie den Erzählvorgang selbst als einen Vorgang deutlich, der, wie Rolf Günter Renner bemerkt hat, dem Modell einer Spiegelung folgt: „So wie sich Schlemihl durch das Erzählen, durch die Ordnung der Sprache, der eigenen Identität versichert (...), befestigt der Autor die Grenzen seines Ich, indem er sich seinerseits in Schlemihls Erzählung und ihrer fingierten Überlieferungsgeschichte spiegelt. Die Geschichte von Schlemihl geht somit aus einer Spiegelung wie aus einer Doppelung ihres Erfinders hervor, der als Autor seiner selbst gewiß wird."[24] Renner verweist mit Recht auf die autobiographischen Gründe, die den 1789 aus Frankreich emigrierten Louis-Charles-Adélaïde Chamisso de Boncourt – so sein eigentlicher Name – veranlassen mußten, sich im deutschen Exil eine Heimat zu schaffen. Diese war – zumindest vorerst – die Literatur. Ein flüchtiges Medium, das die Grenzen der

---

[23] Ebd. S. 34.

[24] Rolf Günter Renner: Schrift der Natur und Zeichen des Selbst. Peter Schlemihls wundersame Geschichte im Zusammenhang von Chamissos Texten. In: Deutsche Vierteljahresschrift für Literaturwissenschaft und Geistesgeschichte. 65. Jg. Heft 4, 1991, S. 657.

Erfahrung und der Identität nicht unbedingt sichert, sondern immer wieder auch öffnet und der spielerischen Erprobung aussetzt. Und darum eben auch ein taugliches Medium, um den eigenen sprachlichen, nationalen oder politischen Identitätszweifeln den Spiegel vorzuhalten. Doch genügt es nicht – was zuerst von Chamissos Freund Hitzig und später von anderen Interpreten immer wieder getan wurde[25] –, den verlorenen Schatten des Schlemihl mit der verlorenen Heimat, dem verlorenen Vaterland des Exilanten Chamisso gleichzusetzen. Der verlorene Schatten ist in seiner Mehrdeutigkeit vielleicht auch die verlorene Heimat, aber er ist ebenso ein Substitut der – noch nicht – verlorenen Seele, so wie der Schatten eine bloße physikalische Erscheinung ist[26] oder auch, wie das Geld, ein ‚sinnliches Abstraktum'. Der Schatten also – und der ‚verlorene' zumal – ist vieles. Vor allem aber ist er die literarische und bildliche Vergegenwärtigung einer offenen Frage, die je nach Lage der Dinge und Perspektive des Betrachters und Interpreten verschieden beantwortet wird.[27] Der verlorene Schatten des Peter Schlemihl ist noch immer ein – auch hermeneutisch – flüchtiger. Die einzige Art, ihn wirklich dingfest zu machen, hieße, es Schlemihl gleichzutun und den Verlust zu ignorieren; das hieße aber auch die Welt des schönen oder auch schreckenerregenden Scheins und damit die der Poesie überhaupt zu verlassen und in die Welt scheinbar gesicherter, systematischer Naturerfahrung zu flüchten, in der jedes Ding und jedes Wesen seine Gestalt und seinen – „binär codierten"[28] – Namen hat oder aber zugeschrieben bekommt. Doch auch über der Natur liegt mittlerweile der Schatten des Verschwindens. Vieles von dem, was einmal keinen Namen hatte, aber ein Leben, hat heute kein Leben mehr, nur noch einen Namen. So werden die Namen im „System der Natur" eines realen Linné oder

---

25 Vgl. hierzu Jürgen Schwann: Vom ‚Faust' zum ‚Peter Schlemihl'. Kohärenz und Kontinuität im Werk Adelbert von Chamissos. Tübingen 1984, S. 36–51.

26 Chamissos Urschrift des Schlemihl-Mansukripts trägt den (gestrichenen) Untertitel „Als Beitrag zur Lehre des Schlagschattens". Ein Faksimile des Titelblatts der Urschrift findet sich in: Adelbert von Chamisso. Peter Schlemihls wundersame Geschichte. Erläuterungen und Dokumente. Hg. v. Dagmar Walach. Stuttgart 1982, S. 47.

27 Einen kurzen Abriß zur Wirkungsgeschichte und zur Geschichte der literaturwissenschaftlichen Rezeption gibt Dagmar Walach: Chamisso. Peter Schlemihls wundersame Geschichte, S. 221–239.

28 „Binäre Codierung" nennt Wolf Günter Renner die von Linné geschaffene Doppelbezeichnung nach Gattungs- und Artnamen, die noch heute verwendet wird. (Vgl. Wolf Günter Renner: Schrift der Natur und Zeichen des Selbst, S. 672.)

eines fiktiven Schlemihl zu bloßen Schatten erloschenen Lebens, zu leeren Signifikanten. Sie taugen nur noch fürs Archiv und die Erinnerung.[29] Es sei denn, die Literatur bemächtigt sich ihrer. Wohl kann sie erloschenes Leben nicht wieder zum Leben erwecken. Aber sie kann – wie die Novelle Chamissos – die Erinnerung wachhalten an das, was uns verlorengegangen ist und was uns verlorengeht. Nicht nur im ‚System der Natur', auch im Haushalt des Menschen, zu dem auch sein Schatten zählt: als „unschätzbares“[30] Zeichen leibhaftiger Anwesenheit und dessen, was unverrechenbar zu uns gehört.

[29] „Ich werde Sorge tragen“, schreibt Schlemihl ahnungsvoll an seinen Erfinder, „daß vor meinem Tode meine Manuskripte bei der Berliner Universität niedergelegt werden.“ (Adelbert von Chamisso: Schlemihls wundersame Geschichte, S. 122.)

[30] Ebd. S. 30.

Lothar Pikulik

Das Verbrechen aus Obsession E. T. A. Hoffmann: *Das Fräulein von Scuderi* (1819)

Erzähler vom Schlage der Romantiker oder der ihnen nahestehenden Autoren zeigen sich fasziniert von Charakteren, die in ihrer Widersprüchlichkeit und Abgründigkeit jede bloß oberflächliche und eindeutige Einschätzung ihres Wesens Lügen strafen und ein Exempel abgeben für die Zwiespältigkeit und Gebrechlichkeit des Irdischen. Wie etwa Kleist im *Kohlhaas* von einem der „rechtschaffensten zugleich und entsetzlichsten Menschen seiner Zeit“ berichtet, so Hoffmann in der 1818 entstandenen, 1819 zum ersten Mal gedruckten[1] Mordgeschichte aus dem Zeitalter Ludwigs XIV. vom Schicksal des „verruchtesten und zugleich unglücklichsten aller Menschen“ (690)[2], des Goldschmiedes Cardillac. Als der Autor die Erzählung in den dritten Band seiner Sammlung *Die Serapions-Brüder* einfügte[3], wo sie 1820 zum zweitenmal erschien, ließ er hier im Rahmengespräch durchblicken, daß ihm als Vorbild für den verbrecherischen Goldschmied die Figur eines venezianischen Schusters gedient habe, „den die ganze Stadt für einen fleißigen frommen Manne hielt und der der verruchteste Mörder und Räuber war“ (710). Jedoch konnte die Quelle Hoffmanns bisher nicht nachgewiesen werden – wenn sie überhaupt existiert und die Angabe nicht vielmehr Fiktion ist.[4]

[1] Erstdruck in: *Taschenbuch für das Jahr 1820. Der Liebe und Freundschaft gewidmet.* Hg. v. Dr. St. Schütze. Frankfurt a. M.: Gebr. Wilmans 1820, S. 1–122 [erschienen Herbst 1819].

[2] Zitate nach: E. T. A. Hoffmann: *Die Serapions-Brüder*. Nach dem Text der Erstausgabe (1819-21), unter Hinzuziehung der Ausgaben von Carl Georg von Maassen und Georg Ellinger, mit einem Nachwort von Walter Müller-Seidel und Anmerkungen von Wulf Segebrecht, sowie mit den Illustrationen von Theodor Hosemann zur ersten Gesamtausgabe von 1844/45. München: Winkler, 1963. Alle Seitenangaben in Klammern hinter den Zitaten beziehen sich auf diese Ausgabe.

[3] Über die Stellung der Erzählung im Kontext dieser Sammlung vgl. L. Pikulik 1987.

[4] Zu den Quellen, die Hoffmann benutzt hat, vgl. L. Pikulik 1987, S. 166 ff.

Verrucht ist Cardillac, weil er, der nach außen die trügerische Rolle des ehrbaren Bürgers spielt, nächtlicherweile den Kunden, die bei ihm ein Geschmeide haben anfertigen lassen, auf ihren Liebesgängen auflauert, um sie zu erstechen und den Schmuck wieder in seinen Besitz zu bringen. Als unglücklich aber muß er gelten, da er dies nicht aus freiem Willen tut, sondern zwanghaft getrieben von einer unbezähmbaren Gier, welche ihn unlöslich an den Glanz des Goldes und der Juwelen fesselt, die er in seiner Werkstatt zu Meisterwerken der Goldschmiedekunst verarbeitet. Dieser „angeborne Trieb" (692) geht auf ein vorgeburtliches Trauma zurück, nämlich die fatale, auf das Kind übertragene Lüsternheit der Mutter, die sich während ihrer Schwangerschaft in die funkelnde Juwelenkette eines Kavaliers ‚verschaut' hatte. Und wenn der Kavalier die Mutter, von deren Blicken er sich ermutigt fühlte, brünstig umfangen, im selben Augenblick aber sein Leben ausgehaucht hatte, so waren Tod und Schrecken von Beginn an die Begleiter der seltsamen Begierde geworden.

Es ist Cardillac selber, der diese seine Lebensgeschichte offenbart. Er erzählt sie seinem Gesellen Olivier Brusson, nachdem dieser zufällig zum Mitwisser seiner Schandtaten geworden ist. Und aus dem Munde Cardillacs, der bei aller Verruchtheit ein gläubiger Mensch ist, erfahren der vorgeburtliche Vorfall und seine Folgen eine metaphysische Deutung. Ohne sich von Schuld freizusprechen, macht der Goldschmied für seine Taten seinen über sich waltenden „bösen Stern" (691 f.) und die in seinem Inneren sich bemerkbar machende Zuflüsterung des „Satans" (694 f.) verantwortlich. Er versteht sich damit als Gefangenen eines Labyrinths, in dem er wie der menschenfresserische „Minotaur" (660) wütet, dabei jedoch unter dem Einfluß einer höheren Macht handelt.

Auch dem Autor liegt eine solche Deutung nahe. Romantiker, der er war, zeichnet Hoffmann in allen seinen Erzählungen und Romanen das fatalistisch anmutende Bild einer Welt, in der der Mensch primär nicht sich selbst bestimmt, sondern von überindividuellen Mächten gelenkt wird. Im Hinblick auf dieses von außen auferlegte, unentrinnbare Geschick sind Hoffmanns Erzählwerke analog dem sogenannten Schicksalsdrama ebenfalls Schicksalsromane und Schicksalserzählungen. Sie sind indessen auch Psychogramme. Seit der Entdeckung der seelischen Innenwelt durch die Empfindsamkeit und „Erfahrungsseelenkunde" des 18. Jahrhunderts und seit der Erweiterung und Vertiefung der seelenkundlichen Einsichten durch die Romantik ist nicht zu übersehen, daß bei jeder differenzierteren Menschengestaltung in einem literarischen Text die psychologische Dimension ins Spiel kommt, auch wenn, wie bei Hoffmann, zugleich eine metaphysische Deutung angeboten wird. Der Doppelsinn der Welt, der bei ihm schon in der Diskrepanz von äußerem Schein und innerem Wesen, zwischen dem Wahrscheinlichen und Wahren („vraisemblable“ und „vrai“, s. S. 700) gegeben ist, erhält damit eine zusätzliche Note.

Weder Cardillac selber noch irgendeine der anderen Figuren ist aufgeklärt genug, das über den Goldschmied verhängte Schicksal im Lichte der Psychologie zu sehen. Aus der Perspektive des Autors aber, von dem man derlei Erhellung gewohnt ist, erscheint der Goldschmied auch als Opfer seines Unbewußten, das sich ja mit der vorgeburtlichen Implantation des Verhängnisses in die Seele des Kindes, wie immer diese zu erklären sein mag, für den modernen Leser deutlich genug als psychische Hypothek konstituiert. Cardillac weiß von diesem Vorgang freilich und kann ihn äußerlich genau wiedergeben (die Mutter muß ihn ihm in allen Einzelheiten berichtet haben), ohne ihn doch anders denn als Bestimmung durch seinen „bösen Stern“ und als „wunderbaren Einfluß“ (691) zu deuten. Im übrigen hat er für sein Empfinden und Handeln, wie es bei seinen mörderischen Aktionen über ihn kommt, keine Erklärung und legt dem modernen Leser wiederum nahe, es als Ausfluß seines Unbewußten auszulegen: „Selbst wußte ich nicht, wie es kam, daß ich einen unaussprechlichen Haß auf die warf, denen ich Schmuck gefertigt.“ (693) Aussagen, sich der Motive ihres Verhaltens nicht bewußt zu sein oder gar aus der Tiefe des Innern „Ahnungen“ aufsteigen zu spüren, treffen jedoch auch andere Figuren der Erzählung. Denn die Psychologie, die hier zugrunde liegt, hat nach der Intention des Autors allgemeinanthropologische Geltung und bestimmt das Tun und Lassen der ‚Guten‘ ebenso wie der ‚Bösen‘, wenn auch unter unterschiedlichen Voraussetzungen und mit unterschiedlichen Auswirkungen. Auch Olivier Brusson kann sagen: „aber selbst weiß ich nicht, wie es geschah, daß ich plötzlich in Cardillacs Hause stand“ (690), wobei er von der Liebe zur Goldschmiedstochter Madelon getrieben ist. Und auch Olivier hat eine entscheidenen Prägung in seiner Kindheit erfahren, als er nämlich die Liebkosungen der Scuderi genoß, die Oliviers Mutter als Pflegetochter angenommen hatte. Mit solchen Prägungen außer Reichweite des eigenen Willens aber wirken die Figuren wie ausgeliefert und sind zu retten nur durch Gnade – im Falle Oliviers seitens des Königs.

Im 18. Jahrhundert und solange der Blick in die menschliche

Psyche nur die Ebene des Bewußtseins erfaßte, dominierte ein optimistisches Menschenbild. Die Empfindungen, deren man im Akt der Introspektion und Selbstanalyse besonders in Kreisen der Empfindsamkeit bewußt wurde, muteten durchschaubar und beherrschbar an. Das änderte sich mit der Entdeckung des Unbewußten. Weniger wirklich begriffen als erahnt wurde in der Tiefe der Seele neben heilsamen Impulsen zur „Erhebung des Menschen über sich selbst“[5] eine Triebwelt von dämonisch-zerstörerischer Gewalt, die den Menschen verdammenswürdig und erbarmens- und erlösungsbedürftig zugleich erscheinen ließ. Sie macht sich in Hoffmanns *Nachtstücken* und in Erzählungen wie dem *Fräulein von Scuderi*, wo Cardillac bezeichnenderweise des Nachts dem Geschäft des Mordens nachgeht, am Tage sich aber von der rechtschaffensten Seite zeigt, als Nachtseite der menschlichen Natur geltend. Und sie agiert, wie schon die Anspielung auf den Minotaurus zeigt, wie ein wildes Tier, „wie ein Tiger“ (687). Auch Eichendorff greift zu diesem Bild, wenn er im *Schloß Dürande* davon erzählt, wie aus einem, der auf Recht und Tugend hält, gleich Michael Kohlhaas ein blutrünstiger Umstürzler wird, und mit der Warnung an den Leser schließt: „Du aber hüte dich, das wilde Tier zu wecken in der Brust, daß es nicht plötzlich ausbricht und dich selbst zerreißt.“[6]

Gotthilf Heinrich Schubert, ein Naturforscher, Arzt und Philosoph und auf seine Weise ähnlich denkend wie Hoffmann, hatte 1808 seine *Ansichten von der Nachtseite der Naturwissenschaft* veröffentlicht, in denen er darauf hinwies, daß die Natur außer der offen zugänglichen und kausalgesetzlich erklärbaren Sphäre ein ganz anderes, geheimnisvoll verschleiertes Gesicht besitzt, das sich der Deutung durch die bekannten Naturgesetze entzieht. Wenige Jahre später, 1814, spricht er in seiner *Symbolik des Traumes* nicht nur davon, daß der Mensch seelisch gespalten sei in eine rationale Hälfte und eine ungleich mächtigere irrationale, die wir nicht beherrschen, sondern erkennt in Anlagen der letzteren auch die Möglichkeit, „zur Mördergrube“ zu werden[7]:

[5] Novalis: *Schriften. Die Werke Friedrich von Hardenbergs.* Hg. v. Paul Kluckhohn und Richard Samuel in Zusammenarbeit mit Hans-Joachim Mähl und Gerhard Schulz. Stuttgart [3]1977 ff., Bd. II, S. 535.

[6] Joseph von Eichendorff: Neue Gesamtausgabe der *Werke und Schriften* in vier Bänden. Hg. v. Gerhart Baumann in Verb. mit Siegfried Grosse. Stuttgart 1957–58, Bd. II, S. 849.

[7] Gotthilf Heinrich Schubert: *Die Symbolik des Traumes.* Bamberg 1814. Reprint Heidelberg 1968, S. 203.

„In der That ist es nicht gerade die glänzendste und beste Seite, sondern vielmehr die *partie honteuse* unsers armen zerlumpten Selbst, die hier neben uns, als werkthätige (bildende) Seele an den Karren geschmiedet ist. Wir lernen sie nur zu gut kennen, sobald sie, wenn auch nur auf einzelne Augenblicke, aus ihren Ketten losgelassen wird. Ich erschrecke, wenn ich diese Schattenseite meines Selbst einmal im Traume in ihrer eigentlichen Gestalt erblicke! Selbst im Zustande des bloßen Nachtwandelns zeigen sich, sonst gleichgültige Naturen zu Mordthaten und Verletzungen, selbst der Geliebtesten geneigt, und müssen schon deßhalb sorgfältig bewacht werden."[8]

Mordlust könne sich auch bei gutartigen Naturen zeigen, sagt Schubert, und es ist, wenn man annehmen darf, daß Hoffmann seine Erzählung im Sinne dieser von ihm geteilten Ansichten geschrieben hat, nicht zu garantieren, daß nicht selbst ein braver Jüngling wie Olivier Brusson Opfer der auch ihm innewohnenden „partie honteuse" seines Innern wird. Diese Disposition deutet sich an, wenn Cardillac ihm eine unbewußte, vom Schicksal gewollte Komplizenschaft unterstellt: „Dein böser Stern hat dich, meinen Gefährten, mir zugeführt." (691)

Gleichwohl fehlt es in Hoffmanns dualistischem Weltbild keineswegs am Gegenpol einer lauteren Gesinnung. Es sind insbesondere Madelon, die holde, nichtsahnende Tochter des Goldschmieds aus dem Geschlecht der „unschuldsvollen Engel" (673), und Madeleine de Scuderi, eine Mutter- und Erlöserfigur, die der schwarzen Welt Cardillacs wie Lichtgestalten gegenüberstehen. Sogar in Cardillac selber regt sich „eine tief innere Stimme, sehr verschieden von der, welche Blutopfer verlangt" (696). Auch einige der übrigen Figuren, den König eingeschlossen, mag man als Repräsentanten einer besseren Welt ansehen. Jedoch bilden sie eher die Ausnahme in einer entarteten Gesellschaft, die in ihrer Gesamtheit von Lastern und niederen Leidenschaften durchsetzt ist, und die bessere Welt, die sie repräsentieren, gleicht dem utopischen Atlantis, das Hoffmann in seinen Märchen beschwört. Das unerklärliche Ereignis, mit dem die Erzählung beginnt, der mitternächtliche Auftritt Oliviers im Hause der Scuderi, löst mit gutem Grund bei den Bewohnern Angst aus, da Paris damals „der Schauplatz der verruchtesten Greueltaten" ist (653). Allenthalben werden Verbrechen verübt, und oft nicht aus einem konkreten Motiv, sondern „aus reiner Lust" (654).

„Wie ein unsichtbares tückisches Gespenst schlich der Mord sich ein in die engsten Kreise, wie sie Verwandtschaft – Liebe – Freundschaft nur bilden können, und

[8] Ebd. S. 118.

erfaßte sicher und schnell die unglücklichen Opfer. [...] Das grausamste Mißtrauen trennte die heiligsten Bande. Der Gatte zitterte vor der Gattin – der Vater vor dem Sohn – die Schwester vor dem Bruder." (655)

Deprimierend vervollkommnet wird dieses Bild dadurch, daß die ‚Gerechtigkeit', die die Verbrecher verfolgt, nicht besser ist als diese selber. La Regnie, der Präsident des Sondergerichtshofes „Chambre ardente" mißbraucht seine Befugnisse dazu, so grausam und blutrünstig zu wüten wie die Mörder, und wenn Cardillac „wie ein Tiger" über seine Opfer herfällt (s. o.), so gemahnt auch la Regnie an ein Raubtier, wenn es von ihm heißt, daß er alles aufbiete, einen Verdächtigen, den er einmal gefaßt hat, „zwischen den Zähnen festzuhalten" (707). Unbezähmbare Mordlust wohnt auf dem Grunde auch seiner Seele, so daß er „sein Messer gern an unserer aller Kehlen setzte" (702).

Zu begreifen ist dieses Treiben nicht, nur mit Schauern der Angst aufzunehmen. Wie aber Hoffmann offensichtlich daran gelegen ist, das Unbegreifliche des Geschehens hervorzuheben, bedient er sich einer Erzähltechnik, die bewirkt, daß der Leser ebenso wie das Fräulein von Scuderi, mit dem jener die Perspektive der Betrachtung teilt, zunächst und längere Zeit über den Zusammenhang und die Hintergründe der Geschichte um Cardillac und Olivier Brusson im unklaren gelassen wird. Er erzählt deren Schicksale daher nicht ab ovo und chronologisch, sondern dreht die Chronologie der Ereignisse (also die Reihenfolge auf der Ebene des Erzählten) auf der Ebene des Erzählens gewissermaßen um, indem er das Spätere an den Anfang setzt und das Frühere als Vorgeschichte nachholt. Am Anfang erfahren wir von dem seltsamen mitternächtlichen Besuch im Hause der Scuderi und der Übergabe des Kästchens, von einer neuen Mordserie in Paris, die dem Raub von kostbarem Schmuck, wie im Kästchen enthalten, gilt, sowie von weiteren merkwürdigen Vorfällen. Aber erst zu einem sehr viel späteren Zeitpunkt erzählt Olivier dem Fräulein seine und Cardillacs Geschichte, die den Zusammenhang des Ganzen aufhellt.

Es kommt hinzu, daß die anfänglichen, scheinbar zusammenhanglosen Ereignisse, wie immer in Hoffmanns Erzählungen, als geheimnisvoll und, da sie zugleich bedrohlich wirken, als unheimlich erscheinen. Wenn aber „hinter diesem allem irgendein grauenvolles, entsetzliches Geheimnis verborgen" ist (669), so mutet die dargestellte Welt nicht nur unbegreiflich, sondern auch hintergründig an, gleichsam als Wirklichkeit mit doppeltem Boden. Nicht jedem ist es gegeben, davon etwas zu spüren. Es bedarf dazu einer besonderen, im „tiefsten Innern" ansprechenden und darum dem Verborgenen korrespondierenden Sensibilität, der von Hoffmann so häufig in seinen Werken genannten „Ahnung" (681). Das Fräulein von Scuderi, ein alter und weiser Mensch und dazu eine Poetin, besitzt dieses Vermögen, und unter anderem aus diesem Grund trägt die Erzählung als Titel ihren Namen.

Nun erfahren zwar die Rätsel, mit denen die Scuderi und der Leser konfrontiert werden – zunächst in einer längeren Phase zunehmender Verdichtung –, später eine Lösung. Aber wenn dies dem äußeren Schein nach auch eine Art ‚Aufklärung' ist, so doch nicht eine Übersetzung ins rational Begreifbare. Wie könnten Vorgänge wie die, die zu Cardillacs Obsession führen, wirklich ‚begriffen' werden? Und so bleibt bei aller Aufhellung der tiefste Grund des Geschehens dem Verstand unzugänglich und im dunkeln, auch als Reservat der Phantasie. Von den Serapions-Brüdern erhält die Erzählung gerade deshalb Beifall, „weil sie auf geschichtlichen Grund gebaut, doch hinaufsteige ins Fantastische" (709).

Man kann allerdings auch sagen, daß sie „hinabsteigt", und zwar in eine unergründliche Tiefe, die auch im zeitlichen Sinne zu verstehen ist. Denn wenn sie so angelegt ist, daß eine „analytische" Struktur entsteht, das will sagen, Rätselhaftes zunächst vorgestellt wird, um dann enthüllt zu werden, so ergibt sich zugleich die Stufenfolge von Gegenwart und Vergangenheit, weil das Enthüllen von Vorgeschichte sich per definitionem zum präsentischen Rätsel in ein vorzeitliches Verhältnis setzt. Im engeren Sinne Zeit*tiefe* wird hierbei dadurch geschaffen, daß die Stufe der Vergangenheit noch durch die der Vor-Vergangenheit ergänzt wird. Von der Vergangenheit, an die die Gegenwart unmittelbar anknüpft, berichtet Olivier in seiner Geschichte. Von einer tieferen Vergangenheit, die der von Olivier berichteten vorausliegt, aber erzählt Cardillac (zwischen ihm und Olivier besteht ja auch ein Generationsunterschied).

Die Art und Weise, wie beides vermittelt wird, führt zu einer Verschachtelung. Denn in die Erzählung dessen, was auf der Gegenwartsebene geschieht, ist die Erzählung Oliviers eingeschoben. Und in diese wiederum ist die Erzählung Cardillacs eingefügt, die Olivier wiedergibt, so wie sie Cardillac ihm anvertraut hat.

Nicht nur wird auf diese Weise der Vorgang des Erzählens als ein Vorgang der Vermittlung potenziert (es wird erzählt, was einer erzählt, der erzählt, was ihm einer erzählt hat). Auf mehrfache Weise bildet sich auch eine ‚Rahmung'. Denn jede in eine Erzählung eingelegte Erzählung wird Binnenstück und macht die Ausgangserzählung zum Rahmen, und dieses Verhältnis tritt beim *Fräulein von Scuderi* dreifach auf, wenn man vom Zweitdruck in der Sammlung der *Serapions-Brüder*, einer zyklischen Rahmenerzählung, ausgeht.

Kann nun ein so kompliziert gebautes Erzählwerk „Novelle“ genannt werden? Dieser Gattung spricht man gewöhnlich einen forschen linearen Vorwärtsgang zu, nicht so sehr ein stufenartiges Rückwärtsschreiten ins Vergangene und Vorvergangene, wie es hier gegeben ist. Für den novellistischen Charakter spricht jedoch, daß zum einen das „Unerhörte“ (wörtlich so S. 705) dargestellt wird, zum andern die „Begebenheit“ hier einen hohen Stellenwert hat. Denn der Charakter, der im Mittelpunkt steht, ist ja nicht Herr seines Tuns, sondern agiert unter dem Diktat eines „bösen Sterns“, wie er selber glaubt, und unbewußter Triebe, wie der moderne Leser im Sinne des Autors anzunehmen Grund hat. Das regierende Element ist somit das, was sich, ob er es will oder nicht, „ereignet“, und er ist nur das Vollzugsorgan des Sichereignenden.

Die Frage ist nun, ob man überhaupt Goethes vielzitierte und arg strapazierte Novellendefinition zum Maßstab nehmen muß. Hoffmann seinerseits hat bei dem Begriff Novelle, wie später Theodor Storm, an die Nähe zum Drama gedacht. Kurz nachdem in den *Serapions-Brüdern* das *Fräulein von Scuderi* vorgetragen worden ist, kommt das Gespräch der Freunde darauf, ob Erzählungen sich in Dramen verwandeln lassen. Die Möglichkeit wird aus Gründen der allzu großen Gattungsverschiedenheit verneint, der Sprecher macht aber die Einschränkung: „Ihr versteht mich, daß ich von der eigentlichen Erzählung spreche und alles Novellenartige ausschließe, das oft den Keim in sich trägt, aus dem das wahre Drama hervorsprießt, wie ein schöner herrlicher Baum.“ (711)

Sollte Hoffmann unter dem „Novellenartigen“ auch eine Erzählung wie *Das Fräulein von Scuderi* verstehen (was durch den Kontext nicht geradezu nahegelegt, aber auch keineswegs ausgeschlossen ist), die kurz vorher im Rahmengespräch „wahrhaft serapiontisch“ (709) genannt wird, so träfe das mit der Tatsache überein, daß der Vorbildheilige der ganzen Sammlung, der Einsiedler Serapion, offenbar ein Novellendichter ist, denn es heißt von ihm:

„Serapion erzählte jetzt eine Novelle, angelegt, durchgeführt, wie sie nur der geistreichste, mit der feurigsten Fantasie begabte Dichter anlegen, durchführen kann. Alle Gestalten traten mit einer plastischen Ründung, mit einem glühenden Leben hervor, daß man fortgerissen, bestrickt von magischer Gewalt wie im Traum daran glauben mußte, daß Serapion alles selbst wirklich von seinem Berge erschaut." (26 f.)

In dieser Gestaltungsweise verwirklicht sich offensichtlich das Prinzip dramatisch-theatralischer Vergegenwärtigung, so daß man sagen kann, daß Hoffmann hier seine Vorstellung von der Nähe der Novelle zum Drama einlöst. Auch sonst betont er, daß das „Serapiontische" einer Erzählung darin besteht, daß der Dichter als „wirklich geschaut" darstellt, was er in der Phantasie empfangen, und es ist kaum daran zu zweifeln, daß im poetologischen Sinne damit das Prinzip der szenischen Darstellung gemeint ist. Er selbst hat sich in allen seinen Erzählwerken, auch in seinen Romanen, an dieses Prinzip gehalten. Er läßt seine Figuren wie auf der Bühne gern in ausdrucksvoller Gestik und Mimik auftreten; er suggeriert seinem Publikum nicht selten ein unmittelbares Dabeisein, so als säße der Leser vor einer Szene, vor der gerade ein Vorhang weggezogen worden ist; er wickelt die Handlung oft in Spiel und Gegenspiel und in überraschenden Umschwüngen ab, wie es der antagonistischen Auseinandersetzung gegensätzlicher Kräfte angemessen ist. Tatsächlich wird der Leser „fortgerissen, bestrickt", in die Illusion lebendiger Gegenwart hineingezaubert, wenn er Szenen erlebt wie die folgende, die eher wirkt, als werde sie ‚aufgeführt', und nicht so sehr als bloß erzählt:

„Nach der Straße Nicaise, dorthin, wo Cardillac wohnte, strömte das Volk, sammelte sich vor der Haustüre – schrie, lärmte, tobte – wollte stürmend hinein, mit Mühe abgehalten von der Marechaussee, die das Haus umstellt. Im wilden, verwirrten Getöse riefen zornige Stimmen: ‚Zerreißt, zermalmt den verfluchten Mörder!' – Endlich erscheint Desgrais mit zahlreicher Mannschaft, *die* bildet durch den dicksten Haufen eine Gasse. Die Haustüre springt auf, ein Mensch mit Ketten belastet, wird hinausgebracht und unter den greulichsten Verwünschungen des wütenden Pöbels fortgeschleppt. – In dem Augenblick, als die Scuderi halb entseelt vor Schreck und furchtbarer Ahnung dies gewahrt, dringt ein gellendes Jammergeschrei ihr in die Ohren. ‚Vor! – weiter vor!' ruft sie ganz außer sich dem Kutscher zu, der mit einer geschickten, raschen Wendung den dicken Haufen auseinanderstäubt und dicht vor Cardillacs Haustüre hält." (672)

Wenn wir abschließend kurz auf die Rezeption des *Fräulein von Scuderi* in der Forschungsliteratur eingehen, so ist vor allem hervorzuheben, daß die Erzählung, wie es ja naheliegt, mehrfach als Kriminalgeschichte gedeutet worden ist. R. Alewyn sieht in ihr das erste Beispiel, das bereits alle wesentlichen Elemente enthält, die die Gattung speziell des Detektivromans formieren. Da ist im ganzen zunächst die Rätselstruktur, die darauf beruht, daß nicht dargestellt wird, wie ein Verbrechen geplant und ausgeführt, sondern wie es, nachdem es bereits geschehen, im analytischen Verfahren aufgedeckt und rekonstruiert wird. Und im einzelnen kann man folgende Konstituentien ausmachen: „Erstens den Mord, beziehungsweise die Mordserie, am Anfang und dessen Aufklärung am Ende, zweitens den verdächtigen Unschuldigen und den unverdächtigen Schuldigen, und drittens die Detektion, nicht durch die Polizei, sondern durch den Außenseiter, ein altes Fräulein und eine Dichterin."[9] Hinzu kommt, daß Hoffmann als Schauplatz für das Verbrechen eine Großstadt wählt: auch dies ein Merkmal der meisten Detektivromane. Hingegen ist das Fräulein von Scuderi noch keine typische Verkörperung des Detektivs, nicht nur weil sie nicht aktiv und planmäßig genug verfährt, sondern auch weil ihr Bestreben nicht primär darauf hinausgeht, den Mörder zu ermitteln. Es kommt ihr vielmehr darauf an, Olivier zu retten.[10] Sie ist indessen bereits mit zwei Eigenschaften ausgestattet, die auch dem klassischen Detektiv eigen sind, mit Scharfsinn und mit Ahnungsvermögen; mit Scharfsinn, der sie zum genauen Abwägen und richtigen Kombinieren aller Umstände befähigt, mit Ahnungsvermögen, das sie inspiriert, dem Augenschein zu mißtrauen und an tiefer Verborgenes zu glauben, mag diese Ahnung auch von Zweifeln angefochten werden.

Die Geschichte von Cardillac ist auch als Künstlererzählung gedeutet worden.[11] Im Lichte moderner Anschauungen, wie etwa derjenigen Thomas Manns in *Tonio Kröger*, die einen Zusammenhang zwischen Kunst und Verbrechen sehen und auf die existentielle Verfallenheit des Künstlers an das Schaffen und das geschaffene Werk anspielen, kann man den Goldschmied in der Tat einerseits als eine antizipierende Version dieser Art von Künstlertum betrachten. Andererseits repräsentiert er ein Künstlertum älterer Art: die Einheit von Kunst und Handwerk. Die Rede von der „wundervollen Kunst" (664) Cardillacs bezieht sich, durchaus eigentlich und nicht uneigentlich, auf seine Profession als Goldschmied, wie denn nach traditioneller Terminologie etwa auch Feinmechaniker als „Künstler" galten oder von der „Porzellan-

[9] R. Alewyn 1974, S. 353 f.

[10] Gegen Alewyns These ist mehrfach Kritik erhoben worden.

[11] Vgl. etwa M. Thalmann 1949, H. Himmel 1976 ([1]1960), G. Gorski 1978, J. Werner 1990.

kunst“, der „Glasmacherkunst“, der „Münzkunst“ gesprochen wurde.[12] Der in Hoffmanns Erzählung einmal kurz erwähnte Vater Oliviers war Uhrmacher, und es heißt dabei, daß der Brotneid der „Kunstgenossen“ (684) ihn um Aufträge gebracht habe.

Cardillacs psychopathologische Fixierung auf den Glanz und das Funkeln der Juwelen und des Goldes, einen Schimmer, den er diesen Materialien erst entlockt durch seine Arbeit, hat noch eine weitere Bedeutung. Wenn man zum Vergleich Hoffmanns Erzählung *Die Bergwerke zu Falun* heranzieht, handelt es sich um eine Verfallenheit an Elemente, die dem dämonischen Unterreich entstammen. Dieses Unterreich in der Tiefe der Erde korrespondiert dem Unterbewußten in der Tiefe der Seele, das den Goldschmied zu seinen Verbrechen treibt.

[12] S. Johann Beckmann: Anleitung zur Technologie, oder Kentniß der Handwerke, Fabriken und Manufacturen . . . Göttingen 1780. Reprint Leipzig 1970.

Friedrich Strack

Phantasie und Geschichte
Achim von Arnim: *Die Majoratsherren* (1819)

Als Erzähler hat Achim von Arnim erst spät Anerkennung gefunden. Goethes Diktum, er sei „wie ein Faß, wo der Böttcher vergessen (habe), die Reifen fest zu schlagen, da läuft's denn auf allen Seiten heraus", mag das negative Urteil über seine Prosa lange Zeit begünstigt haben.[1] Selbst ein wohlwollender Kritiker wie Jacob Grimm rügte an Arnims ‚Majoratsherren' die „wunderliche(n) und unnatürliche(n) Übergänge" sowie die „fast sündlich(e) Verwirrung seiner Pläne"[2].

Erst Heinrich Henel hat 1960 die strenge Kompositionstechnik Arnims an dieser Erzählung nachgewiesen.[3] Aber stilistische Fragen sind in der Folge wieder Inhaltsproblemen gewichen. Vor allem die Quellen zur jüdischen Kultur und zum Somnambulismus sind erforscht worden, die Arnim in seiner Erzählung ausgewertet hat.[4] Weniger beachtet wurden die rechtlichen Voraussetzungen des Geschehens, die ins Zentrum der Erzählung führen. Denn ein skrupelloser Rechtsbruch, ein ‚unerhörter Fall', der jede Rechtsordnung sprengt, bestimmt die Thematik der ‚Majoratsherren' und wirft damit die Frage nach dem novellistischen Charakter der Erzählung auf, die am Ende der Betrachtung neu gestellt werden soll.

Als „rechtsgeschäftliche Stiftungen" haben Majorate seit dem frühen Mittelalter Geltung erlangt. Durch sie wurde die Erbfolge von (Familien-)Gütern geregelt, die nach Verfügung des Stifters

---

1 So Goethe gegenüber Varnhagen am 8. Juli 1825. Carl Schüddekopf / Oskar Walzel (Hrsg), Goethe und die Romantik, 2 Bde. Weimar 1898/1899, Bd. 1, S. 364.

2 Vgl. Renate Moering, Kommentar zur Werkausgabe Achim von Arnims im Klassiker-Verlag, Bd. 4: Sämtliche Erzählungen, 1818–1830, Frankfurt 1992, S. 1043.

3 Heinrich Henel, Arnims ‚Majoratsherren'. In: Weltbewohner und Weimaraner. Ernst Beutler zugedacht. Hrsg. von Benno Reifenberg und Emil Staiger. Zürich und Stuttgart 1960. S. 73–104, Wiederabgedruckt bei Jost Schillemeit (Hrsg.), Deutsche Erzählungen von Wieland bis Kafka, Frankfurt 1966, S. 151–178. Nach diesem Abdruck wird zitiert.

4 Dazu: Renate Moering (Anm. 2), S. 1033 ff.

nur dem erstgeborenen Sohn übertragen werden konnten. Auch waren diese Güter in der Regel unveräußerlich. Seit der Französischen Revolution wurden Majorate jedoch als feudale Einrichtungen bekämpft und schließlich durch den Code Civil aufgehoben. Das galt auch für die deutschen Territorien links des Rheins. Erst in der Verfassung von 1850 (Art. 40) hat Preußen diese Regelung übernommen.[5] Von einem solchen Familiengut – und seinem Untergang – handelt Arnims Erzählung. Die Rechtsübertragung eines feudalen Hauses auf einen jungen Herrn liegt viele Jahre zurück.

Alles scheint in bester Ordnung zu sein; doch im Verlauf des Geschehens stellt sich heraus, daß der Vermögensübertragung ein perfider Betrug vorausgegangen ist. Durch einen Kindestausch hat der Erblasser seine Nachfolge manipuliert, um einen ungeliebten Verwandten, den Vetter, auszuschalten. An die Stelle einer legitimen, aber spätgeborenen Tochter aus zweiter Ehe hat er den unehelichen Sohn einer Hofdame gesetzt, deren Geliebter (der Vater des illegitimen Majoratsherrn) von eben diesem Vetter aus Eifersucht erstochen worden ist. Ohne darüber Klarheit zu haben, lebt der Majoratsherr in der Folge im Hause des Vetters, das heißt: mit dem „Mörder (s)eines Vaters unter einem Dache." (35)[6]

Die verworrene Sachlage klärt sich erst spät im Verlauf des Geschehens. Aber nicht um die Aufklärung dieses Verbrechens geht es in Arnims Erzählung. Eine Kriminal- oder Detektivgeschichte liegt nicht vor. Es gibt weder Kläger noch Richter. 30 Jahre lang ist die Rechtsbeugung verdeckt geblieben. Und der Vetter, der schließlich doch noch Eigentümer des Hauses wird, kennt nicht einmal die Hintergründe des korrupten Geschehens. Ironischerweise geschieht ihm Recht, ohne daß Recht geschieht. Der ‚unerhörte Fall' der Rechtsverletzung bleibt – scheinbar – folgenlos. Doch das Haus spiegelt gleichwohl die Perversion der rechtlichen Ordnung. Es ist zum Kuriosum geworden, wie der Erzähler kritisch durchblicken läßt. Nur formell werden die Stiftungsforderungen noch erfüllt; der Geist ist aus ihnen gewichen. Majorate passen nicht mehr in die Zeit, sie werden nur noch wie Museen bestaunt. Das spürt auch der junge Besitzer, der „in der Fremde" wohnt (8) und seinem Erbe sich nicht mehr verpflichtet fühlt. Von seinem

---

[5] Erläuterung nach dem ‚Handwörterbuch zur deutschen Rechtsgeschichte'. Unter Mitarb. von Wolfgang Stammler hg. v. Adalbert Erler u. Ekkehard Kaufmann. Berlin 1964.

[6] Zitiert werden ‚Die Majoratsherren' nach der Reclam-Ausgabe (Nr. 9972), hg. v. Gustav Beckers. Die Seitenzahlen sind dem Text beigefügt.

Ursprung entfremdet, lebt er materiell sorgenfrei von seinem Vermögen, aber in Ungewißheit um seine Herkunft und auf der Suche nach Identität. Als scheuer, kränkelnder Sonderling wird er in die Erzählung eingeführt. Wie der Leutnant und die Hofdame als Karikaturen des Ancien Régime gezeichnet sind, steht er vor dem Auge des Lesers als romantischer Träumer und Phantast. Bereits beim Einzug in seine Vaterstadt sieht er eine Menge „ausgemergelte(r) Leute“, die „an den Röcken von unglücklichen Seelen zurückgezogen“ werden und „wegen ungeendigter Prozesse nicht zur Ruhe kommen“ können (16). Sie erscheinen ihm als bedrohliche „Plagegeister“, während seine Begleiter nur ganz gewöhnliche Alltagsmenschen in ihnen erkennen (17). Auch Esther reagiert nüchtern und besonnen, wenn sie „wegen des heftigen Zuges“ die Hintertür ihres Ladens schließt, während der Majoratsherr das „Flügelsausen“ des Todesengels zu vernehmen meint (26).

Viele Wahrnehmungen in der Erzählung vollziehen sich somit auf doppeltem Boden. Wer mit den Augen des Tages blickt, nimmt nur profane Geschehnisse wahr. Wer aber, wie der Majoratsherr, mit dem Auge des Geistes schaut, sieht sogleich auch deren geheime Bedeutung, ihren verborgenen Sinn. Beide Wahrnehmungsweisen stehen nebeneinander, ohne vom Erzähler relativiert zu werden.

Indessen nimmt der junge Herr nicht nur Bedeutungen wahr. Er behauptet, exakt unterscheiden zu können, „was (er) mit dem Auge der Wahrheit sehen muß, oder was (er sich) gestalte(t)“ (18). So weiß er um die Differenz von Faktum und Fiktion. Er gibt sich als geheimer Poet zu erkennen, der „den toten Stoff der Umhüllung zu lebender Gestaltung vergeistigt“ (49). Beim Lesen der alten Schriften treten ihm sogar „alle Patriarchen und Propheten, alle Rabbiner und ihre wunderlichen Geschichten aus den Sagenbüchern“ lebendig hervor, so daß „die Stube zu eng (wird) für die ungeheure Zahl“ (28). Mit der „Physik der Geister“ (19) ist der Majoratsherr bestens vertraut. Er kennt die verschiedenen Erscheinungsweisen imaginativer Erfahrung und orientiert sich daran. Von der einfachen Anschauung über die Kontemplation, den Traum, die Phantasie, die Vision und vielleicht auch die Halluzination sind ihm alle Formen ‚höherer‘ Erfahrung eigen. Sie überlagern sich häufig in seinem Wahrnehmungsfeld und werden nicht scharf voneinander geschieden. Indikativische Sätze reihen sich bruchlos aneinander, geben keinen Vermutungen Raum. Die Sphären des ‚als ob‘ scheinen für den Majoratsherrn aufgehoben zu sein.

Er hält sie alle für „wahr“, so wie er „alle(n) Glaube(n), der geglaubt wird“, für wahr hält und sogar behauptet, mit den „heidnische(n) Götter(n)“ in Kontakt zu stehen (15).

Höhepunkte der Geisterbegegnungen sind die abendlichen Darbietungen im Zimmer der geliebten Esther, die der Majoratsherr aus sicherer Distanz (hinter Gardinen oder ungeputzten Scheiben) verfolgt. Sie gleichen einem Schauspiel in vier Akten, die auf vier Abende verteilt sind; einem Liebesdrama, das mit dem Tod der Liebenden endet.

Am ersten Abend belauscht der Majoratsherr Esther bei der Toilette: er sieht, „wie sie ihre Kleider ab(wirft), und im zierlichsten Nachtkleide vor einem eleganten Spiegeltische ihre Haare fl(i)cht.“ (20). Gleich darauf hört er den „Schuß“, der – wie der Gong im Theater – die Szene verwandelt. Von da an bewegt sich das Geschehen auf der Bühne der Illusion: „da sprang sie [Esther] auf und las ein italienisches Gedicht mit vielem Ausdruck, in welchem der Dienst der Liebesgötter bei einem Putztische beschrieben wurde, und gleich sah er unzählige dieser zartbeflügelten Gestalten das Zimmer beleben [. . .]“ (20).

Nicht deutlich wird an diesen Zeilen, was in Esthers Zimmer tatsächlich geschieht; ob sie das Gedicht wirklich aufsagt oder ob der erotisch berauschte Majoratsherr es ihr in den Mund legt. Die Liebesgötter, die er sogleich wahrnimmt, sind jedenfalls keine objektive Erscheinung. Sie entspringen seiner Phantasie, die sich in Sinnbildern und mythologischen Vorstellungen verdichtet. Eindeutiger noch sprudelt seine produktive Einbildungskraft, nachdem Esther „sich in ihr Bett gestreckt“ und das Licht gelöscht hat. Da sieht der Majoratsherr „im Dampfe der [. . .] Nachtlampe“ seine Mutter erscheinen, „die von der Stirn des Mädchens eine kleine beflügelte Lichtgestalt auf(hebt), und in ihre Arme (nimmt)“. Sie trägt die Psyche der Geliebten schließlich „über den schwindelnden Straßenabgrund“, so daß der Majoratsherr mit einem „Schrei [. . .] aus (seinem) höhern Seelenzustande, aus dem Kern in die Schale zurück(sinkt)“ (21). Er erwacht somit aus einer Traumvision und vermag den „seligen Anblick“ nicht mehr zu wiederholen. Nach Art der romantischen Ironie wird die Illusion gebrochen, der poetische Träumer drastisch mit der Wirklichkeit konfrontiert: „nichts regte sich in der Gasse, als die Ratten, die eine muntere Jagd unter den Brücken der Gossen hielten [. . .]“ (21).

So wird nicht Esther, sondern der Majoratsherr von Visionen heimgesucht. Was er in ihrem Zimmer wahrnimmt, sind seine eigenen Phantasien, die er dorthin projiziert. Esther spielt nur eine Statistenrolle. Ihre Toilette, ihre Entkleidung, ihr Niedersinken dienen dem Voyeur zum Anlaß, eine Art inneren Monolog des Sehens in Gang zu setzen, der seine Liebesneigung enthüllt. Von einer medialen Verbindung der beiden Hauptgestalten kann deshalb keine Rede sein. Esther ist keine Somnambule, wie man in der Forschung einhellig voraussetzt[7]; sie ist nur insofern ‚Medium‘, als sie die Phantasie des Majoratsherrn erregt. Ansonsten zeigt sie sich als recht nüchterne Person, die ihren Tagesgeschäften nachgeht (26), sich zur Nachtruhe vorbereitet (20) oder aus dem Fenster schaut (33). Zwar erfährt man durch den Leutnant, daß sie an traumatischen ‚Anfällen‘ leidet, die auf den Selbstmord ihres Geliebten zurückzuführen sind (42); doch wird „kein Mensch aus ihr klug“ (43). Man weiß also nicht, was mit ihr geschieht. Auch der Majoratsherr errät davon nichts. Daß Esther am Tod ihres ersten Geliebten leidet und von Krämpfen befallen wird, wenn sie an die Möglichkeit denkt, den ungeliebten jüdischen Bräutigam heiraten zu müssen, entgeht ihm trotz seines „zweiten Augenpaar(s)“ (15). Er deutet ihre ‚Anfälle‘ nach Maßgabe seiner Einbildungskraft, die über Esthers wahres seelisches Befinden keinerlei Aufschluß gibt. So bleibt der Majoratsherr in sich befangen.

Was er in der „Gesellschafts-Komödie“ (30) des zweiten und im Maskenspiel des dritten Abends vor Augen sieht, ist objektiviertes Illusionstheater, das er sich selbst veranstaltet. Seit dem Besuch bei seiner „prophetischen Kranken“ in Paris (12), seinem modernen Orakel, und den bruchstückhaften Informationen, die ihm als bedeutende „Fingerzeige“ (29) zukommen, ist der romantische Ödipus auf dem Weg zu sich selbst. Er sucht Klarheit über sich und seine Herkunft zu gewinnen. Doch nicht Esther informiert ihn über seine Identität in spiritistischen Geistergesprächen; vielmehr ergrübelt er selbst seinen verworrenen Ursprung in nächtlichen Selbstreflexionen am Fenster, wobei er seine Wünsche und Befürchtungen in einem Figurenspiel objektiviert. Die abendlichen Aufführungen in Esthers Zimmer, die der Majoratsherr von seiner sicheren „Warte“ aus verfolgt (30), sind somit auch hier keine somnambulistischen Akte, die auf „höhere“ Konnexionen verweisen; Arnim treibt vielmehr sein Spiel mit der Hellseherei, er parodiert das somnambule Treiben seiner Zeit, das er in psychoanalyti-

[7] Heinrich Henel (Anm. 3, S. 158) hat diese Ansicht befestigt; ihm haben sich Gustav Beckers, Lawrence O. Frye u. Gerhard Kluge angeschlossen.

scher Funktion instrumentiert. Bei aller Doppelbödigkeit des Erzählens, die Arnim vorsätzlich inszeniert, zeigt sich der Majoratsherr als monomanisch Introvertierter und als raffinierter Selbstunterhalter, der – wie der Stier auf dem Judengrab an einem „Grabsteine" (21) – an seinem verschütteten Leben schürft. Den „Sprung" hinüber zu Esther wagt er nicht. Er bleibt ein romantisch Isolierter, der sich „nach Vereinigung liebend sehnt", aber die „Klüfte" zwischen den Menschen nicht zu überbrücken vermag (43). Das unerhörte Ereignis dieser Liebestragödie besteht gerade in der Kontaktlosigkeit zweier Gestalten, die für einander bestimmt erscheinen, aber auf Grund ihrer Erblast nicht zueinander finden können. Erst nach der „Gesellschafts-Komödie", die ihn über seine Abkunft aufklärt und nach dem wilden Maskentreiben, das ihm Esthers Leidensgeschichte verdeutlicht, begreift der Majoratsherr, daß er „zwischen Himmel und Hölle" wohne und daß es „seiner auf Erden nicht mehr bedürfe" (41). Er fügt sich in Resignation als einen „höheren Traum" (41).

Der vierte Schuß, den der Majoratsherr vernimmt, versetzt ihn überraschend nicht mehr in Traum oder Trance, sondern erweckt ihn aus einem melancholischen Dämmerzustand (45). Sein Blick wird zunächst durch das „Hinterfenster" auf die Vorbereitung der „Judenhochzeit" gelenkt, dann erst in das Sterbezimmer Esthers. Der vierte Akt des Liebesdramas setzt sich somit aus zwei Szenen zusammen, Hochzeit und Tod sind eng aneinandergerückt. Während jene im jüdischen Milieu vollzogen werden soll, transzendiert dieser ins Christliche.

In drei verschiedenen Versionen wird Esthers Tod dargeboten: zunächst berichtet „händeringend" ein Judenweib davon, während der Majoratsherr ihn „erstarrt in seiner Fensterecke" (46) zur Kenntnis nimmt. Sodann wechselt die Szene. Wie an den Vorabenden wird in das Zimmer der (schein)toten Esther umgeblendet, in dem Vasthi sich zu schaffen macht. Doch handelt es sich auch in diesem Falle nicht um eine Vision. Der Majoratsherr beobachtet ganz konkret, daß sich die Jüdin „wie ein Alpdruck auf die Brust der armen Esther (setzt) und [. . .] ihre Hände an ihren Hals (legt)." Er meint sogar noch „einige Bewegungen am Kopf, an Händen und Füßen der schönen Esther" wahrnehmen zu können (48). So wird er Zeuge von der faktischen Ermordung der Geliebten, die an Starrkrämpfen leidet, nicht bei Bewußtsein ist. Und schließlich erlebt er den Tod Esthers noch einmal als Verklärung. Nur dieser Teil der Wahrnehmung ist als Vision konzipiert, die mit dem Erlöschen des Lichts sowie der Erscheinung Adams und Evas einsetzt und mit dem Entschwinden der Psyche Esthers in den Armen des Todesengels schließt. Damit wird das Traumbild, das dem Majoratsherren in seinem „höheren Seelenzustande“ am ersten Abend vorschwebte (21), noch einmal aufgenommen und poetisch gesteigert. Esther wird in eine „höhere“ Sphäre entrückt. Daß es zur Aufgabe der „Phantasie“ gehört, diesen Übergang zu vollziehen, gibt Arnim in dem direkt anschließenden, einzig hervorgehobenen Satz der Erzählung zu verstehen: *„und es erschien überall durch den Bau dieser Welt eine höhere, welche den Sinnen nur in der Phantasie erkenntlich wird: in der Phantasie, die zwischen beiden Welten als Vermittlerin steht, und immer neu den toten Stoff der Umhüllung zu lebender Gestaltung vergeistigt, indem sie das Höhere verkörpert.“* (49) Diese Bemerkung des Erzählers liefert die poetologische Rechtfertigung alles Vorausgegangenen nach. Denn die „Phantasie“ des Majoratsherrn war es, die den „toten Stoff der Umhüllung zu lebender Gestaltung vergeistigt(e)“: den Putztisch zum erotisch umflügelten Liebesaltar; die Teerunde zur geselligen Unterhaltung; die psychopathologischen Anfälle Esthers zu einem rasenden Karneval; und ihre Ermordung durch Vasthi zu einer mythologischen Verklärungsszene. Ineins damit vollzog sich die ‚Verkörperung‘ des „Höheren“: der Liebe in den Eroten; der Gemeinschaft im Tischgespräch; der Angst im Maskenspiel; und der Erlösung im Todesengel, in dem jüdische, christliche und antike Mythenvorstellungen verschmelzen.

Aber nicht nur im poetischen Vermittlungsgeschäft des Majoratsherren, dieses verborgenen Dichters, behauptet die „Phantasie“ ihren Anspruch; sie vermittelt grundsätzlich – nach Arnims Ansicht – zwischen dem Sinnlichen und dem Geistigen, auch zwischen Erzähler und Leser, und fordert von diesem die Vergeistigung der sinnlichen Poesie. So erweist sich letztlich die „Phantasie“ als die Kraft der Vermittlung schlechthin. Sie bleibt jedoch ihrerseits in den Prozeß der Vermittlung einbezogen; der poetologisch rechtfertigende Satz, der den Erzählvorgang sprengt, wird in einem Zuge (nur durch die Konjunktion „und“) mit Esthers Metamorphose verknüpft. Die „Phantasie“ veredelt sich selbst im Prozeß der Vermittlung: *zur Poesie.* Allerdings versagt diese Kraft im Leben. Sie bringt die Menschen einander nicht näher. Esther und der Majoratsherr werden von ihrem Schicksal erdrückt. Als er schließlich doch den ‚Sprung‘ wagt – bezeichnenderweise nicht als die Geliebte ermordet wird, sondern erst als Vasthi das Bild von Adam und Eva, den „Gestalten der ersten reinen Schöpfung“ (48), raubt, ist Esther bereits tot. So kann er den Mord nur noch mit einem Selbstmord, dem Trunk des Todesbechers, der auch seine Verwandlung einschließt, besiegeln. Esther und der Majoratsherr, die sich im Leben auf so fatale Weise verfehlen mußten, sind nur im Reich der Poesie vereinigt. Im Glauben an eine „höhere“ Welt, die der Selbstmord bezeugt[8], ist die Erblast der Liebenden aufgehoben.

Die vorläufige Dominanz der Liebestragödie drängt die Hauptfrage nach der Erbfolge in Arnims Erzählung lange Zeit in den Hintergrund. Sie wird aber sogleich wieder aufgenommen, nachdem der Majoratsherr freiwillig gestorben ist. Absatzlos leitet die Feststellung seines Todes zu der Bemerkung über, daß der Leutnant „noch am Abend [...] Besitz von dem Majoratshause (nahm), und [...] seine erste selige Nacht in dem Prachtbette des Hauses (schlief)“ (50/51). Pietätvolle Zurückhaltung ist hier nicht angezeigt; die Fakten greifen hart ineinander. Die ältere Generation, die schon abgeschrieben schien, reißt das vakante Vermögen an sich. Eine Restauration der alten Verhältnisse bahnt sich an. Der Adel – wenn auch in seinen verkommensten Vertretern – scheint noch einmal die Herrschaft zu erlangen; sogar Rang und Ansehen sind dem neuen Majoratsherrn, der lange Zeit als „lächerliches Spottgesicht“ verhöhnt worden war (36), plötzlich nicht mehr versagt (51). Aber die ironischen und satirischen Bemerkungen des Erzählers lassen keinen Zweifel aufkommen, daß es sich dabei nur um eine Scheinblüte handelt. „Was untergegangen (ist), muß nicht aus dem Grabe zitiert werden“; dieser Satz aus Arnims Revolutionsessay[9] gilt auch hier. Die feudalen Verhältnisse sind nicht wiederherzustellen, sie könnten nur komisch und grotesk wirken. Arnim gibt zu verstehen, daß der Adel, der in seiner Erzählung ohne Nachfolger bleibt, sich selbst ruiniert hat. Unter der subtilen Knute der Hofdame wird der letzte rechtmäßige Besitzer des Majoratshauses, der zum General avancierte Leutnant (51), zum Lakaien erniedrigt. Aus der Optik Außenstehender – das Voyeur-Motiv wird hier noch einmal variiert – erscheint er als Bediener seiner Hunde, als protestierender Kellner, dessen „Teller [...] vom Zittern des unterdrückten Zornes an den Uniformknöpfen den hellsten Triller“ schlägt (53). Doch auch dieses Alarmzeichen kann die

[8] Entsprechend argumentiert der Majoratsherr im Hinblick auf den Selbstmord des Fähnrichs, des ersten Geliebten der Esther (43).

[9] ‚Was soll geschehen im Glücke‘, Werke, Bd. 6, S. 203.

hochgehaltene Standesehre nicht retten: das Majoratshaus ist am Ende – im genauesten Sinne des Wortes – auf den Hund gekommen.[10] Und das gilt insgesamt für die feudale Ordnung.

Während die vier Tage, die der junge Majoratsherr in seiner Vaterstadt verbringt, den weitaus größten Teil der Erzählung ausmachen[11], ist die (Schein-)Herrschaft des Vetters, die immerhin mehrere Jahre betragen haben muß (genaue Zeitangaben fehlen), auf knapp vier Seiten zusammengedrängt. Nur die Stationen seiner Demütigung nach kurzem, steilem Aufstieg werden skizziert. Aber mit dem „hohen eisernen Gitter" (53), das die Hofdame errichten läßt, um die Lauscher fernzuhalten, ist die Geschichte des Majorates noch nicht abgeschlossen. Mit wenigen Strichen zeichnet der Erzähler die Folgezeit von den „Revolutionskriegen", über die „Herrschaft der Fremden", die Judenbefreiung und die Kontinentalsperre (1806), um Vasthi noch einmal auf den Plan treten zu lassen. Sie erwirbt schließlich das „ausgestorbene Majoratshaus durch die Gunst der neuen Regierung zur Anlegung einer Salmiakfabrik" (54). Damit wird das adlige Haus einer „nützliche(n) Bestimmung" zugeführt. Das ist nicht nur ironisch gemeint. Materialismus und Kapitalismus treten das Erbe der feudalen Kultur an, die – nicht etwa durch die Wirren der Revolution, sondern durch starre Gesetzgebung und Veruntreuung – ‚unnütz' geworden ist. Vasthi, die einzig Überlebende der erzählten Gestalten, wird zur Repräsentantin eines neuen, nüchternen Zeitalters.

Antisemitische Lesarten sind hier allerdings fehl am Platz[12]; an Bosheit und Gemeinheit übertrifft Vasthi ihre adligen Gegenspieler um keinen Deut. Nicht einmal ihr Tötungsgeschäft wird ihr angelastet. Aus der Sicht des Bräutigams (38) und des Leutnants (43) erscheint es sogar als ein Akt der „Milde". Sie leistet eine Art Sterbehilfe, die allgemein anerkannt ist. Selbst der junge Majoratsherr vergibt ihr um des Gebetes willen, das sie am Bett Esthers spricht (47). Vasthi ist zwar rein materiell eingestellt und allein auf

[10] Zur Rolle der Vogelbilder vgl. Paul F. Casey, Images of Birds in Arnim's ‚Majoratsherren', In: GLL XXXIII, Nr. 3, 1980, S. 190–198.

[11] 42 von 47 Seiten in der Reclam-Ausgabe.

[12] Henel spricht von „Arnims finstere(m) Antisemitismus" (Anm. 7, S. 168). Ausgewogener erscheint die Einschätzung Renate Moerings (Anm. 2, S. 1037). Zur sachlichen Beurteilung der Antisemitismusfrage bei Arnim vgl. weiterhin: Gisela Henckmann, Das Problem des ‚Antisemitismus' bei Achim von Arnim. In: Aurora 46, 1986, S. 48–69 und Heinz Härtl, Romantischer Antisemitismus: Arnim und die ‚Tischgesellschaft'. In: Weimarer Beiträge 33, 1987, S. 1159–1171.

ihren Vorteil bedacht; gegenüber den Lastern des Adels jedoch fällt dies kaum ins Gewicht. Wenn Arnim gerade sie zur Erwerberin – nicht zur Erbin! – des Majoratshauses macht, so kennzeichnet er damit den Geist des Kapitalismus, den er schon in der Zeit des untergehenden Feudalismus im Judentum aufkeimen sieht. Seine oft bedrückende Abhängigkeit von jüdischem Kapital mag dabei eine Rolle gespielt haben.

Erst durch die raffenden Schlußbemerkungen des Erzählers gewinnt der Erbbetrug historische Konturen. Die Anspielung auf die Revolutionskriege und die Kontinentalsperre deuten auf den endgültigen Niedergang des Majorats in den Jahren 1796 bis 1806. Arnim dürfte dabei einen linksrheinischen Ort anvisiert haben; denn nur dort wurden zu dieser Zeit die Juden unter der Herrschaft der Franzosen befreit und die Lehnsmajorate aufgehoben. Erst unter diesen Voraussetzungen war es überhaupt möglich, adlige Güter zu erwerben. Die Liebestragödie Esthers und des Majoratsherrn wäre demnach zu Beginn der 80er Jahre anzusetzen. Arnim zeichnet in diesen Gestalten seine eigene entwurzelte Generation, die der Romantiker, die sich nur noch als ‚illegitime', entfremdete Nachfolger einer depravierten Adelskultur fühlen konnten; als Opfer einer feudalen Erblast, die sie durch das freie Vermögen der „Phantasie" zu bewältigen suchten[13], ohne ihrer Melancholie Herr zu werden. Mythos, Poesie und Wissenschaft dienten als Pfeiler, den verdorbenen Strom der Geschichte zu überbrücken; aber der Resignation war nicht zu entkommen.

Neben den juristischen und ästhetischen, den psychologischen und naturphilosophischen sowie den heilsgeschichtlichen Aspekten der Erzählung ist somit auch deren historische Dimension zu beachten. Sie liefert eine deprimierende Zeitdiagnose eines geschichtlichen Umbruchs. Doch ist damit die spezifische Position des Erzählers noch nicht klar erfaßt; denn er selbst überblickt das gesamte Zeitgeschehen aus sicherer Distanz, wie erst vom Ende her voll zu ermessen ist. Auch jene Zeit, in der „viel Handelsverkehr auf Schleichwegen" stattfand (54), hat er längst hinter sich. Wahrscheinlich entspricht sein Standpunkt dem des schreibenden Arnim, der 1819 auf seine Vergangenheit zurückschaut. Doch ist darüber keine endgültige Klarheit zu gewinnen. Der Erzähler wahrt einen offenen, flexiblen Standort im Hinblick auf jene unabge-

[13] Entsprechend faßt Winfried Freund diese Entwicklung in dem Band: Literarische Phantastik. Die phantastische Novelle von Tieck bis Storm, Stuttgart 1990, S. 7 ff.

schlossene Periode, die vom „Kredit" bestimmt ist und in die Zukunft weist.

Seine Position zu Beginn der Erzählung entspricht seiner Überschau am Ende: angesichts einiger Kalenderblätter meditiert er über eine noch gar nicht so lange vergangene Zeit, die aber bereits wie eine versunkene „Fabelwelt" hinter ihm liegt (7). Wehmütig erinnert er sich der „damalige(n) Höhe geistiger Klarheit", die er aber nicht als solche, sondern nur in den „Schattenbildern derer, die ihr im Wege standen", erfaßt (7); den „Schattenbildern" jener Figuren und Karikaturen, die in der Erzählung gezeichnet sind. Sie geben sich als Zerrbilder einer besseren Zeit zu erkennen, die nicht in Erscheinung tritt. Die wirklich solide, feudale Welt, die keineswegs infrage gestellt wird, bleibt, als ein ‚goldenes Zeitalter', hinter den Grotesken verborgen. Doch lassen auch sie im „durchscheinenden Lichte ein menschliches Bild" erahnen (47). Und eben darum geht es dem Erzähler. Er will die ‚goldene Zeit' nur in „Bettlergestalt" hervortreten lassen, damit die „stolzen Freier" – die selbstbewußten Zeitgenossen – sie ‚dulden'.[14] Unter der Maske des Bizarren bleibt sie erahnbar. Arnim verzichtet auf die idealisierende und verklärende Darstellung der Tradition, die der Romantik eigen war. Er faßt statt dessen die konkreten Veränderungen ins Auge und benennt die Gründe für den Untergang jener besseren Zeit: die „tief geheime Sehnsucht des Herzens, aus der verschlossenen Brusthöhle hinausblicken zu können." (7) Die Verirrungen und Absonderlichkeiten fortgeschrittener Kulturen – auch die Geisterseherei gehört dazu – werden somit auf ein natürliches Bedürfnis des Menschen zurückgeführt: das Bedürfnis, die seelische Begrenzung zu überwinden, ein „Höheres" zu ahnen und zu erfahren. Aber zugleich ist diese natürliche „Sehnsucht" durch Vorwitz und Überheblichkeit gefährdet. „Frevelnd(e) Selbstvernichtung" scheint den zu treffen, der sich vom „Glanze der halbentschleierten [. . .] Zukunft" blenden läßt. Arnim mißtraut der Aufklärung in ihrem ikarischen Fortschrittsdrang. Sehnsucht und Neugier fordern ein Korrektiv. Nur die „Gegenwart der Erde" scheint tauglich zu sein, alle Kräfte zu binden und „uns in ruhiger Folge (für) jede Anstrengung" zu belohnen (7).

---

[14] Mme de Stael will Arnim erläutert haben (so schreibt er an Bettine, Steig II, S. 168), daß das Bizarre „das Außerordentliche in der Welt meist nur nachäffe"; doch müsse dieses häufig auch „in dieser Bettlergestalt erscheinen [. . .], wie Odysseus, weil ihn die stolzen Freier sonst nicht duldeten". – Dieser Vergleich ist tauglich, Arnims poetische Verfahrensweise, die vielfach mißbilligt wurde, zu erläutern und zu rechtfertigen.

Hier spricht nun nicht mehr der Romantiker Arnim, der einst selbst dem Phantastischen gehuldigt hatte, sondern der gereifte Wiepersdorfer Bauer, der Rechenschaft ablegt über seine Vergangenheit. Der romantischen Schwärmerei und Selbstverliebtheit steht er 1820 ebenso distanziert (wenn auch weniger kritisch) gegenüber wie dem feudalen Geltungsdrang (der alten Zeit) und dem kapitalistischen Geldwucher (der neuen). In der Gestalt des Erzählers erinnert er an die Vor-Zeit der „Stiftungen", in der die „Notdurft" mit der „Sehnsucht" offenbar in Einklang stand und die Menschen an die „Gegenwart der Erde" gebunden blieben. Und er selbst scheint diesem entrückten Ideal mit der Bewirtschaftung seines eigenen Gutes nachzukommen. Insofern wird der Pessimismus seiner Zeitdiagnose durch die eigene – bodenständige – Tätigkeit gemildert. Aber diese bleibt ebenso hinter den bizarren Abnormitäten der Zeit verborgen wie die bloß erinnerte ‚goldene' Vor-Zeit.

Wie ein Rahmen sind die einleitenden und die ausführenden Bemerkungen des Erzählers um das Zeit-Bild der Geschichte gelegt. Melancholisch durchblättert er die Stiche eines älteren Kalenders und überläßt sich seinen Betrachtungen. Was ihm dabei vor Augen tritt, flößt wenig Hoffnung ein. Aber es schafft Klarheit über einen Geschichtsprozeß, dessen Verworrenheit nur noch von einer religiös zu verstehenden Erbschuld her zu begreifen und im Glauben zu überwinden ist. Das resignierende Wort, das Goethe Arnim ins Stammbuch geschrieben hat und das er selbst am Ende der ersten Ausgabe der ‚Einsiedler'-Zeitung (1. April 1808) wiederholt, könnte auch das Motto der ‚Majoratsherren' sein: „Consiliis hominum pax non reparatur in orbe."

Geht man von der einleitenden Novellendefinition aus, wonach die Novelle als ein prozeßhaftes Geschehen zu verstehen ist, das „von den Betroffenen erlitten" wird (Einleitung, S. 7), so sind Arnims ‚Majoratsherren' durchaus als Novelle zu begreifen. Denn den Hauptgestalten wird durch die geschichtlichen Ereignisse der Lebensatem genommen. Allerdings bleibt in diesem Falle zu fragen, ob ein geschichtlicher Prozeß als novellistisches „Ereignis", das heißt als „unerhörte Begebenheit" (im Goetheschen Sinne) zu bezeichnen ist.

Darüber hinaus sind es nicht nur die geschichtlichen Geschehnisse, die in Arnims Erzählung die Menschen bedrängen und überwältigen. Ursache für die Zerrüttung der Ordnung ist vor allem die moralische Verderbtheit des Adels, der seine eigenen Gesetze umgeht, statt sie zu reformieren. So bleibt in erster Linie ein unerhörter Rechtsbruch als Kriterium für die Beurteilung der ‚Majoratsherren‘ als Novelle. Aber auch dieses Vergehen wird keineswegs novellistisch exponiert, wenngleich der Majoratsherr noch dreißig Jahre später daran zugrunde geht. Sein Schicksal ist es, die Last der Vergangenheit reflektierend aufzuarbeiten, ohne sie bewältigen zu können. Dieser Vorgang, der bis zum Selbstmord der Hauptgestalt vier Tage in Anspruch nimmt, macht den novellistischen Kern der Erzählung aus, der allerdings mit großer Distanziertheit dargeboten wird. Daran ist zu erkennen, daß der Erzähler einen festen Standpunkt gewonnen hat: den eines kontemplierenden Betrachters, der ansonsten seinem nüchternen Tagewerk nachgeht In einer Art Erinnerungsrahmen (wie später bei Storm) werden die turbulenten Ereignisse einer geschichtlichen Umbruchszeit vergegenwärtigt und aufgehoben.

Ansgar Hillach

Aufbruch als novellistisches Ereignis
Joseph von Eichendorff: *Aus dem Leben eines Taugenichts* (1826)

Mein Vater besaß einen Esel, mich nämlich, der war doch recht faul und allzu faul, um Säcke und andere Lasten zu tragen. Deshalb sprach mein Vater zu mir: Wer unsere Mühle nicht liebt, den kann auch ich nicht mehr lieben, verschwinde!

Günter Bruno Fuchs, Müllerballade[1]

Wo findst du nun ein Haus, vertrieben,
Wo man dir deine Wunder läßt,
Das treue Tun, das schöne Lieben,
Des Lebens fromm vergnüglich Fest?

Eichendorff[2]

Das glaubt man zu kennen, und nun, da man den Text neu zur Hand nimmt, wird etwas wach im Leser. Nein, mit unserer Situation hat das nichts zu tun: „Das Rad an meines Vaters Mühle" und: „mir war so recht wohl in dem warmen Sonnenscheine" – oder doch? „Ich kann dich hier nicht länger füttern." „Und eigentlich war mir das recht lieb, denn es war mir kurz vorher selber eingefallen, auf Reisen zu gehn . . ." Ein Sonntagskind! „Ich hatte recht meine heimliche Freude, als ich da alle meine alten Bekannten und Kameraden rechts und links, wie gestern und vorgestern und immerdar, zur Arbeit hinausziehen, graben und pflügen sah, während ich so in die freie Welt hinausstrich." (565)[3]

Das ist weit weg, gewiß. Der das geschrieben hat, der Freiherr

---

[1] Zitiert nach: Karl Hotz, Joseph von Eichendorff: *Aus dem Leben eines Taugenichts.* In: Hans-Christian Kirsch (Hrsg.), Klassiker heute, Frankfurt/M. 1980 (Fischer Tb. 3024), S. 241.

[2] Aus: An die Dichter. Joseph von Eichendorff, Werke I: Gedichte, München 1970, S. 130 f.

[3] Zitate aus dem *Taugenichts* werden im Text mit einfacher Seitenzahl nachgewiesen aus folgender Ausgabe: J. v. E., Werke II: Romane, Erzählungen, München (Winkler) 1970.

von Eichendorff, war aber auch damals, 1817, weit davon entfernt, so etwas noch realisieren zu können. Er hatte gerade ein Referendariat, mit Aussicht auf eine trockene Beamtenlaufbahn, in Breslau angetreten, und das hatte er bitter nötig, der Sohn eines Landadeligen aus dem oberschlesischen Lubowitz bei Ratibor, denn die Güter waren hochverschuldet, und Vater, der mit ungeschickten Geschäften hatte Geld machen wollen, hatte nach jahrelangem Zittern schließlich den Bankrott nicht mehr abwenden können. 1818, im Jahre seines Todes, mußten die meisten Güter verkauft werden.

Freiheit, wenn Existenzsorgen nagen? Es war eine neue Zeit: lange Selbstverständliches, die ständische Ordnung und die Privilegien des Adels galten nicht mehr – wo sollte Geld herkommen, um die Güter zu unterhalten? Der angehende Dichter hing nicht am Besitz, auch nicht an Adelsprivilegien, aber ihm war die Kindheit in Lubowitz noch greifbare Realität – der Inbegriff von Heimat, Fest des Lebens und unergründlich-schöner Natur –, ein Schatz, dessen Recht und Möglichkeit sich unversehens aus der geschichtllchen Welt, nicht nur aus seinem Leben, zurückzogen. Lubowitz bedeutete Identität und Bewegung, Glanz und Freiheit eines Kinderlebens. 1823, noch während der Arbeit am *Taugenichts*, wurde das Gut zwangsversteigert.

Als die Niederschrift mit den ersten zwei Kapiteln begonnen wurde, waren auch bereits die Hoffnungen, die Eichendorff mit den Freiheitskriegen gegen Napoleon verbunden hatte, durch den Wiener Kongreß begraben worden. Freiheitskriege – das war nicht nur der Kampf gegen den Eindringling aus Frankreich, das war die Erfahrung gewesen, daß ein zerteiltes Volk sein Schicksal selber in die Hand zu nehmen begann, daß es sogar dem taktierenden Preußenkönig, der nichts riskieren wollte, die Initiative entriß. Wenn Eichendorff dem Lützowschen Freikorps sich einreihte, so war das kein der damaligen Politikform entsprechendes Kriegshandwerk, schon gar kein ‚preußisches', sondern Ausdruck des Freiheitswillens eines ganzen Volkes, das in diesem Aufbruch zugleich zu seiner Einheit finden wollte. Gerade um diese Hoffnung wurde es durch den Wiener Kongreß betrogen, der zugleich die politische Restauration der Staaten einleitete. Aber die romantische Bewegung hatte, schließlich auch durch die Macht dieser Begegnung mit der Geschichte, einen neuen Inhalt gewonnen: Wahrheit und Wirklichkeit wurden nicht mehr in einer umfassend werdenden Kunstreligion gesucht, sondern in den Manifestationen des geschichtlichen Lebens der Völker, in ihrer Individualität, ihrer Poesie und ihren Mythen – wobei der katholischen Kirche (im Gegensatz zur protestantischen, die mit dem Subjektivismus der Aufklärung behaftet war) in ihren Kulten und Riten die Rolle einer universalistischen Wahrheitssymbolik zukam. Eine vermeintlich mit Aufklärung und Protestantismus verlorengegangene *Lebens*einheit von Volk, Kirche und Staat schien im katholischen Mittelalter ein wiedererweckbares Inbild zu haben.

Von diesen Hintergründen ist vieles in der Symbolik des *Taugenichts* zu finden, auch wenn es im folgenden nicht ausgeführt werden kann.[4] Allerdings ist der Novelle von seiten ihres Verfassers auch die Melancholie darüber eingesenkt, daß es nicht mehr die Zeit der romantischen Aufschwünge war, daß die pragmatische Geschichte aus obrigkeitlicher Willkür, die der Wiener Kongreß reinstalliert hatte, und die der preußische Staat nun auf allen Ebenen durchzusetzen begann, dem romantischen Funken (der ja von der Französischen Revolution angefacht worden war) den Lebensgrund entzogen hatte. –

Und so schwingt sich Taugenichts in die Welt hinaus, nachdem er gleich zu Beginn seiner Wanderschaft von einem „köstliche(n) Reisewagen", der „zwei vornehme Damen" kutschierte, wegen seines munteren Fiedelns und Singens aufgenommen worden war:

> „Hinter mir gingen nun Dorf, Gärten und Kirchtürme unter, vor mir neue Dörfer, Schlösser und Berge auf; unter mir Saaten, Büsche und Wiesen bunt vorüberfliegend, über mir unzählige Lerchen in der klaren blauen Luft – ich schämte mich, laut zu schreien, aber innerlichst jauchzte ich und strampelte und tanzte auf dem Wagentritt herum, daß ich bald meine Geige verloren hätte, die ich unterm Arme hielt. Wie aber denn die Sonne immer höher stieg, rings am Horizont schwere weiße Mittagswolken aufstiegen, und alles in der Luft und auf der weiten Fläche so leer und schwül und still wurde über den leise wogenden Kornfeldern, da fiel mir erst wieder mein Dorf ein und mein Vater und unsere Mühle, wie es da so heimlich kühl war an dem schattigen Weiher, und daß nun alles so weit, weit hinter mir lag. Mir war dabei so kurios zumute, als müßt ich wieder umkehren; ich steckte meine Geige zwischen Rock und Weste, setzte mich voller Gedanken auf den Wagentritt hin und schlief ein." (567)

Die Bewegung reißt mit – doch was für eine Schematisierung der

[4] Einen Überblick über die Interpretationsansätze zum *Taugenichts* gibt insbes. Alexander von Bormann. Vgl.: Literaturhinweise. Über den historischen und lebensgeschichtlichen Kontext sowie die Entstehungsgeschichte informiert neben Karl Hotz (s. Anm. 1) Carel ter Haar, Joseph von Eichendorff, „Aus dem Leben eines Taugenichts", Text, Materialien, Kommentar. München 1977 (Reihe Hanser 230).

Landschaft! Nicht nur daß hinter, vor und unter dem Protagonisten jeweils drei Gattungen von Objekten wahrgenommen bzw. chiffrenmäßig erfaßt werden, „Schlösser und Berge" zumal in wunderlicher Häufung, „in der klaren blauen Luft" gibt es nur „Lerchen", und zwar „unzählige". Erstaunliches ergibt sich im Landschaftsbild des Mittags; wenn die Sonne am höchsten steht, steigen „schwere weiße Mittagswolken" auf, während „alles in der Luft und auf der weiten Fläche so leer und schwül und still wurde über den leise wogenden Kornfeldern". Gerade weil dies keine Landschaftsschilderung im Sinne episodischer Fülle, sondern Teil der Handlung ist, muß hier davon die Rede sein. Offenbar fährt der Taugenichts in eine Landschaft und Natur hinein, die nicht von anschaulicher Vielfalt und konkreter Daseinsfülle durchwirkt ist, sondern – wie sich an den stereotyp wiederkehrenden Chiffren der Naturdarstellung zeigt – vom bedeutungsvollen Wechsel eines beschränkten Bildvorrats und von rhythmischer Bewegung strukturiert wird.[5] Die Lust des Ausfahrens mehr denn die tatsächliche Bewegung des „Reisewagens" bringt hier die Elemente der Landschaft zum Tanzen, so daß zwar die räumlichen Grundorientierungen erhalten bleiben, aber alles andere zur Funktion der inneren Bewegung wird. Daß die Kindlichkeit dieser Erlebniswirklichkeit des Ich-Erzählers und Taugenichts durchaus mit romantischer Ironie gesehen ist, wird an der Sprache offenkundig.

Man hat früher in solch subjektiver Verfaßtheit alles Dargestellten, in der Reduzierung des Äußeren auf eine bloße Erlebniswirklichkeit das Kennzeichen nicht allein des *Taugenichts*, sondern der Eichendorffschen Dichtung insgesamt sehen wollen, und darin die naheliegende Erklärung für die evidenten Schematismen im sprachlichen Gestus Eichendorffs gefunden. Indes zeigt schon der zweite Teil unseres Zitats, mehr noch aber eine Betrachtung der übergreifenden Struktur der Bildelemente und sprachlichen Schematismen, daß die ‚Welt' dieses Romantikers nicht bloß, ja nicht einmal vorwiegend subjektiven Auffassungs- und Bedürfnisschemata unterliegt. Gewiß ist es psychologisch leicht erklärbar, wenn nach dem Überschwang von Aufbruch und Bewegung Mattigkeit

---

[5] Dazu Klaus-Dieter Krabiel, Tradition und Bewegung. Zum sprachlichen Verfahren Eichendorffs. Stuttgart Berlin Köln Mainz (Kohlhammer) 1973, dort insbes. das Kap. „Der Taugenichts zwischen Schwermut und Aufbruch", S. 76 ff. – Zur rhythmischen, an Tageszeitungen orientierten Zeitstruktur bei Eichendorff Peter Paul Schwarz, Aurora. Zur romantischen Zeitstruktur bei Eichendorff. Bad Homburg 1970.

und auch Wehmut im Gedanken an die zurückgelassene Heimat sich einstellen. Die Bewegung in die Weite öffnet ja nicht nur den Horizont, sondern verschließt ihn auch, und je intensiver das Fort- und Hinausgehen, der Sog der Ferne erfahren wird, desto mehr wird der Mensch auch seiner Schwerkraft gewahr. Im Bereich der physischen Kräfte ist Schwerkraft keineswegs konstant bemerkbar; die Rhythmik ihres Intervenierens ist aber auch nicht nur Ausdruck individuellen Vermögens bzw. seiner Grenzen, sondern – schaut man auf die Vielfalt ihrer Bedingungsgründe – durchaus kosmisch zu verstehen. Nicht umsonst ist die Mitte des Tages seit alters als ein Ort der Schwerkraft angesehen worden, und dies in des Wortes vielfältiger Bedeutung, psychologisch, metaphysisch-ethisch, dämonologisch. Mehr als eine Andeutung von der Ambivalenz des Mittags ist in dem zitierten Abschnitt zu finden, der Stellenwert der Mittagsszenerien bei Eichendorff, die eine aus dem Morgen geborene Aufbruchsbewegung meist kontrapunktieren, erschließt sich aber erst aus einer Zusammenschau der in ihren Elementen oft nur wenig variierten Stationen des Mittags. Es charakterisiert den Taugenichts als einen besonderen Typus im Spektrum der Eichendorffschen Helden, wie er auf die Gefahrenzone des Mittags, auf den Sog der Schwere und der Wehmut (die ja auch die unzeitige Rückbesinnung auf den Bezirk der Heimat enthielt) reagiert: er schläft ein – und erwacht in ganz neuer Umgebung.

Ein Ziel hat er ja nicht, der Taugenichts. Nicht einmal eine Richtung oder eine Vorstellung davon, wohin er denn möchte. Eher beiläufig ließ der Ich-Erzähler uns wissen, daß es ihm gerade so „eingefallen" war, „auf Reisen zu gehn" – warum: der Frühling kam! Nun erwacht er in einem Reisewagen „unter hohen Lindenbäumen, hinter denen eine breite Treppe zwischen Säulen in ein prächtiges Schloß führte" – und seitwärts „die Türme von Wien" (567). Wäre nicht diese Ortsangabe, mit der es später noch eine tiefere Bewandtnis hat, man könnte die sich so anlassende Handlung für ein Hans-im-Glück-Märchen halten. Und ein Stück weit ist es ja auch Märchen, was hier mit dem Helden geschieht; bezeichnend jedoch, wie die für ein Märchen eigentlich unerläßliche Normalität des Wunders sich gar nicht so sehr in den Wechselfällen der Handlung zeigt, die nach damaligen Maßstäben höchst konventionell-romanesk ist, als vielmehr darin, wie der Taugenichts die ihm widerfahrenden Dinge aufnimmt und erlebt. Wenn der Leser sehr bald Schwierigkeiten hat, sich in dem Labyrinth der Handlung noch zurechtzufinden, so ist das eine durchaus adäquate

Lesehaltung, geht es doch dem Taugenichts nicht anders. Gott sollte ihm „seine Wunder weisen“, wie er in dem volksliedhaften Auszugslied sang, denn als der „Gunst“ Gottes teilhaftig durfte er sich schon sehen. Und so erlebt er Wunder über Wunder „in Berg und Wald und Strom und Feld“ – oder auch nur Wunderliches, zum Beispiel in eben jenem „Schloß“ (einer Kategorie von weltlichen Dingen, die in dem Auszugslied bezeichnenderweise nicht genannt war). Natürlich ist ein Schloß für den Taugenichts allemal „prächtig“, zumal es sich ja so gefügt hat, daß er ganz unversehens davor steht und sich hineinversetzt findet. Wie geht er damit um? „Ich erschrak sehr“ – nicht über die Pracht des Schlosses – „und sprang geschwind (...) hinein“ (567).

Es ist gar nicht wichtig, was in dem „Schloß“ geschieht, allein der Blick des Taugenichts macht die Vorgänge verwunderlich und absonderlich – was sie denn ja auch tatsächlich sind, wenn es als Maßstab gelten kann, daß es Gottes Wunder zu erfahren gebe. So entsteht ein vergnügliches Stück Satire über die Lebensform einer hochfeinen Gesellschaftsschicht von Adligen, Schranzen und Bediensteten, die sich seit der Französischen Revolution eigentlich auch in deutschen Landen überlebt hatte. Wichtig für den Taugenichts wird die Weckung erotischer Gefühle, welche durch die scheinbare Unnahbarkeit der jungen Dame, die ihn zuerst zur Mitfahrt eingeladen hatte, die Prägung unstillbarer Sehnsucht erhalten: „... und da geschah es denn oft, daß die schöne Frau mit der Gitarre oder dem Buche in der Ferne wirklich durch den Garten zog, so still, groß und freundlich wie ein Engelsbild, so daß ich nicht recht wußte, ob ich träumte oder wachte.“ (568) Der volksliedhafte Singsang, der wenig später über seine Lippen kommt, als der frischgebackene Gärtnerbursche „eben bei einem Lusthause zur Arbeit vorbeiging“, macht noch deutlicher, mit welcher Inbrunst die einmal geweckte Sehnsucht ihr Liebesziel übersteigt. Hier ist, verständlich nur im Raum der Katholizität, die Heilige Jungfrau und Himmelskönigin, die gerade in Schlesien mit einer tiefen Volksfrömmigkeit als Mittlerin zwischen irdischer Welt und der ewigen Heimat verehrt wurde, evoziert.

Der Taugenichts steigt im Rang, wird Zolleinnehmer mit allen Insignien eines Philisters, jener romantischen Spottfigur, die das ökonomische Prinzip des Bürgertums auf der borniert-privaten, höchst banalen Alltagsebene verkörperte. Doch in die Haltung des Philisters mag sich der Taugenichts nicht finden – eine Haltung, die übrigens in der Figur des befreundeten Portiers skeptisch-realistische Züge gewinnt, denen gegenüber der Taugenichts mit seinem überspannten Lobpreis der „edle(n) Jägerei“ in das Licht romantischer Ironie getaucht ist (575). – Hier ist ein Seitenblick auf einen anderen Protagonisten der Weltliteratur angezeigt, dessen überspanntes Verhalten auch immer wieder Grund zu der Besorgnis seiner Mitwelt gibt, er sei „rasend geworden“. Don Quijote war eine der Leitfiguren für den Idealismus der Frühromantik. Die Figur des verspäteten Ritters, den kein klägliches Scheitern und kein wohlgemeinter Rat seines Schildknappen Sancho Panza ernüchtern kann, ist unter der Hand des Cervantes zur bewegenden Lebensmetapher geworden. Auch für die Romantik: die kontrastreiche Mischung jenes bedeutsamen Gegensatzes im Fortgang einer unerschöpflich wunderreichen, Wunder erzeugenden Handlung aus dem Aufbruchshandeln des selbsterklärten Ritters ergibt die romantische Ironie, die Teil des ästhetischen Programms des Romantisierens der Welt war. *Don Quijote* gehörte zum gedanklichen Haushalt eines jeden Romantikers, und das Motiv der Verspätung wurde bei Eichendorff selber auch biographisch aktuell. So ist der Taugenichts, sieht man genauer hin, eine Figur mit Brechungen geworden.[6] Er ist das kindlichste und märchenhafteste unter den Geschöpfen Eichendorffs – doch die fast unablässige Hochspannung signalisiert ein textimmanentes Bewußtsein romantischer Modernität.

Immer wieder wird Emphase und Aufbruchsverhalten mit Blicken in die Weite, mit der Wahrnehmung von Lichtreflexen und bunter Fülle verbunden. Sieht man darin nur ein literarisches Verfahren der Perspektivik und der Aufladung romantischer Stereotypen mit Sinnlichkeit und Bedeutung, mit Transzendierungsenergie, so übersieht man leicht, daß dem eine sehr wenig kontemplative Einstellung auf seiten des Taugenichts entspricht, daß diese Blicke, Perspektiven und Wahrnehmungen Momente einer dynamischen Haltung sind, die sich zumeist in vehementer Aktivität äußert. Man lese nur, wie der Taugenichts sich vom Schlaf erhebt, vom Sitzen aufsteht, sich ins Schloß begibt oder einen Reisewagen besteigt: er „springt“ auf oder hinein. Seine Fiedel ist nicht allein Instrument harmonischer Hervorbringungen, mit denen er, seinen Gesang begleitend, sich als romantischer Nachfahre der mittelalterlichen

[6] Vgl. dazu Alexander von Bormann, Philister und Taugenichts. Zur Tragweite des romantischen Antikapitalismus. In: Aurora, Jahrbuch der Eichendorff-Gesellschaft, Nr. 30/31 (1970/71), S. 94–112.

Troubadours zeigt; sie ist Aktionsinstrument, mit dem er Trübsinn, Ängste und Anfechtungen bannt und mit dem er am liebsten in eine heitere Gesellschaft hineinwirkt, sie zum Tanzen bringt. Überhaupt ist das Alleinsein gar nicht seine Sache, da wird eine allzu große Stille der Natur oder ein eintöniges Rauschen zur abgründigen Gefahr, das Ausgeschlossensein von fröhlicher Gesellschaft zum Lebensschmerz. „Mir ist's nirgends recht. Es ist, als wäre ich überall eben zu spät gekommen, als hätte die ganze Welt gar nicht auf mich gerechnet." (580) Es muß eben „was los" sein, um im Jargon von heute zu reden – und da waren zum Beispiel rasante Fahrten auch bei damaligen Taugenichtsen schon beliebt. Beim Sinnen oder in Betrachtung von Wolken oder gleichförmigem Getrappel hält er's nicht lange aus, und wenn nicht der Schlaf, ein erweckender Lichtstrahl oder sonst ein Ereignis intervenieren, verirren sich seine Gedanken, „als läge ich in einem Traum und könnte gar nicht aufwachen." Traum ist Gebundenheit, träges Gleiten, Ambivalenz. Auch die Natur ‚träumt', wenn sie nicht vom Licht oder der Stimme des Menschen geweckt wird. Singen und unverzagtes Tun als Streben zur Offenheit und zum Licht sind die zwei Seiten der Aktivität des Taugenichts. „Ich schritt immer stramm vor mich hin. Wir müssen, dachte ich, doch am Ende aus dem Walde und aus der Nacht herauskommen." (592)

Der Weg soll nach Italien führen, denn die „schöne Frau" war wohl nichts für ihn, und in einem Traum erscheint sie ihm als bleiches Schleierwesen in einer wildgewordenen Heimatidylle (585 f.). Der Aufbruch war folgerichtig – wieder „jubilierten unzählige Lerchen hoch in der Luft" (584) – und das Ziel Italien, als spontaner Einfall vom Taugenichts scheinbar aus der Luft gegriffen, gilt wohl vor allem der Kunstutopie, als welche Italien und Rom in den Herzen mindestens einer Künstlergeneration leuchteten. Rom weist ähnliche Ambivalenz auf wie die Natur bei Eichendorff; es ist Hauptstadt der heidnischen Antike und Ewige Stadt der katholischen Christenheit (analog hat die Natur ihre heidnisch-dämonische Seite und ihre Transparenz auf göttliche Wahrheit). Rom war überdies erste Hauptstadt eines Heiligen Römischen Reiches, dessen Wiederkehr, unter dem Vorzeichen deutscher Nation, zu den politischen Utopien der Spätromantiker gehörte. Dieser Bezug bleibt hier völlig ausgespart – aber die Kunstutopie einer etwas verwässerten Romantik verfällt (mit losen Anspielungen auf die Künstlergruppe der Nazarener) der Satire Eichendorffs. Rom ist jedenfalls nicht die Erfüllung der romantischen Sehnsüchte des Taugenichts.

Zwischendurch allerlei komische, hintergründige und unheimliche Verwicklungen, die die Phantasie des Taugenichts anspannen und sein befreiendes Agieren herausfordern. Als ein Zeichen der Wahrheit taucht aus dem Gewirr romanesker Belanglosigkeiten das für unseren Helden Wichtige immer wieder auf und wird nun erst recht wunderbar: die „schöne gnädige Frau“, deren rätselhaft bleibende Gunst oder Nichtgunst seinen Empfindungsspielraum aufs äußerste anspannt. Die Spielarten romantischer Liebessehnsucht, denen die Erfahrung der Natur als Landschaft korrespondiert, lernt der Taugenichts durch das gnadenhafte Sich-Zeigen, das Sich-Entziehen und Fernsein und auch die verwirrende Uneindeutigkeit der von Anfang an als erotisch-überschwengliche Chiffre erscheinenden Frau kennen. Durch diese Begegnung wird die ursprünglich ungerichtete Reiselust zur bestimmteren Sehnsuchtshandlung, die doch nirgends Genüge finden kann, nachdem das exaltierte Sinnenbild sich mit Momenten schöner Natur verbunden hat und zugleich immer wieder ins Chimärische entgleitet. Zwischen der schmerzlichen Erfahrung des Alleingelassenseins und dem erweckenden Licht und Leben, das wie überirdisch seine Existenz berührt, spannt sich der von mancherlei Zufällen und Torheiten begleitete und bewegte Reisevorgang tendenziell zur Lebensreise aus. Und von ihr will uns der Dichter, nehmen wir den Titel beim Wort, nichts Rundes und Fertiges, sondern nur einen Ausschnitt erzählen. Damit relativiert sich sowohl das glückliche Ende als auch das Bild der Frau, die zum lustspielhaft heiteren Beschluß zwar immer noch sehr schön, aber keineswegs eine „Gnädige“ ist. So ist die Lebensreise im Hinblick auf die irdische Liebeserfahrung und ihre Verwirrungen doch nur „ein Poetenmantel, den jeder Phantast einmal in der kalten Welt umnimmt, um nach Arkadien auszuwandern“, wie der Herr Leonhard, alias Graf, in seiner ironischen Anrede an das junge Paar feststellt. (642)

Dieses unverkennbar vorläufige Ende beinhaltet auch die Rückkehr an einen Ort, oder vielmehr: vor die Tore eines Orts, dem kraft seiner Geschichte als Zentrum des Heiligen Römischen Reiches Deutscher Nation für Eichendorff die Dignität eines utopischen Potentials zukommt. Es gehört jedoch zur Kunst Eichendorffs, daß er die geschichtlichen und ideellen Gehalte, die sich mit Rom, Wien und dem ebenfalls kurz aufblitzenden, altehrwürdigen Prag verbinden, nur als Koordinaten, nur zeichenhaft auf einer insgesamt volkstümlichen Erzählebene einsetzt. –

Als Gattung nach herkömmlichen Kriterien ist die Erzählung

schwer einzuordnen, und auch das gehört zum romantischen Programm, das mit Stilmischungen die ästhetischen Konventionen aufbrechen und einen neuen Wirklichkeitsbegriff in die Literatur hereinholen wollte. Neben romanhaften hat die Novelle auch theaterhafte Züge, in der Behandlung der Schauplätze und Landschaften als erkennbar künstlichen Kulissen für ein Lebensspektakel, das auf ein Jenseits der Kulissen bezogen bleibt, und in dem oft chargenhaften Agieren vieler Akteure. – In Calderóns *Großem Welttheater* spielen die Rollenträger ihren vom Meister zugeteilten Part in einem Stück, das lediglich einen Rahmen vorgibt, *improvisierend* am Leitfaden des Soufflierbuches (des Neuen Testaments), aus dem die allegorische Figur der Gnade in kritischen Momenten den kategorischen Imperativ souffliert: „Tue recht – Gott über euch!". Die katholische Romantik reflektiert den geschichtlichen Stand der Säkularisation in dem Bemühen, neben den heiligen Büchern eine sogenannte Zweite Offenbarung als lebensleitende Instanz oder Kraft zu aktivieren. So ist bei Eichendorff das *Buch*, in welchem Gott seine Wahrheit niedergelegt hat, die *Natur*. Es ist ein Buch in Bildern und Tönen, in „Hieroglyphen", deren Sinn nicht mehr unmittelbar verstanden werden kann, deren verderbter Text (verderbt durch des Menschen Urschuld) entschlüsselt, ergänzt und in ein richtiges Leben übersetzt werden muß. Wiederum geschieht das am ehesten durch Improvisation, nicht durch bürgerliche Lebensplanung, Fixierung an Besitzstände und auch nicht im Rollenkleid, wie bei Calderón. Der Taugenichts kommt einem wahren Leben gerade nur insoweit nahe, als er sich rollenhaften Fixierungen, damit auch der Bindung ans Dingliche entzieht; und er droht sein Leben zu verfehlen, wann immer er sich auf Rollen einläßt (Gärtner, Zolleinnehmer, Liebhaber).

Eine erhaltene Urfassung des *Taugenichts* (die ersten beiden Kapitel umfassend) trug als Titel zwar auch die Bezeichnung einer Rolle: *Der neue Troubadour*; aber diese im 19. Jahrhundert nicht mehr als gesellschaftlich verankert zu denkende Rolle ist gerade als Gegenentwurf zur sich anbahnenden Erwerbs- und Arbeitsgesellschaft gemeint. Ein Sängerdichter ist der Taugenichts wie so manche der Eichendorffschen Helden, und als solcher singt er „wie der Vogel singt", also nicht um Lohn. Sein Spielen, sein Wandern und seine Lieder sind vielmehr Variationen auf die *eine* Grundmelodie, die es im eigenen Leben zu finden gilt. Die Improvisation ist dabei die Haltung der Offenheit, die sich der Eingebung durch Natur und Volkstradition bereithält, deren „unbewußte" Poesie aufnimmt und weiterführt. Es bedarf jedoch dazu der begeisterungsfähigen Sinne, ja eines kindlichen Überschusses an Positivität, um die „gebundene Natur“ zu „erlösen“, ihre göttliche Signatur wahrzunehmen und diesen emphatischen Bezug in tätiges Verhalten und Leben zu überführen.

Eine Novellenhandlung im strikten Sinne sollte man im *Taugenichts* nicht suchen. „Novelle“ ist hier ungefähr das, was im mittelalterlichen Versroman aventiure meinte und worauf in anderer Weise ein Begriff wie der der „Ereignishaftigkeit“ des Subjekts in Texten heute reflektiert. Es sind wechselnde Intensitäten eines Lebensweges zu erkennen, dicht gewirkt und in der Balance gehalten zwischen Staunen und Ironie.

Herbert Kaiser

„Böses Wollen" – „schöne Tat" Johann Wolfgang von Goethe: *Novelle* (1828)

Goethe schreibt die „Novelle" zwischen 1826 und 1828. Mit ihrem Thema der Jagd hatte er sich schon dreißig Jahre früher beschäftigt, den Plan aber nicht weiterverfolgt. Zur Zeit der Niederschrift arbeitet er aber auch an „Faust II" und „Wilhelm Meisters Wanderjahren", so daß die „Novelle" in engem Zusammenhang mit den bedeutendsten Alterswerken entsteht. Die Aufgaben, die sich daraus für die Interpretation ergeben, können hier nicht einmal formuliert, geschweige denn gelöst werden. Denn der Text enthält in präzisester Abbreviatur die Summe von Goethes gesamtem Denken. Die symbolische Komposition von Natur und Gesellschaft, Geschichte und Zeitlosigkeit, von Elementarem und Humanem, Östlichem und Westlichem, Ruhe und Bewegung ist so dicht und kunstvoll, daß die knappe Darstellung mehr eine Anregung zu genauem Lesen und geschichtlichem Denken als eine umfassende Interpretation sein will. Sie konzentriert sich auf einige Aspekte der Spannung zwischen Markt und Jagd einerseits und Schaustellerbude andererseits, auf das Verhältnis von „bösem Wollen" und „schöner Tat", wie es in der letzten Strophe des Liedes heißt.[1]

Thema oder „Aufgabe dieser Novelle" sei es, sagt Goethe, „zu zeigen, wie das Unbändige, Unüberwindliche oft besser durch Liebe und Frömmigkeit als durch Gewalt bezwungen werde (. . .), dieses schöne Ziel, welches sich im Kinde und Löwen darstellt (. . .)", bezeichnet er als „das Ideelle, (. . .) die Blume. Und das grüne Blätterwerk der durchaus realen Exposition ist nur dieserwe-

[1] Die „Novelle" ist gründlich durchforscht. Die ältere Diskussion (u. a.: May, 1932: Sprachanalyse; Beutler, 1938: christliche Deutung; Staiger, 1959: werkgeschichtliche Deutung) schließt Meyers Monographie zum Morgenländischen in der „Novelle" ab (1973). In den jüngeren Arbeiten finden besonders die Mensch-Natur-Beziehung sowie die damit verbundene soziale Dialektik Aufmerksamkeit, u. a. bei Fritz (1982), Jacobs (1982) und Kaiser (1985). Neuere differenzierte Untersuchungen liegen von Klingenberg (1987) und Schulz (1988) vor. – Mein Versuch verdankt den Arbeiten von Fritz, Kaiser, Klingenberg und Schulz Anregung und Förderung.

gen da und nur dieserwegen etwas wert. Denn was soll das Reale an sich?" Nur als Bedingung des Ideellen habe es sein Recht, und nur dort liege „der eigentliche Gewinn für unsere höhere Natur." (zu Eckermann, 18. Januar 1827)

Die „Novelle" läßt sich als eine Fundamentalkritik der bürgerlichen Gesellschaft lesen, zugleich auch als eine Reflexion der Möglichkeiten von Kunst in ihr. Sie ist als „Blätterwerk" ganz in ihre geschichtliche Zeit gestellt, als „Blume" und Verkündung einer „natürlichen Sprache"[2] (504) jedoch über diese hinausgehoben, aber doch so, daß Blatt und Blume: geschichtliche Situation und menschliches Allgemeines immer wieder zusammen gedacht werden müssen. Das Humane, das Wunderbare hat seinen Ort nicht im Himmel, sondern in der „Grube(n), hier im Graben", wie es im Lied heißt; und die „Propheten" und „Engel" des Liedes sind die Menschen selbst: nicht die Subjekte der Jagd- und Marktgesellschaft, sondern die Fremden, Anderen – und das fremde Andere in jenen, was ihnen bisher verborgen war: das eigene Natürlich-Humane.

Man kann die Erzählung aus dem Spannungsverhältnis der beiden wichtigsten menschlichen Sinne interpretieren: das soziale Leben des Fürsten, der Fürstin und ihrer Sphäre wird vom Auge und vom Sehen beherrscht. Die Existenz der Fremden dagegen steht im Zeichen des Ohrs, des Hörens. Ist für jene das Fernglas wichtigstes Instrument, so für diese die Flöte; jene blicken, diese singen. Von diesen unterschiedlichen Sinnestätigkeiten her baut Goethe die Orts- und Raumsymbolik des Textes auf. „Ein dichter Herbstnebel verhüllte noch in der Frühe die weiten Räume des fürstlichen Schloßhofes", beginnt der erste Satz. Der Aufbruchswille, die Energie der Jagdgesellschaft ist durch den geschlossenen Raum noch gestaut; der Nebel trübt den Blick – ihre Absicht, ihr Ziel, „weit in das Gebirg hinein zu dringen, um die friedlichen Bewohner der dortigen Wälder durch einen unerwarteten Kriegszug zu beunruhigen" (492), bleibt den Jägern selbst unklar. Die Erzählung läßt diese Jagdintention ins Leere laufen; das Ziel der Jagd bestimmen nicht die Jäger, sondern es wird ihnen von der „unerhörten Begebenheit" (am 29. Januar 1827 zu Eckermann) der „Novelle" gesetzt: zum einen in der Konfrontation mit einem anderen Wild und Wilden als dem der heimischen Wälder (Tiger), zum andern in der ‚Überwindung' des Jagd-Wollens selbst, das in sein völliges Gegen-

[2] Zitierungen nach: Hamburger Ausgabe, 7. Aufl. 1966, Bd. 6.

teil überführt wird: die Zähmung des Wilden (Löwen). Die Enge des „klaren Hofraums" (511) im alten Schloß, die „Grube" Daniels bildet das Pendant zur Weite des Raumbewußtseins der Jagd, für welches es keine Grenzen gibt. Dem Ohr und der Musik gehören die Nähe, dem Auge und Teleskop die Ferne, die Totale.

Goethe charakterisiert in den ersten Abschnitten die Gesellschaft des Fürsten als bürgerlich: „Betriebsamkeit", „Bestrebungen", „Wirken", „Schaffen", „Beschäftigungen" und „Umtausch" sind Leitworte. Die Devise dieses Lebens heißt: „Erst gewinnen und dann genießen". (491) Sie wird indirekt von der durch die französische Revolution geschaffenen Rechtsgleichheit und Handelsfreiheit hergeleitet. Zwar erscheint die Jagd noch ganz als ständisches Privileg, und besonders die Stellung Honorios zu Fürst und Fürstin ist, beinahe schon romantisch, höfisch-ritterlich gezeichnet; aber dieses zeitgenössische soziale Kostüm kann nicht verdecken, daß Markt und „Messe" (491) den eigentlichen Mittelpunkt des Landes bilden, vom „tätig lebhaften Charakter" (491) des Fürstenpaares nach Kräften gefördert. Markt und Jagd: Ausgleich und Mutwille, Verständigung und Unterwerfung, Frieden und Krieg existieren im Fürstentum nebeneinander, bilden – als Metaphern bürgerlichen Lebens verstanden – aber komplementäre Gegensätze, die sich als männlicher und weiblicher Pol eines Spannungsverhältnisses darstellen: Den Fürsten zieht es zur Jagd, die Fürstin, ebenfalls „tätig" und „lebhaft", bleibt mit Honorio und dem Oheim zurück und unternimmt einen „Spazierritt" (492), gleichsam die beschauliche, ästhetische oder Damenversion der ungestümen männlichen Art, in der Jagd Kraft und Intentionalität zu erproben. Die Erzählung verweilt bei ihr, die Jagd jedoch verschwindet förmlich ins Leere, denn als Verkörperung eines mutwilligen Wollens bleibt sie dem Konkreten gegenüber abstrakt. Landschaft und Geschichte, Raum und Zeit, die sie bloß negiert, entfalten sich erst vor dem Auge der Fürstin, und zwar in zwei Stufen. Im Blick durchs Teleskop erobert sie zunächst die räumliche Totale: die alte Burg, schließlich die Jagdgesellschaft werden ihr optisches Objekt. Sie beherrscht den Raum, insofern dem Fürsten vergleichbar. Aber ihr Schauen wendet sich auch den Zeichnungen zu, die den „ernstesten Streit" (494) zwischen Menschenkunst und Natur, Mauerwerk und Baumwuchs als Bild darbieten. Der Blick durchs Teleskop erhebt den Betrachter zum Souverän über Raum und Zeit: Die Zeichnung dagegen zeigt das Verhältnis von Mensch und Natur auf einer Stufe der Reflexion: Alles Menschenwerk verfällt der Naturmacht der Zeit, die

Bäume sind „eben Herr geworden und mögens bleiben" (494). Die Souveränität des Menschen, die Eroberung der Welt in der Praxis (Jagd) und im Bewußtsein (Auge/Teleskop): diese spezifisch bürgerliche Lebensform wird durch die Kunst des Bildes auf die „ewig lebende und fortwirkende Natur" (494) als ihre Kritik und Grenze verwiesen. „Sachte, aber entschieden" (494) läßt Goethe in der Zeichnung die Natur über die Geschichte siegen – damit auch die fürstliche Absicht einer romantischen Konservierung der Ruine kritisierend –, und ebenso bereitet er in der Bildlichkeit seiner Erzählsprache den Symbolraum vor, in welchem die Zähmung des Löwen geschieht: Der alte Schloßhof, in dem die Bäume über die Ritter „Herr geworden" sind, wird später zur Postfiguration von Daniels Löwengrube, in welcher der „Prophet" durch seine „schöne Tat" schon verkündet hat, nach welchem Gesetz Mensch und Natur zusammenleben sollen: nach dem der Frömmigkeit oder Entsagung – der Überwindung und Zähmung der eigenen Natur, des menschlichen „bösen Wollens".

Die Bilder „überzeug(en), als wenn wir gegenwärtig wären" (494), wie der Oheim sagt. Das meint weniger die Illusion der Darstellung, vielmehr die Gegenwärtigkeit als Zeitenthobenheit und Allgemeingültigkeit des Dargestellten. Daniel ist der alte Prophet, dessen zeitlose Weisheit, dessen Einsicht ins ‚Natürliche' das grundsätzlich Falsche der neuen, derzeitigen bürgerlichen Lebensformen bereits erkannt hat – eine ganz im „Wirken und Schaffen", in Gewinn „und Genuß" aufgehende Gesellschaft gründet letztlich im „bösen Wollen": in der Herrschaft des Subjekts über die Natur. Das subjektive intentionale bürgerliche Wollen ist für Goethe „böse", nicht weil es gegen ein sittliches Gesetz verstößt, sondern weil es der Bestimmung und Natur des Menschen selbst zuwiderläuft; nicht aus moralischen, sondern aus anthropologischen Gründen. Denn der Mensch ist ‚Gottes Werk' unter ‚Gottes Werken', selbst Natur; seine „Erkenntnis" (507) soll sich auf seine Zugehörigkeit zur Schöpfung richten, nicht auf seine Souveränität über sie. Der fremde Mann fordert vom Fürsten die Erkenntnis und Anerkenntnis der Gottesebenbildlichkeit des Menschen; als „Ebenbild Gottes" (508) empfängt der Mensch seine Freiheit und Würde vom Höheren her, dem er sich ähnlich weiß – und so wendet er sich auch der Natur zu, der er sich als Geschöpf eines gemeinsamen Schöpfers verbunden fühlt. Dieses Menschenbild wird in der Sprache der Genesis, orientalischer Legende, in den Liedern auch in der pietistischen Sprache christlicher Frömmigkeit dargestellt, ist aber im spezifischen Sinn nicht christlich, sondern wird von der Idee einer natürlichen Anthropologie getragen, die aus dem Geist der „natürlichen Sprache“ (504) und des „natürlichen Enthusiasmus“ (508) der Fremden lebt.

Die Zeichnungen vermitteln ein Bild der „ewig lebenden und fortwirkenden Natur“, und insofern stellen sie auch die Idee der Gegenwärtigkeit einer natürlichen menschlichen Natur unter den Bedingungen des Bürgerlichen dar, deren Realität aber noch nicht offensichtlich geworden ist. Die Fürstin strebt vom „Bild“ zur „Wirklichkeit“ (495); der Oheim verkürzt den Sinn ihres Wunsches, zur alten Stammburg zu reiten, auf ein Vergleichen des Verhältnisses zwischen Zeichnung und Vorlage; aber die Erzählung selbst erweist die tiefere Notwendigkeit, von der Bild-Idee einer natürlichen Natur zu ihrer Verwirklichung voranzuschreiten. Wie die Fürstin Teleskop und Zeichnung, souverän-distanzierenden Blick und verstehendes Anschauen in sich vereinigt, so läßt Goethe sie als Figur der Synthese den gesamten sozialen Raum des Landes durchqueren: Der Leser folgt ihr auf ihrem Weg vom Schloß herab, über den Markt, vorbei an den Buden der Tierschausteller, durchs Tor in die topisch-ideale Landschaft mit Garten, Feld, Fluß, Wiese und Wald, schließlich hinauf ins Gebirge bis auf das Felsplateau, von wo die kleine Gesellschaft eine freie „Aussicht“ hat, die beinahe „schon in den Blick des Vogels überging“ (499). In dieser selbstsicheren, betriebsamen Welt aber bleibt die Bretterbude der Tierleute fremd, bloß eingekapselt, nicht integrierbar. Ihre Außenwände geben das Bild wieder, das sich der „friedliche Staatsbürger“ (497) von dem macht, was er für wild und bedrohlich hält: von einem nicht-herrschaftlichen, nicht-subjektiven Leben mit der Natur. Denn die Tiere erscheinen nur als wilde, in Wirklichkeit sind sie zahm.

Das Verhältnis des Staatsbürgers zum Wilden bildet den Dreh- und Angelpunkt der sozialen Logik der „Novelle“: die vermeintliche Gefahr des Wilden ist bloß Projektion, mitveranlaßt auch durch Sensationslust und ästhetische Ableitung eines latenten Gefahrenbewußtseins, wie der Oheim mutmaßt. Das wirklich Wilde und Ungezähmte liegt aber in den tüchtigen Menschen, die das Brutale der Herrschaft ihres Wollens über die Natur, auch und vor allem die eigene menschliche, ihnen verborgene „natürliche“ Natur gar nicht erkennen. Diese Gesellschaft lebt in einer fundamentalen Täuschung über sich selbst. Die Erzählung deckt diese Täuschung auf, überwindet den Irrtum und befreit die „natürliche“ Natur zu sich selbst. In der Ent-täuschung findet sie ihre erste „unerhörte Begebenheit". Das eigene, nicht gezähmte, bloß hinter den Bretterverschlag verbannte Wilde bricht aus: das Feuer. In der Überführung des aufgedeckten, erkannten Unwahren in Wahrheit: in der Zähmung ‚ereignet sich' die andere „unerhörte Begebenheit".

In der Beziehung beider wird auch eine Selbstkritik Goethes erkennbar. Denn auf die außergewöhnliche „Neuigkeit", auf die „Zerstreuung" und die formale Selbsttätigkeit „unserer Einbildungskraft" hatte Goethe in den „Unterhaltungen deutscher Ausgewanderten" (1795) sein Konzept eines novellenartigen Erzählens gegründet, mit welchem er das Wilde, damals die Schrecken der Revolution, mehr zu verdrängen als künstlerisch zu beurteilen beabsichtigte. Legte Goethe die „Unterhaltungen" nach der vom Geistlichen formulierten Maxime an: „Man soll keine meiner Geschichten deuten!" (145), was in der Konzeption des „Märchens" gipfelte, so bedarf die „Novelle" der Deutung. Denn sie bietet eine erste „unerhörte Begebenheit": die Sensation, den Aus-, Ein- und Durchbruch der dem „friedlichen Staatsbürger" verborgen gebliebenen Gefährdung durch das eigene Wilde – und eine zweite: das Verstummen der Betriebsamkeit, die Stille, die Ein- und Umkehr, vor allem des „mächtigen Jägers" (505), des Fürsten, und Honorios. In der zweiten ereignet sich das eigentlich Unerhörte: die Selbstüberwindung oder Zähmung des „bösen Wollens", die identisch ist mit der „schönen Tat", während das erste Unerhörte letztlich bloß eine Wiederholung der früheren, in den Erinnerungen des Oheims gegenwärtig gehaltenen Brandkatastrophe ist, somit als der von der Ordnung geradezu erzwungene, als gleichsam gesetzmäßig „wiederkehrender" „Pulverschlag" (501/506) angesehen werden kann, in welchem sich das angestaute Potential an Betriebsamkeit, Rationalität und Wollen entlädt, das in der Jagd über die Grenzen von Markt und Kultur hinausschießt wie der Fürst zu Beginn. Dieses Wollen gehört zur bürgerlichen Welt wie die bemalte Bude zum Markt, wohingegen das wahre Unerhörte, das noch nie Gehörte und Erzählte, im Hof der alten Burg, in der neuen Löwengrube, im Zeichen einer „sachten, aber entschieden" (494) wirkenden Natur geschieht.

Die Erzählung läßt den Augenblick höchster Souveränität, vermeintlich vollkommener Erkenntnis im Zenit der Sonne vom festen, hohen Standpunkt der Felsplattform aus in schärfstem Kontrast mit dem Ausbruch des Feuers zusammenfallen. Das hellste Licht des Mittags korrespondiert mit dem Nebel des Morgens –

noch hat sich dem Subjekt das Verschleiernde seines vermeintlich klaren Blicks nicht erschlossen. Dann aber bricht das im Gestus der Selbstsicherheit nur beherrschte, nicht aber gezähmte und freundschaftlich erworbene Andere: das Fremde der Natur und eigener Natur als „Widerwärtiges“ (500) plötzlich durch. In der Rede des Oheims wird, wie auch in der Dramaturgie der Geschehnisse, das Feuer ausdrücklich mit dem Wilden, dem Tierischen verknüpft. „Es ist an Mord und Totschlag (...), an Brand und Untergang (noch nicht genug)“. Die Menschen möchten auch noch den „Tiger (...) auf einen Mohren losfahren“ (498) sehen, denn dieses Bild auf der Außenseite der Bude und sein Ort spiegeln das herrscherliche Selbstbewußtsein des äußerlich „friedlichen Staatsbürgers“. Dieser weiß um die Gefährdungen seiner Ordnung, aber er glaubt, sie zu beherrschen. Ein Zaun umgibt die Tiere. Honorio, der vollendete Ehrenmann und Ritter, wird diesem Ideal des bürgerlichen Jägers gerecht. Er sieht die Gefahr des Feuers, hält sie aber für gering; technisch hat er alles im Griff. „(...) In der Reitbahn (traf) seine Kugel im Vorbeisprengen den Türkenkopf auf dem Pfahl gerade unter dem Turban in die Stirne, ebenso spießte er, flüchtig heransprengend, mit dem blanken Säbel das Mohrenhaupt vom Boden auf.“ (502 f.)

Das Feuer führt zur Explosion, es setzt die Tiere frei. Honorio tötet den Tiger – aber Frau, Kind und Mann, die hinzueilen, erweisen sich, wie ihre Tiere, als friedlich. Die Tat ist nicht durch die Sache gerechtfertigt, sondern bezeugt nur einen für das Gegebene blinden Drang zur Aktion: „böses Wollen“. Die Fremden bilden eine archetypisch dargestellte, morgenländische Familie, während die bürgerliche Gesellschaft in eine Hierarchie der Tätigkeit, des Erfolgs, der Ehre und des Wollens gegliedert ist. Honorio hat mit seiner Tötung des Tigers deren oberste Stufe erreicht, als er mit der Wirklichkeit des Anderen und Fremden konfrontiert wird: Die Frau beklagt den Tiger wie einen Freund und Menschen, nicht wie ein Ding oder Jagdobjekt. In ihrer „natürlichen Sprache“ nennt sie die Tötung, die von den Tätern als Notwehr verstanden wird, Mord. Die Familie lebte mit und vom „königlichen Tiger“ (504); er war, wie der Löwe, ihr Fürst. Sie „begleiteten“ (505) ihn auf seinen Fahrten, nicht er sie. Diese Umkehrung der Herrschaftsverhältnisse betrifft nicht nur die Beziehung zwischen Jäger und Wild, sondern, auch explizit, das Soziale. „Uns, uns ganz eigentlich kam die Speise von den Fressern und süße Labung von den Starken“, beschließt die Frau ihre Klage mit einer Anspielung auf Richt.

14,14. Im Tiger sind die sozialen Gegensätze zwischen den vielen „Fressern“ und wenigen „Starken“ bildlich aufgehoben; auch dies gehört zum Natürlichen dieses Lebens.

Mit der Tötung oder Ermordung des Tigers haben „Betriebsamkeit“ und „Bestrebungen“, „Wirken“ und „Schaffen“ des Bürgerlichen ihren Höhepunkt erreicht und sich erschöpft. Die Führung geht nun an die Morgenländer über; nicht mehr der Aktionismus, sondern der Geist der Liebe gibt jetzt den Ton an. Alles intentionale Handeln wird in seiner Fragwürdigkeit offensichtlich: Die Jagd ist abgebrochen, das falsche Wild erlegt; die Fürstin wollte vom „Bild“ zur „Wirklichkeit“ – den Streit zwischen „Menschenkraft“ und „Natur“ (493 f.) in der alten Stammburg anschauen; sie wird stattdessen in der Begegnung mit den Tieren in einer Weise selbst darin verwickelt, die sie nicht vorhersehen konnte; Honorio darf nach seinem Schuß sich „zum selbständigen Edelmann herangereift“ (504) glauben, aber die Frau stürzt mit ihrer Maxime „zuerst überwinde dich selbst!“ (510) dieses bürgerliche Ideal des Selbst um. Der Fürst ordnet Sicherheitsmaßnahmen gegen den Löwen an, aber der Knabe führt ihn mit Musik und Gesang friedlich hervor. Die Intention oder Absicht, der Fern- und Überblick, das Betrachten, Beschauen und Erkennen sind sämtlich Bewußtseinshaltungen, die physiologisch und metaphorisch auf das Auge bezogen sind. In ihm fallen das Voluntative und das Rationale des Bürgerlichen, getrennt verkörpert im „Landjägermeister“ und „Finanzminister“ (491), vereint im Fürsten, zusammen. Strukturell bedeutet es: Distanz, Subjekt-Objekt-Trennung, damit Herrschaft von jenem über dieses, aber auch umgekehrt: Verblendung, Täuschung. Das Unwahre dieser distanzierten und distanzierenden Wahrheit strategischen oder ästhetischen Weitblicks wird nur in der Nähe offensichtlich; aber die Jäger halten die Annäherung der Tiere: ihr *Phänomen* nicht aus. Eine Wahrheit, die *sich zeigt*, in welcher die Sache Vorrang vor dem Wollen des Subjekts hat, wehren sie ab, weil sie glauben, sie gefährde sie – während nur das wollende, herrscherliche Subjekt in ihnen gefährdet ist, sie als Menschen hingegen in der Überwindung des Subjekts überhaupt erst zu sich selbst fänden. Das ist der Ein- und Umbruch, der Honorio widerfährt.

„Warum seht ihr aber im Fernen umher?“ (507), fragt der Mann. Dieses Sehen jedoch ist nicht souverän, sondern am Phänomen orientiert. Es fügt sich, wie die Stimme, der Nähe. In der Sprache, in Melodie und Gesang haben Wort und Ton, hat das Andere, das im Hören zu uns kommt, Vorrang vor dem Wollen. Vernunft, sagt Herder, ist ein Vernehmen.[3] Im Vernommenen spricht aber nicht mehr das Subjektive, sondern ein Transsubjektives, die Menschheit. Das ist der Sinn des Hinweises auf die Gottesebenbildlichkeit, Sinn der Musik, des Prophetischen. Der nahe Blick sieht anders und Anderes als der ferne: „Biene" und „Ameise" werden Opfer des „Pferdes" (507f.), das ein Instrument herrscherlichen Wollens ist, nicht, wie der Löwe, mit dem Menschen in einer das Subjektive übersteigenden kreatürlichen Gemeinschaft aufgehoben. Ohne die Begrenzung – „hier im Graben" -, ohne die Hinwendung zum Anderen, die Offenheit für die Situation „hör ich des Propheten Sang" (508) nicht. Naivität, Unschuld und Vertrauen, „Glaube" an und „Hoffnung" auf die „wundertätig(e) (...) Liebe" erklingen aus Melodie und Gesang der drei Fremden. Die „Stille" (509) zeigt die Beruhigung des Wollens an: „Löwen sollen Lämmer werden, / Und die Welle schwankt zurück. / Blankes Schwert erstarrt im Hiebe (...)". (Jes. 11,6; 2. Mos. 15,8; 1. Mos. 22,10 ff.) Diese Löwen sind das eigene Ungezähmte, das an der Bretterwand als Bild erscheint; gebändigt wird das eigene Elementare. Honorios Säbelhieb auf das Mohrenhaupt soll der Vergangenheit angehören.

In den drei Morgenländern, ihrer Vernunft der Liebe und ihren Liedern, stellt Goethe seinen Inbegriff von Humanität dar. In ihnen vereinigen sich Momente des Jüdischen, Christlichen und des Islam. Alle drei Religionen kommen aus dem Osten. In „Abend", in der Bürgerlichkeit des Westens dagegen gibt es „viel zu tun" (510), vor allem: Selbstüberwindung. Das gesellschaftliche Handeln muß auf eine grundsätzlich andere, nicht subjektive Basis gestellt werden. Goethe greift hier auf Ideen und Formen aus dem „Westöstlichen-Divan" zurück: Liebe ist auch dort die universale Macht, die alles Leben und den Zusammenhang der Welt ermöglicht; die Poesie ihre Sprache. Beide stehen im Kontrast zur westlich-abendländischen Kultur des Subjektiven und Rationalen mit ihrem linearen Denken. Ziel und Fortschritt gelten nur im Westen, der Osten schätzt Variation und Wiederholung, wie sie Melodie und Lied der drei Fremden bieten; Einstimmung ins Vorhandene, nicht Selbstbehauptung, Pflege und Schonung der Schöpfung, nicht ihre Beherrschung, Zähmung des Wilden, nicht seine Ermordung. In der Hochschätzung des Ostens wirken natürlich auch die biblische Mythe von Daniel in der Löwengrube (Dan. 5, 11–25), deren

[3] Ideen zur Philosophie der Geschichte der Menschheit, 4. Buch, V; 15. Buch, V.

Sprache („Engel", „Vertrauen"), die zahlreichen anderen Bibelverweise sowie der allgemeine Geist einer Seinsfrömmigkeit mit. Ästhetik- und ideengeschichtlich ließe sich auf Hamanns und Herders Bevorzugung der morgenländischen Poesie (besonders des Alten Testaments) vor dem Logozentrismus der Griechen und der neuzeitlichen Subjektphilosophie verweisen. „Poesie ist die Muttersprache des menschlichen Geschlechts"[4]: Mit diesem Kernsatz Hamanns kann man den Sinn des Morgenländischen in der „Novelle" resümieren, denn die „natürliche Sprache" der Fremden ist die natürliche oder Muttersprache des Menschlichen. Man muß das recht verstehen, denn Goethe postuliert mit dem Natürlichen keinen naiven Rousseauismus. Das Natürliche ist kein irgendwie Vorhandenes, sondern muß allererst in der Kunst, in der Poesie hergestellt werden. Es ist zugleich das Künstliche! Kunst würde Leben, dieses Kunst; die „Tat" würde „schön".

Von hieraus ergibt sich ein letzter Blick auf die wildbemalte Bude: Das Fremde, auf welches der „Staatsbürger" in „bösem Wollen" seine Wildheit projiziert, darf so auch als die Einheit von Kunst und Leben, als das wahre Humane verstanden werden. Es bleibt gefährdet durch das eigene Wilde, das Feuer, das wieder ausbrechen kann. Die Verwandlung des „bösen Wollens" in die „schöne Tat" durch die „natürliche Sprache" ist das innere Neue der „Novelle" – es bedarf aber des äußeren von Feuer und Mord. Ein Vergleich mit „Iphigenie" drängt sich auf: Die „Stimme/Der Wahrheit und der Menschlichkeit" (V. 1937 f.), die „natürliche Sprache" der Iphigenie, kann dort das Wilde bannen; die drohende Wiederkehr des Fluchs wird abgewendet. In der „Novelle" jedoch bricht das Wilde zunächst offen aus, erst dann wird es gezähmt. Die Widerstände des „bösen Wollens", die zu „überwinden" sind, werden größer; die „schöne Tat" der „Novelle" ist notwendiger und unwahrscheinlicher als Iphigeniens „kühnes Unternehmen" (V. 1913). Das Legendenhafte und Wunderbare der Zähmung erweist sich als Kehrseite einer tiefen Skepsis.

[4] Aestetica in nuce.

Klaus Lindemann

Zwischen Revolutionen und Napoleon(en) Jeremias Gotthelf: *Die Schwarze Spinne* (1842)

Spinnen in der Literatur, vornehmlich schwarze, entstammen allesamt einem antiken Mythos.[1] Es ist Ovids Metamorphose von *Arachne*, die davon erzählt, wie jene lydische Weberin sich in ihrer Kunst in einen Wettstreit mit der eifersüchtigen Athene einläßt und in dessen Folge von der Göttin in eine schwarze Spinne verwandelt wird. Eine von deren Nachfahren - angereichert durch lokalen Aberglauben - wird schließlich zur Quelle für Jeremias Gotthelfs berühmteste Erzählung. Es ist *Die schwarze Spinne* des Vielschreibers August Friedrich Ernst Langbein aus dem Jahr 1819, die zugleich auch Gottfried Keller Anregungen für die Novelle *Kleider machen Leute* gibt. In dieser Erzählung für das Leipziger Taschenbuch *Minerva* sind zentrale Motive, wie der Teufel in Gestalt des „Grünen", dessen (!) Verwandlung in eine Spinne und deren Bannung in ein Holz, aber auch die belsazarhaften Bacchanale, die in Gotthelfs Novelle die Bösen brandmarken und mit denen das erbauliche, von frommen Gedanken begleitete Taufessen in der Rahmenerzählung kontrastiert, bereits vorhanden.[2] Mit Recht hat Friedrich Sengle in seinem großen Werk zur *Biedermeierzeit* aber darauf hingewiesen, daß man erst nach der Lektüre von Langbeins Taschenbuch-Erzählung recht eigentlich ermessen könne, was

---

[1] Diese Zusammenhänge werden neben der Präsentation zahlreicher Spinnen-Texte aus der deutschen Literatur ausführlich dargestellt bei: Klaus Lindemann und Raimar Stefan Zons, Lauter schwarze Spinnen. Spinnenmotive in der deutschen Literatur. Eine Sammlung. = *Bouviers Bibliothek* Bd. 9, Bonn 1990, 303 S.

[2] Zu diesen Zusammenhängen wie auch zu den weiteren Ausführungen vgl. die ausführliche Untersuchung des Verfassers: Klaus Lindemann, Jeremias Gotthelf. Die Schwarze Spinne. Zur biedermeierlichen Deutung von Geschichte und Gesellschaft zwischen den Revolutionen. = *Modellanalysen : Literatur* Bd. 6, Paderborn-München-Wien-Zürich 1983. Langbein als Quelle entdeckt hat: E. Hoffmann-Krayer, Langbeins Novelle „Die Schwarze Spinne" bei Gotthelf und Keller, in: *Sonntagsblatt der Basler Nachrichten*, 18. Oktober 1936, S. 167–168.

Gotthelf – wie später auch Keller – mit den von Langbein entliehenen Motiven – in ihren Novellen geleistet haben.[3]

Bei Gotthelfs Novelle sind es in erster Linie ihr eigenwillig ausgeprägter Erzählstil und kunstvoller Aufbau, die sie weit über ihre „Quelle" herausheben. Was ersteres betrifft, so hat Gotthelf während der Abfassung der *Schwarzen Spinne* in einem Brief an seinen Freund Joseph Burkhalter Motiv und Prinzip seines Schreibens deutlich ausgesprochen. Am 27. 10. 1840 stellt er fest:

> „Unleugbar ist es, daß mitten in dem fürchterlichen Materialismus dieser Zeit das religiöse Element mehr und mehr hervorzuschimmern scheint und eine äußere Gestaltung anzunehmen strebt (...). Nun will ich Ihnen gerne gestehen, daß auch ich religiöser geworden bin, d. h. ich beziehe weit mehreres auf Gott, erblicke weit öfter im Sichtbaren das Unsichtbare, betrachte mein jetziges Sein im Zusammenhang mit dem Zukünftigen."[4]

Daraus resultiert beim Schreiben das, was Albrecht Schöne zutreffend mit „geistlicher Rhetorikprosa" bezeichnet hat[5], indem das Erzählen sich nicht nur konsequent auf der Folie expliziter und vor allem auch impliziter Verweise auf *Altes* und *Neues Testament* vollzieht, sondern sich auch eines hohen rhetorischen, teilweise pathetischen und an Friedrich Schiller orientierten Stils bedient. Mit der gleichzeitigen Durchmischung des Hochdeutschen durch Versatzstücke der Berner Mundart verfolgt der Dichter die Tendenz, bei Rücksicht auf sein immer zahlreicher werdendes (hoch-)deutsches Publikum dem Erzählten zugleich die Solidität des Bodenständigen und Althergebrachten zu verleihen. Darüber hinaus bedingt der konsequent auktoriale Stil des Predigers Albert Bitzius durchgehend die didaktischen Erzählelemente des Dichters Jeremias Gotthelf. Sie schlagen sich vor allem in direkten Wendungen an den Leser, bzw. des Erzählers der Binnenhandlung an seine Zuhörer nieder und werden durch die reichhaltige Verwendung formelhafter Aussagen und Sprüche unterstützt. Implizit wie explizit wird dem Erzählten so immer wieder eine tiefere Bedeutung zugewiesen und damit jene „allegorische Methode" gewählt, von der Friedrich

---

[3] Friedrich Sengle, Biedermeierzeit. Deutsche Literatur im Spannungsfeld zwischen Restauration und Revolution, Bd. I, Stuttgart 1971, S. 366.

[4] Jeremias Gotthelf (Albert Bitzius), Sämtliche Werke in 24 Bänden (HKA), hg. v. Rudolf Hunziker und Hans Bloesch, Erlenbach-Zürich 1911 ff., 5. Erg.-Bd.: Briefe II. Teil, S. 90–91.

[5] Albrecht Schöne, Didaktische Verweisung. Jeremias Gotthelf., in: Ders., *Säkularisation als sprachbildende Kraft. Studien zur Dichtung deutscher Pfarrersöhne*, Göttingen [2]1968, S. 139–180.

Sengle spricht. Ein derart souveräner Erzähler erweist sich schließlich auch als ebenso sicherer Beherrscher von Erzählzeit wie erzählter Zeit. Zeitraffendes Erzählen bestimmt die Überbrückung großer Zeitläufe, wie etwa die zwischen den beiden Spinnenplagen. Konsequent zeitdehnendes Erzählen steigert demgegenüber die Spannung bei der Evozierung des Unheimlichen in der Binnenerzählung dort, wo Christine mit der Spinne zu einer Einheit verschmilzt (64)[6]; in der Rahmenhandlung dort, wo sich die Angst der Gotte kurz vor dem Taufakt in der Kirche steigert und „es sauste und brauste um sie wie Meereswogen“ (15). Dagegen erzählt der Großvater die Geschichte von der „Schwarzen Spinne“ zeitdeckend innerhalb der Rahmenhandlung, was die Zeit zwischen dem Mittagessen und dem Abend – unterbrochen von einer Zwischenmahlzeit, die die beiden Teile der Binnenerzählung voneinander trennt – ausfüllt. Mit diesem geschickten Wechsel von Rahmen- und Binnenerzählung schafft der Autor gezielt einen Ausgleich zwischen der dramatisch aufwühlenden Spinnen-Geschichte und jener harmonisch-biedermeierlichen „Wirklichkeit“, in der das alles aufgehoben ist.

Dem allem liegt zudem das – sowohl strukturell-rhetorische wie religiöse Bedürfnisse befriedigende – Prinzip der Dreizahl zugrunde. Es prägt die Erzählung des Großvaters wie die des Rahmens in vielen Details.[7] Als übergeordnetes Kunst- und Verkettungsprinzip schlägt es sich in den drei Teilen der Rahmenerzählung wie in den drei Zeitaltern, von denen die *Schwarze Spinne* erzählt, nieder. Es sind der erste Teil der Binnenhandlung etwa 600 Jahre vor der Erzählgegenwart, der zweite Teil, der etwa 200 Jahre später spielt, und schließlich die „Gegenwart“ der Rahmen-Handlung und -Erzählung selbst. Diesen sind darüber hinaus die drei „Häuser“ zugeordnet, jedes immer „an Stelle des alten und nicht anderswo“ (97), die jeweils zum zentralen Ort des Geschehens gemacht werden.

Darüber hinaus ist die Rahmenerzählung, die zur Binnenerzählung etwa im Verhältnis 4:7 steht, wieder von einem äußeren Rahmen umgriffen. Er bettet das in der gesamten Novelle entfaltete Vergehen der Zeit in die Idylle eines immer gleichen Friedens der morgendlichen (3) wie der abendlichen Natur (99). Sie soll auf

[6] Die Seitenzahl der Zitate in ( ) nach: Jeremias Gotthelf, Die schwarze Spinne = Schöninghs deutsche Textausgaben, hg. v. Klaus Lindemann, Paderborn-München-Wien-Zürich 1983.

[7] Lindemann (Anm. 2), S. 37–42.

Gottes ewige Ordnung verweisen, in der alles geschichtliche Vergehen letztendlich aufgehoben ist und wo „im Sichtbaren das Unsichtbare“ erfahrbar wird, wie Gotthelf es in seinem Brief an Burkhalter formuliert hatte.

Die Rahmenerzählung als Ganze spiegelt mit dem Taufgang, dem Taufakt und dem Taufschmaus die biedermeierliche Vorstellung christlicher Harmonie von Gottesfurcht und Familiensinn, Kirche und Haus, Glauben und Sitte. Zugleich entwirft sie das Idealbild einer Gesellschaft, in der Ruhe und Ordnung, Besonnenheit und Sauberkeit, Traditionsbewußtsein und Fleiß zum Maßstab für menschliches Handeln werden. Es ist jene – halb calvinistisch, halb biedermeierlich geprägte – Gesellschaftsutopie von „Ruhe und Leben“ (75), mit der man in der Epoche zwischen den Revolutionen der sich abzeichnenden rasenden Entwicklung von Wirtschaft, Industrie und Mobilität begegnen will. Dabei ist sich Gotthelf der prinzipiellen Gefährdung solch „sonntäglicher“ (3) Existenz durchaus bewußt: der alte Balken hat auch in jedem neuen Haus seinen festen Platz, und es bedarf letztendlich der Erzählkunst und Überzeugungskraft gottesfürchtiger Großväter und Dichter, um die Gefahren auch auf Dauer zu bannen. Literatur wird zur Waffe gegen die Revolution(en), ganz gleich, ob sie sich als politische, soziale oder industrielle verstehen und manifestieren. Damit wird „Geschichte“, wie sie vor allem die beiden Teile der Binnenerzählung thematisieren, prinzipiell zur Gefährdung des Menschen. Trotzdem bleibt auch sie in Heilsgeschichte eingebettet, wie es der Beginn der Erzählung des Großvaters mit dem Verweis auf das „ferne Morgenland, wo das Menschengeschlecht entstanden sein soll“ (22), und der spätere auf Gottes Gnade für „Kinder und Kindeskinder (. . .) solange wir uns fürchten vor Gott“ (98) unüberhörbar aussprechen.

Alles diesem Denken „Fremde“ erweist sich letztendlich als Personifikation des Bösen und gibt diesem die Gelegenheit, in die tradierten weltanschaulichen, sozialen und politischen Ordnungen einzubrechen. Davon vor allem erzählt *Die Schwarze Spinne.*

Im ersten Teil der Binnenerzählung beruht die Katastrophe ursprünglich auf dem Konflikt zwischen Feudalherren und abhängigen Bauern. Dem ging – so weiß es der Binnen-Erzähler – der Idealzustand einer religiös gefestigten, patriarchalisch geordneten Gesellschaft voraus. Ihn hält der Erzähler wie sein Dichter im Grunde auch für die Bewältigung der Probleme der Erzählgegenwart wie der Entstehungszeit der Novelle für die beste Lösung, nach der alles so „wie es gewesen war, (...) so Gott will auch bleiben (soll)“ (95/96). Der ideale ursprüngliche Zustand und seine Gefährdung durch „Fremde“ werden zu Beginn der Erzählung des Großvaters als Exposition für die „unerhörte Begebenheit“ der Novelle vorgestellt:

„Die meisten andern Schlösser gehörten einer Familie, kamen von dem Vater auf den Sohn, da kannten der Herr und seine Leute sich von Jugend auf, und gar Mancher war seinen Leuten wie ein Vater. Dieses Schloß kam (...) frühe in die Hände von Rittern, die man die Teutschen nannte (...). Diese Obern wechselten nun, und bald war einer da aus dem Sachsenland und bald einer aus dem Schwabenland; da kam keine Anhänglichkeit auf, und ein jeder brachte Brauch und Art mit aus seinem Lande.“ (23)

Das Böse resultiert bei Gotthelf also nicht aus der Tatsache, daß es „Herren“ und Beherrschte gibt, sondern vielmehr daraus, daß es *fremde* Herren sind, und fremde Herren sind eben keine „Väter“. Darüber hinaus wird diese „fremde“ Herrschaft mit allen Zeichen einer ‚impia suberbia‘ versehen, wo die Ritter „ein heidnisch Leben“ führen, „als ob kein Gott im Himmel wäre“ (23). Ihre Herrschaftsausübung manifestiert sich damit als „unerhörter Frondienst“ (25) unter Einsatz von „Gut und Blut“ (26) unten und als Terror oben: „Aber gehorsamer mache ich euch, so wahr ich Hans von Stoffeln bin, und wenn in Monatsfrist die hundert Buchen nicht oben stehen, so lasse ich euch peitschen, bis kein Fingerlang mehr ganz an euch ist, und Weiber und Kinder werfe ich den Hunden vor“ (26/27). Beides zusammen führt zur Auflösung bäuerlicher Gemeinschaft wie von Familie, wenn schließlich „keiner (...) einen Trost für den Andern (hatte)“ (27) und der Männer „Wort erst durch die Zustimmung (der Frau) Kraft erhielt“ (39). Eine davon – dazu auch noch eine „Lindauerin“ (35), also Fremde – schließt anstelle ihres und aller Männer den „Pakt“ mit dem Teufel und läßt überdies „die ganze Versammlung vor (sich) wie auf den Knien (liegen) mit Bitten und Flehen“ (40) und schließlich die Ehemänner zu „gottvergessene(n) V(ä)ter(n)“ (65) entarten.

Diese verhängnisvolle Erosion gewachsener sozialer und familialer Bindungen basiert für den Pfarrer Albert Bitzius letztendlich auf dem Mangel oder Verlust an religiöser Orientierung, wo angesichts der – traditionellen – Forderung des „Grünen“ nach einem ungetauften Kinde „Keiner (...) Mut (hat), die Tat zu hemmen, und die Furcht vor des Teufels Plagen (...) stärker (ist) als die Furcht vor Gott“ (60). Ein Bild faßt die Katastrophe, die gleichermaßen Bauern und Herren – unten und oben – betrifft, zusammen:

„Da ging alles Hoffen aus, und Verzweiflung füllte das Tal, saß auf den Bergen" (72).

Mit dem Ende der Spinnen-Katastrophe stellt sich der alte Zustand wieder her: Restauration bleibt der Leitgedanke Gotthelfschen Schreibens. Patriarchalische Herrschaft ist – wieder und weiter – Maßstab wie Garant gedeihlichen Zusammenlebens: „Sie hielten sich zu Gott und flohen den Teufel, und auch die Ritter, die frisch eingezogen waren ins Schloß, hatten Respekt vor Gottes Hand und hielten milde die Menschen und halfen ihnen auf" (79). Letztere üben sich in der altbewährten – nur vorübergehend außer Blick geratenen – Solidarität, denn „wo einer dem Andern helfen konnte, da säumte er nicht " (80). Auch die „Familie" erhält ihre alte Bedeutung zurück, sie „blühte fort in Gottesfurcht und Rechttun" (80). Dabei fällt Geschichte erneut in die Abfolge „väterlicher" Geschlechter zurück, wo „in der gleichen Gottesfurcht und Ehrbarkeit wie die Väter (...) auch die Söhne (lebten) von Geschlecht zu Geschlecht (81).

Insofern wiederholt sich für Gotthelf in der Geschichte – und damit auch mit dem zweiten Spinnenausbruch nach „fast zweihundert Jahre(n)" – immer nur das Gleiche; man kann sich daher für – jegliche – „heutige Zeit (...) ein Exempel daran nehmen" (79). Das gilt auch, wenn sich – wie in der Schweiz mit der Beseitigung der Rechte der Aristokratie während der Juli-Revolution – die äußeren Erscheinungsformen der Herrscher ändern und „im Schlosse drunten (!)" nurmehr „ein alter Ritter (haust), der bekümmerte sich wenig mehr ums Zeitliche" (86). Nun sind die besitzenden Bauern die neuen „Herren", denen das „Gesinde" als „Untertan" anvertraut ist. Die Erschütterung auch dieser Form gottgegebenen Patriarchats vollzieht sich analog zur ersten Spinnen-, Gesellschafts- und Familien-Katastrophe:

> „Wie sie früher von den Rittern geplagt worden waren, so wurden sie jetzt hart gegen das Gesinde und plagten dieses, und je weniger sie selbst arbeiteten, um so mehr muteten sie diesem zu, und je mehr sie Arbeit von Knechten und Mägden forderten, um so mehr behandelten sie dieselben wie unvernünftiges Vieh, und daß diese auch Seelen hätten, die zu wahren seien, dachten sie nicht." (81).

Wieder erhält das Böse – in Gestalt der bisher durch „Gottesfurcht und Rechttun" (80) – „Gottesfurcht und Ehrbarkeit" (81) in den Balken gebannten Spinne – seine konkrete Chance durch den Einfluß des „Fremden". In diesem Falle verbindet es sich erneut mit angemaßter Weiberherrschaft und korrumpiert alle Familienbande. „Ein schlau und kräftig Weib (...) – (zwar) keine Lindauerin, aber doch glich sie Christine in vielen Stücken – (...) auch aus der Fremde“ bringt nicht nur ihren Ehemann „unter ihrer Meisterschaft“ zu Tode, sondern „meistert“ auch ihren zur (partriarchalischen) Herrschaft berufenen Sohn „auf Schritt und Tritt“ und gibt ihm noch dazu ein fremdes „Weib aus ihrer Verwandtschaft, eines nach ihrem Sinn. Jetzt hatte er zwei Meister statt nur einen“ (82). Beide Weiber zusammen zerstören darüber hinaus das tradierte System des „Ganzen Hauses“, in dem Herren und Knechte nicht nur unter einem Dach, sondern auch in einer „Familie“ zusammenleben, indem sie mit dem Bau ihres neuen „hoffärtigen“ Hauses das „alte Haus (...) d(em) Gesinde“ überlassen, das darin „alleine lebte, wie es wollte“ (84). Die Folge ist – genau wie „fast zweihundert Jahre“ zuvor – der Zerfall der Gesellschaft unten wie oben: „Daher war drunten keine Ordnung und bald auch keine Gottesfurcht, und wo kein Meister ist, geht es so durchweg“ (84).

Die Befreiung der Spinne durch einen weiteren „Fremden“ – „man wußte nicht woher er kam“ (85) – zeigt in konzentrierter Form noch deutlicher als im ersten Falle die anarchische Auflösung aller Schranken zwischen oben und unten. So war der fremde Knecht nicht nur „alleine (...) oft im obern Hause“ (86), mit dem Ausbruch des Unglücks „bebte von ungeheurem Donnerschlag das ganze Haus“ (87) nicht nur unten, vielmehr „erscholl ein ähnliches Wehgeschrei aus dem neuen Hause“ (88) oben. Darüber hinaus läßt sich dieser erneute Ausbruch der Spinne unschwer auch als eine Folge der – etwa 400 Jahre zurückprojizierten – Aufklärung erkennen. Sie stellt sich dem konservativen Pfarrer Albert Bitzius genauso wie dem Schriftsteller Jeremias Gotthelf als Orgie aus sexueller Libertinage und Blasphemie dar – wie sie jene „Göttin der Vernunft“ einst auf dem Altar von Notre Dame personifizierte – wo „das wüsteste Leben führten Knechte und Mägde“ (85), „alles Heilige (...) (ge)lästert“ und schließlich gar „de(r) Hund unterm Ofen (ge)tauft“ wird (87).

Damit wird die Novelle auch als ganze zu einer Invektive gegen aufgeklärtes Denken, das den Teufel so gründlich aus den Köpfen der Menschen verjagt hatte und ihm in der Literatur allenfalls noch die Rolle eines „Schalks“ (Goethe) oder eines Narren (Langbein) konzediert hatte. Wenn der Teufel, bei Gotthelf nach seiner aufklärerischen Neutralisierung als „das Böse“ erneut personifiziert, in Gestalt „des Grünen“ oder als „schwarze Spinne“ in die Literatur zurückkehrt, so spiegelt sich darin nicht zuletzt die Unsicherheit der Epoche zwischen den Revolutionen, die trotz Familien- und

Kinder-Kults, trotz gezähmter Sexualität und harmloser Geselligkeit in der permanenten Angst lebte, die untergründigen Kräfte der Veränderung und der Anarchie könnten dereinst - wie die Spinne - eine ‚Wiedergeburt' erleben.

Das macht in Gotthelfs Novelle den Teufel persönlich zur „unerhörten Begebenheit" und zugleich zur Inkarnation all derjenigen Ängste, die die dunkle Folie der biedermeierlichen Tugenden bilden. Deshalb ist es zuallererst jene platte Sexualität, die den „Grünen" in seinen Gesten und Worten Christine gegenüber ins Bild setzt. Ihren Höhepunkt findet sie in jenem Spinnen-Zeugungs-Kuß auf Christines Gesicht, bei dem der Mund des Teufels sich in Gestalt eines erregten Phallus präsentiert (37), um dort die „höllische" Schwangerschaft mit der Spinne und schließlich die von „Wehen" und „kreißen" (52) begleitete Geburt der Spinnen zu verursachen. Dem wiederum korrespondiert später, als Christine mit der Spinne „zischend, flammensprühend zusammen(geschrumpft)" ist (64), jener tödliche Koitus, den sie in dieser diabolischen Gestalt als „das gräßlichste Wiedersehen dem Ehemanne bereitet" (72). Aber auch im zweiten Teil der Binnenerzählung flog „wie in hundertjähriger, aufgeschwellter Lust (...) die Spinne durch die Talschaft" (88), was alles zusammen zum einen der biologischen Eigenart einiger Spinnen abgesehen ist, bei denen das Weibchen unmittelbar nach der Befruchtung das geschwächte Männchen vertilgt. Auf der anderen Seite dürfte dabei für Gotthelf aber genauso entscheidend gewesen sein, daß angesichts des ausgeprägten Familienkults der Epoche jegliche Form sexueller Ausschweifung als Zeichen von Unordnung und revolutionärer Gesinnung gegenüber den bewährten und auf einer „Väter"-Ordnung basierenden „Sitten" verstanden werden mußte.

Das passiert im Verlauf der Geschichte immer dann, wenn der Mensch seiner Bestimmung untreu wird und damit dem Teufel die Gelegenheit verschafft, in sie einzugreifen und von ihm Besitz zu nehmen. Genau das manifestiert sich in den beiden Spinnenplagen an den zahlreichen Stellen, wo die Spinne und das von ihr verursachte Leid als „Höllenpein", „Höllenwehen", „Höllenbrut", „Höllenangst", „die Hölle selbst", „Höllenbrand", „Höllenqual", „der Hölle Glut" beschrieben werden, „ausgesandt zum Zeichen, wie der Grüne mit sich spaßen lasse" (52).

Auch auf einer weiteren Ebene hat Gotthelf die Verwandtschaft der Spinne mit ihrem Erzeuger, dem Teufel, in der Erzählung des Großvaters veranschaulicht. Die „immer wildere Höllenqual" (51/

52), die die Spinne mit „glühendem Stachel“ (48, 64) oder „glühendem Dorn (und) glühendem Nagel“ (67) zufügt, findet im „spitzige(n) Mund (. . .) (wie) von spitzigem Eisen aus Feuer“ ihre Entsprechung, als der „Grüne“ Christine küßt (37). Sein „flamm(endes) (. . .) rotes Bärtchen“ (27/28) oder sein Ritt auf „zwei feurigen Eichhörnchen (. . .) (mit) feurige(r) Geisel (. . .) eine(m) feurigen Bart im Gesicht, und auf dem Hute (. . .) glutrot eine Feder“ (44) kehren wieder in „Feuermeer“ (27, 34), „Höllenbrand“ (50), „verzehrender Glut“ (71) oder gar „der Hölle Glut“ (93), als die Spinne zusticht. Alle diese Bilder stehen in engem Bezug zu den von konservativen Schriftstellern der Epoche immer wieder bemühten Metaphern revolutionärer Vulkanausbrüche, Gewitter und Brandkatastrophen, für die Eichendorffs Novelle *Das Schloß Dürande* 1836 das eindrucksvollste Beispiel liefert.[8]

Darüber hinaus spiegelt sich auch das unvorhersehbare, rasche und allgegenwärtige Auf- und Abtreten des Teufels – seine Ubiquität – in den zahlreichen Aussagen der Erzählung des Großvaters über die gleiche Eigenschaft der Spinne(n): „Bald war sie zuvorderst, bald zuhinderst in der Gemeinde; auf den Bergen, im Tale erschien sie zur gleichen Zeit“ (89). Diese Teufel und Spinne(n) verbindende Eigenschaft erweist sich als Metapher für eine Lebensweise, die den weltanschaulichen, sozialen und sittlichen Wertvorstellungen der Biedermeierzeit diametral widerspricht. Denn trotz der allseits bewunderten Errichtung von Eisenbahnen, trotz der Verkürzung von Seereisen durch Dampfschiffe, trotz der Förderung des freien Warenaustausches durch die Gründung des „Deutschen Zollvereins“ sind Ubiquität und Mobilität da des Teufels, wo sie direkt mit Bodenständigkeit und Traditionsbewußtsein – „wie es gewesen war, so soll es, so Gott will, auch bleiben, solange hier ein Haus steht“ (95/96) – zusammenstoßen; mit Werten, die vor allem die Rahmenerzählung mit ihren Bildern des ‚Ganzen „Hauses“‘ und der daran gebundenen Großfamilie vermittelt. Alles dieser Ordnung nicht entsprungene „Fremde“, sei es Christine, „die Lindauerin“, seien es die fremden Ritter aus dem „Heidenlande“, der „junge Polenritter“, der vom Schloß engagierte „ferne Pfaffe“, die „Meisterweiber“ oder deren Knecht, der „seltsame Mensch (. . .) aus der Fremde“, alle diese mobilen „Fremden“ sind Personifikationen des

[8] Dazu: Klaus Lindemann, Eichendorffs Schloß Dürande. Zur konservativen Rezeption der Französischen Revolution = *Modellanalysen : Literatur*, Bd. 1, Paderborn-München-Wien-Zürich 1980.

„Bösen". Dabei wird das paradox anmutende Zugleich von technisch-wirtschaftlichem Fortschritt und reaktionärem Staats- und Gesellschafts-Ideal, das die Epoche prägt, auch in dieser Novelle spürbar. In der Formel von „Ruhe und Leben" (75) hat Gotthelf versucht, beide sich widerstrebende Tendenzen zusammenzubinden, um damit letztendlich doch dem bekannten Schlagwort der Metternichschen Restauration von „Ruhe und Ordnung" verpflichtet zu bleiben.

Neben den sozialen und moralischen – dabei immer auch märchenhaften – Implikaten der Teufels- und Spinnen-Katastrophen bleibt für Gotthelf in erster Linie der theologische Bezug von Belang. Von den ‚funkelnden Schlangenaugen' (30) des Teufels ist an einer Stelle die Rede, dem Erbstück seiner „Muhme, d(er) berühmten Schlange", wie es in Goethes *Faust* (V. 335) heißt. Als „unheimliches Feuer brennende(r) Augen" kehrt das bei der Teufels-Braut Christine gleich mehrfach wieder, genauso wie es deren gemeinsame Brut, die Spinne(n), an über 20 Stellen in der Erzählung des Großvaters charakterisiert, die sich damit zugleich auch noch als entfernte Verwandte der griechischen Medusa ausweisen.

Innerhalb des biblischen Kontexts der Novelle erhalten Teufel und Spinne(n) aber noch eine weitere Bedeutung. So rückt Gotthelf die „Teufelsbrut" insgesamt in die Nähe der Rolle, die Mephisto in Goethes *Faust* für sich selbst formuliert, wenn er sagt, er sei „ein Teil von jener Kraft, die stets das Böse will und stets das Gute schafft" (V. 1335/36). Damit knüpft der Dichter der *Schwarzen Spinne* zugleich an alttestamentarische Vorstellungen an. So deutet er die Spinnen etwa im Sinne der ägyptischen Plagen als „eine Buße gewaltig und schwer aus Gottes selbsteigener Hand" (48) und untermauert das sozusagen noch einmal als allerletzte Botschaft der ganzen Novelle, wo es heißt: „Was ihr (der Spinne) aber für eine Macht wird, wenn der Sinn ändert, das weiß der, der alles weiß und jedem seine Kräfte zuteilt, den Spinnen wie den Menschen" (99).

Schließlich bildet sich in der Novelle auch noch auf einer psychosozialen Ebene die Korrespondenz zwischen Teufel und Spinne(n) ab. Während der „Grüne" den durch eine gottlose Herrschaft – im ersten – oder durch ein gottloses Leben – im zweiten Teil der Binnenerzählung – angreifbaren Menschen durch seine arglistigen Verlockungen kranke Seelen macht, bringt der Stich seiner Spinne(n) dem Vieh wie den Menschen ebenfalls eine „Krankheit". Einmal sind das – auch in Erinnerung an lokale Pest-Überlieferungen – „schwarze Beulen“ (66), ja sogar an einer Stelle „der schwarze Tod“ (75). Zum andern – weit bestürzender – handelt es sich aber um eine „Krankheit“, die sich bei den Tieren als „toben“ (53), bei der Teufelsbraut Christine als „Wirbelsinn“ (51), bei dem „jungen Polenritter“ als „Brand im Gehirn“ (70) manifestiert, und damit jenem „Wahnsinn“ entspricht, den die Epoche denjenigen zuschrieb, die – wie etwa der berüchtigte Marquis de Sade – vor allem in ihrem moralischen Verhalten aus der eifersüchtig bewahrten und bewachten „Ordnung“ herausfielen.

„Wahnsinn“ galt zudem seit dem 18. Jahrhundert als unmittelbare Folge wie auch Strafe von und für ausschweifende „viehische“ Sexualität. Die bürgerliche Ökonomie der Knappheit, die auch in Gotthelfs Dorfgemeinschaften die sozialen Beziehungen regelt, die Einheit von Sexualität und Procreation, die die Familienreproduktion bestimmt, schließen wilde sexuelle Handlungen und Phantasien genauso aus wie ausschweifende Reden von „Wahnsinnigen“ und Phantasten, die Revolutionen provozieren. In beiden sieht sie eine schlimme naturwidrige Verschwendung. Zugleich und eben deshalb machen aber Sexualität und Wahnsinn das bedrohliche Umfeld der geordneten „sparsamen“ familiaren und sozialen Beziehungen aus. Es bricht in sie ein, sobald der kleinste „Stopfen“ familiarer Triebregulierung entfernt wird. Es überschwemmt die „Ordnung“, wo die Dämme aus „Sitte“ und „Brauch“ den kleinsten Einbruch erfahren. Dem infizierten wahnsinnigen Körper des einzelnen entspricht dann der aufgewühlte anarchische Gesellschaftskörper, der sich in „Raserei“ (87) und Revolutionen wälzt und gegen den Fürst Metternich einen „Pestkordon“[9] errichten wollte. Auch davon erzählen die beiden Teile der Binnenerzählung der *Schwarzen Spinne*.

Das eröffnet schließlich den Blick auf drei mögliche konkrete historische Bezüge des zweimaligen Spinnenausbruchs. Friedrich Sengle hat darauf hingewiesen, daß der längere erste und der kürzere zweite sich als Reflex auf die von den Zeitgenossen Gotthelfs als „Wiederkehr“ der Revolution von 1789 gedeutete Julirevolution verstehen ließen.[10] Das würde insbesondere durch die gehäufte Verwendung von „Schreckens“-Bildern für das Wirken der Spinne(n) unterstützt, die sowohl an Robespierres berüchtigte

[9] Hans-Wolf Jäger, Politische Metaphorik im Jakobinismus und im Vormärz, Stuttgart 1971, S. 46 und Anm.

[10] Sengle (Anm. 3), S. 367.

„Schreckens"-Rede vom 17. Pluvoîse des Jahres II, wie an Schillers „schrecklichsten der Schrecken" im *Lied von der Glocke* denken lassen, der auch in der Erzählung des Großvaters wiederkehrt (94).[11] Demgegenüber verbirgt sich für Jost Hermand hinter dem zweimaligen Wirken der Spinne(n) eher der Hinweis auf den „Schrecken", den die Wiederkehr Napoleons aus seiner ersten Verbannung nach Elba 1815 über das konservative Europa verbreitet hatte.[12] Eine der Entstehungszeit der Novelle noch näherliegendere Beziehung ergibt sich überdies durch den zweimaligen Versuch Louis Napoleons, von seinem Exil in der Schweiz aus gegen das Frankreich des Bürgerkönigs zu putschen. Gotthelf hat sich gerade im Zusammenhang mit der *Schwarzen Spinne* in einem Brief recht polemisch dazu geäußert, da das Unternehmen die Schweiz seinerzeit an den Rand eines Krieges mit Frankreich führte.[13]

Wenn angesichts derart vieldeutiger und gestaltwandlerischer Macht des „Bösen" gerade kleine und große Gemeinschaften – von der Familie bis zu den Kollektiven der Herrschenden und Beherrschten – demselben immer wieder Gelegenheit bieten, sich als „Fremdes" in ihnen einzunisten und sie zu destruieren, liegt es nahe, daß Gotthelf vorbildliche Individuen – Christusnachfolger – für berufen hält, als Mahner, Bekenner und Märtyrer dagegen zu wirken.

Da stehen zunächst jene Lichtgestalten „unschuldiger" Kinder, denen – als noch „ungetauft(en)" (30) – der Angriff des Teufels in erster Linie gilt. Diesem bieten sie als „unschuldige(s) Bübchen, Gott und Menschen lieb" (44) und „treue Bübchen" (58) im ersten und als „arme Bübchen" (88) und „Bübchen verständigen Sinnes" (93) im zweiten Teil der Binnenerzählung Paroli. Sie sind zugleich Zeugen jenes Kinderkults der Epoche, der letztendlich mit den Idealvorstellungen einer patriarchalisch beherrschten Familie eng verknüpft ist und die Kinder schließlich doch wieder nur als „verständige" kleine Erwachsene sieht, wenn der Großvater am Ende sinniert: „so wie es gewesen war, so soll es, so Gott will, auch bleiben, solange (...) Kinder den Eltern folgen in Wegen und Gedanken" (95/96).

Daneben gibt es „bedächtige Alte" (45/46), „alt ehrwürdig(e)

---

[11] Lindemann (Anm. 2), dazu ausführlich S. 107–111.

[12] Jost Hermand, Napoleon im Biedermeier, in: Ders., *Von Mainz nach Weimar. Studien zur deutschen Literatur*, Stuttgart 1969, S. 99–128.

[13] Lindemann (Anm. 2), S. 105–106.

Weib(er)" (41), „fromme Schwiegerm(ü)tter" (56) und „treue Großm(ü)tter" (73), die vor dem Bösen warnen und gewillt sind, unter Einsatz ihres Lebens für „fromme Weibchen" (73) einzutreten, die ihrerseits bereit sind, „unter tausendfachen Todesschmerzen (...) mit der einen Hand die Spinne ins bereitete Loch (zu drücken)" (74). Letzteres tut in exemplarischer Weise auch „ein frommer Priester des Herrn" (46), der im ersten Teil der Binnenerzählung sozusagen Christi Opfertod für die ihm anvertrauten Menschen nachvollzieht. Dieses Schicksal bleibt dem dazu ebenfalls bereiten Priester im zweiten Teil der Binnenerzählung erspart, weil diesen „Kampf (...) schon ein Anderer bestanden (hatte)" (94). Dieser „Andere" ist einmal Christus selbst und neben und nach diesem auch der erste Pfarrer und „Christen", der von den bösen „Meisterweibern" unterdrückte „Sohn" bzw. „Gatte" und „Vater", der in Christi Nachfolge zwar nicht für die Sünden der Welt, wohl aber für sein „unschuldige(s) Kindlein" (92) und „zur Sühne der Schuld, die auf ihm lag, dem Haupte seines Hauses" (92), sein Leben opfert.

Alle diese Lichtgestalten in der Nachfolge Christi, deren „Andenken (...) sich glorreich (stellte) wie das eines Heiligen in allen Seelen" (94), bilden in der Novelle somit eine Art „Heiliger Allianz" in einer durch den Teufel und seine schwarzen Spinnen verdunkelten Zeit. Sie vermitteln ihrer von Revolutionsfurcht gequälten Epoche Handlungsmuster, Denk- und Glaubensmaximen, die sich nicht aus von der „Natur" abgeleiteten „Menschenrechten", aus demokratisch legitimierten „Bürgerrechten", dem Emanzipationsbegehren der Frauen oder gar aus revolutionärer Praxis ableiten, sondern aus einem Prinzip, das sie allesamt zu „Kämpfern" des Herrn (47) werden läßt. Sie leben und verkünden die aus Religion und Restauration gespeiste Maxime „der Alten" und „des Alten", wie sie die Novelle von der *Schwarzen Spinne* immer wieder einschärft und nach der „weder ich noch meine Kinder und Kindeskinder etwas von der Spinne zu fürchten hätten, solange wir uns fürchten vor Gott" (97), wenn nur gilt, daß „wie es gewesen war, so soll es, so Gott will, auch bleiben" (95/96). Auch das fordert neben dem erzählenden Großvater auch der Erzähler der Novelle selbst, wenn er in deren Schlußsatz ebenfalls noch einmal erinnert, fordert und einschärft:

„Denn wo solcher Sinn wohnet, darf sich die Spinne nicht regen, weder bei Tage noch bei Nacht. Was ihr aber für eine Macht wird, wenn der Sinn ändert, das weiß der, der alles weiß und jedem seine Kräfte zuteilt, den Spinnen wie den Menschen." (99)

Erst vor dem Hintergrund dieses Ensembles von Bezügen und Verweisen ergibt sich das Fazit, daß Gotthelf seine *Schwarze Spinne* mit ihrem Wechsel zwischen idealtypischer Rahmen- und geschichtsbezogener Binnen-Erzählung gezielt als Allegorie historischer Ereignisse mit dem Ziel einer konservativ-restaurativen Botschaft konzipiert hat. Dabei liegen die angedeuteten Bezüge auf das Trauma der Wiederkehr Napoleons bzw. der Revolution für seine Zeitgenossen nicht allzu weit auseinander. Schließlich hat sich Napoleon selbst als „Sohn“ und „Vollender der Revolution“ bezeichnet und erhoffte auch sein Neffe Louis Napoleon seinen Herrschaftsantritt von einem „revolutionären“ Akt, der ihn in Gestalt eines Staatsstreichs 1851 ja tatsächlich an die Macht bringen sollte.

Ihren tiefsten Bezug erhält Gotthelfs Novelle in ihrem eigenwilligen Aufbau wie ihrer symbolischen Verweiskraft aber letztlich vor dem in ihr entfalteten Modell einer Heilsgeschichte. Innerhalb dieser hat jedes einzelne historische Ereignis und jede historische Gestalt am Ende nur eine stellvertretende Bedeutung für das dem gläubigen Dichter Wichtige: die exemplarische Darstellung des Kampfes zwischen Gut und Böse, Mensch und Spinne, Gott und Teufel in der Geschichte und in den Geschichten.

Das alles zusammen ist es vielleicht auch, was neben vielen Literaturwissenschaftlern auch die Dichter – weit über die Epoche seiner Entstehung hinaus – immer wieder an dem kleinen Meisterwerk Gotthelfs fasziniert hat. Thomas Mann hat es für alle wohl am bündigsten zusammengefaßt, wenn er im sechsten Kapitel seiner *Entstehung des Doktor Faustus* bekennt, daß er „Gotthelfs (. . .) ‚Schwarze Spinne‘ (. . .) bewundere wie kaum ein zweites Stück Weltliteratur“.[14]

[14] Thomas Mann, Doktor Faustus. Die Entstehung des Doktor Faustus, Frankfurt 1967. S. 722.

Winfried Freund

Heimat – ein Alptraum
Annette von Droste-Hülshoff: *Die Judenbuche* (1842)

„Ich habe jetzt eine Erzählung fertig von dem Burschen im Paderbörnischen, der den Juden erschlug, von der Junkmann aber sagt, die Paderbörner würden mich auch totschlagen, wenn ich sie herausgäbe“.[1]

Das „Sittengemälde aus dem gebirgichten Westfalen“, so der ursprüngliche Titel der Droste, entwirft kein versöhnliches Bild dörflich-bäuerlicher Tradition, keine harmonische Daseinsform und keine heimatliche Idylle. Nicht Solidarität und Stabilität, sondern Entzweiung und Chaos, nicht Geborgenheit, sondern Gewalt, nicht Achtung und Leben, sondern Ächtung, Mord und Totschlag beherrschen die Szene. Im Zerrspiegel der verkehrten Dorfgeschichte entsteht das satirische Porträt desolater Heimat. Lokalkolorit, Detailrealismus und Regionalisierung profilieren authentisch Häßliches. Heimat ist der Schreckensort menschlicher Verengung und Verwahrlosung, wo fortgesetzt verleumdet, gestohlen, gelogen und verbogen, gequält, geschlagen und getötet wird. Die Droste ist eines der bedeutenden kritisch-satirischen Temperamente der deutschen Literatur. Unter der gelackten Oberfläche macht ihre Kunst die tiefen Risse sichtbar, die Aggressionen, die den faulen Frieden der Heimat entlarven.

Die wirkliche Geschichte von dem Judenmörder Johannes Winkelhahne aus Bellersen bei Brakel, der sich 1806 kurz nach seiner Rückkehr aus algerischer Gefangenschaft erhängte, hatte bereits August von Haxthausen, der Onkel Annettes, zwischen dem 5. und 19. Februar 1818 in der Göttinger Zeitschrift „Die Wünschelrute“ abdrucken lassen. Um zwanzig Jahre zurückdatiert, bildet die „Geschichte eines Algierer-Sklaven“ die zentrale Fabel der Novelle. Unter dem von Hermann Hauff vorgeschlagenen Titel „Die Judenbuche“ erschien sie zwischen dem 22. April und dem 10. Mai 1842 in 16 Fortsetzungen im Cottaschen „Morgenblatt für gebildete Leser“.

---

[1] Die Briefe der Annette von Droste-Hülshoff. Hg. v. Karl Schulte-Kemminghausen. Bd. 1. Jena 1944. S. 538.

Nach einem Raubdruck in dem Arnsberger „Westfälischen Anzeiger“ noch im Erscheinungsjahr wurde es zunächst still um die Novelle. Eine breitere Rezeption erfolgte erst mit der von Levin Schücking 1859/60 besorgten Ausgabe „Letzte Gaben“. Mit der Aufnahme in den Band 24 der u. a. von Paul Heyse herausgegebenen Sammlung „Deutscher Novellenschatz“ (1876) war der Durchbruch endgültig geschafft. Bis heute ist die Flut der Einzelveröffentlichungen nicht abgerissen.

Gespannt zwischen sechs deutlich markierte Erzählgipfel[2], wechselnd zwischen szenischer und berichtender Darbietung, entwirft die Droste parallel zum Sechstagewerk der Schöpfung ein novellistisches Hexaemeron mit abfallender Tendenz. Nicht Wachsen und Leben, sondern Niedergang und Tod breiten sich aus, begleitet von den dumpf hallenden Beilhieben der Blaukittel und dem Krachen niederstürzender Bäume. Der novellistische Erzähler wird zum Chronisten eines scheinbar unaufhaltsamen Verfallsprozesses. Der erzählte Ort, „einer jener abgeschlossenen Erdwinkel“ (7)[3] mit seiner Beschränktheit und ungeheuren Verworrenheit läßt keine Entwicklung zu. Jeder Aufbruch muß notwendig in der Enge ersticken. Wer hier geboren wird, ist nicht der Täter seines eigenen Lebens, sondern das Opfer der Verhältnisse, er entwickelt sich nicht im Sinne persönlicher Individuation, sondern sieht sich von vornherein heillos verwickelt in anonyme Zwänge. Heimat ist der Ort traditionell geheiligter Vorurteile, wo der Raum über den Menschen triumphiert, wo der Besitz alles, der einzelne nichts bedeutet, wo einer ist, was er hat, wo einer bestenfalls wird, was die andern schon immer geworden sind.

Friedrich Mergel, Sohn eines Säufers und Liederjans, hineingeboren in die Verkommenheit kümmerlicher Umstände, ist in den Augen der Dorfgemeinschaft ein Nichts, seine Familie ein Häuflein Dreck, wie der Name Mergel schon sagt. Seine Geburt eröffnet keine Lebenschancen, sondern bildet lediglich die erste Station auf dem vorgezeichneten Weg hoffnungslosen Scheiterns. Das Licht der Schöpfung scheint erloschen in der Stagnation und Borniertheit der Heimat, wo weniger Gott als der Teufel sich eingenistet hat.

---

2 Die Gipfelstruktur des Erzählens hat als erster Benno v. Wiese erkannt: Die deutsche Novelle von Goethe bis Kafka Bd. 1. Düsseldorf 1956. S. 145–175.

3 Die Zahlen in Klammern beziehen sich auf: Annette von Droste-Hülshoff: Die Judenbuche. Ein Sittengemälde aus dem gebirgichten Westfalen. Mit einem Nachwort, einer Zeittafel, Erläuterungen und bibliographischen Hinweisen. Hg. v. Winfried Freund. 4. Aufl. München 1992.

In einer stürmischen Winternacht kommt der Vater unter einer Buche bzw. Eiche ums Leben, „in der Betrunkenheit ohne Buße und Ölung zum Teufel gefahren“ (19), wie es Ohm Semmler beschreibt, während Frau Margreth sich schon vorher über ihren Mann ausgelassen hatte: „Den hält der Teufel fest genug!“(12) Wer nichts hat und nichts erwirbt, wen die Trostlosigkeit seiner Existenz und die gnadenlose Ächtung der Nachbarn in Verzweiflung und Verwahrlosung stürzen, ist des Teufels und der Sohn ein „Satan von einem Jungen.“(19) Teuflisch ist immer der andere, der nicht den heimatlichen Standards von Wohlstand und Ordnung entspricht, der im Abseits des materiellen Scheins, im Schatten seiner Armut, dahinkümmert. Der Habenichts ist ein Niemand, ein Stück Dreck, ein Teufelskind.[4]

Eine Welt, die den angestammten Raum und mit ihm den materiellen Besitz zur Grundlage ihres Urteils macht, die eingepfercht erscheint in den Hecken und Zäunen selbstfabrizierter Beschränktheit, ist aber auch prinzipiell durch materiellen Schein verführbar, weil ihr das Sein, die geistig-seelische Existenz, die Ängste und Hoffnungen des einzelnen hinter dem vordergründig Scheinenden gleichgültig sind. Wo der Schein alles bedeutet, herrschen Verstellung, Täuschung, Heuchelei und gleisnerisches Wesen.

Flüchtete der Vater aus der erbarmungslosen Ächtung in die Selbsttäuschungen des Alkohols, so verfällt der Sohn den Versuchungen protzender Großmannssucht. Das vorgetäuschte wie das auf realen Grund- und Bodenbesitz gegründete Haben sind aber nur quantitativ geschieden. Tiefere menschliche Qualität geht beiden Daseinsformen ab. Derjenige, der sich mit dem Schein des Habens umgibt, parodiert bloß den, der das Haben für das wahre Sein nimmt. In der Parodie tritt das Unzulängliche des Originals grell zutage.

Fast eine Karikatur des Scheinmenschen ist der Ohm Simon Semmler, der „gern einen aufgeklärten Kopf vorgestellt hätte“ (15), bei dem in Wahrheit jedoch Anspruch und Brauchbarkeit weit auseinander klaffen, der bei aller offenbaren Unansehnlichkeit sich für schön und unwiderstehlich hält. Als fataler Ratgeber tritt er in das Leben des Zwölfjährigen und leitet einen ironischen Initiationsprozeß in die Welt des Scheins ein, der in der Entführung

[4] Die Außenseiterproblematik wird eingehend untersucht in: Winfried Freund: Der Außenseiter Friedrich Mergel. Eine sozialpsychologische Studie zur „Judenbuche“. In: ZfdPh 99 (1979). S. 110–118.

und Verführung des Knaben seinen Lauf nimmt. Parallel zu den Initiationsriten mit dem Tod des alten und der Geburt des neuen Menschen im Mittelpunkt erscheint am Tag nach der ersten Begegnung mit Simon neben Friedrich dessen Doppelgänger Johannes Niemand, in dem Margreth so etwas wie ein geschrumpftes Spiegelbild ihres Sohns erkennt. Aus der Initiation in die Lebenssphäre des Scheins ist folgerichtig ein Niemand, ein existentielles Nichts, hervorgegangen. In entlarvender Ironie bedeutet die Einweisung ins heimatliche Leben das Absterben des eigentlichen Menschen.

Von nun an, einmal den erdrückenden Scheinwerten der Heimat erlegen, entwickelt sich Friedrichs Leben in rasanter Geschwindigkeit bergab. Eine Umkehr auf dem eingeschlagenen abschüssigen Weg ist ausgeschlossen, solange der einzelne in seiner Welt etwas gelten möchte. Geltung erfährt nur, wer sich dem Schein verschreibt. Bereits in seinem 18. Lebensjahr hat sich Friedrich „einen bedeutenden Ruf in der jungen Dorfwelt gesichert." (23) Sorgfältige Pflege verwendet er auf „sein Äußeres" und genießt das Ansehen eines „anerkannten Dorfelegant". (23) Zu diesem Zeitpunkt fordert die auf Schein gegründete Existenz ihr erstes Opfer. Während die Dorfgemeinschaft wenig oder gar nicht nach den Gründen für Friedrichs plötzliches Wohlergehen fragt und das Äußere für das Entscheidende nimmt, mögen dem Leser längst Bedenken gekommen sein an der Rechtmäßigkeit des Wandels im äußeren Erscheinungsbild. Deutlich wird in der Förster-Szene bei aller erzählerischen Reserve die Verwicklung Friedrichs in die Machenschaften der Blaukittel. Als Hirt getarnt, leistet er die Dienste eines Wachhundes. Als der Förster die Maskeraden und Tricks durchschaut, steht mit einemmal seine Existenz auf dem Spiel, und er zögert nicht, Brandis in die Arme der Blaukittel zu schicken, wo diesen der sichere Tod erwartet. Auch der Förster urteilt nach dem Besitz. Brutal stellt er die Ärmlichkeit Friedrichs und seiner Familie heraus:

> „... ich möchte dich prügeln wie einen Hund, und mehr seid ihr auch nicht wert. Ihr Lumpenpack, dem kein Ziegel auf dem Dach gehört! Bis zum Betteln habt ihr es, gottlob, bald gebracht, ..." (27)

Der Schein ist nur aufrechtzuerhalten, wo drohender Enttarnung vorgebeugt wird, der Blick hinter die Kulissen verschlossen bleibt, und sei es auch um den Preis eines Menschenlebens. Wer den andern bloßstellt, indem er ihm die Maske herunterreißt, muß mit allem rechnen, da Maske und Person identisch geworden sind. In dieser Welt, in der der trügerische Glanz des erworbenen wie geborgten toten Besitzes alles andere überstrahlt, ist der einzelne bedeutungslos. Es ist eine Welt fortgesetzter Täuschungen und Selbsttäuschungen. Der Hirt Friedrich ist nicht das, was er zu sein vorgibt, der Weg, den er weist, führt nicht zur Aufdeckung des Verbrechens, sondern zu dessen brutaler Verschleierung. Wo sich der Schein des Besitzes ausbreitet, es zum lebenswichtigen Bedürfnis wird, sich in ihm zu sonnen, wird der individuelle Mensch hinter der Maske unkenntlich, usurpiert die Lüge die Wahrheit.

Die Gerichtsverhandlung im Anschluß an den Totschlag des Försters bleibt ergebnislos. Friedrich weiß sich geschickt allen Verdächtigungen zu entziehen. Der Schein spricht ihn frei, während der Leser um seine eigentliche Schuld weiß. Schuldlos ist, wer den Schein der Unschuld zu wahren versteht. Die ganze Wahrheit liegt im Ermessen des einzelnen. Friedrich „erzählte den Vorgang zwischen ihm und dem Oberförster ziemlich der Wahrheit gemäß, bis auf das Ende, das er geratener fand für sich zu behalten." (32) Perfekt hat er die Lektion der Heimat gelernt. Nicht um die Wahrheit geht es, sondern um die Wahrung des eigenen Ansehens. Die Wahrheit selbst ist das Resultat einer geschickten Auswahl. Wo man bloß nach dem Augenschein, nach vordergründigen Indizien urteilt, bleiben die Motive im verborgenen, man fragt nicht einmal nach ihnen.

Heimat birgt den, der ihren Vorurteilen schmeichelt. Nicht, wie einer geworden ist, zählt, sondern was einer gerade scheint. Selbst der Novellist gibt vor, nichts Genaueres zu wissen, während er den Leser durch versteckte Andeutungen und Anspielungen in die Lage versetzt, die wahren Sachverhalte zu durchschauen. Er erzählt Vorgefallenes, das, was in Erscheinung tritt, während die Hintergründe zwischen den Zeilen verborgen bleiben.[5] „Aber dies alles hat sich wirklich zugetragen; ich kann nichts davon- oder dazutun."(33) Die Novelle ist wie keine andere die Gattung des Augenscheins, sie berichtet nach Cervantes von einem „caso portentoso y jamas visto", von einem noch nicht gesehenen Fall also weniger von einem unerhörten, wie es später bei Goethe heißt. Der Novellist führt seinen Leser an den Ort des Geschehens, räumt Lokaltermine zur Augenscheinseinnahme an, und malt noch die Bestürzung

---

[5] Insbesondere hat Heinrich Henel auf das verschleiernde und verdunkelnde Erzählen der Droste verwiesen. (Annette von Droste-Hülshoff. Erzählstil und Wirklichkeit. In: Festschrift für Bernhard Blume. Hg. v. E. Lohner u. a. Göttingen 1967. S. 145–172).

in den Gesichtern der Beteiligten angesichts des Vorgefallenen, das nach Aufklärung verlangt. Im Sichtbaren fahndet er nach den bewegenden Kräften, in den Auswirkungen nach den Ursachen. Gestalten Erzählung und Roman die individuellen Wege zur Tat, so steht die Novelle stets vor sich vollendenden bzw. vollendeten Tatsachen.

Die ausschließliche Geltung des materiellen Scheins, der in der „Judenbuche" auf den fällt, der hat, wie auf den, der zu haben vorgibt, ist ein novellistisches Thema par excellence. Im spotlight der Novelle erscheint der mit dem Besitzschein eins gewordene Mensch, der bei schwindendem Besitz notwendig ins Dunkle, ins Niemandsland absinken muß. Der einzelne strahlt nicht länger von innen nach außen, sondern reflektiert nur noch das Licht, das von außen auf ihn fällt. Er ist das Wesen im geborgten Glanz, der bloße Widerschein des Scheinbaren, dem er souveräne Macht über sich eingeräumt hat. Mit bemerkenswerter Hellsichtigkeit porträtiert die Droste im bäuerlichen Milieu die an den Habenmodus versklavte moderne Gesellschaft.

Der Schein des Besitzes aber, im Augenschein novellistischen Erzählens dargeboten und potenziert, entpuppt sich mehr und mehr als trügerisches Blendwerk. In einer schauerlichen Szene, nur beleuchtet vom schwachen Licht des Mondes, begegnen sich Friedrich und Simon Semmler. Wie auf der Bühne entspinnt sich ein Dialog, hinter den der Erzähler fast ganz zurücktritt. Fragen und ausweichende Antworten, halbherzige Eingeständnisse und versteckte Drohungen, dreiste Lügen und lauerndes Mißtrauen erzeugen eine Atmosphäre des Halbwahren und Trügerischen. Das schlechte Gewissen, der Druck der schweren Mordschuld ist ganz Bild, ganz Anschauung geworden. Aus dem objektiven Schein der Szene tritt fast mit Händen zu greifen die subjektive Wahrheit der Täter hervor. Die fehlende alte Axt, das corpus delicti in der Gerichtsverhandlung, verweist eindeutig auf die wahre Identität der Mörder, ohne daß weitere Worte nötig wären. Sprechen dient nur noch dazu, die wahren Tatbestände zu verschleiern, so wie die neue Axt die alte, das Abbild das Urbild täuschend ähnlich vorstellen soll.

Bestärkt im Glauben an die Allmacht der Täuschung, gewöhnt sich Friedrich, „die innere Schande der äußeren vorzuziehen" (35) und reüssiert mit solcher Einstellung in einer Welt, deren Blicke immerfort nur auf der Oberfläche verharren. Er prunkt und prahlt und gewinnt im Dorf insofern sogar ein gewisses Übergewicht, als es ihm gelingt, „der öffentlichen Meinung nicht sowohl Trotz zu bieten als sie den Weg zu leiten, der ihm gefiel.“ (35) Was ihm aber Ansehen einträgt, ist nicht die eigene Natur, sondern die übersteigerte Kopie dessen, was im Dorf als ansehenswert gilt. Er selbst verkümmert hinter der vorgezeigten Fassade zu einem Niemand, der als sein Gestalt gewordener Doppelgänger nicht mehr von seiner Seite weicht. In der überkompensierenden Übernahme der unter den Besitzenden gültigen Verhaltensweisen, umherstolzierend „wie ein Hahn, im neuen himmelblauen Rock“ als „erster Elegant“ (36) des Dorfes, karikiert Friedrich unbewußt die Besitzenden selbst, ihre vordergründige Orientierung am ausgestellten Wohlstand. In dem Maß aber, wie er seine Umwelt mit deren eigenen Maßstäben zu täuschen versteht, geraten die Maßstäbe ins Zwielicht.

Die Bauernhochzeit entartet zu einer turbulent dekuvrierenden Fastnachtsszene[6], zu einem Jahrmarkt des Scheins mit Gestalten in schreienden Farben, zusammengepfercht auf engstem Raum, bei Musik „von Dilettanten ad libitum gestrichen.“(36) Ironisch konstatiert der Erzählkommentar: „. . . es war ein köstliches Fest.“ (36) Ähnlich ironisch quittiert man Friedrichs „galanten Toast“:

> „. . . die gnädigen Herrschaften sollen leben . . . und wer's nicht mittrinkt, den will ich an die Ohren schlagen, daß er die Engel singen hört!“(37)

Überhaupt tritt die Ironie gerade in der Hochzeitsszene deutlich zutage. Die großtuerische, prahlerische Gesellschaft erscheint in ihrem Licht von vornherein als das, was sie eigentlich ist: ein lärmender wüster Haufen.

Mitten in den Lärm platzt die Nachricht vom Butterdiebstahl des Johannes. Ein bißchen gestohlene Butter reicht aus, um Friedrichs Ansehen empfindlich zu ramponieren, ist das Schicksal seines Doppelgängers doch unablösbar mit seinem eigenen verknüpft. Um sein mit einemmal fadenscheinig gewordenes Ansehen wieder zu flicken, muß eine silberne Taschenuhr herhalten. Aber das, was ihn in den Augen der anderen wieder heben soll, läßt ihn in tragischer Ironie endgültig stürzen. Der anzügliche Wortwechsel mit Wilm Hülsmeyer, dem reichen Bauernsohn, läßt Schlimmstes ahnen und offenbart einmal mehr die ausschließliche Geltung materieller

---

6 Als strukturelles Zentrum stellt neuerdings Raymond Immerwahr die Bauernhochzeitsszene heraus. (The Peasant Wedding as Dramatic Climax of „Die Judenbuche“. In: Festschrift für E. Catholy. Ed. by L. Dietrick u. a. Waterloo Press 1990. S. 321–326).

Scheinwerte: „Was hat sie gekostet?“ „Willst du sie bezahlen?“ „Hast du sie bezahlt?“ (38) Dann bricht die Katastrophe herein, hinter die Szene verlegt, aber durch „unauslöschliches Gelächter und Lärm“ (39) signalisiert. Der Jude Aaron hatte die noch immer ausstehenden zehn Taler für die silberne Renommieruhr eingefordert. „Friedrich war wie vernichtet fortgegangen“ ... „Die Tenne tobte von Gelächter ...“ (39) Wie in einer groben und derben Fastnachtsszene mit ihren Schimpfereien, Saufgelagen und Anzüglichkeiten rollt das Geschehen ab. Scharf konturiert tritt das Abstoßende und Häßliche hinter den blendenden Fassaden zutage. Friedrich, von allem geliehenen Schein entblößt, ist endgültig ein purer Niemand. Aber nicht nur seine Scheinexistenz wird enttarnt. Enttarnt wird auch die Dorfgemeinschaft selbst. Im Kern verantwortlich für die Maskeraden des Habenichts, für die sie Modell gestanden hat, verweigert sie nun erwartungsgemäß alles Mitgefühl, alle Anteilnahme. Akzeptiert hat sie nur den Scheinmenschen, die hilfsbedürftige Kreatur geht sie nichts an. Mit Hohngelächter reagiert sie auf Friedrichs Schmach und läßt ihn gnadenlos fallen. Die Bauern, allen voran der reiche Bauernsohn Wilm Hülsmeyer, erscheinen in ihrer brutalen, nicht länger verbrämten Unmenschlichkeit. Nur der Besitz zählt, der arme Schlucker mag zum Teufel gehen. Der persönliche Wert des Menschen interessiert nicht, von Bedeutung ist allein sein Tauschwert: „Packt den Juden! Wiegt ihn gegen ein Schwein!“ (39) Auch die Bauern sind menschliche Attrappen, einzig dem Besitz und dem Schein, den er verleiht, verfallen. Die Bauernhochzeit entartet zu einem gigantischen Narrenfest, wo sich im närrischen Treiben die Korruption christlicher Nächstenliebe spiegelt.

Der Totschlag des Juden ist weniger ein spektakuläres Ereignis als die zwingende Konsequenz aus den dörflichen Verhaltensmustern. Konflikte und Krisen werden ebenso mit Gewalt beantwortet, wie persönliche Vorhaben mit Gewalt in die Tat umgesetzt werden. Reflektierendes Einhalten, Verständnis und Versöhnungsbereitschaft haben keine Chance. Impulsives Gewalthandeln gegen den andern wie gegen sich selbst bestimmt das allgemeine Verhalten. Die Ächtung durch die Dorfgemeinschaft führte beim alten Mergel zum Verlust der Selbstachtung und trieb ihn in die Selbstzerstörung. Simon macht sich Friedrich gefügig, indem er dessen eigene Natur auslöscht und das vielsagend in der Nähe des Baumes, wo man den Vater tot aufgefunden hatte. Erwähnung findet der Baum auch dort, wo der Förster auf seinen Todesweg geschickt wird, weil er eine Gefahr zu werden beginnt. Unter dem Baum schließlich findet der Jude den Tod. Der Baum, ein weitverbreitetes Lebenssymbol, wird leitmotivisch verknüpft mit Gewalt und Zerstörung. Im Kontrast von sinnbildlicher Bedeutung und novellistischer Realisierung spiegelt sich das entfremdete Verhalten der Dorfgemeinschaft, die Gewalt, die man fortgesetzt dem Leben antut.[7]

Friedrich in seiner mörderischen Aggression als Folge frustrierten Selbstwertgefühls ist in Wahrheit mehr Opfer als Täter. Er verhält sich in der in der Heimat üblichen Weise, indem er den äußeren Anlaß seiner Frustration aus dem Weg räumt, statt nach der tieferen Ursache seiner persönlichen Krise zu fragen. Gewalt stellt immer eine Scheinlösung dar, weil sie die eigentlichen Konfliktursachen mit Ersatzobjekten identifiziert. Die Diskussion, die nach Friedrichs Flucht darüber entbrennt, ob er nun den Juden erschlagen hat oder nicht, spiegelt in subtiler Weise die Täter-Opfer-Problematik. Der Augenschein macht ihn zum Täter, die Motive aber, die ihn zur Tat treiben, drängen ihn in die Rolle des Opfers. Friedrich Mergel, im Banne der Heimat, ist der typische halbe Held der Novelle, ohne persönliches Antriebsmoment, ganz und gar von außen gesteuert.

Auf dem abschließenden sechsten Erzählgipfel kehrt Friedrich nach achtundzwanzigjähriger Gefangenschaft ins Dorf zurück. Das novellistische Hexaemeron steht vor dem Abschluß. Betritt am sechsten Tag des Sechstagewerks der wohl ausgebildete Mensch die Schöpfungsszene, so ist es in der Novelle ein menschliches Wrack, ein Niemand. Nicht Friedrich erkennt man bezeichnenderweise in dem Heimkehrer, sondern seinen Doppelgänger Johannes. Der Schluß zeigt nicht den vollendeten Menschen, sondern den Menschen am Ende. Die Heimat hatte ihn gedrängt zu scheinen und ihn verstoßen, als der trügerische Schein zerriß. Geachtet hatte sie den erfolgreichen Kriminellen, geächtet aber die hilfsbedürftige Kreatur.

Auch nach 28 Jahren hat man nichts gelernt. Der lange Zeitraum deutet auf die Lernunfähigkeit menschlicher Gesellschaft schlechthin. Als man den vermeintlichen Johannes Niemand in der schick-

---

[7] Die Gewalt ist das kriminelle Antriebsmoment der Novellenhandlung. Nach Winfried Freund (Die deutsche Kriminalnovelle. 2. Aufl. Paderborn 1980. S. 63–73) betont auch Karl Ph. Moritz den Charakter der „Judenbuche" als Kriminalnovelle: Annette von Droste-Hülshoff: „Die Judenbuche". Sittengemälde und Kriminalnovelle. 2. Aufl. Paderborn 1989.

salhaften Buche erhängt findet, nachdem man ihn vorher vielsagend beim Zerschnitzeln eines Löffels beobachtet hatte, entdeckt man, daß es sich bei dem Erhängten doch um Friedrich handelt. Seine Narbe verweist auf die Verwundung einer Existenz, die nicht zu sich selbst gefunden hat, und zugleich auf die Wunde menschlichen Lebens überhaupt.[8] Man zögert keinen Augenblick, den Selbstmörder dort zu verscharren, wohin er nach dem Kodex der Unmenschen gehört: auf den Schindanger. Die Dorfgemeinschaft vollendet ihr Zerstörungswerk konsequent. Schuldgefühle sind denen fremd, die sich im Schein gesicherten Habens sonnen. Noch in seiner Selbstauslöschung gibt Friedrich zu erkennen, wie sehr er der Dorfgemeinschaft zugehört. Vergleichbar mit seinem Vater vollendet er an sich selbst die Zerstörung, der er ein Leben lang ausgesetzt war, die seine ureigene Natur bis auf den Grund ausgehöhlt hat. Sein Freitod ist der Ausdruck eines bis zur Selbstvernichtung gesteigerten Hasses gegen das eigene gestaltlos gewordene Ich. Gewalt ist die letzte Entscheidung Friedrichs, wie das letzte Wort der Novelle, in dem sich die Verhaltensmuster der Dorfgemeinschaft konzentrieren: „Wenn du dich diesem Orte nahest, so wird es dir ergehen, wie du mir getan hast.“ (55) Die Droste aber bleibt nicht stehen bei solch alttestamentlicher Unversöhnlichkeit und Gnadenlosigkeit. Sie lenkt den Blick zurück zum Anfang, zu den Versen aus dem Geist des neuen Bundes:[9]

> Wo ist die Hand so zart, daß ohne Irren
> Sie sondern mag beschränkten Hirnes Wirren,
> So fest, daß ohne Zittern sie den Stein
> Mag schleudern auf ein arm verkümmert Sein? (7)

Dem im Irren und im Schein befangenen Menschen stellt sie das verkümmerte Sein gegenüber, das in seiner Beschädigung und in seinem Leiden die Wahrheit der Kreatur offenbart. Allein die Einsicht in die eigene Selbsttäuschung und das Bekenntnis zur eigenen Hinfälligkeit führen zur Erkenntnis der wahren menschlichen Existenz und fordern verstehendes Mitleiden und die Nächstenliebe

---

[8] Gerhard Oppermann sieht in der literarischen Verwendung der Narbe Parallelen zwischen Friedrich Mergel und dem umhergetriebenen Odysseus. (Die Narbe des Friedrich Mergel. Zur Aufklärung eines literarischen Motivs in A. v. Droste-Hülshoffs „Die Judenbuche“. In: DVjs 50 (1976), S. 449–464).

[9] Als reversible Kreisstruktur zwischen Ende und Anfang mit heilsgeschichtlicher Implikation beschreibt Freund den Innenaufbau der Novelle. (Der Mörder des Juden Aaron. Zur Problematik von Annette von Droste-Hülshoffs Erzählung „Die Judenbuche“. In: WW 19 (1969). S. 244–253.)

unter den Geschöpfen heraus. Erlösung findet nur statt, wo die Erlösungsbedürftigkeit offenbar wird. Im Weihnachtslied, das dem Heimkehrer entgegenklingt, ist solche Erlösung verheißen:

> Und wär' das Kindelein nicht gebor'n,
> So wären wir alle zusammen verlor'n:
> Das Heil ist unser aller.
> O du mein liebster Jesu Christ,
> Der du als Mensch geboren bist,
> Erlös uns von der Hölle! (46 f.)

In Unkenntnis über sich bereiten die Menschen sich selbst und den andern die Hölle, indem sie das Sein mit dem Haben verstellen, mit der Gewalt die Liebe austreiben und mit ihrem Haß den Selbsthaß provozieren. Das aus dem 15. Jahrhundert stammende Weihnachtslied, von der Droste dem Verspoellschen Gesangbuch entnommen, liest sich im Zusammenhang der Novelle wie eine Bitte um Erlösung von aller Verblendung durch das bloß Vordergründige, hinter dem das wahre Sein des Menschen erst beginnt. Friedrich Mergel, auf den Schindanger des Lebens geworfen, ist im Sinne der Droste die „ächzende Kreatur“. Ihr namenloses Leid macht sie reif für die Erlösung. Stellt die Droste in der Prosa der Novelle die Verirrungen und Verblendungen des Menschen dar, so deutet sie in der Verssprache der Einleitung und des Weihnachtslieds die Möglichkeit eines christlich erfüllten und erlösten Seins an. Solange der Mensch in den Scheinwerten des toten Besitzes gefangen ist, versklavt er sich selbst und andere und macht das, was den Menschen Heimat sein sollte, zunehmend unbewohnbarer. Erst die Einsicht in seine Hinfälligkeit und Hilfsbedürftigkeit kann ihm den Weg weisen zur Wahrheit seiner Existenz und zur guten Nachbarschaft. Dieser Weg aber führt allein über die Überwindung des Stolzes und seiner Verblendungen, über die Demut und die Scham der „ächzenden Kreatur“:

> Wer ist so rein, daß nicht bewußt
> Ein Bild ihm in der Seele Grund,
> Drob er muß schlagen an die Brust
> Und fühlen sich verzagt und wund?
> So frevelnd wer, daß ihm nicht bleibt
> Ein Wort, das er nicht kann vernehmen,
> Das ihm das Blut zur Stirne treibt
> Im heißen, bangen, tiefen Schämen.[10]

---

[10] Annette von Droste-Hülshoff: Sämtliche Werke. München 1966. Hg. v. Clemens Heselhaus. S. 627 f.

Christiane Baumann

Angstbewältigung und „sanftes Gesetz“ Adalbert Stifter: *Brigitta* (1843)

Als Adalbert Stifter 1840 mit ersten Erzählungen hervortrat, konnte er auf Schaffensjahre zurückblicken, in denen die Malerei sein Leben bestimmt hatte. Noch 1844, dem Erscheinungsjahr der Bände 1 und 2 der *Studien* und der Erstveröffentlichung von *Brigitta*, die ihm Erfolge als Schriftsteller brachten, sah er in seinen dichterischen Schöpfungen nur mehr „kleine Versuche in der Schriftstellerei“.[1] Der malende Dichter, der „wortkünstlerische Landschaftsschilderungen mit bildhaften Wirkungen“[2] entstehen ließ, sah sich nach anfänglichen Erfolgen und überaus positiver Aufnahme seiner ersten *Studien*[3] in der Zeit nach der 1848er Revolution bald kritischen Stimmen ausgesetzt, die ihm, wie Friedrich Hebbel, vorwarfen, „den Menschen ganz aus dem Auge zu verlieren“ und ihn als „überschätzte[s] Diminutivtalent“[4] geißelten. Urteile dieser Provenienz, die auf dem Vorwurf basieren, Stifters Werken fehle der „Zugang zum realen gesellschaftlichen Geschehen“[5] seiner Zeit, haben sich bis in heutige Literaturgeschichten erhalten. In jüngerer Zeit sind zahlreiche Studien entstanden, die sich dem Stifterschen Werk auf textanalytischem Weg und unter ausgewählten Einzelaspekten differenziert und kritisch nähern.[6]

---

[1] *Adalbert Stifter. Werke und Briefe*. Historisch-kritische Gesamtausgabe. Hg. v. Alfred Doppler u. Wolfgang Frühwald. Bd. 1,1–1,3: *Studien. Journalfassungen*. Hg. v. Helmut Bergner u. Ulrich Dittmann. Bd. 1,4–1,6: *Studien. Buchfassungen*. Hg. v. Helmut Bergner u. Ulrich Dittmann. Stuttgart, Berlin u. a. 1978 ff. *Brigitta*. (Studienfassung). Stuttgart 1990, RUB 3911.
Adalbert Stifter: *Sämtliche Werke*. 17. Bd., Briefwechsel. 1. Bd. Hg. v. Gustav Wilhelm. Reichenberg ²1929, S. 131.

[2] Fritz Novotny: *Adalbert Stifter als Maler*. Wien 1941, S. 48.

[3] Vgl. Dokumente zur Wirkungsgeschichte. In: Ulrich Dittmann: *Adalbert Stifter. Brigitta. Erläuterungen u. Dokumente*. Stuttgart 1982, S. 55 ff.

[4] Friedrich Hebbel: *Werke*. 10 Teile. Hg. u. mit Einleitungen u. Anmerkungen versehen v. Theodor Poppe. Berlin u. a. o. J., Teil 8, S. 345.

[5] *Kurze Geschichte der deutschen Literatur*. V. e. Autorenkollektiv. Leitung u. Gesamtbearbeitung Kurt Böttcher u. Hans Jürgen Geerdts. Berlin 1981. S. 424.

[6] Das Literaturverzeichnis verweist auf die wichtigsten neueren Untersuchungen zu *Brigitta*. Zur Aufnahme des Stifterschen Werkes durch die Literaturwissenschaft

Brigitta, noch heute eines der meistgelesenen Werke Stifters, entstand 1842 und erschien in einer ersten Fassung in dem damals beliebten und populären Almanach *Gedenke Mein! Taschenbuch für 1844* mit dem Untertitel „Novelle". Nach einer Überarbeitung dieser „Urfassung" im Jahr 1846 fand die neue Fassung Aufnahme in den 1847 veröffentlichten vierten Band der *Studien.* Diese Studienfassung, die umfangreicher als die Urfassung ist und mit Kapitelüberschriften versehen wurde, weist neben stilistischen und motivischen Varianten eine Akzentverschiebung „in Hinsicht auf das Verhältnis von Dichtung und Wissenschaft"[7] sowie eine „wesentlich differenziertere Gestaltung des Erzählers"[8] auf. Die Studienfassung betont die Überlegenheit der Poesie gegenüber der Wissenschaft als einen noch zu überwindenden Zustand und läßt den Lernprozeß des Erzählers zum entscheidenden strukturbildenden Moment der Novelle werden.

Hinsichtlich der stofflichen Anregungen für *Brigitta* ist von der Forschung auf historische und literarische Vorbilder verwiesen worden: auf Frau von Friedland (1754–1803), die in der Mark Brandenburg ein landwirtschaftliches Gut bewirtschaftete, auf Therese in Goethes *Wilhelm Meisters Lehrjahre* und Ottilie in seinen *Wahlverwandtschaften.*[9]

Eine umfassende wissenschaftliche Untersuchung über Wirkungen des Stifterschen Werkes auf andere Dichter und Schriftsteller steht bislang aus. Daß diese vielfältig sind, läßt sich mit wenigen Beispielen andeuten. Sie reichen von Friedrich Nietzsche, der den

---

vgl. die Darstellungen in: Ursula Naumann: *Adalbert Stifter.* Stuttgart 1979, Sammlung Metzler Bd. 185, S. 109 ff. Zur Rezeption von *Brigitta* finden sich ausführliche Bemerkungen in: Rosemarie Hunter-Longheed: *Adalbert Stifter. Brigitta.* In: *Romane und Erzählungen zwischen Romantik und Realismus.* Neue Interpretationen. Hg. v. Paul Michael Lützeler. Stuttgart 1983, S. 354–363.

7 Albert Meier: *Diskretes Erzählen.* Über den Zusammenhang von Dichtung, Wissenschaft und Didaktik in Adalbert Stifters Erzählung *Brigitta.* In: *Aurora.* Jb. der Eichendorff-Gesellschaft. Bd. 44, 1984, S. 213. Die Studie stellt wesentliche Unterschiede von Urfassung und Studienfassung dar und widerlegt die wiederholt geäußerte Feststellung, es handele sich bei der von Stifter vorgenommenen Überarbeitung vor allem um stilistische Veränderungen.

8 Ebd., S. 214.

9 Gerda von Petrikovits: *Zur Entstehung der Novelle „Brigita".* In: *Vierteljahresschrift des Adalbert-Stifter-Instituts.* Jg. 14, 1965, S. 95 ff. Sie untersucht die Beziehungen zum historischen Vorbild der Frau von Friedland. Auf den Goethe-Bezug geht Gustav Wilhelm ein. In: *Adalbert Stifter. Werke.* Auswahl in 7 Teilen. Hg. v. Gustav Wilhelm. Berlin u. Leipzig 1925, Bd. 2, S. 217 ff. Vgl. auch die Anmerkungen Ulrich Dittmanns. In: U. D.: *Adalbert Stifter.* a.a.O.,S. 49 ff.

Nachsommer zum Schatz deutscher Dichtung rechnete[10], über Johannes Schlaf[11] und Richard Voß, einen heute nahezu verschollenen oder lediglich mit seinem meist der Trivialliteratur zugeordneten Spätwerk bekannten Autor, der 1887 ein von Stifter beeinflußtes Trauerspiel unter dem Titel *Brigitta* vorlegte, zu Rainer Maria Rilke, Hugo von Hofmannsthal[12] und Thomas Mann. Auffällig ist, daß bislang nur wenige Autorinnen wie Marie Luise Kaschnitz und Ilse Aichinger über ihre Begegnung mit Stifters Werken Auskunft gegeben haben. Ist der weibliche Lebensanspruch, der auf Ausprägung weiblicher Identität zielt und unter patriarchalischen Verhältnissen notgedrungen Konflikten, permanenter Disharmonie, dem „ewige[n] Krieg"[13], wie es bei Ingeborg Bachmann heißt, ausgesetzt ist, nicht bereit, sich auf das Stiftersche „alles war nun gut"[14] einzulassen? Die Essays der Kaschnitz und Aichinger über ihre Stifter-Lektüre widersprechen einer solchen Annahme. Marie Luise Kaschnitz, sich orientierend am klassischen Bildungsgut und festhaltend am Ideal der alles versöhnenden Liebe, findet in Stifters *Brigitta* deutlich eine Bestätigung des eigenen poetologischen Konzepts. Sie erinnert sich angesichts der „Schönfärberei"[15] in *Brigitta* versöhnlich an das „sanfte Gesetz"[16] Stifters, das dieser in der Vorrede zu den *Bunten Steinen* als sein poetisches Credo entwickelte und dessen Erfüllung er in einem Leben sah

> „voll Gerechtigkeit, Einfachheit, Bezwingung seiner selbst, Verstandesgemäßigkeit, Wirksamkeit in seinem Kreise, Bewunderung des Schönen, verbunden mit einem heiteren gelassenen Sterben"[17].

Ilse Aichinger, einer jüngeren Autorengeneration angehörend, stellt ihre Fragen, unter anderem auch auf *Brigitta* bezogen, radika-

---

10 Friedrich Nietzsche: *Werke.* Hg. v. Karl Schlechta. 6 Bde. München u. Wien 1980, Bd. 2, S. 921.

11 Adalbert Stifter: *Studien.* Leipzig o. J., Bd. 1, Einleitung zur neuen Ausgabe von Johannes Schlaf.

12 Vgl. Ulrich Dittmann: *Adalbert Stifter.* a.a.O., S. 61 ff.

13 Ingeborg Bachmann: *Malina.* Frankfurt a. M. 1971, S. 247.

14 Adalbert Stifter: *Brigitta.* (Studienfassung) Stuttgart 1990. RUB 3911, S. 64. Im folgenden wird nach dieser Ausgabe zitiert. Die Seitenverweise erscheinen im Text in Klammern den Zitaten nachgestellt.

15 Marie Luise Kaschnitz: *Brigitta.* In: Freundesgabe für Max Tau. Zusammengestellt u. hg. v. Bernhard Doerdelmann. Hamburg 1967, S. 164.

16 Adalbert Stifter: *Vorrede der „Bunten Steine".* In: A. S.: *Gesammelte Erzählungen.* Hg. v. Walter Hoyer. 3 Bde. Leipzig 1954, Bd. 1, S. 4.

17 Ebd.

ler. „Aber wie begegnet man Stifter heute?“[18] Mit dieser Kardinalfrage versucht Ilse Aichinger dem Phänomen des Nebeneinanders von Zorn und Faszination auf die Spur zu kommen, das ihre Stifter-Lektüre prägte. Weshalb lesen wir weiter, fragt sie, gemartert von der „Ergebenheit“ des Autors und seiner Gestalten „in alles von der Natur Vorgegebene?“[19] Schließlich stellt sich für die Schriftstellerin in der Entdeckung des eigentlichen Movens Stifterschen Schreibens ein Gefühl der Identifikation ein:

> „der das schrieb, von der Hitze, von der Vergessenheit, vom Kalkstein, der das schrieb, hatte Angst, mehr Angst als die meisten anderen, genug Angst. Genug Angst haben, daran erinnerte ich mich. Das war eine frühe Forderung ... ich las weiter und entdeckte in der Schilderung die Definition der Räume und Landschaften, in der Gelassenheit und Ergebenheit den reißenden, fast verzweifelten Strom der Sprache, ihre Hochkarätigkeit, den Tod zu ihren Seiten. Ich begegnete ihm, ... einem, der unter das Gesetz geraten ist, der seine Wörter aus dem Schweigen holt ...“[20]

Bemerkte Thomas Mann hinter der dichterischen Sanftmut Stifters gerade in seinen Naturschilderungen „eine Neigung zum Exzessiven, Elementar-Katastrophalen, Pathologischen“[21], so nimmt Ilse Aichinger für Stifter ein poetologisches Selbstverständnis in Anspruch, das aus dem Schreiben gegen die Angst, begriffen als Grundgefühl menschlicher Existenz, entsteht, aus einem Schreiben gegen Todesangst, das seine Wörter aus dem Schweigen gebiert, gegen Verzweiflung und Selbstaufgabe kämpft und das letztlich Überleben ermöglicht. Damit stellt sich auch für eine Analyse von *Brigitta* die Frage nach der Relevanz des Spannungsverhältnisses von dichterischer Angstbewältigung einerseits und daraus resultierendem Streben nach Harmonie, einem Kult des Schönen, dessen Inkarnation das „sanfte Gesetz“ ist, andererseits.

Stifters *Brigitta* weist in Anlage und Form deutlich die Tendenz zur Erzählung auf. Die strenge Form der Novelle ist durch einen breit angelegten Erzählfluß, der analog zur weiten Wanderung des Erzählers und seiner Suche nach dem „Ziel“(S. 4) des Majors verläuft, durch Kapitelüberschriften, ein dichtes Geflecht von Vorausdeutungen, Rückwendungen und Reflexionen gesprengt. Das No-

---

18 Ilse Aichinger: *Adalbert Stifter.* In: *Vierteljahresschrift des Adalbert-Stifter-Instituts.* Jg. 28, 1979, S. 93.

19 Ebd.

20 Ebd., S. 94.

21 Thomas Mann: *Die Entstehung des Doktor Faustus. Roman eines Romans.* Frankfurt a. M. 1981, S. 773.

vellistische tritt am deutlichsten im dritten Kapitel, der *Steppenvergangenheit*, zutage: in Form eines Rückschrittes wird die ungewöhnliche Liebesgeschichte zwischen einem schönen Mann und einem häßlichen Mädchen, deren Ehe trotz unveränderter Liebe zueinander scheitert, erzählt. Im Mittelpunkt von *Brigitta* steht jedoch nicht allein die ungewöhnliche Beziehung von Brigitta und dem Major Stephan Murai, sondern die Geschichte des Erzählers, der sich als alternder Mann die Begegnung mit Stephan und Brigitta in ihrer wohltätigen Wirkung auf sein späteres Leben in Erinnerung ruft, wird zum erzählkonstituierenden Moment. Der erzählerische Rahmen ist durch dieses Spannungsverhältnis von erzählendem und erlebendem Ich, vom Blick des Alternden auf ein entscheidendes Erlebnis aus seiner Jugend geprägt und zielt damit auf Distanz und Objektivierung. Ein Zug von Abgeklärtheit ist trotz deutlichen Betroffenseins dem Erzählen immanent. Fast am Schluß der Geschichte läßt der Erzähler uns wissen, welchen Gewinn er aus dieser Begegnung zog:

„Daß ich nun einen Hausstand habe, daß ich eine liebe Gattin habe, für die ich wirke, daß ich nun Gut um Gut, Tat um Tat in unsern Kreis hereinziehe, verdanke ich dem Major." (S. 56)

Somit erinnert der Erzähler den Prozeß eigener Identitätsfindung, der ihn vom ruhelos Wandernden zu einem nützlichen Glied der Gemeinschaft werden ließ und ihn „von der trüben Lohe der Leidenschaft" (S. 63) zur Erkenntnis des Wertes der Gattenliebe führte.

Das Motiv des Wanderns, das auch in anderen Texten Stifters, zum Beispiel in *Granit*, *Bergkristall*, *Der Hagestolz*, *Der Waldgänger* oder in *Der Hochwald* eine Rolle spielt, wird als Ausdruck für die Suche nach der eigenen Identität zum wesentlichen Element der Handlung. Die Kapitelüberschriften weisen, jeweils im metaphorischen Bezug zur Steppe, auf die „Wanderung" der Figuren durch Raum und Zeit. Die *Steppenwanderung*, das auf ein äußeres Ziel gerichtete „Pilgern" (S. 9) des Erzählers, endet mit dem Eintreffen im *Steppenhaus*. Die äußere Bewegung kommt zur Ruhe. Der Erzähler identifiziert Uwar, jene Stätte des sozialen Wirkens des Majors, seines erfolgreichen Tätigseins als Landmann, zunächst auch mit dessen „Ziel" (S. 28). Mit der dunklen Ahnung des Erzählers, daß das Glück des Majors, „von dem er mir sagte, daß er es gefunden habe, doch noch nicht ganz da sei" (S. 30), wird die „Wanderung" in das Innere der Figuren verlegt, entsteht Raum für das Erinnern der *Steppenvergangenheit*, die schließlich in der *Steppengegenwart* im „schöneren natürlicheren Bunde“ (S. 64) der Gatten zum wahren Ziel des Majors und den Erzähler zu neuer Erkenntnis führt. Die Steppe ist mit ihrer äußerlichen Öde für die Figuren Ort der Besinnung und der Selbsterkenntnis:

„es (das Auge, die Vf.) kehrte in sich zurück, und wie die Sonnenstrahlen spielten, die Gräser glänzten, zogen verschiedene einsame Gedanken durch die Seele“ (S. 5).

Diese öde, karge Landschaft, die der Erzähler durchwandert, deren Äußeres er langsam als Schönheit schauen und lieben lernt, erschließt sich dem Erzähler aber dennoch in einem ambivalenten Verhältnis von Schönheit und Bedrohung. Entdeckt er einerseits die Schönheit des Sonnenuntergangs (S. 20) der Heide, so macht der Major ihn andererseits auf Gefahren der Steppe gleich zu Beginn seines Besuchs aufmerksam (S. 22), erfährt er mehrfach „wie tückisch die Tauluft dieser Ebene sei“ (S. 54) und erlebt in dem Überfall der Wölfe auf Gustav, Brigittas und Stephans Sohn, die in ihr lauernde tödliche Gefahr für den Menschen. Der Galgen, ein schwarzes, unheilvolles Zeichen, das in der Mitte zwischen den Gütern Brigittas und des Majors steht, symbolisiert die latent vorhandene Todesgefahr und wird nicht zufällig zum Ort des Übergriffes der Wölfe auf Gustav. Maroshely und Uwar sind durch die unermüdliche Arbeit des Menschen zu kultivierten Inseln in der „Wüste“ geworden, deren Grenzen aber im täglichen Kampf, in unermüdlicher Tätigkeit, vor dem Einbruch der Naturgewalten zu sichern sind.

Die so beschriebene Steppe bildet nicht nur den Lebensraum der Figuren, sondern wird zum Sinnbild der „inneren Wüste“, des inneren Kampfes, die es vom einzelnen zu bewältigen gilt. Angst und Bedrohung sind auch hier für das Lebensgefühl bestimmend. Ihnen entgegengesetzt werden Schönheit und Harmonie, jenes besänftigende „alles war nun gut“. (S. 64) Die breite Einleitung des Erzählers zu Beginn des Textes lenkt die Aufmerksamkeit des Lesers auf den für die Geschichte wesentlichen Gegensatz von innerer Schönheit und äußerer Häßlichkeit:

„In dem Angesichte eines Häßlichen ist für uns oft eine innere Schönheit, die wir nicht auf der Stelle von seinem Werte herzuleiten vermögen, während uns oft die Züge eines andern kalt und leer sind, von denen alle sagen, daß sie die größte Schönheit besitzen“ (S. 3).

Bevor der Erzähler im dritten Kapitel, der *Steppenvergangenheit*, Brigittas Kindheit, Jugend und die Geschichte ihrer Ehe erzählt, stellt er zwischen der Einleitung und dem Steppen-Motiv eine direkte Beziehung her: „Oft wird die Schönheit nicht gesehen, weil sie in der Wüste ist, oder weil das rechte Auge nicht gekommen ist“ (S. 36). Analog zu den „Gesichtstäuschungen“ (S. 9), die der Erzähler beim Durchwandern der Steppe durchlebt, bis er zu seiner Identität findet und das Wesen der Steppe sowie der in ihr lebenden Menschen in der Ambivalenz von Schönheit und Bedrohung mit dem „rechten Auge“ zu schauen lernt, vollzieht sich das „Erkennen“ zwischen Brigitta und Stephan. Beide sind in einer Außenseiterposition aufgewachsen: Stephan in der Abgeschiedenheit auf dem Lande, Brigitta, der äußere Schönheit fehlt, in völliger Vereinsamung und ohne liebevolle Zuwendung: „So ward die Wüste immer größer.“ (S. 38) Während Stephan aufgrund äußerer Anmut und Schönheit sowie seines in ländlicher Einsamkeit gereiften ungewöhnlichen Wesens in der hauptstädtischen Gesellschaft Aufsehen erregt und wohlwollende Aufnahme findet, verschließt sich Brigitta, die den tradierten Normen von Weiblichkeit nicht entspricht, dieser soziale Raum. Aber gerade dieses Ausgestoßensein aus den familiären und sozialen Bindungen gestattet es Brigitta, ihre Individualität auszuprägen und zu einer ungewöhnlich starken, selbstbewußten Frau heranzuwachsen. Brigitta unterwirft sich nicht dem männlichen Kult der schönen Frau und paßt sich den geltenden Normen von Weiblichkeit nicht an. Gerade dieses Außergewöhnliche ihres Wesens ist es, was die Anziehungskraft für Stephan ausmacht. Der Wunsch nach einer ebenbürtigen Partnerin, der wohl auch des Dichters Sehnsucht bestimmte, wird spürbar. Mit dem Anspruch auf eine im Gegensatz zu den sozialen Normen des 19. Jahrhunderts stehende, gleichberechtigte eheliche Partnerschaft entsteht jedoch zugleich männliche Liebesangst, Angst um männliche Domänen, die das Unangepaßte im Wesen der Frau nur in seiner Dämonisierung gelten läßt und letztlich seine Vernichtung anstrebt. Diesem Vorgang sieht sich Brigitta ausgesetzt. Männliche Interpreten haben in der Regel leichtfertig Brigitta die Schuld am Scheitern ihrer Ehe zugewiesen, ihrem „Zweifel an sich selber“ und an der Treue des Gatten, die sich zur „zwanghaften Vorstellung“ vereinen, er bereue seine Werbung um sie, kurz in ihren „überhöhte[n] Ansprüche[n][22]. Ein solcher Blick auf Brigitta

[22] Jakob Lehmann: *Adalbert Stifter: „Brigitta“*. In: *Deutsche Novellen von Goethe bis Walser*. Interpretationen für den Literaturunterricht. Hg. v. Jakob Lehmann. Königstein 1980, Bd. 1, S. 234.

ist bei genauer Lektüre mit Stifters Intentionen und seinem Verständnis von einer notwendigen Emanzipation der Frau nicht zu vereinbaren. Schon in den *Feldblumen* ließ er den Erzähler äußern:

„... selbst Vorbereitung und Erfüllung der Mutterpflicht schließt nicht den Kreis des Weibes. Ist es nicht auch um sein selbst willen da? Stehen ihm nicht Geister- und Körperreich offen? Soll es nicht, wie der Mann, nur in der Weise anders, durch ein schönes Dasein seinen Schöpfer verherrlichen?“[23]

Brigitta, die von Stephan die „allerhöchste“ Liebe, eine Liebe „ohne Maß und Ende“ (S. 44) fordert, erhebt damit den Anspruch auf Akzeptanz ihrer Individualität. Von einem Mann, der ihr außergewöhnliches Frausein und die ihr fehlende Schönheit annimmt, erwartet sie eine gleichberechtigte Partnerschaft, in der sie ihre Identität nicht verleugnen muß. Anders als Stephan ist sie sich bewußt, daß die Gesellschaft weder ihre „Andersartigkeit“ noch eine den tradierten Normen widersprechende Ehe tolerieren und sie in die Isolation treiben würde. Deshalb muß sie die „allerhöchste Liebe“ verlangen, eine Liebe, die *ihre* Bedingungen akzeptiert. Stephan, der eine Ausgrenzung durch das soziale Umfeld nicht erfahren hat, kann weder den Liebesanspruch Brigittas verstehen, noch die daraus resultierenden Konsequenzen im sozialen Umfeld absehen. Er beginnt, Brigitta ganz im traditionellen Sinn von allen Entscheidungen ausschließend, die Wohnung „auf das schönste und glänzendste“ (S. 45) einzurichten und bestimmt mit seinem Vater, die Hochzeit „öffentlich und mit großem Glanze“ (S. 46) zu begehen. Es vollzieht sich die Domestikation der Frau, die mit Mutterschaft und Ehealltag Brigitta endgültig ihrer Individualität, des Dämonischen und damit auch ihres einstigen Reizes beraubt. Das Paar lebt in der Stadt isoliert. Als Stephan die Isolation nicht mehr erträgt, wählt er einen abgeschiedenen Wohnsitz auf dem Lande. Brigitta „folgte ihm auf das Landgut“ (S. 47) in der Hoffnung, er wisse, was ihr fehlt. Die Ehe ist am Zerbrechen und das Erscheinen Gabrieles, das nicht zufällig so schemenhaft und nebulös bleibt, veranlaßt Brigitta letztlich nur, die schon lange als notwendig erkannte Trennung zu vollziehen: „Aber endlich nahm sie das aufgequollene schreiende Herz gleichsam in ihre Hand, und zerdrückte es.“ (S. 49) Brigitta zieht sich nach der Trennung in die

[23] Adalbert Stifter: *Gesammelte Werke.* Hg. v. Max Stefl. 6 Bde. Wiesbaden 1959, Bd. 1, Studien I, S. 116–117.

Steppe, nach Maroshely, zurück. Hier findet sie in der Verbindung von zu bewältigenden Mutterpflichten und praktisch-nützlichem Wirken für eine Gemeinschaft, in der Kultivierung der inneren und äußeren „Wüste" ihre Identität wieder. Von dieser erkämpften Position, die Brigitta Anerkennung in ihrem Lebensumfeld, Eigenständigkeit und die Wahrung ihrer Identität garantiert, wird nunmehr auch eine Partnerschaft mit Stephan im gemeinsamen tätigen Wirken möglich. Es ist kein Zufall, daß Stephan, des Wanderns müde und befreit von einem unbezwinglichen gesellschaftlichen Geltungsdrang, nun Brigittas Bedingungen für eine Partnerschaft akzeptiert: er folgt ihr in die Einsamkeit der Steppe, schließlich nach Maroshely, in ihr Refugium, wo Brigitta „in Mitte ihrer Schöpfung" (S. 64) ist. Aber erst der Einbruch der Außenwelt in dieses Refugium, symbolisiert im Überfall der Wölfe auf Gustav, und Gustavs Errettung aus drohender Todesgefahr lassen Brigitta „mit einem Blicke, . . . der sich gleichsam in der zaghaftesten Angst nicht getraute, eine Bitte auszusprechen" (S. 61), das erlösende Wort sagen, das „jenen seltsamen Vertrag der bloßen Freundschaft, den sie jahrelang hielten, und den bisher keines zuerst anzurühren wagte" (S. 64) außer Kraft setzt. Im Bewußtsein der Angst wagen sie noch einmal den „schöneren natürlicheren" Bund der Ehe. Brigitta geht dazu den entscheidenden Schritt. Sie bereut ihren Stolz, der Stephan die Möglichkeit einer Wandlung absprach und erkennt, „wie . . . gut" Stephan „geworden" (S. 62) ist. Indem aber Stephans Wandlung betont wird, erfährt die Außergewöhnlichkeit Brigittas, die durch die Titelgebung akzentuiert ist, ihr außergewöhnlicher Lebensanspruch, nochmals eine Bestätigung.

Doch auch wenn das „sanfte Gesetz der Schönheit" (S. 62) in einem „alles war nun gut" zu triumphieren scheint, erweist sich der Ehebund nur in der selbstgewählten Abgeschiedenheit Maroshelys, in Brigittas „Schöpfung", als lebensfähig, und diese gilt es, gleichsam einer Insel inmitten der Wüste, vor den Bedrohungen der Außenwelt wie vor den „inneren Abgründen" täglich neu zu verteidigen. Es ist nicht ein „durch die Kraft der Sittlichkeit" bewirktes Hinübergleiten „in eine unendliche Harmonie"[24], sondern ein Erzählen, das bis zum Schluß das Bewußtsein der Bedrohung im Leser wachhält.

[24] Marie Luise Kaschnitz: *Brigitta.* a.a.O., S. 165.

Ingrid und Jürgen Hein

Erzählmuster unauffälligen Lebens
Franz Grillparzer: *Der arme Spielmann* (1848)

Grillparzers Erzählung *Der arme Spielmann* als Auftragswerk für „Iris. Deutscher Almanach auf das Jahr 1848" erschienen, wiewohl schon 1831 begonnen und mit Unterbrechungen 1842 fertiggeschrieben, vielleicht als Reaktion des vom Mißerfolg von *Des Meeres und der Liebe Wellen* und *Weh dem, der lügt!* enttäuschten Dramatikers, der beschlossen hatte, nichts mehr für die Bühne zu veröffentlichen, geriet, von den politischen Ereignissen der 48er Revolution in ein künstlerisch eher irrelevantes Abseits gedrängt, von Zeitgenossen und Dichterkollegen als überzeitlich und ethisch-resignativ eingeschätzt, von der Literaturbetrachtung zwischen biedermeierlicher Resignation und Repräsentation des „Habsburgischen Mythos" eingeordnet, in einen interpretatorischen Enthistorisierungsprozeß, der ihrem Autor fast zu hoch greifende Meisterschaft bei einem doch eher unmaßgeblichen Sujet nachwies.[1]

Mit der „Erzählung", wie sie Grillparzer schlicht tituliert haben wollte, begab er sich, die hohe Verssprache seiner Dramen verlassend, einmal doch auf das „Faulbette" der Novelle (HKA I, 14, S. 54)[2], das er insgeheim als nicht anspruchsvoll genug für sich verachtete. Seine Dramen, deren Sprache, aus barocker und klassischer Tradition schöpfend, im Polizeistaat Metternichs eigentlich nur noch als Zitat eines freien selbstbestimmten Menschenbildes wirken konnte und deren künstlerische und politische Effektivität gerade in den ‚unklassisch' ausführlichen Szenenanweisungen, in Gebärden-, Kostüm- und Bühnenbildvorschriften zu finden ist (‚stumme Sprache'), präludieren schon, wiewohl noch im Schatten

---

[1] Auf Einzelnachweise der Forschungsliteratur wird verzichtet; die wichtigsten neueren Arbeiten zu Grillparzers Erzählung, auf die sich vorliegende Interpretation z. T. stützt, finden sich in den „Literaturhinweisen".

[2] Franz Grillparzer: Sämtliche Werke. Historisch-kritische Gesamtausgabe. Hrsg. von August Sauer, fortgeführt von Reinhold Backmann, Wien 1917 ff.; mit Angabe von Abt., Bd. und Seitenzahl [HKA]; *Der arme Spielmann*, zitiert nach der Reclam-Ausgabe, die auf HKA I, 13 beruht, Stuttgart 1979, mit Angabe der Seitenzahl nach den Zitaten.

des wortgewaltigen und versgewandten Dramatikers, den viel feiner, ja raffiniert und nuanciert verfahrenden Erzähler. Möglich, daß er sein Talent, das sich soviel ungezwungener in seiner Prosa entfaltet als in den prätentiösen, uns Heutigen oft bemüht klingenden Dramen, wegen dieser anstrengungslosen Verfügbarkeit über Erzähltechniken und Beweglichkeit im Wechsel des Ausdrucks, als für sich, der ehrgeizig nach der von ihm für höher bewerteten, weil vielleicht schwerer zu erschaffenden reinen Poesie strebte, als „Faulbett" geringschätzte, auf das er sich außer in Tagebuch und Briefen und seiner anderen Novelle *Das Kloster von Sendomir* nur einmal, und, wie er bescheiden äußerte, ohne große Erfolgserwartung begab. Der Dichter, in seiner Zeit und mit seiner Zeit unzufrieden, in seinen Absichten und Werken behindert, ebenso vom Tagesruhm enttäuscht wie seines Nachruhms gewiß, der dichtete: „[. . .] Ich komme aus andern Zeiten / und hoffe in andre zu gehn" (HKA I, 12, S. 299), hatte, mythologisch und historisch gewandet, die versinkende Geschichte und Kultur der alten Donaumonarchie und seines Herrscherhauses in Fest- und Weihespielen mit gravitätischen Sentenzen und Fürstenhuldigung beschworen, fast noch wie ein Hofdichter, und als theatralische Staatsbestätigung, Publikumszerstreuung oder Volksablenkung ließ die Zensur sie passieren.

Die Prosaerzählung verläßt die theatralische ‚Haupt- und Staatsaktion' der Vergangenheit; scheinbar ‚unpoetisch' und undemonstrativ werden die eigene Gegenwart, Umwelt und unspektakuläre Repräsentanten des Volks selber Gegenstände eines sich fast von selbst machenden Erzählens oder bloß Nacherzählens einfacher, gänzlich ‚undramatischer' Vorkommnisse. Man konnte sie wie ein „gemütliches übrigens gar nicht ausgezeichnetes" (24) Lebens- oder Charakterbild aus der Wiener Vorstadt lesen und sich dabei beruhigen oder sogar langweilen – so ging es den zeitgenössischen Kritikern (Engländer, Lorm) –, und so entging es der Wachsamkeit der Zensur.

Gegen „späherwache Lüfte" (HKA I, 10, S. 113) des Polizeistaates entwickelte der Schrifsteller Zeichen- und Darstellungsstrukturen, die dezent und latent den Phänomenen und Praktiken seiner Zeit und ihren möglichen Konsequenzen nachgehen. Die Chiffrierkunst, die besondere Figuren-, Raum- und Zeitgestaltung, die Thematik hat bei vielen nachfolgenden Autoren Bewunderung, Nachahmung und Weiterentwicklung gefunden bis zur Übertreibung oder Verselbständigung einzelner Stilmerkmale. Ausgesprochene (Stifter, Keller, Storm, Kafka, Thomas Mann) oder unausgesprochene literarische Adaptionen (fast alle jüngeren österreichischen Erzählerinnen und Erzähler, aber auch Satiriker wie etwa Böll) gingen einher mit zunehmendem literaturwissenschaftlichem Interesse und interpretatorischer Ausschreitung der Erzählung nach allen Seiten, besonders als sie 1871 in Heyses und Kurz' „Deutscher Novellenschatz" Aufnahme fand und später in der kommentierten HKA erschienen war. Nicht nur an besonderen Grillparzer-Gedenktagen wurde *Der arme Spielmann* gewürdigt, seit den fünfziger Jahren, ebenfalls in den siebziger, achtziger Jahren – vorwiegend von Seiten angloamerikanischer Germanistik – überrundeten die Auslegungen der Erzählung die Dramen-Interpretationen. Die erweiterten und verfeinerten Verfahren der Textanalyse und der Methoden der Literaturgeschichte ermöglichten unterschiedliche und einander ergänzende Teilansichten.

Die Entdeckung der partiellen Einarbeitung und Umarbeitung seiner Autobiographie, traumatische Erfahrungen, spezifische eigene Charakter- und Physiognomie-Züge, das Bekenntnis der angeblichen ‚*Spielmann*-Quelle', der zeitlich enge Bezug zwischen politischen und persönlichen Ereignissen bei der Textabfassung (z. B. Schulszene, Klavierunterricht bei der Mutter, Verbot des Geigenspiels, Tod der Mutter, seine lebenslange Bindungsscheu bei gleichzeitiger Anerkennungssuche, sein Beruf, seine Künstlerlaufbahn, seine politische Einstellung, seine Konzilianz und sein Sarkasmus und vieles mehr) schienen eine besondere Nähe zwischen Erlebnis und Dichtung, zwischen Autor und Erzähler bzw. erzählten Figuren zu gewährleisten und der biographischen und psychoanalytischen Methode Material zu bieten. Der literarhistorische Zugriff versuchte die Entwicklungslinien oder Abweichungen nachzuziehen, die den *Spielmann* in die Musiker-Novellen einreihen, die biedermeierlichen, die resignativen wie abgründigen, Stofflichkeit und Thematik, Perspektive betreffenden Züge herausarbeitend, ohne dabei die literarische Rückbindung an ein christlich-barockes, hierarchisch wie ethisch orientiertes Welt- und Standesbild oder die Wahrnehmung und spezifische Beschreibung einer heraufkommenden Massengesellschaft, wenn auch erst als Folie, als stil-, stoff- und problemgeschichtliche Neuerung zu übersehen. Hier trifft sich der literaturgeschichtliche Ansatz mit der soziologischen Methode, die den poetischen Text als Reflex der sozioökonomischen, rechtlichen und politischen Konditionen und Funktionen der Lebens- und Wirkungsverhältnisse liest. Gattungstheoretische Erörterungen, die Grillparzer durch seine schwankenden Äußerungen – „Erzählung", aber auch „Novelle" – mit in Gang gesetzt hat, wiesen auf gattungserfüllende wie individuell-variierende Kriterien bei diesem Text ebenso wie die Werk- und Epochenstil verbindende Realismus-Untersuchung auf zugleich ästhetisch wie erkenntnistheoretisch relevante Bestimmungen für die literarische Welt- und Bewußtseinsvermittlung des Autors.

Die dieser Erzählung eigentümliche teilweise ‚szenische' Darstellungsweise, die auffällige, fast musiktheoretische Erörterung und die eingestreuten literarischen und mythologischen Anspielungen und Reminiszenzen dienten als Ausgangspunkte, formalen und inhaltlich-gehaltlichen einander entsprechenden und sich gegenseitig stützenden Sinnstrukturen auf die Spur zu kommen. So erscheint der ohne großen Kunstaufwand mitgeteilte einfache Sachverhalt, wie er sich dem unbefangenen ersten Lesen darbieten mag, wenn man sich durch die Flut divergierender und konvergierender Deutungen gelesen hat, selber durch die vielen einander überlagernden Rezeptionsbeiträge wie aufgeschwemmt. Fast muß man fürchten, wo nicht selber in einem eigenen Wiederaufguß zu ertrinken, so doch das schon Bekannte zu verwässern: ‚*Der arme Spielmann* und kein Ende'!

„Sie sehen mich an, sagte er, und haben dabei Ihre Gedanken?" (18 f.). Das sagt der alte Spielmann zu seinem neugierigen Betrachter. Er ist das grammatikalische Objekt des Satzes, er ist auch Objekt seines Erzählers, der wörtliche „Gegenstand seiner Neugier" (9), die aber spätestens vor der gegenständigen Außenfläche des anderen als eines Gegenüber stehen bleiben muß. „Ich war ganz nahe zu ihm getreten" (9 f.), heißt es bei der ersten Begegnung. Auch bei größtmöglicher, an dieser Stelle unhöflich zudringlicher Nähe bleibt es beim Be*geg*nen auf Distanz. „Dabei" kann das mit „Sie" auf Abstand gehaltene Subjekt des Satzes daneben seine „Gedanken" haben. „Wobei ich auch phantasierte, aber nur im Kopfe" (15), lautet es als Fazit der zweiten Begegnung, die beide in verschiedenen Räumen befindlich und nur die einseitige akustische Wahrnehmung des einen vorführt. Der Erzähler hat seine Gedanken, aber nicht das Objekt seines Denkens. Das Objekt des Erzählens wird ein bloßes Gedankending des erzählenwollenden Subjekts. Dieses wird nur subjektiv erzählbar. Die Inkongruenz von erkennendem oder hier erzählendem Subjekt und erkanntem oder erzähltem Objekt wird zum Problem der Subjektivität und des ‚Realismus' der Erzählung, damit des vom Autor vorgeschobenen – seinem biographischen Ich dennoch so ähnlichen – Erzählers. Sein

Problem ist nicht nur der „anthropologische(n) Heißhunger" (8), das geistige Einverleibenwollen von wirklicher, wahrer Realität, also ein Erkenntnisproblem, sondern auch ein Problem der Kunst und der Kunstwahrheit, wobei im Sinn Kants Gefühls- und Verstandeskräfte gleichgewichtig zusammenstimmen müssen, um das Schöne hervorzubringen: „Man kann die Berühmten nicht verstehen, wenn man die Obskuren nicht durchgefühlt hat" (6). Das Erkenntnisproblem wird zum Erzählproblem. Der ‚erzählende' Dichter, der sich hier - komisch und auch wieder nicht - als „dramatischer Dichter" (5) vorstellt, ist auf der Suche - er sagt auf einer „Wallfahrt" (5), was ja immer ein hoffnungsgläubiges Sichaufmachen und Beten um eine gnadenhafte Zuwendung, um Eingebung eines „Göttlichen" (5), also ein Geschenk der ‚religio' zwischen Gott und Mensch bedeutet - nach einer leibhaftigen Inspiration für ein mythologisch stilisiertes Drama. Über die Kunst der mythologischen, literarischen und historischen Anspielung (Goethes *Römischer Karneval*, Demeter-Persephone-Mythos, Eleusische Mysterien, Plutarch, Medea, Dido, Julia) vermag er, ein poeta doctus, glaubhaft zu gebieten. Aber daß er „ein leidenschaftlicher Liebhaber der Menschen" (5) wäre, der sie gar „durchgefühlt" (6) hätte, dagegen spricht das Vokabular der gefühlsentfernten Ratio; niemand vermag in der Mehrzahl zu lieben, das Herz kennt sozusagen keinen Plural, sondern nur das singuläre Individuum, aber keine nach ‚Belieben' vervielfältigten, archetypisch generalisierten „Julien, Didos und Medeen" (6). Der „Liebhaber" verrät sich als Theaterrolle oder als einer, für den es „interessanter, ja belehrender" (9) ist, als ein Trophäen-Sammler. Die empfangende Gefühlskomponente, die zweckfreie Selbstvergessenheit (vgl. 5), die zu einer lebendigen Konzeption lebendiger Reproduktionen („Embryos", 6) statt „buchentsprungener", bloßer Beschreibung von Leben („Biographien", 6) führen könnten, bleiben dem hochfahrenden Poeten, wie er sich auch angeblich „hingegeben" (7) „als Fußgänger mit angeschlossen" (6) hat, versagt. Er hat „Zeit genug das seitwärts am Wege Befindliche zu betrachten" (7), das heißt, von „Andacht" (5) ist bei ihm auf seiner „Wallfahrt" nur die Rede. Er befindet sich im Abseits „der zu erwartenden Seligkeit" (7), trotz und wegen seiner nur geistigen und bildungsmäßig, fast pflichtmäßig anmutenden Angestrengtheit, „nicht leicht diesem Feste beizuwohnen" (5).

Das Problem des gestörten Gleichgewichts der Seelenkräfte, die Entfremdung zwischen Subjekt und Objekt, der Abstand der sozialen Klassen, die verbotene Erkenntnis, daß Harmonie nur scheinbar und durch Unterdrückung, Verdrängung und Hemmung von Disharmonie auf Kosten anderer erzwungen wird, kommt, wie überspült von der aufgebauschten Strom-Metapher des Erzähleinstiegs, in einer unauffälligen Leitfiguren-Struktur zum Ausdruck, die der Erzählintention, nämlich die Einengung aller Lebensbereiche nachzuzeichnen, mit dem Erzählmuster einer symbolischen Engführung entspricht. Figurenanordnung und -charakterisierung, Raum- und Wegbeschreibungen, Geschehensabläufe sind in einer Weise dargestellt, die, wollte man sie sich als geometrisches Muster erklären, in komplementären oder parallelen Zügen, in Paaren und Reihen verlaufen, sich häufig verdoppelnd, von linear durchgeführten Leitwort-Ketten begleitet.

Der Textbeginn markiert Ort, Zeit und Anlaß der Erzählung und ahmt parataktisch, mit angelagerten Partizipialkonstruktionen, Hypotaxen vermeidend, überwiegend in ‚festlich' rhythmisierter Prosa scheinbar „in ununterbrochener Lustreihe" (3) die Wegstrecke nach, auf der die Fluktuations-Metaphorik für die Volksbewegung abrollt. Die Wortfelder zu „Lust", „Reihe" und „Hochwasser" tauchen am Anfang verdichtet auf und ziehen sich leitmotivisch lose durch die ganze Erzählung und kehren bei Erwähnung des „Eisgangs" und der Hochwasser- Katastrophe (52 f.) gleichsam aus einer Dur-Tonart in Moll verwandelt, der Lust als Grauen Hohn sprechender Metaphorik am Ende der Erzählung wieder. Dem lustvollen Fluß sind aber Staustufen und Hemmschwellen in den Weg gestellt. ‚Hemmen' wird eng nacheinander eingesetzt (18), in Zusammenhang mit „Enge", „Grenze", „Gitter", „Gedränge" und ähnlichen Wortbedeutungen, läuft der angeblichen „Losgebundenheit" (3) der Menschen geradlinig zuwider, sie werden trotz „unvermerkten Weiterrückens" in dem „Status quo" (5) gegängelt und unter Kontrolle gehalten. „Die Equipagen der Vornehmeren", das schwarze Roß (4) deuten latent die wahren Machtverhältnisse an. Bürokratisches Beamtentum, der Obrigkeitsstaat verwehren den Menschen noch nach dem Tode – „aufrecht stehend und an die Gitterfenster angekrallt" (53) – als rechtlosen Untertanen Würde und Freiheit.

Diesen Engpaß, im Lauf der Erzählung doppelbödig geworden, durchmißt die Erzählerfigur zweimal, fast an den doppelten Cursus in den mittelalterlichen Helden-Epen oder an die zwiefache weltliche und unterweltliche Seelenfahrt in den antiken Mythen gemahnend. Der Dichter-Erzähler läuft seinem „Original" (8, 14) – so heißt es einmal doppelsinnig – räumlich und zeitlich hinterher und nach. Die Ähnlichkeit beider ist oft betont worden, die Parallelkonstruktion in sozialem Abstandhalten, ihre theoretische Kunstauffassung, ihre strenge Tageseinteilung, ihre ‚papierenen' Berufe, ihr Kreativitätsmangel, ihre zitternde Gier nach Vorlagen und ihre Selbstgefälligkeit sind häufig wortgleich oder in der Bedeutung abgestuft beschrieben, geringfügig parallel verschoben, als habe der eine, wiewohl kein volkstümliches Lebensabbild schaffen können, sei dafür aber dem leibhaftigen Konterpart seines eigenen „an die Seite" (7, 8) gedrängten Ich begegnet.

„Der arme Spielmann": „unter dem bescheidenen Titel" wird er, nicht der „Einflußreiche" (20), sein Vater, zur Hauptfigur und zieht den beinahe sinnlichen Einverleibungstrieb („Heißhunger", 8) des Dramatiker-Erzählers, der ja stoffliche, lebendige Nahrung für seine buchentsprungenen Papiergeburten braucht, auf sich. Auf ihn fällt das Licht der Erzählung aus doppelter Perspektive: Der Erzähler, der wie sein Autor angesichts der Kantischen Erkenntnistheorie sein Erzählobjekt nicht mehr naiv und einfach realisieren zu können glaubt, greift bei seiner Hauptfigur zur realistischen Erzähltechnik der scheinbare Objektivität gewährenden kombinierten Außen- und Innensicht, der Fremdaussage durch den Erzähler und der Eigenaussage durch Jakob selber. Wie schon gesagt, entschwindet dem Erzähler sein Gegenstand auf dem Wege einfachen Erzählens („so entschwand er mir"), und er muß seine Erzählschritte ‚verdoppeln' („ich verdoppelte meine Schritte", 9), um ihn zu ‚stellen' und ‚einzukreisen' („der Gegenstand meiner Neugier stand [. . .] im Kreise einiger Knaben", 9). Die Erzählerperspektive gestattet sich nur das äußere Erscheinungsbild und -umfeld des Spielmanns. Zweimal indes äußert sich dieser selber und teilt sich und seine eigenen ‚Ansichten' mit: Das erstemal in einer Gesprächsszene, während der er seine jetzige Tageseinteilung, Lebensunterhalts- und Wohnverhältnisse und seine Musik- und Musikerauffassung erläutert (9-13), das zweitemal in der häufig so genannten ‚Binnenerzählung' (19–52), in der der Spielmann selber wie ein zweiter Erzähler auftritt und seine Lebensvergangenheit bis zur Erzählgegenwart vorerzählt. Da danach und vorher aber sein Leben in den so genannten ‚Rahmen' hineinreicht und der Erzähler sich mit in der ‚Innengeschichte' und im Leben des Spielmanns – und Barbaras – befindet, greift der Ausdruck ‚Erzählrahmen', wie man aus der Novellentradition gewohnt ist, zu kurz, um die räumlich-zeitliche und figurale Tiefenwirkung dieser Erzählweise wiederzugeben.

Statt der malerisch-dekorativen Rahmenvorstellung treffen theatralische Begriffe wie ‚dramatische Novelle' oder ‚szenisches' Erzählen eher zu. Eigentlich weist Grillparzers Darstellungsstil schon auf eine Art Filmtechnik voraus. Die Erzählabschnitte sind wie ‚harte' Filmschnitte eingesetzt, die Vergangenheitsberichte des Spielmanns und der Gärtnerin (54) wirken wie Rückblenden mit ‚weichen' Überblendungen, ebenso ist mit Schärfen und Unschärfen gearbeitet. Manche Nebenfiguren bleiben schattenhaft unscharf (so etwa der Vater, der Sekretär, die Kanzleibeamten). Der Erzähler selber wird nur partieweise beleuchtet (seine Hand, sein Hut, seine Schritte). Am Anfang und Ende seiner Spielmannsbeobachtung figuriert er vom Standpunkt des Rezipienten aus am Rande der Szene wie abgewandt oder in Rückenansicht („Ich war, um das Original ungestört zu betrachten, in einiger Entfernung auf den Seitenabhang des Dammes getreten", 8; „[. . .] und ging zur Türe hinaus. Mein letzter Blick traf die Frau. Sie hatte sich umgewendet [. . .]", 56). Das biperspektivische Erzählen verschafft, abgesehen von erzählerischer Abwechslung, zum Außenanblick einen scheinbar objektiv glaubwürdigen Einblick in das Innere und in die vom Erzähler nicht gekannte Lebensvergangenheit der Figur; umgekehrt verbürgt die Erzählerhinsicht die ‚Wirklichkeit' der Spielmannsgeschichte bis in die Erzählgegenwart hinein, besonders, wenn er die zuerst nur von Jakob erzählte Barbara am Schluß auch selber als ‚lebenden Beweis" – übrigens auch bei zwei Auftritten – darbietet. Die objektive Realität der beiden wird sozusagen doppelt unterstrichen. „Nichts Besonderes" (19); „da ist keine Möglichkeit der Absonderung" (3) lautet es symptomatisch zur Eröffnung der Erzählung, eine Vorschrift für das (Wohl-)Verhalten beim Volksfest.

Jakob ist kein Kind des Volkes, er ist Kind der Bürokraten- und Beamtenklasse, die mit „Inspektion" und „Konstatierung" (53) für ‚Ruhe und Ordnung' des Metternichschen Untertanenstaates sorgt. Im Gange der Erzählung wird sein sozialer Abstieg „unter die Musikleute" (19) deutlich, denen „der vorüberwogende[n] Haufen[s]" (8) des Volkes immer noch ökonomisch überlegen ist. „In entgegengesetzter Richtung" und „nach allen Seiten störend, schob ihn einer dem andern zu, und schon hatte ihn das Ausgangsgitter aufgenommen" (19), so ‚unangepaßt' und zugleich in seiner Bewegung behindert verläuft auch sein Leben. Jakobs Werdegang versteckt sich auch in „übrigens gar nicht ausgezeichneten" (24) Worten, und doch „prophezeien sie, wenn sie reden" (21). Ein System aufschlußreicher Wortbezeichnungen deutet hinter der Misere eines vermeintlich lernunwilligen kindischen Jugendlichen und altersstarrsinnigen kontaktarmen Greises auf die menschenverachtende Perfidie und eiseskalte Repression eines restaurativen und reaktionären Staatsapparates. Er wird im beklemmend ‚normalen' Verhalten des autoritären patriarchalischen korrupten und korrumpierenden Vaters, abgestuft der Brüder, des Sekretärs, der Kanzleibeamten, des Lehrers präsent. Die „väterliche Wohnung" ist ein „Schreckbild" (37), darin herrschen die gleichen Maßstäbe und Maßnahmen wie in der Schule, im Rathaus und in der Kanzlei. Die Maßstäbe sind Ehrgeiz, Unredlichkeit, Machtsucht und Einflußreichtum. Die Maßnahmen sind totale Verfügungsgewalt über räumlichen und zeitlichen Aufenthalt (z. B. Familientisch, Speisehaus, Hinterstübchen, Kanzlei) und kontrollierte Einschränkung der räumlichen und zeitlichen Bewegungsfreiheit („[. . .] mein Vater verlangte, daß ich längstens eine halbe Stunde nach dem Schluß der Kanzlei zu Hause sein sollte", 23; „[. . .] überraschte mich der Kanzleivorsteher, der mich an meine Arbeit gehen ließ", 30). Die maßgebliche Gewalt geht nach Willkür vor und stellt sich selber nicht der Verantwortung, sie ist gewalttätig („stieß er mich zurück"), unansprechbar und unsichtbar („sprach er kein Wort mehr mit mir", 21; „wo niemand ein Wort an mich richtete"; „meine Brüder auswärts"; „mein Vater [. . .] zu Gast", 23; „seine Befehle [. . .] nur durch die Hausgenossen", 21; „ich wollte ihm eben antworten [. . .] als ich bemerkte, daß er bereits in sein Zimmer gegangen war", 30). Die ökonomische Entmündigung (Erwerbslosigkeit) und soziale Verachtung („Cachinnum", 21), die Reduktion auf bloße Untertanenfunktionen, die die aufokroyierte Verordnungs- und Verwaltungsmacht kopieren und fixieren (er wird „Abschreiber", 23) diese Sanktionen eines usurpatorischen Vaters, und ihre deformierenden Konsequenzen werden von Jakob pflichtschuldig verinnerlicht und so verharmlost vorgetragen, als sei seine Lebensbestrafung nichts „Besonderes" (19). Dabei ist die Schuld, für die ihn sein Vater bestraft, gerade sein Wille zur Absonderung von der schnellen („ich war langsam") Schmalspurigkeit („von Spitze zu Spitze", 20) der nur zu opportunistischen Zwecken führenden „rechten Bahn" (21). „So ward ich denn immer gedrängt" (20), nennt Jakob die Methode, die ihn wesentlich behindert. Sein eigentliches Wesen wird mit Leitwörtern wie „Zusammenhang" (21), „Übereinstimmung", „Wohlklang" (25), „Zeit und Ordnung" (20), „aneinander zu fügen" (22), „eines ins andere greifend" (25) bezeichnet. Dieses in seinem „Innern und im Zusammenhange mit dem Übrigen" (21) gesuchte Sein kann durch sprunghaftes oberflächliches Detailwissen nicht zur Entfaltung gelangen: „und ich begann stockisch zu werden" (20). Sein lebendiges Wachstum wird abgebrochen. Er wird ‚buchstäblich' ein steifer („widerlich steife Handschrift", 12), starrer (vgl. 8) Stock, von seiner wesentlichen Lebensmitte abgerissen und aus seinem Zusammenhang, aus dem Gleichgewicht gebracht. Wollen und Können, theoretische Kunstanschauung und stümperhafte Ausübung stimmen nicht überein. Er ist aus dem Takt gekommen, den Verlust der eigenen Harmonie kompensiert er durch Übertreibung und Verlängerung musikalischer Konsonanzen. Die „vielzersprungene Geige" (7) ist selber Surrogat, zunächst für seine Stimme („ich habe von Natur keine Stimme", 24); er ist stimmlos geworden, weil man ihn nie den Mund auftun ließ und ihn aus seiner Mitte gedrängt hat, was sich in seiner überwiegend „linkischen" – ein häufig auf ihn angewandtes Attribut – Körperhaltung und seinem ungleichgewichtigen Gang (vgl. 40) kundtut, die Handhabung der Geige selber kommt einer ‚schiefen' Haltung entgegen, – später, nach der Trennung von Barbara, tritt die Geige beinahe stellvertretend für die Geliebte ein („treu geblieben", 23).

Die einseitig ‚linksbetonte' Haltung und Randstellung, die an entscheidenden Punkten seines Lebens ‚seitwärtige' Weise der Annäherung und Abwendung als symptomatisch für Jakobs Lebensform sowie sein „Zittern" sind Ausdruck gehemmter Motorik und diskontinuierlicher Bewegungsart.

Komplementär zu Jakob ist Barbara konzipiert. Beider erzählte Lebenslinien verlaufen parallel. Wörtlich auf der anderen Straßenseite von Jakobs Vaterhaus, wo er ein hochgelegenes Hinterstübchen bewohnt, liegt der Greislerladen, zu dem man über Stufen hinabsteigen muß. Die Niveauunterschiede werden durchgehalten. Räume, in denen Jakob wohnt oder arbeitet, sind nur über Treppen ersteigbar, im „ersten Stock", der allerdings am Ende nur noch ein Dachboden statt des Stockwerks der „Vornehmen" (30), seiner ehemaligen sozialen Klasse, ist. Barbara lebt ungleich näher an der Erde oder tiefer, ihr zugesprochene Räume sind „Gewölbe" (30), „Backofen" (26), sozusagen in kleinerem Maßstabe Körbe und Mulden (vgl. 28, 32), sie hantiert und handelt mit Samen, Früchten, Getreide und Grünzeug, die Sphäre des Erdhaften, Vitalen, Natürlichen, Fruchtbaren, auch verdeckt des von Jakob in ihr begehrten Sexuellen, Weiblichen, Mütterlichen, ist ihr zugewiesen. Sie gilt

„nicht für schön" (27), das heißt ‚schön' nach dem Biedermeier-‚Ideal' der „feinen" (34) Dame, vielmehr ihr „stämmiger Wuchs" (37) wird hervorgehoben, also ihre in sich selber feste ruhende Kraft und ihre organisch gewachsene Lebendigkeit. Obwohl sie sozial zu „den Kinder[n] der Dienstbarkeit" (4) gehört, ist sie nicht servil oder unterwürfig (vgl. „die Ware empfiehlt", 40), sie ist sich ihres unumstößlichen Wertes bewußt und setzt sich gegen Angriffe auf ihre natürliche weibliche Würde ‚handfest" (27) zur Wehr. Ihre Wider- oder Unwilligkeit gegen Befehle von Vorgesetzten oder des Vaters – der in seiner Vorteilssucht und Autorität eine ins leicht Komische gewendete Parallele zu Jakobs Vater darstellt – wird leitmotivisch aufgezeigt und zwar vorwiegend in der Weise, daß sie sich nichts sagen läßt, indem sie selber den ‚Mund auftut'. Aus dem Gleichgewicht ihrer in sich selbst gefestigten Körpermitte existierend, hat sie das „natürliche Ingenium" (29) und kann ganz ‚selbstverständlich' singen. Sie „singt eine gute Stimme" (34), mit sich selbst übereinstimmend, kann sie im Gesang das frei-schwingende „Ein- und Ausatmen der Seele[n]" (25) nachvollziehen, ist sie, auf deren niederen Bildungsstand Jakob aus seinem ererbten Standesdünkel unbewußt herabsieht (vgl. 30), die im freien Zusammenspiel der Seelen- und Körperkräfte befindliche ‚persona', die ‚Durchtönende' (vgl. 41), unverengt und offen aus ihrer Wesensmitte singend.

Barbaras unmittelbarer stimmiger Naturlaut und Jakobs instrumental vermitteltes „Nachkratzen auf der Geige" (29) – Jakob findet stets erotisch-religiös gefärbtes Vokabular für seine musikalische Erweckung, vor sich selbst seine sexuelle Begierde verdeckend –, die aus unterschiedlichen neben- oder übergeordneten Räumen dringen, verlaufen ebensowenig ‚unisono' zusammenklingend, wie es bei ihrer beider Liebesbeziehung zu einem Einklang kommt. Charakteristische Räume, die jedes von beiden umgeben und auf Abstand halten, separierende Kammern, Fenster, Türen, Glasscheiben, öfter geschlossen und unbetretbar als offenstehend, setzen Jakobs Annäherungsversuchen, auch nur an ihre ‚Seite' zu gelangen, Grenzen. Barbara vollends wird häufig – leitwortmäßig wiederholt – in abweisender, sich entziehender, ihm abgekehrter Haltung, „rückwärts" (26, 40) zu ihm gezeigt. So bleibt ihre größtmögliche Engführung auf Parallelität und Unvereinbarkeit – eine rückwärtige Umarmung, ein Kuß durch die Scheibe – reduziert. Die fast masochistisch wie ‚Himmelslust' empfundene Ohrfeige ist umgekehrt der einzige direkte und auch wieder pervertiert – umgekehrt wie von ‚rückwärts' zu lesen – versteckte (42) Liebesbeweis. Erfolg und Scheitern ihrer Begegnung oder Begegnungen (es gibt mindestens neun szenisch ausgeführte Begegnungen) bleiben – im doppelten Sinne ‚papieren'. Ein „Harnisch" (28) von einem ganzen „Buch Papier" (27) im Tausch gegen ein „Notenblatt" (33) eröffnet den Reigen der Zusammenkünfte, aber der fehlende „Schein" (45), der die Erbschaft verbürgte, entzieht der Beziehung die ökonomische Grundlage.

Erst am Ende seines einseitig ausgelebten Lebens kommt Jakob durch seine doppelte Rettungstat ganz zu sich selber. Er rettet dem Volk, das überschwemmt oder je nachdem unterdrückt werden soll, die vitale Existenz, generative Zukunft und die sozioökonomischen Machtmittel, die ein freies Überleben in Zukunft sichern, und zugleich stellvertretend für sich, was er, in seiner restringierten Natur und zwangsläufig gegen die auf väterliche Kosten-Nutzen-Prinzipien gerichtete Lebensweise nicht realisieren konnte oder wollte: das Notwendige und das Überflüssige gleichermaßen zu besorgen. Er holt mit diesem psychologisch-symbolischen Akt nach, was er mit ganzem Lebenseinsatz für Barbara hätte sein sollen: Gatte, Vater ihrer Kinder und Ernährer.

In der Tat und im Tode seiner ursprünglichen Freiheit und Ganzheitlichkeit wiedergegeben, hat er nun seine Stimme gefunden und kann, beinahe schon verklärt, singen und Takt halten. Jakob stirbt wie ein unschuldiges Sühneopfer für die Sünden des Vaters an der „Verkältung" (54), mit der die patriarchalisch- hierarchischen, legislativen und exekutiven Staatsaktionen und -sanktionen die Freiheits-, Gleichheits-, die Besitz- und Machtansprüche des Volkes auf ‚kaltem Wege' abzuwiegeln suchten. Parallel zu Jakobs Untergang, als des letzten gewissenhaften Sohnes eines gewissenlosen Vaters, der mit der väterlichen Erbschaft auf seine Sohnschaft und auf selber weiterfortzeugende Vaterschaft, auf eigene Erben, verzichtend, auf seine gewaltlose Art eine machthabende Klasse entmachten hilft, steht Barbaras, des ‚Kindes der Dienstbarkeit" (vgl. 4) Wille nach freier Selbstbestimmung („dienen mag ich nicht"), nach sozialem und bürgerlichem Aufstieg („bringen Sie den Putzladen an sich"), nach nichtentfremdeter Arbeit („Mir bliebe nur Handarbeit") und nach Uneingeschränktheit und Eigenmacht („dabei sah sie aus wie eine Königin", 44), ihre symbolisch in der Körperhaltung sich ausdrückende Suche nach Höherem („stand sie eben auf den Zehenspitzen emporgerichtet [. . .] und mit erhobenen Händen, wie man nach etwas sucht, auf einem der höheren Stellbretter herumtastend", 41). Ihren Lebensplan, den sie dank Jakobs vielleicht willentlich („Sie haben es selbst gewollt", 49) verursachten Vermögensverlustes als unausführbar beweinen zu müssen glaubte, hat sie durchsetzen können. Sie hat es zu sozialem Wohlstand („auf ein paar Gulden mehr oder weniger kommt es uns nicht an", 56) und Ansehen („Madame", 54) gebracht. Das Mädchen ist eine „ziemlich starke Frau" (55) geworden, obwohl „unter die groben Leute" (49) gekommen, hat sie sich von den moralischen, ästhetischen und finanziellen Gepflogenheiten und Erwartungen an ihren Stand emanzipiert. Sie erlaubt sich – während Jakob sich keine gesellschaftsmoralischen Freiheiten herausnimmt („meine Berufsgeschäfte und die Erinnerung an die alten Zeiten erlaubten mir nicht zudringlich zu sein", 52) – als verheiratete Frau den früheren Verehrer ins Haus zu bestellen, sie gibt ihrem und des Fleischermeisters erstgeborenen Sohn seinen Namen, sie bestimmt den Handwerkerssohn zum „Feinen" (34), zu nicht zweckdienlicher und standesüblicher Bildung und Kunstausübung. Sie bezahlt und richtet ein pompöses Begräbnis für den armen Spielmann aus, bei dem sie sich, die Anstandsnormen und -gefühle ihres Standes, wenn nicht auch die der eher an moralische Freizügigkeit gewöhnten höheren Stände übersteigend, geradezu provokant, pekuniär wie habituell wie seine Gattin, wie seine Hausfrau, wie die Mutter seiner Kinder (vgl. 55) verhält.

Die sozial-reale Unvereinbarkeit des Paares Jakob-Barbara, die in ihrem Leben und darüber hinaus, nur parallel aufeinander bezogen, sich nicht einmal in der Unendlichkeit treffend – beim Abschied sagt Barbara prophetisch: „In alle Ewigkeit, Amen" (49) – wird von beiden in ihrem zuletzt gezeigten Handeln und Verhalten allerdings erst im oder nach dem empirischen Tode symbolisch aufgehoben, als ob es eine erfüllte und fruchtbar gewordene Liebesvereinigung auf einer mystischen Vorstellungsebene gegeben hätte.

Die Sozialordnung, durch wirtschaftlich und politisch unterschiedliche und unaustauschbare Machtbefugnisse und gesellschaftlich-moralische Freiheiten festgelegt, im Brigittenvolksfest scheinhaft gelöst, in der Überschwemmung tödlich verfestigt, wird bei dem Paar Jakob-Barbara symbolisch nur posthum vertauscht. Die herrschende Klasse kommt in ihrem Abkömmling immer mehr herab („Wie es nun mit mir immer mehr herabkam", 51) und wird mit großem Pomp zu Grabe getragen. Das macht- und besitzlos gehaltene arme Volk („obschon sie nur ein armes Mädchen war",

30) - bezeichnenderweise auch der unterdrücktere Teil der Geschlechter - bekommt in einer Frau, auf der Höhe ihrer Jahre und Kraft, Fülle, Farbe - auf sie beziehen sich die einzigen Farbattribute der Erzählung - und Zukunft. Allerdings erst nach dem Todes des Mannes, der vielleicht im Leben ihr Geliebter hätte werden können („Was sich etwa noch weiter ergäbe, davon wollen wir jetzt nicht reden.“, 45), wächst ihr die selbstbestimmte Seelengröße zu, ohne Rücksicht auf vorgegebene utilitaristische, soziale und sexuale Handlungs- und Verhaltensmuster, frei ihrer dem Lebenden nie eingestandenen Liebe zu folgen und sie sich und vor der Öffentlichkeit zu bekennen. Sie gibt offenkundig ihr Geld, wenn nicht gar das ihres rechtmäßigen Gatten, für ihn aus. Sie, als Mädchen rollenspezifisch schamhaft abweisend oder stolz hochfahrend, sich verweigernd oder sich vor ihm verbergend, kniet offen vor dem Toten.

Parallel und zugleich komplementär zu ihrem Lebensabschied von Jakob, wie ein Echo und voller Nachklänge, ersteht die letzte Szene nach dem Todesabschied. Bis in die Requisiten hinein erscheint ein ähnlich ausgestattetes Zimmer, wo sie „Frau im eigenen Hause“ (51) geworden ist und wo sie statt die Tränen „unwillig von sich schüttelnd“ (49) sie willentlich und ‚anstandslos‘ als Ausdruck ihrer ‚Leidenschaft“ - im zweifachen Sinne - aus sich herausströmen läßt.

Birgit Mayer

Antriebskraft Tod
Eduard Mörike: *Mozart auf der Reise nach Prag* (1855)

Mörikes Erstlingsprosa, der Roman „Maler Nolten", thematisiert ein Künstlerschicksal. Dieses Motiv bedrohter künstlerischer Genialität greift er am Ende seines Schaffens noch einmal auf und beheimatet es - idyllerheischend - in der Balance zwischen „Heiterkeit und Schwermut" in seiner Novelle „Mozart auf der Reise nach Prag".

Die Mozartnovelle, die letzte neue und vollendete Prosa Mörikes, erschien als Vorabdruck in den Monaten Juli und August 1855 im „Morgenblatt für gebildete Leser". Fast gleichzeitig, allerdings vordatiert auf das Jahr 1856 - Mozarts hundertstem Geburtstag - wurde die Buchausgabe veröffentlicht. Nur zwei Monate nach der ersten erschien, im Januar 1856, die zweite Buchausgabe. - Rechtzeitig auch diese zu Mozarts hundertstem Geburtstag. Eine letzte Veröffentlichung erfolgte noch zu Lebzeiten Mörikes in Band 4 der von Paul Heyse und Hermann Kurz herausgegebenen Reihe „Deutscher Novellschatz" im Jahr 1872. Anläßlich Mozarts zweihundertstem Todestag wird 1992 die Mozartnovelle erneut in Fortsetzungen in der „Stuttgarter Zeitung" gedruckt. Und so schließt sich noch posthum der editorische Kreis.

Doch nicht der Opportunismus, von einem historischen Datum zu profitieren, hatte Mörike damals zum Schreiben der Novelle bewogen, sondern seine lebenslange Vorliebe für die Musik gerade dieses Komponisten. Eine Begeisterung, die bis in seine frühe Jugendzeit zu verfolgen ist. Man weiß, daß sich Mörike im Laufe der Zeit immer wieder mit der Musik und der Person des Komponisten Mozart auseinandersetzte und auch Veröffentlichungen über ihn mit großem Interesse zur Kenntnis nahm. Zwei insbesondere sind für Mörike wichtig geworden: die Mozartbiographien Georg Nikolaus von Nissens („Biographie W. A. Mozart's", Leipzig 1828) und die Alexander Oulibicheffs.[1]

---

[1] Näheres in: Birgit Mayer: Eduard Mörikes Prosaerzählungen. Frankfurt/Main u.a.O. 1985. S. 244–276 und Eduard Mörike. Stuttgart 1987. S. 88–96.

Als Neuerscheinung war letztere am 7. April 1847 in der „Schwäbischen Kronik“ angekündigt worden: „Mozarts Leben nebst einer Übersicht der allgemeinen Geschichte der Musik und einer Analyse der Hauptwerke Mozarts von Alexander Oulibicheff, Ehrenmitglied der Philharmonischen Gesellschaft in St. Petersburg. Für deutsche Leser bearbeitet von A. Schraishuon“. Wilhelm Hartlaub, schon seit der gemeinsamen Schul- und Studienzeit in Urach und Tübingen, zeitlebens Mörikes bester und treuester Freund, hatte sie sich umgehend zur Ansicht bestellt und wenig später Mörike als Fazit seiner Lektüre mitgeteilt: „. . . ein Fragment Dichtung, wie Du einmal im Sinn hattest, würde tausendmal befriedigender sein“ (Brief vom 8. 6. 1847; erstmals bei B. Mayer, 1985, S. 245). Daraus sind zwei Dinge ersichtlich: Zum einen trug sich Mörike also bereits 1847 seinen Freunden bekanntermaßen schon längere Zeit mit dem Gedanken, über Mozart zu schreiben; zum anderen bestand damals schon das später ja auch verwirklichte Konzept, eine Erzählung zu schaffen, deren „Stoff erfunden (sei), doch der Mensch wie (er) hoffe, wahr, und nichts von dem darin, was unsere Geistreichen überall zuerst suchen, obs ihnen selbst nur halb schmeckt“[2]. Trotzdem – Oulibicheffs Biographie war Mörike, auch wenn er selbst nie explizit zugab, sie zu kennen, genau zur rechten Zeit erschienen: zur Bestätigung seines eigenen Mozartbildes (worauf die Analyse der Novelle im folgenden noch ausführlich eingehen wird) und als letzten Anstoß, dessen er noch bedurfte, um endlich selbst produktiv zu werden und lang schon Geplantes vollends auszuführen.

Von der Entscheidung dazu bis zur ersten Drucklegung dieser Prosa war jedoch noch ein weiter Weg, und obwohl Mörike über Art und Umfang der Erzählung spätestens 1852 genaue Vorstellungen besaß, war sie als Manuskript erst im Juli 1855 fertig. Seinem Freund Hartlaub schrieb er dazu:

> „Du und andere haben bedauert, daß ich aus der Novelle so vieles weggeworfen habe, und doch sehe ich voraus, Du wirst sie, wie sie nun ist, nicht anders und nicht größer wollen. Übrigens ist es ein Glück und nur der starken Anziehungskraft des Gegenstandes zuzuschreiben, daß man dieser kleinen Arbeit die öfteren und längeren Unterbrechungen, während welcher sie mehrmals beinahe schon aufgegeben war, nicht aufspürt“[3].

---

[2] Brief vom 21. Mai 1855 an Karl Mayer. In: E. M.: Briefe. Hg. v. K. Fischer u. R. Krauss. 2. Bd. Berlin 1914. S. 253 f.

[3] Brief vom 19. Juni 1855. In: E. M.: Briefe. A.a.O. S. 253 f.

Der Stoff der Novelle sollte nach Mörikes eigenen Worten erfunden sein, der Mensch (Mozart) jedoch wahr. Um dies zu erreichen, war der Dichter auf den Gedanken gekommen, als Aufhänger und Ausgangspunkt eine verbürgte Begebenheit der Biographie Mozarts zu entnehmen: die Reise des Komponisten und seiner Frau im September 1787 nach Prag, wo er die Uraufführung seiner Opfer „Don Giovanni“ vorbereiten und leiten sollte.

Hier setzt nun Mörikes Erzählung ein. Er schildert darin vierundzwanzig rein fiktive, so aber durchaus denkbare Stunden aus dieser Reise, beginnend mit der ersten Rast:

Vor dem Mittagessen in einem Dorfgasthaus nutzt Mozart die Gelegenheit zu einem Spaziergang in dem der Öffentlichkeit zugänglichen Garten des ortsansässigen Grafen. Der Anblick eines Orangenbaumes, auf den er dort plötzlich stößt, weckt Reminiszenzen an eine Begebenheit aus seiner Jugend. Damals nämlich hatten solche Früchte den ästhetischen Reiz einer von ihm intensiv erlebten Aufführung bewirkt. Vergangenheit und Gegenwart wirken nun, Jahre später, zusammen, bündeln sich dem Komponisten schlagartig zur aktuellen musikalischen Inspiration. Unbewußt hat er unterdessen eine der Apfelsinen gepflückt und zerschnitten. Dabei wird er vom Gärtner des Grafen ertappt und streng getadelt: die Früchte seien gezählt, der Baum selbst sei eines der wertvollsten Verlobungsgeschenke für Eugenie, die Nichte des Grafen. Zum liebsten Geschenk wird ihr nun aber die Anwesenheit Mozarts werden, der nach erfolgter Entschuldigung samt seiner Frau zum Mitfeiern eingeladen wird. Als Wermutstropfen fällt ihr wenig später die Vorahnung vom frühen Tode des Komponisten in diese glücklichen Momente.

Der innere, gedankliche Aufbau der Novelle hat die Germanistik insgesamt fast mehr als ihr Inhalt beschäftigt. Lange nahm ein Teil der Mörike-Forschung an der Häufung von Einschüben und Episoden Anstoß und sprach ihr infolgedessen jegliche Komposition, jeglichen geplanten bzw. durchdachten Aufbau ab. Zumindest fanden viele, wie z. B. Karl Adrian und Harry Maync, die breite Ausgestaltung der Episoden als störend. Andere konstruierten sich mehr oder minder mühsam einen Sinn. Fritz Gundolf z. B. war der erste, der den Begriff „Arabeske“ ins Spiel brachte und zwar als die „Verknüpfung von Einzelerscheinungen zu einer unendlichen Reihe, als freies Spiel der Phantasie, ohne Beziehung auf ein Zentrum“[4]. Auch Her-

[4] Fritz Gundolf: Eduard Mörike. In: F. G.: „Romantiker“. Neue Folge. Berlin 1931. S. 263.

mann Pongs und später Benno von Wiese hantierten mit dem Begriff „Arabeske", wenn auch in anderem Kontext. Sie benannten den „Orangen-Frevel" als Mittelpunkt der Novelle, um den sich alle übrigen Details rankten. Trotz scheinbar fehlendem Aufbau war ihnen damit sowohl der Aufgabe als auch der Funktion einer Novelle Genüge getan.

Einige Interpreten sahen jedoch durchaus den geschlossenen Aufbau der Novelle und gingen daran, ihn im Text nachzuweisen. Bernhard Seuffert begründete sein Urteil beispielsweise mit der leider viel zu wenig beachteten Feststellung, Mörikes Hauptthema sei Mozart gewesen, sein Leben und sein Schaffen „und so (würde) alles, was der Dichter zur Charakteristik Mozarts aussagt, in Handlungen umgesetzt, deren lose Reihe also zweckmäßig gewählt und gebunden ist"[5].

Aus ähnlichen Überlegungen schloß später Karl K. Polheim, alle Schwierigkeiten seiner Vorgänger beruhten auf ihrem Irrtum, von der herkömmlichen Handlungsnovelle auszugehen. Als Alternative erdachte er das Konstrukt „Figurennovelle". Trotz anfänglich lebhafter Diskussion ließ sich der Begriff aber nicht verankern. Wieder andere hatten den Zugang zum Aufbau der Novelle schon seit langem über die Musik gesucht, gestützt auf die Bemerkung von Mörikes Freund und Bewunderer Hermann Kurz, der sie als „eine gedichtete Symphonie" bezeichnet hatte.[6]

Alle, die sich im Laufe der Zeit mit der Novelle auseinandersetzten, nahmen als Textbasis für ihre Untersuchungen und Überlegungen natürlich und auch ganz logisch die erste Buchausgabe der Erzählung. Damit aber verbauten sie sich unwissentlich die Lösung des Rätsels. Ganz eindeutig nämlich gab Mörike durch seine fünf Leitsprüche (also nicht nur einen, wie es Maync irrtümlich und irreführend in der germanistischen Forschung etablierte) im unter seiner Mitwirkung im „Morgenblatt" veröffentlichten Vordruck zu verstehen, was er ausdrücken wollte und wie er seine Novelle zu diesem Zweck *bewußt* aufgebaut hatte.

Die Bezüge und Zusammenhänge zwischen Leitspruch und nachfolgendem Text verdienen es, noch einmal (s. Anm. 1) dargestellt und diskutiert zu werden.

Der Vorabdruck der Novelle erfolgte im „Morgenblatt für gebil-

[5] Bernhard Seuffert: Mörikes Maler Nolten und Mozart. Graz u.a.O. 1924. S. 36.

[6] Vgl.: Vorwort zur Novelle. In: Deutscher Novellenschatz Bd. IV. Hg. v. P. Heyse u. H. Kurz. München o. J. S. 267.

dete Leser", in den Nummern 30–33, zwischen dem 22. Juli und dem 12. August des Jahres 1855. Die erste Buchausgabe erschien im November desselben Jahres, allerdings vordatiert auf 1856. Der erste Erzählabschnitt im „Morgenblatt" (Nr. 30) des 22. Julis 1855 reichte von „Im Herbst des Jahres 1787" bis „Von welcher seitwärts eine Pappelallee ... zum herrschaftlichen Garten führte". Vorangestellt war ihm als Motto:

„Wenn Mozart, statt stets für seine Freunde offene Tafel und Börse zu haben, sich eine wohlverschlossene Sparbüchse gehalten hätte, wenn er mit seinen Vertrauten im Tone eines Predigers auf der Kanzel gesprochen, wenn er nur Wasser getrunken und keiner Frau außer der seinigen den Hof gemacht hätte, so würde er sich besser befunden haben und die Seinigen ebenfalls. Wer zweifelt daran? allein von diesem Philister hätte man wohl keinen Don Juan erwarten dürfen, ein so vortrefflicher Familienvater er auch geworden wäre. Oulibicheff"

Oulibicheff hatte dies, um die Wahrheit zu sagen, nicht ganz so gesagt. Es war ein Text, den Mörike aus einem größere Zusammenhang im Buch Oulibicheffs zu dieser Prägnanz komprimiert hatte. Oulibicheff hatte sich an dieser Stelle mit der Frage auseinandergesetzt, wie ein ‚gewöhnlicher' Biograph, nicht er selbst, verfahren würde. „Mozart, würde man zum Beispiel sagen, war der uneigennützigste und beste Mensch. (...) Übrigens, würde der Biograph hinzusetzen, legt uns unsere Unparteilichkeit auf, zu erklären, daß auch einige beträchtliche Fehler diesen vielen guten Eigenschaften beigemischt waren. (...) Der Leser müßte übereinstimmend mit dem Buch zugeben, daß wenn Mozart, statt stets für seine Freunde offene Tafel und Börse zu haben ..." (Bd. II, S. 6/7). Mörikes erstem Erzählabschnitt liegt dieselbe gedankliche Führung des Lesers zugrunde. Einer kurzen Einführung in Zeit, Ort und Handlung des zu Erzählenden folgt die ausgiebige Darstellung Mozarts, der Hauptperson, sei es im Gespräch mit seiner Frau oder durch den Kommentar eines auktorialen, also allwissenden Erzählers. Wie Oulibicheff bringt Mörike weniger positive oder gar schlechte Eigenschaften seiner Hauptperson nur indirekt und sachlich neutral verbrämt zur Sprache. Das erste Motto erweist sich damit wirklich als Leitspruch und ist als kurze, prägnante Formulierung des aus den Episoden des ersten Erzählabschnitts zu ziehenden Fazits gedacht.

Der zweite Erzählabschnitt erschien im „Morgenblatt" (Nr. 31), am 29. Juli 1855. Er reichte von „Mozart, nachdem man ausgestiegen ..." bis „Der Bräutigam war im Begriff ... als dieser zu reden fortfuhr". Auch ihm hatte Mörike ein eigenes Motto vorangestellt:

„Lasset heut am edlen Ort
Ernst und Lust sich mischen,
Geist an Herzen, Ton am Wort
Feierlichst erfrischen.
Froh genießet eurer Lage,
Denn man setzt nicht alle Tage
Sich zu solchen Tischen."
Goethe

Auch die Verse Goethes sind einem größeren Zusammenhang entnommen. Sie gehören in das Festgedicht „Tischlied zu Zelter's siebzigstem Geburtstag" (s. Werke letzter Hand; Bd. 47, Stuttgart und Tübingen 1833). Mörike verehrte Goethe. Die zitierten Verse sind Teil eines sogenannten „Gelegenheitsgedichts", also „Gebrauchslyrik", die zu bestimmten Anlässen meist persönlicher Art verfaßt wurde. Mörikes Werk weist selbst eine ganze Anzahl davon auf. Was ihn aber bewog, gerade Goethes Verse an diese Stelle zu setzen, ist allein die Tatsache, daß sie sich in diesem neuen Zusammenhang, in den er sie brachte, wiederum als Fazit des ihnen folgenden Erzählabschnitts lesen lassen: Ernstes (Mozarts „Vergehen", sein so gewonnenes Lied, sowie Eugenies Verlobung) und Heiteres (die frohe, festliche Stimmung aller Gäste, sowie Mozarts Jugenderinnerungen, samt seinem heiteren Bericht darüber) verbinden sich auch in der Novelle zu einem untrennbaren Ganzen.

Der dritte Erzählabschnitt aus dem „Morgenblatt" (Nr. 32) vom 5. August 1855 reicht von „Es sind nun siebzehn Jahre her . . ." bis „Sofort nahm er den Hut . . . der hatte seine Epoche passiert": Er weist die Besonderheit auf, daß ihm sogar gleich zwei Leitsprüche vorausgehen:

„The poet's eye, in a fine frenzy rolling,
Doth glance from heaven to earth, from earth to heaven;
And, as imagination bodies forth
The forms of things unknown, the poet's pen
Turns them to shapes, and gives to airy nothing
A local habitation, and a name."
Shakespeare

„Dulce est desipere in loco."
Horat

Besonders die Verse Shakespeares verdienen hier Beachtung in ihrer Funktion als richtungsweisende Verständnishilfe für den Leser. Sie entstammen dem „Sommernachtstraum" (5. Akt, 1. Szene). Mörike kannte sie möglicherweise sogar selbst in der nachstehend zitierten Übersetzung von August Wilhelm Schlegel:

„Des Dichters Auge, in schönem Wahnsinn rollend,
Blitzt auf zum Himmel, blitzt zur Erd’ hinab,
Und wie die starke Phantasie Gebilde
Von unerhörten Dingen ausgebiert,
Gestaltet sie des Dichters Wort, benennt
Das luft’ge Nichts und gibt ihm festen Wohnsitz.“

Es wär verfehlt, darin nur den rein inhaltlichen Bezug, d. h. den auf Mozarts schöpferisches Arbeiten zu sehen. Als Motto nämlich weisen diese Verse weit über die Novelle hinaus, zurück auf den Autor Mörike und sein Vorgehen. Mörike, dem ursprünglich für diesen Stoff, diese Arbeit eine in der Literatur in diesem Maße wenig gebräuchliche Synästhesie von Prosa, Lyrik, Notenbeilage und Bildmaterial vorschwebte (die aber auch er nicht verwirklichen konnte), hielt sich quasi an Shakespeares ‚Gebrauchsanweisung‘ für Poeten: Er ließ historische Gestalten (das Ehepaar Mozart) in teils erfundenen, aber so zumeist denkbaren Situationen leben und handeln.

Das zweite Motto – Horaz läßt sich in etwa mit „Es tut wohl, ab und zu über die Stränge zu schlagen“ übersetzen – führt ebenfalls und sogar, in rein inhaltlicher Hinsicht gesehen, noch klarer zum Erzählten und zur Figur Mozarts zurück.

Der vierte und letzte Erzählabschnitt, der im „Morgenblatt (Nr. 33) vom 12. August 1855 erschien, reichte von „Haben wir Frau Constanze bis hierher in der Erzählung abgelöst . . .“ bis zur letzten Zeile des Gedichts und damit auch der Novelle. Ausdrücklich sei betont, daß auch dieser Textpassage noch einmal ein eigenes Motto vorausgeht; ein, dieses Mal sogar wörtliches, Zitat aus Oulibicheffs Mozartbiographie:

„Leicht entzündbare Sinne und ein philosophischer Geist, ein von Zärtlichkeit überfließendes Herz und ein für den Calcul wunderbar organisierter Kopf; auf einer Seite Hang zum Vergnügen, eine Mannigfaltigkeit von Liebhabereien und Neigungen, welche ein sanguinisches Temperament charakterisieren, auf der anderen Seite diese Tyrannei einer ausschließlichen Leidenschaft, diese todbringende Übertreibung der geistigen Arbeit, welches die Attribute der melancholischen Temperamente sind – dieser Art ungefähr war Mozart, der unerklärbare Mensch, weil er der Universalmusiker war, der in allem andern als in seiner Kunst sich als der lebendige Widerspruch und die personifizierte Schwäche zeigte.
Oulibicheff“

Es ist dies der Versuch, Mozarts Wesen sowohl zu fassen als auch zu erklären. Und die Tatsache, daß Mörike diese Charakteristik des Komponisten durch Oulibicheff wörtlich seiner eigenen fiktiven Prosa vorausschickt, legt die Annahme eines übereinstimmenden Mozartbildes nahe. Eine Bestätigung dieser These liefern dann auch rasch die in Mörikes Novelle erzählten Episoden: Mozarts spontane Hilfsbereitschaft der jungen Kellnerin gegenüber, sein trotz aller Sehnsucht nach dem einfachen, stillen Leben sich durchsetzender „Hang zum Vergnügen", seine „todbringende Übertreibung der geistigen Arbeit". Am sichtbarsten wird die Übereinstimmung von Biograph und Dichter in Mörikes Formulierungen gegen Ende der Novelle. Etwa dann, wenn Mörike die nach der Abreise Mozarts über das eben Erlebte nachdenkende Eugenie schildert, „von welcher hier vorzugsweise die Rede ist, weil sie das unschätzbare Erlebnis tiefer als alle ergriff":

> „Es war ihr so gewiß, so ganz gewiß, daß dieser Mann sich schnell und unaufhaltsam verzehre, daß er nur eine flüchtige Erscheinung auf der Erde sein könne, weil sie den Überfluß, den er verströmen würde, in Wahrheit nicht ertrüge."

Fünf Leitsprüche hat Mörike also den vier Folgen des Vorabdrucks im „Morgenblatt" vorausgeschickt. Wie gezeigt werden konnte, geht die Beziehung zwischen Motto und Erzählung weit über eine oberflächliche Analogie hinaus. Im Gegenteil, man könnte sich sogar so weit wagen, sie als eine Art Summary des zu Erzählenden zu bezeichnen. Erstes und fünftes Motto zitieren den Biographen, verweisen also auf die historische Person des Komponisten. Dem entspricht die Verankerung der Novelle in einer historischen Begebenheit, Mozarts Reise nach Prag. Dazwischen liegt die Fiktion Mörikes, für die symptomatische Leitsprüche gewählt wurden, die von Dichtern stammen; – und im Fall Shakespeares sogar die Arbeit und Vorgehensweise des Poeten reflektiert. Mörikes Novelle ist also sehr bewußt und sorgfältig „komponiert": Sie beginnt und endet mit der Gestalt Mozarts. Gerade hierdurch gelingt es Mörike, all diejenigen Anekdoten und Episoden, die ihm seine Phantasie eingab, so darzustellen, daß man auch sie für biographisch halten kann. Es war seine Absicht, sein unerklärtes (aber verschlüsselt dennoch offengelegtes) Ziel, wie ein Biograph den Charakter und die Persönlichkeit Mozarts möglichst genau zu erfassen, ihn aber dann in rein fiktiven Situationen zu zeigen, analog zum Shakespeare-Zitat also „das luft'ge Nichts" zu benennen und ihm in den historisch vorgegebenen Daten und Fakten „Wohnsitz" zu gewähren. Auf diese Weise war sich Mörike sicher, genau das zu erreichen, was ihm von Anfang an vorgeschwebt hatte: eine Novelle zu schaffen, deren „Stoff" erfunden, die Hauptperson, der Mensch, jedoch „wahr" (s. o.) sein sollte.

Das maliziöse Spiel, wie es als Triebfeder des zwischen Schein und Sein pendelnden Inhalts der Novelle bereits festgemacht wurde, sollte sich ursprünglich sogar auf den editorischen Rahmen erstrekken. Möricke hätte nämlich geplant, seine Fiktion durch diverse Anlagen zu einem geschlossenen Ganzen zu machen. Dazu verwenden wollte er Photographien – „das Mozart'sche Ehepaar, beide Gesichter im Profil, medaillonartig hintereinandergestellt“, eine „in Wirklichkeit nicht vorhandene Komposition des Meisters“ (die sich auf das spontan erfundene Lied des Grafen beziehen sollte, das Mozart in der Novelle verspricht „nach den Regeln der Kunst express für die Gesellschaft auszuführen“), eventuell sogar „ein Handschriftenfaksimile“[7]. Wieder einmal zielte Mörike all seinen späteren Stilisierungen als Volksdichter zum Trotz auf den „feineren Leser“[8] als Rezipient, der gleich ihm seinen Spaß an solchen Spielereien habe. – Doch da keiner von Mörikes Freunden die Komposition liefern wollte, der Verleger zur Veröffentlichung drängte, wurde nichts davon verwirklicht. Zum Glück. Form und Rezeption der Novelle hätte solches Übermaß nur geschadet. – Schon ihr facetten- und beziehungsreiches Aneinanderreihen von Anekdoten, Geschichten und Erinnerungen, die sich zu Bildern, zu so plausiblen wie glaubhaften Wesenszügen Mozarts verdichten, hat ja zu den verschiedensten Interpretationen Anlaß gegeben. Eine davon in den Mittelpunkt stellen zu wollen, sei es ins Zentrum der Erzählung oder gar der dichterischen Intention, geht weit über das interpretatorisch Erlaubte hinaus. Es kann nicht richtig sein – um der scheinbar notwendig erfüllbaren „Vollständigkeit“ der Novelle wegen – einer ihrer Partien die Funktion des „Falken“, die Rolle der „unerhörten Begebenheit“ zuzuschanzen, wie es so viele gerade beim sogenannten „Orangenfrevel“ versuchten. Mörikes Novelle bedarf dessen wirklich nicht. Sie lebt aus sich selbst, aus der Fülle ihres Stoffs. Formlos ist sie aber ganz und gar nicht, schließlich hätte sie Mörike selbst so am allerwenigsten gewollt. Eine seiner poetischen Reflexionen macht dies deutlich und endet mit der Feststellung:

„(...) gute Gedanken, reizende Bilder, dies alles in harmonischer, unverrückbar geschlossener Form einschmeichelnd uns wieder zu geben, das ist der Vorzug des Poeten; das bestimmt wesentlich seinen Charakter, seinen Wert für alle Zeiten.“[9]

---

[7] Brief vom 6. Mai 1855 an Cotta. In: E. M.: Briefe. Hg. v. F. Seebass. Tübingen 1939. S. 731.

[8] Brief vom Frühjahr 1855 an Hartlaub. In: E. M.: Briefe. Hg. v. Fischer/Krauss. Bd. 2 A.a.O. S. 248 f.

[9] Als nicht näher zugeordnetes Fragment zitiert im Vorspann nur von Seebass 1939 hrsg. Briefe. A.a.O. S. XIX.

Die Form der Mozartnovelle, das ist aufs Inhaltliche bezogen Mozarts Reise einem nahen Tode entgegen. Erkannt hat dies trotz zum Teil fragwürdiger Überinterpretationen allein Wolfgang Wittkowski. Als Gegenpol zum Tode, bzw. den „schweren Schatten“[10] des Memento mori erhöhe Mörike mit epischer Breite und einer Fülle realistischer Details den an sich so kurzen Ausschnitt aus der Lebensreise des Komponisten. Auch ihm jedoch entging der Mörike wichtige, wenn nicht sogar wichtigste Aspekt der Novelle, daß die Antriebskraft für Mozarts überragendes Schaffen in Mörikes Augen im Memento mori liegt. Ihm, wie schon den zeitgenössischen Rezipienten, mußte daher entgehen, wie feinsinnig der Dichter dies seinen Lesern nahezubringen suchte: Durch die sanfte Melancholie nämlich, die von Anfang an auch in den heiteren Passagen mitschwingt, die sich im weiteren Verlauf der Erzählung stetig verstärkt, ehe sie als „Schwermut“, unterstrichen durch den orakelhaft lyrischen Ton des an den Schluß gesetzten Gedichts „Denk es, o Seele“, vollends offensichtlich wird.

[10] Wolfgang Wittkowski: „Von der alten schönen Zeit“. Eichendorffs „Cupido“ und Mörikes „Mozart“. In: Eichendorff und die Spätromantik. Paderborn 1985. S. 133–155. S. 138.

Gerhard P. Knapp

Geschichte ohne Versöhnung
Conrad Ferdinand Meyer: *Das Amulett* (1873)

Conrad Ferdinand Meyer ist ein Spätvollendeter. Der Sprößling einer Züricher Patrizierfamilie erleidet eine unselige Kindheit, die direkt in die überlange Adoleszenzkrise mündet. Persönliches und politisches Rebellentum werden ihm von einer lieblosen, religiös wahnhaften Mutter und später vom größeren Milieu nachmärzlicher Restauration brutal ausgetrieben. Erst allmählich kann sich sein labiles seelisches Gleichgewicht zur schöpferischen Arbeit festigen.[1] Meyer wird zum Mann der Maske: Verstellung ermöglicht ihm eine bürgerliche Existenz, und verstellte, indirekte Kritik ist das Wahrzeichen seiner Erzählprosa. Wie sein eigenes Leben erfahrene Zeitgenossenschaft der europäischen Revolutionen, der deutschen Reichsgründung, des Risorgimento und der gewaltigen Erschütterungen der Gründerzeit ist, so spielen seine Erzähltexte vor dem grandiosen Hintergrund geschichtlicher Umwälzungen. Das Schicksal seiner Figuren ist immer Reflex welthistorischer Aktion.[2]

Während einer Bildungsreise nach Paris im Frühjahr 1857 bahnt sich Meyers Auseinandersetzung mit dem Stoff der Glaubenskriege an.[3] Im Schatten des Louvre verfestigt sich das romanische Element seiner eigenen Kunst: ein Hang zum Architektonischen, zum kalten Glanz, aber auch zur grellen Bildhaftigkeit. Hier liegt das Gegengewicht zur Ästhetik Friedrich Theodor Vischers – die ihn

---

1 Zum biographisch-zeitgeschichtlichen Hintergrund vgl. die Studien von Marianne Burkhard: Conrad Ferdinand Meyer; David A. Jackson: Conrad Ferdinand Meyer und Alfred Zäch: Conrad Ferdinand Meyer. Dichtung als Befreiung aus Lebenshemmnissen. S. Auswahlbibliographie.

2 Der allenthalben vernachlässigte, aber zentrale Aspekt der politischen Zeitgenossenschaft wird erstmals untersucht von Gerhard P. Knapp: Nachwort. In: Conrad Ferdinand Meyer: Jürg Jenatsch. Eine Bündnergeschichte. München (=Goldmann Klassiker 7563) 1984; S. 212 ff.

3 Eine detaillierte Entstehungsgeschichte bei Gerhard P. Knapp: C. F. Meyer: Das Amulett. Historische Novellistik auf der Schwelle zur Moderne, S. 9 ff. S. Auswahlbibliographie.

früher tief berührte –, zum Geschichtspessimismus Schopenhauers und zu seiner Feuerbach-Rezeption, der er vage Ansätze einer materialistischen Weltanschauung verdankt.[4] Ausgedehnte Quellenstudien zur Epoche der Glaubenskriege schließen sich während der späteren sechziger Jahre an. Seiner Hauptquelle, Prosper Mérimées Roman „Chronique du règne de Charles IX" (1829), entnimmt er den geschichtlichen Hintergrund des „Amuletts", der thematisch zugeordneten Hugenottengedichte und mancherlei Rohmaterialien für den wenig späteren, stoffverwandten „Jürg Jenatsch". Nach weiteren Verzögerungen liegt im März 1873 „Das Amulett" endlich fertig vor – Meyers erste bedeutende historische Novelle.

In einem Brief verweist Meyer einmal sehr treffend auf seine „Hauptforce": „[. . .] den Zusammenhang des kleinen Lebens mit dem Leben und Ringen der Menschheit".[5] Jenes große, historische „Ringen" im „Amulett" – der Autor sieht es als analog zu den Kämpfen der eigenen Zeit – sind die Spannungen in Frankreich im Gefolge des Friedens von Saint-Germain-en-Laye (8. 8. 1570), der eine Koexistenz zwischen der katholischen Mehrheit und einer protestantischen Minderheit der Bevölkerung bringen sollte. Aus dem ursprünglich religiösen wird aber nun ein politischer Konflikt. Er gipfelt in dem Massaker der Nacht auf den 24. August 1575, das als die „Bartholomäusnacht" in die Geschichtsbücher eingegangen ist. Um ein Uhr dreißig läuten die Glocken von Saint-Germain-L'Auxerrois Sturm. Dreitausend reformierte Pariser Bürger verlieren ihr Leben in wenigen Stunden. Im übrigen Frankreich werden im Verlauf der nächsten Tage etwa 20 000 Hugenotten ermordet. Eingebunden in dieses „große" Geschehen sind die „kleinen" Schicksale des fiktionalen Personals der Novelle, insbesondere des spröden, engstirnigen Calvinisten Schadau und des liebenswürdigen, warmherzigen Katholiken Boccard. Beide geraten in den Strudel der Machtkämpfe zwischen der skrupellosen Katharina von Medici und dem schwachen König Karl IX. einerseits und der protestantischen Führerschaft andererseits. Boccard – in pointiert ironischem Gegensatz zum historischen Brudermord des Pogroms – läßt sein Leben für den Freund. Politisches Geschehen und Individualbiographie stehen derart in engem, unauflöslichem Zusammenhang. Innerhalb der Novellenstruktur bilden sie zwei Diskurse, die in steti-

[4] Zu den Quellen und den philosophisch-ästhetischen Einflüssen vgl. Knapp (Anm. 3), S. 27 ff. bzw. S. 38 ff.

[5] An Julius Rodenberg, den Herausgeber der „Deutschen Rundschau", am 14. 12. 1877.

ger Verschränkung ablaufen, sich beständig gegenseitig hinterfragen, einander erklären und deuten. In dieser Interdependenz liegt die Substanz wie auch der Erzählstoff des Texts begründet. Mit dem Verstummen des geschichtlichen Diskurses endet auch der persönliche Diskurs um Schadau, der die Binnenhandlung der Novelle ausmacht. Wie sieht nun die Struktur dieser höchst eigenwilligen historischen Erzählung im einzelnen aus?

Meyers Novellistik entzieht sich griffigen Deutungsformeln. Die Annahme, daß „Das Amulett“ dem Typus ‚der‘ bürgerlichen Novelle des 19. Jahrhunderts entspricht, ist falsch.[6] Wie die meisten von Meyers Erzähltexten, so ist auch dieser keineswegs naiv um ein „Mittelpunktereignis“[7] gruppiert. Eine „unerhörte Begebenheit“ findet sich hier nicht, und nach einem „Falken“ sucht man vergebens.[8] Die Geschichtsauffassung Meyers, wie sein Erzählverfahren auch, wurzelt in der Tradition des 19. Jahrhunderts: Historiographie bedeutet dort die Analyse und Beschreibung markanter Ereignisse, die *ausschnitthaft* den Verlauf größerer Entwicklungen belegen. In der „Ästhetik“ Friedrich Theodor Vischers findet Meyer die Legitimation eines erzähltechnischen Prinzips, das sich durch Raffung und Kompression auszeichnet und dem es ankommt auf den entscheidenden Punkt bzw. auf die ausschlaggebende Verkettung von Umständen im Ablauf eines Menschenlebens.[9] Daß jenes *immer* Produkt der gegebenen sozio-historischen Verhältnisse ist, versteht sich für Meyer von selbst.

---

[6] Vgl. die wenig ergiebigen Versuche von Strukturanalysen bei Gunter H. Hertling: Religiosität ohne Vorurteil. Zum Wendepunkt in C. F. Meyers „Das Amulett“. In: ZfdPh 90 (1970) S. 526–545; Karl Fehr: Conrad Ferdinand Meyer. Stuttgart (=Sammlung Metzler 102) 1971; S. 47 ff.; Burkhard (Anm. 1), S. 70 ff. und Zäch (Anm. 1), S. 111 ff.

[7] Hierzu den aufschlußreichen Artikel „Novelle“ von Friedrich Ostermann in: Diether Krywalski (Hrsg.): Handlexikon zur Literaturwissenschaft. München 1974; s. v.

[8] Zur Auseinandersetzung mit den Kategorien Goethes und Heises vgl. Knapp (Anm. 3), S. 58 ff. Dort auch die bislang einzige detaillierte Strukturanalyse.

[9] Vgl. den folgenden Auszug aus F. Th. Vischer: Ästhetik, III. Theil: Die Kunstlehre. Stuttgart 1857: „Sie [die Novelle] gibt nicht das umfassende Bild der Weltzustände, aber einen Ausschnitt daraus, der mit intensiver, momentaner Stärke auf das größere Ganze als Perspektive hinausweist, nicht die vollständige Entwicklung einer Persönlichkeit, aber ein Stück aus einem Menschenleben, das eine Spannung, eine Krise hat und uns durch eine Gemüts- und Schicksalswendung mit scharfem Akzente zeigt, was Menschenleben überhaupt ist.“ Zit. in: Andreas Huyssen (Hrsg.): Bürgerlicher Realismus. Stuttgart (= Die deutsche Literatur in Text und Darstellung 11) 1974; S. 59 f. Dort auch weitere Belege zur Sache.

Streng genommen verfügt „Das Amulett" über einen doppelten Erzählrahmen. Die vorausgeschickte Anmerkung „Alte vergilbte Blätter liegen vor mir mit Aufzeichnungen aus dem Anfang des siebzehnten Jahrhunderts. Ich übersetze sie in die Sprache unserer Zeit" (S. 3/SW 11, S. 7)[10] liefert im Ansatz einen ersten, übergeordneten Rahmen. Hier erklärt sich der Autor indirekt als Erzähler, der eine „verbriefte" Begebenheit in eigene, zeitgemäße Worte faßt. Fiktionalität und historische Beglaubigung treten bereits in diesen beiden Sätzen in einen gewissen Widerstreit. Diesem größeren Erzählrahmen untergeordnet ist dann die eigentliche Rahmenhandlung der Novelle, die mit der exakten Datierung „Heute am 14. März 1611" einsetzt. Hans Schadau, Erzähler- und Zentralfigur des Texts, ist zu diesem Zeitpunkt achtundfünfzig Jahre alt. Die Rahmenerzählung des ersten Kapitels führt ihn zu seinem Nachbarn, dem „alten Boccard", mit dem er einen Grundstückshandel abschließt. Während des kurzen Austauschs mit Boccard fällt sein Blick auf „ein großes rundes Medaillon von Silber mit dem Bilde der Muttergottes von Einsiedeln in getriebener, ziemlich roher Arbeit" (S. 4/SW 11, S. 8). Der Anblick des Amuletts – es fungiert dann als Leitmotiv im Binnengeschehen – löst eine Flut von Erinnerungen aus, die, wie man mutmaßen darf, Schadaus Gedanken auf dem Heimritt ausfüllen. Sie machen das eigentliche Geschehen der Novelle aus.

Entscheidend für jede Deutung ist die Stellungnahme Schadaus zu Beginn dieser Erinnerungskette:

> „Das Schicksal Wilhelm Boccards war mit dem meinigen aufs engste verflochten [...] Ich habe ihn in den Tod gezogen. Und doch, so sehr mich dies drückt, kann ich es nicht bereuen und müßte wohl heute im gleichen Fall wieder so handeln, wie ich es mit zwanzig Jahren tat." (S. 4/SW 11, S. 8)

Zweierlei sollte bedacht werden. Erstens erklärt der alternde Erzähler sich bereits ganz zu Anfang als unbelehrbar. Auch wenn ihn die weit zurückliegenden Geschehnisse noch immer belasten – und insofern ist seine Erzählung auch Rechenschaftsbericht[11] –, eine Veränderung in seinem Bewußtsein haben sie *nicht* bewirkt. Von

---

[10] Zitiert wird der Text nach der Ausgabe von Gerhard P. Knapp, Paderborn (=Schöninghs deutsche Textausgaben 29231) 1984; dem Nachweis folgt jeweils die Seitenzahl der historisch-kritischen Ausgabe von Hans Zeller und Alfred Zäch: Conrad Ferdinand Meyer: Sämtliche Werke, Bd. 11. Bern 1959 (=SW).

[11] Hertling (Anm. 6), S. 74 gebraucht den unzutreffenden Begriff der „konfessionellen Erzählung". Eine Beichte setzt ja, wie man weiß, Reue und vor allem einen Sinneswandel voraus.

einem Reifungsprozeß, der den neunzehnjährigen (nicht zwanzigjährigen!) Helden der Binnenhandlung vom Chronisten der fast vier Jahrzehnte späteren Rahmenerzählung trennt, kann somit keine Rede sein. Bereits in dieser Absage an eine der bürgerlichen Novelle vielfach inhärente Bildungsstruktur wird sichtbar, daß Meyer das Genre durchaus subversiv handhabt. Schadau, der begrenzte und vom Determinationsglauben getragene Calvinist, ist in der realistischen und, wie man sehen wird, ironischen Zeichnung Meyers als ambivalenter Held angelegt.[12] Zweitens sind mit den oben zitierten Sätzen die Weichen der Binnenerzählung ein für allemal gestellt. Denn: Schadau, dessen bornierte Engstirnigkeit von vornherein feststeht, ist ja der Erzähler des folgenden Geschehens. Und insofern wird die Gültigkeit des Erzählten durchweg vom Erzählverfahren in Frage gestellt. Meyer verwendet von Anfang bis zum Ende eine *ironische Erzählperspektive*, von der er sich eine emanzipatorische Wirkung beim Leser verspricht.[13]

Der eingangs gegebene Erzählrahmen wird am Ende nicht geschlossen. Statt dessen folgen Rahmenerzählung und Binnenhandlung in einer bedeutungsvollen Dublette dem gleichen Bewegungsverlauf: in der ersteren reitet der ältere Schadau nach vollbrachtem Grundstückshandel zurück zu seinem Gut Chaumont. Die letztere (also die Erinnerungskette der achtunddreißig Jahre früheren Ereignisse) endet ebenfalls mit der Flucht des jungen Schadau und seiner Frau Gasparde zu demselben Gut seines inzwischen verstorbenen Onkels. Im resignativen Gestus von Weltflucht fallen beide in eines. Die dazwischenliegenden nahezu vier Jahrzehnte läßt Meyer, gemäß seiner Ästhetik novellistischer Raffung, im dunkeln. Angesichts der Tatsache, daß Schadau keine Wandlung erfahren hat, sind sie letztlich auch bedeutungslos.

Entsprechend der Rahmenfügung (Kapitel 1), ist auch die eigentliche Novellenstruktur höchst differenziert gegliedert. In neun Kapiteln bzw. sieben Erzählsequenzen[14] wird der Leser zunächst mit der Herkunft der jugendlichen Erzählerfigur vertraut gemacht. Danach erst entfaltet sich das eigentliche Geschehen: Schadau, der

---

[12] Hierzu die Studien von David A. Jackson: Schadau, the Satirized Narrator in C. F. Meyer's *Das Amulett*; Paul Schimmelpfennig: C. F. Meyer's Religion of the Heart: A Reevaluation of *Das Amulett* und Tamara S. Evans: Formen der Ironie in Conrad Ferdinand Meyers Novellen. S. Auswahlbibliographie.

[13] Eine genauere Untersuchung des Phänomens bei Knapp (Anm. 3), S. 82 ff.

[14] Vgl. Knapp (Anm. 3), S. 66 ff.

auf dem Gut seines Onkels einem böhmischen Fechtmeister mit krimineller Vergangenheit zur Flucht verhalf, macht sich auf nach Paris, um dort, im Falle eines Krieges, unter dem Hugenottenführer Admiral Gaspard de Coligny zu dienen. Wie die Fechtmeister-Episode – der Bandit wird ihm später die Flucht aus dem Hexenkessel der Bartholomäusmorde ermöglichen –, so scheinen auch die weiteren Begegnungen und Ereignisse im Leben Schadaus das Resultat göttlicher Vorbestimmung zu sein. In Melun trifft er auf Wilhelm Boccard, mit dem er sich anfreundet, den Parlamentrat Chatillon und Gasparde de Coligny, seine zukünftige Frau. Später erfährt man, daß Gasparde die Tochter Franz von Colignys ist, der im Volksmund d'Andelot genannt wird und den Schadau glühend verehrt. Im dritten Kapitel betreten bereits – mit Ausnahme des Admirals – sämtliche Zentralfiguren der Novelle den Plan. Sichtbar wird ebenfalls an der Antithetik der Positionen Schadaus, der blindlings für die Prädestinationslehre Calvins eintritt, und des wundergläubigen Katholiken Boccard im kleinen, unbedenklichen Rahmen der weltpolitische Konflikt der Zeit.

Mit der Ankunft der Akteure in Paris setzt die Verwicklung der *persönlichen* Verhältnisse Schadaus ein. Zugleich – hier wieder ein Verweis auf die Verschlingung der beiden Diskurse – spitzt sich die *politische* Konfrontation der Lager auf die Krise hin zu. Schritt für Schritt wird klar, daß Anspruch und Realität im Hinblick auf den biographischen Werdegang Schadaus weit auseinanderklaffen. In seiner Bewunderung für d'Andelot wünscht sich der jugendliche Erzähler eine Zukunft von heldischer Größe.[15] Tatsache ist jedoch, daß Schadau bei *allen* entscheidenden Ereignissen der folgenden sechs Wochen eine passive Rolle spielt. Nur durch Empfehlung Chatillons und – indirekt – unter Berufung auf die Tapferkeit seines gefallenen Vaters erlangt er Anstellung bei Coligny. Gaspardes Liebe fällt ihm in erster Linie zu, weil er ihren Beleidiger Guiche tötet. Dem Leser wird deutlich, daß die Erzählerfigur nicht nur als passiver Held, sondern auch als Objekt satirischer Kritik angelegt ist. So erwidert Schadau auf Boccards scharfsinnige Widerlegung der Calvinschen Prädestinationslehre nur dumpf : „Dies ist ein dunkler, schwerer Satz, der sich nicht leichthin erörtern läßt" (S. 17/SW 11, S. 22). Der Dreiergruppe Coligny-Chatillon-Michel

[15] „Unter meinen jugendlichen Bewunderungen nahm neben dem großen Admiral sein jüngerer Bruder Dandelot die erste Stelle ein, dessen weltkundige stolze Brautfahrt meine Einbildungskraft entzündete. [. . .] Etwas Derartiges wünschte ich mir vorbestimmt" (S. 11/SW 11, S. 15).

de Montaigne, die im Text eine aufgeklärte, humanistische Toleranz verkörpert, steht Schadau mit totalem Unverständnis gegenüber. Es fehlt ihm allenthalben an Einsicht wie an Sensibilität.

Auch die folgenden Geschehnisse werden referiert vom „situationsdefizitären Standpunkt"[16] der Erzählerfigur. Im sechsten Kapitel ist der erste Spannungshöhepunkt der Novelle erreicht. Schadau, der für die beleidigte Gasparde eintritt, tötet seinen überlegenen katholischen Gegner Guiche im Duell. Das gelingt ihm freilich nur, weil Boccard ihm zuvor unbemerkt das Amulett in die Brusttasche seiner Jacke steckte. Für Boccard hat die Muttergottes von Einsiedeln derart ein Wunder bewirkt. Schadau dagegen schwankt zwischen Beschämung über seinen unwissentlichen Verstoß gegen den Duellcodex und dem Ärger, „einem Götzenbilde" sein Leben zu verdanken. Er ist blind gegenüber der Liebe des Freundes und blind im Hinblick auf das sich anbahnende größere Unheil des Pogroms. Zu beachten ist wiederum Meyers emanzipatorisches Erzählverfahren. Das Medaillon, bei all seiner dingsymbolhaften Doppelbedeutung für die *Handelnden*, wird dem *Leser* als die materiale Ursache des überrraschenden Duellausgangs klar und unzweideutig vor Augen geführt. Hier bleibt kein unerledigter Rest. Keine Verrätselung ergibt sich, und „unerhört" ist die geschilderte Begebenheit wirklich nicht.

In der siebenten Erzählsequenz (Kapitel 7–9) konvergieren die Diskurse der „großen", geschichtlichen Vorgänge und des „kleinen", persönlichen Lebens vollends. Schadau, zur charakteristischen Passivität verdammt, befindet sich in Schutzhaft im Louvre. Von seiner Zelle aus beobachtet er eine gespenstische, reglose Dreiergruppe auf dem Balkon: den König, die Königinmutter und Heinrich von Anjou.[17] Auf ihren Gesichtern: Angst, Wut, Grausamkeit, Furcht und kalte Gleichgültigkeit. Die Zeit scheint stillzustehen. Fast spürbar tritt das Grauen aus dem mondlichtbeschienenen Tableau hervor. Die Szene, eine der glänzendsten erzählerischen Miniaturen Meyers, bringt den eigentlichen Höhepunkt der Novelle. Schadau – dies vielleicht die einzige tiefere Einsicht seines Lebens – wird klar, daß es keine Versöhnung geben kann mit den

---

16 Rosmarie Zeller/Hans Zeller: Erzähltes Erzählen. Funktionen der Erzähltechnik in C. F. Meyers Rahmennovellen, S. 112. In: W. Haubrichs (Hg.): Erzählforschung 2. Göttingen 1977.

17 Der oben erwähnten Gruppierung Coligny-Chatillon-Montaigne, die für eine zukunftweisende Toleranz steht, entspricht diese Triade bzw. die durch sie verkörperte Destruktivität geschichtlicher Kräfte.

Vernichtungskräften der Geschichte und mit denen, die *so* Geschichte machen. In diesem Bild von eigenartiger, beklemmender Schönheit verdichtet sich die Faszination des Bösen zur Allegorie. Ein Schuß fällt, und das Morden beginnt. Meyer geht jedoch noch weiter. Phantasie und das endliche Wissen um die grauenhaften Vorgänge, die draußen jetzt abrollen, bringen Schadau „dem Wahnsinn nahe" (S. 55/SW 11, S. 62). In einer Art Wachschlaf belauscht er dann das Gespräch zwischen Karyatide und Flußgöttin. Der Fiebertraum ist Produkt seiner *innerseelischen* Realität, die auf visionäre Weise das *äußere* Geschehen widerspiegelt. Mit dem Hohn der Steinfrau über die „ungeheure Dummheit" – des Autors eigenes Verdikt über den Glaubensstreit – bricht endlich der Bann der grausigen Nachtszene. Allein im a-empirischen Diskurs des Traums wird Wirklichkeit voll und letztlich greifbar, und nur der Ausnahmezustand traumhafter Halluzination ermöglicht dem begrenzten Erzähler diese blitzartige Einsicht in Zusammenhänge, die ihm ansonsten verschlossen bleiben. Der Geschichtspessimismus und die durchweg sorgsam verdeckte Ideologiekritik Meyers treten an dieser *einzigen* Stelle im Text mit schneidender Schärfe hervor. Und wiederum wirkt das analytische Erzählverfahren der Novelle, das die Schuldigen am Mord klar benennt, jeder Mystifizierung des Lesers entgegen.

Von einer „Wandlung"[18] in der Gesinnung Schadaus ist nicht die Rede. Er weiß nur, daß er seine Frau finden und mit ihr aus dem Massaker entfliehen muß. Und diesmal beruft er sich Boccard gegenüber sogar in voller Berechnung auf das „Götzenbild" der Lieben Frau von Einsiedeln. Hierdurch erwirkt er zwar die Errettung Gaspardes, er opfert aber am Ende den Freund dem eigenen Ziel. Für die Opfer der Mordnacht, für die Boccard, Coligny, Chatillon und schließlich für den Schneider Gilbert und seine Familie (Meyer durchbricht übrigens bewußt die „aristokratische" Perspektive der Historiographie seiner Zeit mit dem Beispiel des Schneiders, das stellvertretend für das primär von der Verfolgung betroffene Kleinbürgertum steht) hat er wenig bleibendes Mitempfinden. Wo die Novelle in didaktischer Wirkungsabsicht beim Leser um Sympathie wirbt für die Leidtragenden einer unversöhnlichen Geschichte, bleibt ihr determinationsgläubiger Held auf Dauer unberührt von deren Leiden. Ein „wilder Schmerz" über das Blutver-

[18] Hertling (Anm. 6), S. 81 nimmt sie an, und mit ihm ein Großteil der Forschung.

gießen treibt ihn zwar zur Flucht in die Sicherheit von Chaumont: „Fort aus dieser Hölle!" (S. 61/SW 11, S. 68). Zur Einsicht in die eigene Intoleranz verhilft er ihm nicht. In seiner Blindheit verkörpert Schadau den zeitlosen Typus der kalten, starren und konservativen Persönlichkeit, den Meyer indirekt und in ironischer Distanzierung vor dem wildbewegten Panorama des 16. Jahrhunderts kritisiert.

Am Ende jedoch, in Chaumont angekommen, ereilt auch Schadau das Leid. Er öffnet den fast vergessenen Brief seines Onkels mit dem sprechenden Siegel „Pèlerin et Voyageur" und erfährt, daß jener längst verstorben ist. Nun läßt er, angesichts der unwiderruflich verlorenen eigenen Jugend, seinen „Tränen freien Lauf". So trägt ganz am Schluß auch der verbohrte Schadau den für das Erzählen Meyers typischen Zug des unbehausten Menschen auf der Schwelle zur Moderne: Demut im Angesicht persönlichen Erleidens fällt zusammen mit der Angst vor einer geschichtlichen Entwicklung, die scheinbar von Katastrophe zu Katastrophe treibt und deren Richtung und Wegstrecke nicht zu bemessen sind.

„Das Amulett" ist eines der markantesten Produkte aus Meyers Beschäftigung mit dem Stoff der Glaubenskriege, die von 1857 bis in die achtziger Jahre hineinreicht. Als lyrische Vorstufen dürfen die drei zusammengehörigen Gedichte „Das Weib des Admirals", „Hugenottenlied" und „Die Karyatide" gelten.[19] Einer der bekanntesten Gedichttexte Meyers, die Ballade „Die Füße im Feuer" (1882), basiert auf dem frühen Gedicht „Der Hugenott" (1864). Die Ballade ist der eindrucksvollste lyrische Gegenentwurf zur Novelle. Ein weiteres Dokument der Eigenrezeption des Stoffes durch den Autor ist der im folgenden Jahr entstandene, glänzende „Jürg Jenatsch" (1874), mit dem Meyer einen neuen Typus des historischen Romans begründet. Auch dieser Text hat einen zwiespältigen Helden. Und auch er ist getragen von der Faszination des Bösen und von der Übermacht geschichtlicher Notwendigkeit, die das Einzelschicksal prägt und an der es sich bricht. Eine Zusammenschau dieser Texte wäre eine längst fällige, lohnliche Aufgabe der Forschung.

Mit der ersten französischen Übersetzung, die 1888 im „Journal de Genève" erschien und von Meyer als unzulänglich bezeichnet

[19] Ein Motivvergleich der Hugenottengedichte und der Novelle findet sich bei Knapp (Anm. 3), S. 42 ff.

wurde[20], begann die heute längst in alle Weltsprachen - auch ins Esperanto - übersetzte Novelle ihren Siegeszug bei einem internationalen Leserpublikum. Seit Jahrzehnten schon gehört sie zu den Klassikern der frühen Moderne und hat ihren festen Platz im Lektürekanon von Schule und Universität. Der österreichische Dramatiker Fritz Hochwälder gründete sein Schauspiel in drei Akten „Donadieu" (1953) auf „Die Füße im Feuer" und „Das Amulett". Das Stück ist ein aufschlußreiches, wenn auch nicht allzu gelungenes Beispiel der Spätrezeption Meyers aus dem Umkreis der Bewältigungsliteratur.[21]

Die literaturwissenschaftliche Rezeption des Texts lag jahrzehntelang im argen. Sowohl die ironisch-analytische Erzählperspektive als auch die komplexe Wirkungsabsicht Meyers wurden in einschlägigen Deutungen nicht erkannt. Nach dem Zweiten Weltkrieg zeichnet sich zögernd eine fruchtbarere Neubewertung der Novelle ab. Joseph Kunz erkennt erstmals die Rolle Schadaus als passiver, keiner inneren Entwicklung zugänglicher Held: „So steht Schadau an Ende als derselbe da wie am Anfang: als einer nämlich, der Zeuge vieler Schicksale war, aber immer von außen als Zuschauer [. . .]."[22] Erst in den vergangenen zwei Jahrzehnten hat die Meyer-Forschung sich entscheidender Grundfragen bemächtigt, die sich etwa wie folgt zusammenfassen ließen: a) die frappante Modernität des Texts in puncto Ästhetik und Bildlichkeit; b) der subversive Umgang Meyers mit der Tradition des bürgerlichen Novellengenres; c) Ideologiekritik und Geschichtspessimismus, wie sie sichtbar werden auch am Bezugsort des Texts im zeitgenössischen „Kulturkampf" in Preußen im Anschluß an das von Pius IX. verkündete Unfehlbarkeitsdogma; und d) die Wirkungsstrategie der Novelle in Form von Lehre und Mahnung gegen blindwütigen Dogmatismus und für eine aufgeklärte Toleranz.

---

[20] Meyer in einem Brief vom 28. 12. 1888 an Felix Bovet: „Le Journal de Genève traduit mon ‚Amulette' en un vilain français."

[21] Ein kurzer Vergleich bei Knapp (Anm. 3), S. 127-129.

[22] Geschichte der deutschen Novelle vom 18. Jahrhundert bis auf die Gegenwart. In: Wolfgang Stammler (Hrsg.): Deutsche Philologie im Aufriß, Bd. 2. Berlin [2]1960; Sp. 1869. Zu ergiebigen Deutungsansätzen vgl. ebenfalls die Arbeiten von Jackson und Burkhard. S. Auswahlbibliographie.

Hans Bänziger

Ambivalenz der Eitelkeit
Gottfried Keller: *Kleider machen Leute.* (1873)

‚Eitelkeit' wird hier in ihrer moralischen Ambivalenz, nicht in der sprachlichen Ambiguität von ‚vanitas' (Selbstgefälligkeit vs. Vergeblichkeit) verstanden. Der Pole Wenzel Strapinski neigt zur Selbstgefälligkeit, soll aber dem Leser sympathischer werden als die nüchternen Goldacher. Eitelkeit, den meisten Künstlern in überdurchschnittlichem Maße angeboren, war Keller relativ fremd; er hat sich gegen sie und auch gegen die Aura eines Dichterfürsten in der Reifezeit auf ganz besondere Art gewehrt: durch Ironisierung von Künstlerposen und Verspottung der allzu Wortgewandten. Keller neigte wie Strapinski zur Schweigsamkeit.

In der Forschung wird trotz des Fehlens eindeutiger Belege angenommen, diese erste Novelle des zweiten Bandes der *Leute von Seldwyla* (1874) sei Anfang der 60er Jahre entstanden. Hinweise auf „Kleider machen Leute" fehlen ja noch auf dem blauen Blatt, das Keller 1857 für seine Notizen zum geplanten Zyklus benutzte.[1] Sicher ist die Novelle nach 1861 verfaßt worden, denn sie ist wie „Der Schmied seines Glücks", „Das verlorene Lachen" und die zweite Hälfte des „Dietegen" auf weiße Folioblätter niedergeschrieben worden, wie sie der Staatsschreiber während seiner Amtszeit seit 1861 benutzte (VIII, 442).

Den Anstoß für die Niederschrift wird 1863/64 die Tätigkeit Kellers als Sekretär des zürcherischen Polenkomitees gegeben haben. Das Amt hat die Erinnerung an frühere, abenteuerliche Ge-

---

[1] Jonas Fränkel hat das Blatt im Anhang zu Bd. VIII gedruckt: G. K.: Sämtliche Werke, Hg. Jonas Fränkel. Erlenbach-Zürich, 1927, Bd. VIII, S. 439. Die folgenden Hinweise im Text, für diese Novelle ohne Angabe des Bandes. – Weitere Informationen über Kellers Anregungen finden sich u. a. in der Monographie Emil Ermatingers, bei Paul Wüst; diese und andere Untersuchungen sind im Hanser-Kommentar Klaus Jeziorkowskis (München 1984), in der Klett-Interpretation Hartmut Steineckes (Stuttgart 1984) und im Anhang des von Thomas Böning hg. 4. Bds. des Deutschen Klassiker Verlages (1989) bibliographiert. Wegen der leichten Zugänglichkeit dieser Werke erübrigen sich hier allgemeine Informationen zur Sekundärliteratur.

schichten in benachbarten Ortschaften aufgefrischt: z. B. an die raffinierte Übertölpelung des Grafen Sobansky durch einen Jägerburschen, der sich als Sohn eines befreundeten Grafen ausgab. Diese Köpenickiade spielte sich in der Umgebung von Winterthur ab, und die Zürcher hatten am Mißgeschick der Nachbarn, ähnlich wie in der Novelle die Seldwyler an demjenigen der Goldacher, ihre schelmische Freude. Etwas später wurden die Bewohner von Wädenswil am Zürichsee durch „Graf"und „Gräfin" von Stechenheim dermaßen ausgenutzt, daß wiederum die benachbarten Richterswiler schadenfreudig spotten konnten.

Als Aktuar des polnischen Hilfskomitees hatte sich Keller mit dem Schicksal notleidender Fremder amtlich zu befassen, außerdem aber auch mit mehr oder weniger harmlosen Betrügern, unter anderem mit einem polnischen General und dem Spion und Betrüger Schramm. Seine Phantasie wurde durch protokollarisch festgehaltene Untersuchungen nicht immer befriedigt, und so gestand er denn auch 1864 Graf Plater, dem Gründer des Rapperswiler Polenmuseums, er würde irgendwann allzu gern über Schramm eine kleine Charakterstudie schreiben. Das Amt ließ ihm damals jedoch keine Zeit dazu.[2]

Frühere Erlebnisse sind aber für das Verständnis der Dichtung mindestens so wichtig wie die Anregungen während der Entstehung. Seit jeher reizte Keller Fremdartiges. Wie den früh verstorbenen Vater? Der in der Obhut einer nüchtern-arbeitsamen Mutter aufgewachsene Knabe besaß ein besonderes Talent, Illusionen ernst zu nehmen. Die Mutter hatte im „Haus zur Sichel" verschiedene sonderbare Mieter, zum Beispiel den Polenflüchtling Dr. Bogatzky. Die phantastischen Erzählungen, die Keller in der Wohnung des Ehepaars Hotz hörte, der angeborene Hang zu kindlichen Lügengespinsten und schließlich die frühen Versuche, kleine Bühnenwerke zu verfertigen, förderten seinen Sinn für alles Imaginäre. Stolz und das Bewußtsein des Versagens hielten sich bei ihm schon damals die Waage. Ich nenne und zitiere ganz wenige Details, um die Verwandtschaft des Knaben und des Jünglings mit Strapinski anzudeuten. Das grüne Wams und der (zum Beispiel in der Radierung Werdmüllers karikierte) Radmantel bedeuteten dem jungen

---

[2] Bericht und Dokumentation über diese Tätigkeit vor allem bei Adam Lewak: Gottfried Keller und der polnische Freiheitskampf vom Jahre 1863/64. Zürich 1927. Margarete Rothbarth versteigt sich in ihrem lesenswerten Artikel zur Behauptung, Schramm und Strapinski seien identisch: Neue Zürcher Zeitung, Nr. 1873 (22. 11. 1942), Bl. 4, letzte Sp.

Künstler viel. In der hochstilisierten Weltschmerzstimmung der frühen Aufzeichnungen von 1837 lesen wir:

> [. . .] „ich wandle so öde durch dieses Licht und friere in dieser strahlenden Wärme und irre so dunkel, so schwarz [. . .] durch diese Farbenpracht, die meines einsamen Elendes lächelt“ (XXI, 29).

In einem autobiographischen Versuch von 1847 heißt es: „Bei aller Ungeschicklichkeit hatte ich immer einen unbändigen Künstlerstolz (XXI, 29).

Ob die zur Zeit der Entstehung der Novelle für Keller wichtige Gestalt Richard Wagners als Anregung für die Charakterisierung Strapinskis in Betracht zu ziehen wäre, ist schwer zu beurteilen und meines Wissens noch nie untersucht worden. Keller, der Wagner seit der Rückkehr aus Berlin im Kreise der Wesendoncks begegnete, erkannte dessen Genialität, hatte aber auch seine Vorbehalte ihm gegenüber. An Freiligrath schrieb er am 30. 4. 1857, Wagner sei „ein sehr begabter Mensch, aber auch etwas Friseur und *Charlatan*. Er unterhält einen Nipptisch, worauf eine silberne Haarbürste in kristallener Schale zu sehen ist etc. etc.“.

Kommentatoren und Interpreten haben auf zahlreiche thematisch ähnlichen Werke als mögliche Anregung für Kellers Erzählung aufmerksam gemacht: auf Märchen von tapferen und listigen Schneidern, auf romantische Geschichten von schwermütigen Fremden und realistische Darstellungen von kleinen Hochstaplern. Angesichts der größtenteils auf Paul Wüsts Untersuchung (1914) zurückgehenden Aufzählungen meint man zuweilen in die gute alte Zeit der Einflußexperten zurückversetzt zu sein.

Ein Wort nur zu der in die meisten Keller-Gesamtausgaben aufgenommene Kalendergeschichte des Jahres 1847 mit dem Titel „Der Schneidergeselle, welcher den Herrn spielt“. Baechtold und Fränkel nehmen als Verfasser des anonym erschienenen Beitrags Keller an, Ermatinger hingegen den Herausgeber des „Bündner Kalenders“; heute wird die Frage der Verfasserschaft gewöhnlch offen gelassen. Weil Keller den Beitrag sicher kannte, bleibt er jedoch als Hintergrund der Novelle interessant. Das arme Schneiderlein, das an einem heißen Sommertag auf der Landstraße zufällig einen Kutscher trifft und von diesem mitgenommen wird, ist dem Schneider Strapinski tatsächlich verwandt. „Kaum saß [er] auf den weichen Kissen, so kam der Geist der Eitelkeit über ihn“ (XX, 4). Der arme Geselle behandelt seinesgleichen dann hochnäsig. Das wäre Strapinski nicht passiert; seine Eitelkeit war differenzierterer Art.

Thematik und Motive von Kellers Novelle sind schon oft und ergiebig mit Hilfe von Stichwörtern wie Sein und Schein oder Bürgertum und Künstlertum erörtert worden. Ich beschränke mich auf knappe Andeutungen über die mit den Schelmenromanen verwandten Stoffkomplexe arme Schneider und harmlose Betrüger. Jedermann kennt die meist erfolgreichen listigen Schneider der Grimmschen Märchensammlung. Dem „klugen Schneiderlein" gelingt es leicht, Gemahl einer von vielen begehrten Prinzessin zu werden. Der Leser solcher Märchen gönnt es den Vertretern des früher verachteten Standes, daß sie über Höhergestellte und Stärkere den Sieg davontragen. Es ist das Vorrecht der literarischen Wunderwelt, soziale Vorurteile außer Kraft zu setzen. Brentanos „Märchen vom Schneider Siebentot auf einen Schlag" (1846) ist ein Musterbeispiel dafür.

In der Epoche des Biedermeier scheinen Geschichten von sozial Minderberechtigten einen besonderen Reiz gehabt zu haben. Keller hat viele von ihnen gekannt, u. a. Hauffs „Märchen vom falschen Prinzen" (1826), Gaudys „Tagebuch eines wandernden Schneidergesellen" (1836), die Romane Captain Marryats, Freys „Das erfüllte Versprechen" (1862). Er kannte auch triviale Abarten wie die Clauren-Parodie Hauffs „Der Mann im Mond" (1826) und ernst genommene Hintertreppenprodukte. Nicht nur als Staatsbürger, auch als Schriftstellerkollege war er Demokrat, der jede ästhetische Wertskala strikte ablehnte. Selbst Marlitts Rührseligkeiten gegenüber verhielt er sich duldsam. Die Faszination durch das geheimnisvoll Fremde, der die Goldacher und sogar Nettchen verfallen, ist die banale Kehrseite der in Kellers Gesamtwerk erkennbaren, tiefgründigen Polarität Heimat und Fremde. Kellers „Abendlied an die Natur", das 1846 noch am Anfang der Gedichtsammlung stand, begann damals mit den Worten „Hüll mich in deine grünen Dekken". Die Bitte, etwas oder jemand möge gegen allzu schmerzliche Herzensqualen mütterlichen Schutz bieten, findet sich bei Keller in mannigfachen Variationen. Der mit schwarzem Samt ausgeschlagene Radmantel Strapinskis scheint mir eines der schönsten Beispiele für das Schutzbedürfnis eines empfindsamen Menschen zu sein – außerdem für die Motive des Kleidens und Verkleidens, wie sie im Gesamtwerk noch in anderen Variationen vorkommen. Dort spielt die Eitelkeit bald eine größere, bald eine kleinere Rolle. Pankraz ist stolz auf seinen Burnus, Frau Regel Amreins Jüngster wird wegen seines Verkleidungsversuches streng bestraft; Eugenias Männerkleider in der ersten der *Sieben Legenden* gelten Aquilinus als Beweis ihrer Unnatur. Strapinski steht in einer innigen und komplexen Beziehung zu seinem auffallenden Kleidungsstück. Der dunkelschwarze Radmantel verhüllt sein schwarzes Sonntagskleid. Wenzel besitzt keinen Anzug für die Arbeitstage mehr. Für ihn ist der Radmantel weit mehr als ein Kostüm und paßt sehr gut zu seinen schwarzen Haaren.

Gegen Ende der ersten Hälfte der Novelle wird für den Leser die Fragwürdigkeit des Äußeren *und* des Wesens Wenzels in der rührseligen Gartenszene offensichtlich. Weil Nettchen Wenzel als Tänzer refüsiert hat, ergreift dieser den „famosen Mantel“ und schreitet „mit wehenden Locken in einem Gartenwege auf und nieder“. (36) Dann folgen Auftritte von einer Sentimentalität, die in ihrer verspielten Ironisierung an Hauffs Clauren-Parodie erinnern:

> „Er bedeckte ihre glühenden Wangen mit seinen fein duftenden dunklen Locken und sein Mantel umschlug die schlanke, stolze, schneeweiße Gestalt des Mädchens wie mit schwarzen Adlerflügeln; es war ein wahrhaft schönes Bild, das seine Berechtigung ganz allein in sich selbst zu tragen schien.“ (37)

Eine solche Szene ist in Gogols Meisterwerk *Der Mantel* (1842), mit dem Kellers Erzählung gern verglichen wird, schlechthin unvorstellbar.

Die Verlobung Nettchens und Strapinskis soll nun rasch gefeiert werden. Am Fest trägt der Bräutigam einen „polnischen Überrock von grünem Samt, mit Schnüren besetzt und schwer mit Pelz verbrämt und gefüttert“. (39; im Entwurf war das Kleid noch schwarz [445]). Das Fest artet rasch in ein bösartiges Demaskierungsspiel aus, und die schadenfreudigen Seldwyler meinen am Ende die nackte Wahrheit mit Händen zu greifen. Das Paar sitzt „unbeweglich auf seinen Stühlen gleich einem steinernen ägyptischen Königspaar“, und man glaubt „den unabsehbaren glühenden Wüstensand zu fühlen.“ (46) So sind die Hüllen gefallen, sowohl die des poetischen Wandersmanns wie die des anfänglich mit Schmuck reichlich verzierten Nettchens.

Wenzel sucht den Tod in der Kälte der Nacht, doch Nettchen weiß ihn zu retten. Das Farbenspiel der Szene ist bemerkenswert. Nettchen sieht, wie Wenzels „dunkles Haar“ sich mit dem Schatten der Bäume vermischt, der schlanke Körper aber „deutlich im Lichte“ liegt. Und „das dunkelgrüne Sammt seines Rockes nahm sich selbst auf dem nächtlichen Schnee schön und edel aus“ (52). Nachdem ihn Nettchen wachgerüttelt, schlägt sie den Schleier zurück, und Wenzel erkennt jetzt „jeden Zug in ihrem weißen Gesicht“

(53). Adolf Muschg hat die Symbolik dieser Farben in einem bewundernswerten Kapitel seiner Monographie dargestellt.[3]

Die Todesnähe nötigt Wenzel, sich auf sich selbst und seine Vergangenheit zu besinnen. Er erzählt darum Nettchen unter anderem von seiner „Höheres" bewundernden „etwas eitlen Mutter" (58). Die Erzählung befreit ihn, denkt Sautermeister, aus den „Zwängen seiner Kindheit", und die Erinnerungsarbeit wird von ihm konsequenterweise, aber ungenau als „Beichte" bezeichnet. Keller sind Begriff und Wort ‚Beichte' fremd; der religiöse Begriff kommt in dieser Novelle überhaupt nicht und auch sonst äußerst selten vor.[4]

Das Ende der ungöttlichen Komödie ist bekannt; es ist kein Paradies nach dem Purgatorium, aber auch keine Anklage gegen die bürgerliche Gesellschaft. Wir begegnen jetzt einfach dem Alltag mit seinem Einerlei ohne den Reiz des Abenteuerlichen. Sowohl in Seldwyla wie in Goldach würde ein „ehrlich"-eitles Gebaren dem Geschäftsbetrieb schaden.

„Kleider machen Leute" war für den Verfasser in bezug auf seine Eitelkeit auch persönlich und literarisch ein Stück Erinnerungsarbeit. Aus dem privaten Problem, das er früher theoretisch glossiert hat, wurde eine geläuterte dichterische Darstellung:

In der ersten Fassung des *Grünen Heinrich* waren noch auffallend viele theoretische Erklärungen zum Thema eingestreut. Es war dem jungen Dichter offensichtlich sehr bewußt. Hier einige Belege: Der freundliche Schulmeister im Dorf hält nicht gerade viel von der modernen Malerei; sie scheint ihm „ohne inneren Kern und ein bloßes Gebaren der menschlichen Eitelkeit und Fratzenhaftigkeit zu sein". (XVII, 45) Von Heinrich Lee selbst wird diese menschliche Schwäche bald als Gift, bald als eine der schlimmsten Untugenden, bald aber, z. B. im Stolz einer Mutter auf ihren Sohn, doch auch wieder als sehr verzeihlich (XVII, 58) oder gar als schöner Zierat

---

[3] Adolf Muschg, G. K., Zürich 1977, S. 378: „Kellers Grün ist die vegetative Farbe, die alle Farben des Lebens enthält und das Leben gegenüber den Todesfarben Schwarz und Weiß vertreten kann, den Tag gegen die Nacht, den Sommer gegen den Winter."

[4] Gert Sautermeister S. 89 in seinem für die Klett-Interpretation (Anm. 2) revidierten Beitrag. Er insinuiert außerdem S. 107 (trotz des offiziellen Vorbehaltes) für den Schluß bei Keller Gesellschaftskritik: „Mit ironischem Augenzwinkern zeichnet [Keller] liebender Humanität die Grenze vor, die ihr durch den wirtschaftlichen Selbstbehauptungswillen des Privateigentümers gesetzt ist [. . .]." – Das Wortfeld ‚Beichte' kommt laut Wortindex in den „Leuten von Seldwyla" (I und II) nur viermal, im Ur-Heinrich noch seltener vor.

des Lebens beurteilt. In der zweiten Fassung des Romans hat Keller mehrere der interessanten Gedanken weggelassen oder zum mindesten gekürzt, in der Meinung, solch „subjektives, eitles Geblümsel" sei noch ein Zeichen der Unreife (an Freiligrath, 22. 9. 1950).

Im Unterschied zu Keller hatte Goethe ein geradezu ungebrochenes Verhältnis zur Eitelkeit. Neben den wenigen kritischen Äußerungen fallen die vielen positiven Bewertungen vor allem in *Dichtung und Wahrheit* auf. Im Hinblick auf die Begegnung mit Zimmermann schreibt er dort einmal, durch dessen Eitelkeit sei er nie verletzt worden, „erlaube" er sie sich doch zuweilen selber. Zusammenfassend (zu Riemer am 11. 8. 1810): „Die Eitelkeit ist ungefähr das, was beim Essen der gute Appetit ist, das Wohlschmecken, das Innewerden des Genusses. Ohne diesen frißt man sich voll wie ein Tier." Kellers Reaktionen sind komplizierter, ähnlich kompliziert wie bei seinem Vorbild Jean Paul.[5]

Nur er konnte wohl ein Werk schaffen, in dem eine harmlose Gefallsucht derart ambivalent dargestellt ist, daß die tragischen und komischen Elemente der Motivation kaum mehr auseinanderzuhalten sind. Das gilt auch für das Hauptmotiv, den Radmantel. Er führt den Inhaber beinahe ins Verderben, bringt ihm aber am Schlusse Glück.

Die Bewertungen der Gefallsucht im Ur-Heinrich sind entsprechend ambivalent. Einerseits wird im Roman die Meinung vertreten, die Eitelkeit sei „nichts anderes als die krankhafte Abirrung von sich selbst", und sie vergifte alles natürlich Entstandene wie „Mehlstaub" (beides IXX, 195). Andererseits lesen wird kurz nachher:

> „Aber die gute und schöne Eitelkeit, als die zierliche Vervollkommnung oder Abrundung unseres Wesens, indem sie alle Keimchen zum Blühen bringt, die uns brauchbar und annehmlich machen für die äußere Welt, ist zugleich der beste und feinste Richter und Regulator ihrer selbst, [...] und so veredelt sie sich von selbst zum guten Geschmack."

In der Tat hat Strapinski einen besseren Geschmack als die Goldacher und Seldwyler und ist trotz seiner niedern Abkunft edler als sie.

Er weiß zu lieben und wird auch in seinem Gefühlsleben reifer.

---

[5] Für Jean Paul hat Ulrich Profitlich die für Keller noch zu schreibende Studie über das Thema verfaßt: U. P.: Eitelkeit. Eine Untersuchung zum Romanwerk J. P., Bad Homburg v.d.H., 1969.

Wie er während seines Fluchtversuchs Nettchens Zuneigung mit eigenen Augen sieht, macht er „unwillkürlich ganze Wendung“ und kehrt „getrost“ in die Stadt zurück. Die Welt um ihn herum wird jetzt bunt und wundervoll. Lindenblätter tanzen „wie ein goldener Regen um sein verklärtes Haupt“, und der Erzähler stellt fest (wohl nicht ganz im Ernst), nun sei „der Geist in ihn gefahren“. Er wird anders, zwar noch nicht in bezug auf die angeborene Schweigsamkeit, aber doch in bezug auf seine Integration in die Gesellschaft: „Mit jedem Tage wandelte er sich, gleich einem Regenbogen, der zusehends bunter wird an der vorbrechenden Sonne. Er lernte in Stunden, in Augenblicken, was andere nicht in Jahren, da es in ihm gesteckt hatte, wie das Farbenwesen im Regentropfen.“ (33) Dieser Wendepunkt in der Handlung findet sich kurz nach der Mitte des Textes, nicht im „dritten Akt“, wie es sich für eine eigentliche Novelle gehörte, im Hinblick auf die erzählte Zeit von etwa vier Monaten allerdings ganz am Ende: kurz nach der Fastnachtepisode. Der den Wendepunkt darstellende Abschnitt wird denn auch in dem von Fränkel edierten Text (anders als in dem Bönings) richtigerweise durch eine Leerzeile von der Fortsetzung abgegrenzt.

Diese Tage erscheinen in der Novelle als besonders bunt. Die Geschichte hat im November grau in grau begonnen und endet ziemlich eintönig; das Geschäftsleben verdrängt jetzt alle Träume Strapinskis und vermutlich auch der Strapinska. Sie nehmen am Ende sogar Abschied von Seldwyla – mit seinem Gasthaus „zum Regenbogen“ – und sind jetzt ansässig in Goldach, dem Ort der Tüchtigen und „Gerechten“, die sich im Gasthaus „zur Waage“ zu versammeln pflegen.

Die Verbreitung einer Dichtung läßt sich buchhändlerisch einigermaßen erfassen, die Zahl der wirklichen Leser kaum. Und im Hinblick auf das Ansehen eines Autors in den verschiedenen Ländern können wir, gewarnt durch Fehleinschätzungen selbst kompetentester Forscher[6], nicht mehr als Vermutungen wagen.

Es braucht keine detaillierte Erklärung, warum die Wirkung von Kellers Werk von Anfang an in Deutschland ebenso groß war wie in

[6] Wolfgang Binder, Ordinarius in Zürich, schrieb 1976 in seinen höchst bemerkenswerten „Überlegungen zu G. K.s Realismus“, der Dichter werde von modernen Autoren nicht mehr geschätzt. Dies in der Stadt Max Frischs, der Keller seinen eigentlichen Vater nannte. (W. B.: Von der Freiheit und Unbescholtenheit unserer Augen. In: W. B.: Aufschlüsse. Studien zur deutschen Literatur, Zürich 1976, S. 343 u. 345.

der Schweiz. Der deutsche Flüchtling Follen ermutigte den erfolglosen Maler, politische Gedichte zu schreiben. Die Beziehung zum deutschen Reich wurde nach Kellers Aufenthalt in Heidelberg und Berlin noch enger; seine Verleger waren Deutsche. Später wurden seine Hauptwerke in aller Welt übersetzt. Besonders interessant ist dabei das hohe Ansehen, das sie in kommunistischen Staaten und bei einem marxistisch gesinnten Kritiker wie Lukács gewannen. Seine gestrige und heutige Weltgeltung stehen außer jedem Zweifel (obgleich ihn Stefan George in seiner Anthologie „Das Jahrhundert Goethes" ostentativ überging und Ludwig Hohl ihn verächtlich als typisch schweizerisch-mittelmäßig beurteilte). Die *Geschichte* seines Ansehens im allgemeinen und unserer Novelle im besonderen dagegen ist schwerer zu erfassen.

Schon früh wurden mehrere seiner Gedichte von bedeutenden Komponisten wie Baumgartner, Brahms, Schönberg und Schoeck vertont. 1910 ist an der Wiener Volksoper Alexander Zemlinskys musikalische Komödie „Kleider machen Leute" uraufgeführt worden. Dieses Werk gilt zwar nicht als bestes des seinerzeit berühmten Schönberg-Schülers, wird aber hie und da noch heute aufgeführt. Daneben gibt es verschiedene Dramatisierungen der Novelle ohne bleibenden Wert, außerdem wohl nur eine einzige Hörspielfassung.[7] In der Reihe der meist mittelmäßigen Verfilmungen von Kellers Novellen fallen diejenigen von „Kleider machen Leute" weder im positiven, noch negativen Sinne auf. Hans Steinhoff, der spätere Starregisseur des NS-Regimes, brachte den Stoff 1921 als erster auf die Leinwand. 1940 folgte Helmut Käutner (Buch und Regie). Auch hier fehlten naturgemäß die nur in der Leser-Text-Beziehung evozierbaren Werte.

Sind solche Adaptionen Beweise der Popularität? Und ist das Vorkommen der Novelle in zahlreichen Anthologien und Schulbüchern, sind außerdem die zahlreichen Studien zum Werk Beweise für eine große Leserschaft, wie beispielsweise Erhard Friedrichsmeyer 1967 in seinem Aufsatz meinte? Oder darf etwa die Verwendung der Dichtung im Frühjahr 1984 für die Werbung eines Zürcher Kleidergeschäfts als Zeichen der Popularität gesehen werden?

[7] Das vermutlich einzige Hörspiel stammt von G. Ohlisschlaeger. Auch von den übrigen Werken Kellers sind – ganz im Gegensatz zu seinem Zeitgenossen Gotthelf – kaum Hörspielfassungen ausfindig zu machen. Sträflich vereinfacht: Gotthelf ist auch Blinden zugänglich, Keller nicht. Den Hinweis auf Ohlisschlaegers Hörspiel, das am 31. Mai 1932 vom deutschen Südfunk gesendet wurde, verdanke ich dem Deutschen Rundfunkarchiv in Frankfurt.

Man kann sich nicht genug gegen ein solches in philologisch orientierten Kreisen verbreitetes Mißverständnis wehren – ist doch schon Kafka als populärer Schriftsteller charakterisiert worden.[8]

War die Novelle im Erscheinungsjahr populär? Verbreitung und Ansehen des zweiten Bandes der *Leute von Seldwyla* waren zwar nachgewiesenermaßen größer als beim ersten Band, von dem – so Steinecke im Vorwort zu den erwähnten Interpretationen – nach 20 Jahren noch kaum 500 Exemplare abgesetzt worden waren. Verkaufsziffern bedeuten aber nicht alles. So wenig wie die Anzahl von Abhandlungen über ein Werk. Der Zweifel besteht zu recht, ob „Kleider machen Leute" außerhalb des Schulbetriebs und der Seminare für Germanisten so gern gelesen wird wie anderswo.

Zum Schluß ein Hinweis auf eine Vorbemerkung Adolf Muschgs in seiner weitverbreiteten Monographie, einem Werk, das in der Mitte zwischen den Bemühungen von Philologen wie Ermatinger, von Wiese, Preisendanz, Lukács und der Dankbarkeit von Dichtern wie Frisch, Muschg, Handke, in der Mitte auch zwischen einem (zwar geleugneten) Aktualisierungsversuch und historischer Akribie steht. Muschg fordert uns in seiner Bemerkung auf, mit Hilfe des „berühmten", aber „nicht mehr bekannten" Dichters den Anspruch des freiheitlich gesinnten 19. Jahrhunderts auf unsere Gegenwart einzulösen. Diese Forderung gilt meines Erachtens auch für unsere Beziehung zur Novelle „Kleider Machen Leute".

[8] So z. B. Horst Steinmetz im illustren Kreis eines Konstanzer Kolloquiums 11. 5. 1983 (in der Reihe Musil, Joyce, Proust, Brecht u. a. sei Kafka der „einzig populäre". Klärend dagegen der Vortrag Hermann Bausingers in der Frühjahrssitzung der Deutschen Akademie für Sprache und Dichtung 1985 „Die Mühen der Einfachheit" (im betreffenden Jahrbuch S. 13–36). – Das elegante Zürcher Kleidergeschäft Fein-Kaller konnte sich unter dem Motto „Statt Werbung Unterhaltung für Sie" den Abdruck der Novelle (als kostspielige Reklame) im Zürcher Tages-Anzeiger vom 22. 3.–3. 5. 1984 sicher leisten.

Eda Sagarra

Die unerhörte Gewöhnlichkeit
Theodor Fontane: *Unterm Birnbaum* (1885)

*Unterm Birnbaum** gehört, zusammen mit Schillers *Der Verbrecher aus verlorener Ehre* (1786), Droste-Hülshoffs *Die Judenbuche* (1842) und Kurz' *Der Sonnenwirt* (1855), zu den klassischen Kriminalgeschichten der deutschen Literatur. Die Novelle entstand in den Jahren 1884-5 (die ersten Notizen gehen auf 1883 zurück) und zwar als Auftragsarbeit für *Die Gartenlaube*. Diese erfolgreichste deutsche Familienzeitschrift, gegründet 1853, suchte etwa seit der Reichsgründung ihre Leserschaft nicht mehr wie früher ausschließlich in bildungsbürgerlichen Kreisen, sondern warb erfolgreich um ein Massenpublikum. Beiden hoffte Fontane zu genügen, indem er einen lokalen ‚Fall', die Geschichte eines Mordes, der sich im Oderbruch zugetragen hatte, zum einen mit melodramatischen und skurrilen Zügen ausstattete und mit einer Schauerszene beendete, zum anderen die Erzählung in einer anspruchsvollen und sehr kunstbewußten Weise gestaltete. Weit davon entfernt, einer Massenzeitschrift seine Mitarbeit nur mit Widerwillen zu versprechen, fühlte sich Fontane durch das hohe Honorar und die Verbindlichkeit des Verlegers Adolf Kröner in seinem künstlerischen Selbstgefühl bestätigt. „Aus der Schüssel, aus der 300 000 Deutsche essen", wie er einige Jahre später (15. November 1889) an die Redaktion schrieb, „ess' ich ruhig mit".

Fontane verweist auf die positive Entwicklung des literarischen Marktes im Deutschland jener Zeit, zumal in den Metropolen Berlin und Leipzig, die nun auch einem wenig erfolgreichen freien Schriftsteller wie Fontane echte Berufschancen gewährte. Der Vorabdruck seiner Novelle in der Gartenlaube erfolgte Ende August und September 1885; zwei Monate später erschien die Buchausgabe in einer der populären Sammelreihen der Zeit, nämlich als Band 23 der „Groteschen Sammlung von Werken zeitgenös-

* Der zitierte Text ist dem 4. Band der von Peter Goldammer herausgegebenen Sammlung *Romane und Erzählungen* (Berlin u. Weimar 1973) entnommen.

sischer Schriftsteller", die auch Wilhelm Raabe zu ihren Autoren zählte. „Werd' ich in diesem Zeichen siegen?" fragte Fontane im Herbst 1885. Wenig später folgte die lakonische Antwort: „Absatz womöglich noch schlechter als bei Hertz" (einem früheren Verleger). Trotz einer glänzenden Rezension seines Amtskollegen Ludwig Pietsch in der *Voßischen Zeitung* und einer sehr einsichtigen von dem späteren Burgtheaterdirektor Paul Schlenther im Jahr 1889 zu Fontanes 70. Geburtstag, ebenfalls dort, blieb der ersehnte Erfolg aus. Zu Lebzeiten des Autors wurden nur etliche Hunderte Exemplare abgesetzt. In unserem Jahrhundert ist die Novelle *Unterm Birnbaum* zwar zu einem beliebten Schulbuchtext geworden; ihre künstlerische Leistung jedoch haben, im Unterschied zu anderen Erzählwerken des Autors, nur noch relativ wenige Forscher erkannt und gewürdigt.[1]

„Finden nicht Erfinden": dieser von den bürgerlichen Realisten und speziell von Fontane selber beherzigte Spruch trifft auch in besonderer Weise für die Novelle *Unterm Birnbaum* zu. Der Ort der Handlung, das Dorf Tschechin, das in der Novelle mit großer Exaktheit in der Angabe von topographischen und architektonischen Details wiedergegeben wird, hat weitgehend sein Vorbild im Dorf Letschin in dem von Friedrich II von Preußen mit böhmischen Familien besiedelten Oderbruch. Hier hatte 1838 Fontanes Vater – dem Hradscheck manchen Charakterzug verdankt! – die Apotheke übernommen, die er bis zum Jahr 1850 hielt, um sie dann an seinen Schwiegersohn Sommerfeldt zu verkaufen. Fontane lebte zeitweise in den vierziger Jahren in Letschin und hielt sich bis 1862 mehrmals dort als Gast des Vaters bzw. Schwagers auf. 1842 wurde die 1836 begangene Ermordung eines Handelsreisenden aufgedeckt; der vermeintliche Täter war der dortige Gastwirt, welcher zwar des Mordes nie überführt, dennoch sein Gasthaus und seine Frau, seine vermutliche Komplizin, verlor und einen elenden Tod fand. Die verschiedenen Persönlichkeiten des Dorfes Letschin in den dreißiger Jahren, die reichen Bauern, der Pfarrer etc., erleben in der Novelle Fontanes eine fiktive Auferstehung, gelegentlich nur bei leichter Namensänderung – Eccelius anstelle von Eccius. Fontane hat ‚seinen' Mord um fünf Jahre zurückverlegt, von 1836 auf 1831, um die Handlung in den zeitpolitischen Kontext des Revolutionsjahrs 1830–1 zu stellen, das ihm und seiner Generation von herausragender Bedeutung und langanhaltender Nachwirkung er-

[1] Vor allem Müller-Seidel, Voss und Friedrich.

schien, und dem Mordplan, in dem es um wenig verantwortungsbewußte Ausübung von Autorität durch Vertrauenspersonen und die Wirkung auf das ‚Volk' geht, politische und moralische Signifikanz verleiht.[2]

In Fontanes Novelle geht es vorrangig um die Psychologie des Mörders und die Verankerung der Mordtat im Kontext der Zeit und der Gemeinde, nicht wie sonst üblich um die Entdeckung des Täters. *Unterm Birnbaum* ist die Geschichte vom Gastwirt böhmischer Herkunft Abel Hradscheck, der eine Liebesheirat mit einer von ihrem Vater verstoßenen, angeblich ehemaligen Schauspielerin eingeht und Anfang der zwanziger Jahre nach Tschechin zieht. Beide sind zu Beginn der Erzählung um die vierzig Jahre alt, ein „hübsches Paar". Sie soll eine Schönheit gewesen sein; von seinem Aussehen wissen wir so gut wie nichts. Das Dorf, in dem sie leben, ist „groß und reich". Wohlhabend hätten Hradschecks auch sein können, wären nicht die schlampig geführte Wirtschaft, neben dem Hang des Wirtes, zu spielen und zu trinken, und die kostspieligen Allüren seiner Frau gewesen.

Die Handlung setzt damit ein, daß der tiefverschuldete Wirt aus Krakau die Aufforderung seiner Weinfirma erhält, seine lang ausstehende Schuld zu begleichen, zusammen mit der Nachricht, daß ihr Angestellter, Handlungsreisender Szulski, sie demnächst einkassieren kommen werde. Plötzlich vor den Bankrott gestellt, sucht Hradscheck verzweifelt nach einem Ausweg. Während er im Garten gräbt, stößt er auf die Leiche eines begrabenen Soldaten und kommt auf den Gedanken, einen Raubmord an Szulski zu verüben. Hier, wie sonst in dieser kunstvoll gefügten Novelle, werden innere Vorgänge und die sich unmittelbar anschließende Handlung ins Szenische umgesetzt. Der Leser muß gedanklich mitvollziehen, was zwischen den Zeilen steht, wie zum Beispiel Hradscheck seine Frau, die eine fast existentielle Angst vor Armut und Schande hat, zur Mittäterschaft geradezu erpreßt. Um seinen Plan ausführen zu können, täuscht Hradscheck dem Dorf eine Erbschaft vor und bezahlt Szulski in aller Öffentlichkeit in seiner Weinstube mit den Feuerversicherungsgeldern und einem kleinen Wechsel. Dann zecht er mit seinem Opfer und den Dorfhonoratioren bis Mitter-

[2] Vgl. z. B. die Anspielungen auf die verräterische Rolle des polnischen Adels im Aufstand im 5. Kapitel (230 f.), oder auf Louis Philippe und den Zaren Nikolaus I. im 13. Kapitel (271 f.) als zwei einander entgegengesetzte ‚Modelle' für die politische Zukunft Deutschlands.

nacht, mordet den Weinreisenden im Schlaf und begräbt den Leichnam im Keller. Seine Frau, verkleidet als Szulski, fährt die Kutsche samt Pferd in die Oder. Hradscheck, der gleich voraussieht, daß der Verdacht auf ihn fallen wird, wird festgenommen, kann sich jedoch geschickt herausreden. Die Frau hingegen, wie Lady Macbeth, getrieben von Angst- und Schuldgefühlen schlaflos durchs Haus irrend, härmt sich ab und stirbt. Nach kurzer Trauer entwickelt sich Hradscheck zum ‚lustigen Witwer', besucht Berlin, wo er eine passende Braut findet, und scheint auf dem Weg zum Glück zu sein, als Gerüchte vom Spuk in seinem Keller ihn dazu bewegen, die Leiche fortzuschaffen. Beim Ausgraben rührt ihn der Schlag. Das Schlußwort bildet der vom Pfarrer ins Kirchenbuch eingetragene Spruch: „Es ist nichts so fein gesponnen, 's kommt doch alles an die Sonnen", der ursprünglich als Titel vorgesehen war. Zwar paßt er vorzüglich als Abschluß in die Spalten der *Gartenlaube*, ein Fazit der Novelle ist er jedoch kaum.

Bei der Novelle handelt es sich um eine Mordgeschichte, in der der Leser trotz verschleiernder Berichterstattung sehr bald über den Mordvorgang im klaren ist. Die Mitspieler in der Geschichte erinnern an die Figuren in einer Typenkomödie. So haben wir in Hradscheck den typisch betrügerischen und geldgierigen Wirt, stets hellhörig für Anzüglichkeiten, während seine beschränkten Diener, Jakob und Ede, und die kesse Magd Male zum festen Bestand des deutschen Lustspiels gehören. So auch der hektische Amtsrat und sein Kollege, der Justizrat mit dem sprechenden Namen: Vowinkel (Winkeladvokat!), dem es[3] offensichtlich an den für sein Amt so nötigen Menschenkenntnissen fehlt. Den gleichen Mangel zeigt in verschärfter Form sein „Logenbruder", der Dorfpfarrer Eccelius. Für ihn ist die Seelenzahl seiner Gemeinde viel wesentlicher als ihr Seelenheil. Und der im Grunde weltliche Eccelius mit dem Alabasterkreuz im Studierzimmer ist es, der sowohl in der Predigt, in der er das Ehepaar im Dorf rehabilitieren will, wie überhaupt in seiner Amtsausführung auf die falsche Fährte gerät. Auch seine Bibelsprüche werden durchgehend ironisiert – ihre Aussage, sieht man genauer hin, widerspricht jedesmal der tatsächlichen Lage. Zusammen mit den anderen Dorfhonoratioren sind

---

[3] Siehe etwa die Stelle im 9. Kapitel, wo Vowinkel sich brüstet, Hradschecks wahre Fähigkeiten erkannt zu haben: „ein durchaus netter Kerl, weit über seinen Stand hinaus, und Du wirst Dich entsinnen, daß er letzten Winter sogar im Vorschlag war, und zwar auf meinen speziellen Antrag".

beide, Eccelius wie Vowinkel, dafür verantwortlich, daß Hradschecks Schuld nicht aufgedeckt wird. Hier erweist sich der spöttisch entlarvende Volksmund als zuverlässiger. Nach bester Lustspielmanier wird die Dorfobrigkeit durch die Hauptfigur hinters Licht geführt; ihre Vertreter wären in einer Krähwinkeliade von Kotzebue durchaus am Platz. Schulze Woytasch, Kunicke, Mietzel und Quaas vertreten mit ihren Namen und in ihrem Tun die durch die Ständeklausel der alten Komödie tradierte Beschränktheit der Bauern in der Literatur. Müller Quaas mit seiner Frau, genannt ‚Kätzchen‘, vertritt auch noch dazu eine der ältesten Chargen der *commedia dell' arte*: den alten Mann mit der jungen Frau, die ihn ständig mit jüngeren Liebhabern betrügt. Auch der Dorfpoet fehlt nicht, kein romantischer Dichter zwar, sondern ein gewiefter Tunichtgut und Kantorssohn, der schlechte Liebeslieder auf die Dorfschöne und Spottverse auf den Mörder verfaßt.

Und erst recht auf der unteren Ebene der dörflichen Hierarchie haben wir es mit traditionellen Lustspielfiguren zu tun, so dem rachsüchtigen Saufaus, Gendarm Geelhaar, oder dem beschränkten Nachtwächter, der im ‚Stück‘ richtig sieht (Frau Hradscheck am Frühmorgen des Mordtags mit einer Pferdedecke über dem Kopf), aber zu dumm ist, um sich durchzusetzen, oder aber dem urgemütlichen und standesstolzen Totengräber mit dem skurrilen Namen Wonnekamp. Und skurril ist auch das öffentliche Benehmen dieser Leute. Die Suche nach dem vermißten Szulski am Morgen nach dem Mord wird im achten Kapitel von den Beteiligten mit Lachen und Kurzweil begleitet: „Es war der Kunickesche Trupp, der so plauderte, ganz wie bei Dachsgraben und Hühnerjagd“ (242). Szulskis Schicksal wird bald zu einer Dorfanekdote, die man abends in der Weinstube wieder einmal zum besten gibt, genau so wie der blutige Aufstand im benachbarten Polen in Szulskis einstiger Darstellung Anlaß für den Erzähler war, sich selbst zu profilieren. Wie später in Hradschecks Stammtischanekdoten dienen Menschenschicksale nur noch als wohlfeile Unterhaltung. Die unterschwellige Bedrohung, die den humoristischen Erzählton gelegentlich durchbricht, wird ebenfalls szenisch vermittelt – wie in den Hinweisen auf den ‚Spuk‘ oder der zweifachen Erwähnung des schicksalshaften Vogels, des „Weihs“, und vor allem in Dialogpartien mit der „Dorfhexe“, der Witwe Jeschke, Hradschecks Gegenspielerin. Lustspielhafte Züge herrschen zunächst vor, ist ihr doch das Rollenfach ‚komische Alte‘ auf den Leib geschrieben, während ihre junge Verwandte Line sich in der Rolle der schnippischen

Jungfer gefällt. Die Sprechweise der Jeschke, wie überhaupt in der Novelle der Dialekt, hat neben der Funktion im späten Realismus wie im Naturalismus als ‚Authentizität' stiftendes Element eine bewußt humoristische Wirkung. Und schließlich wird die Komödie auch direkt in die Geschichte einbezogen durch Hradschecks häufige Berliner Theaterbesuche im zweiten Teil der Novelle und sein Komödienspiel als Moritatenerzähler und Tausendsassa in der dörflichen Weinstube. Ja, sein ganzes geschickt ausgeklügeltes und inszeniertes ‚Spiel' von Mord und Betrug könnte als ‚Komödie' gelten, eine Komödie am Ende vom betrogenen Betrüger.

Die Novelle ist Kriminalgeschichte und Sittenstück zugleich. Das Komödienhafte in der Erzählung, von der Fontane in einem Brief vom 16. November 1885 an Georg Friedländer meinte, daß es darin überhaupt „keine schöne, herzerquickliche Gestalt" gäbe, dient der Satire. Zielscheibe der Satire ist nicht in erster Linie ein politisches oder ein soziales System (etwa die friderizianische Dorfverwaltung), sondern die Menschen schlechthin, die in der Sicht der Realisten im Dorf nicht wesentlich anders denken, empfinden oder handeln, als die Menschen in der Stadt. Damit ist das Verständnis von *Unterm Birnbaum* als einer Art *Dorfmacbeth* durchaus zutreffend (s. Voss, 200–213). Daß Erzählerbericht und Dialogführung, speziell vor und nach dem Mord, am Vorabend von Hradschecks eigenem Tod und unmittelbar darauf, so humoristisch gehalten werden, soll vielleicht den Leser vor dem Verzweifeln an der Menschheit in einem Werk schützen, von dem Müller-Seidel behauptet, es sei „eine der trostlosesten Erzählungen, die Fontane je geschrieben" (223).

Nur eine Gestalt in der Novelle hat nichts Lustspielhaftes an sich, es sei denn als Objekt, an dem sich der Frauenneid entzündet, oder an ihren Allüren, besser sein zu wollen als die Nachbarinnen: Frau Ursel, mit ihren toten Kindern, deren Platz sie durch materielle Schätze zu ersetzen sucht. Hradschecks Frau, Komplizin des Mörders, wie wir nicht vergessen dürfen, wächst, ganz anders als ihr Mann, nach der Bluttat zur tragischen Figur heran. Die Katholikin stammt aus dem mittelalterlichen Kulturzentrum und Bischofssitz Hildesheim; ihr Vorname[4] erinnert an die große deutsche Märtyrerin. Ihr Katholischsein, ein nicht unwichtiges Motiv in Fontanes Erzählwerk, ist von wesentlicher Bedeutung für die Interpretation

[4] Fontane hat das Ursulamotiv auch komisch verwertet, wie in der anzüglichen Anekdote vom Prinz August im 19. Kapitel vom *Stechlin*.

des Werkes. Nicht so sehr wegen der viel kommentierten Geschichte ihres Übertritts, der ihr zunächst die Freundschaft und Protektion des Dorfpfarrers sichert, sondern durch seinen Aussagewert für die Thematik: Schuld, Strafe, Sühne, Gerechtigkeit. Die Schuldfrage spielt keine Rolle in Hradschecks Geschichte. Ursel hingegen erkennt von vornherein ihre Schuld, sucht vergeblich in ihrer ‚neuen' Kirche nach Geständnis, Sühne, Vergebung – und geht daran zugrunde. Auf ihrem Sterbebett in der Angst vor dem göttlichen Gericht klammert sie sich, die angeblich ohne Glauben ist, nach wie vor an die für den lutherischen Glauben so unakzeptable ‚katholsche' Vorstellung der Fürsprache bei Gott, an die Macht der ‚guten Werke': „. . . Und was aufschließt, das ist der Glaube. Den hab ich nicht . . . Aber ist noch ein andres, das aufschließt[5], das sind die guten Werke . . . Hörst du . . . " (14, 280). Deswegen will sie im katholischen Krakau die Seelenmessen lesen lassen. Weil ihr Mann aus Angst vor der Öffentlichkeit ihren letzten Willen mißachtet und statt dessen das Prunkkreuz stiftet, das ihm die Achtung von Pfarrer und Dorfbewohnern einbringt, aber innerhalb eines halben Jahres vom „höchst unfrommen" Volk ausgerissen werden soll, unterstreicht, wie Hradscheck und das Dorf die göttliche Gerechtigkeit herausfordern. Der Erzähler identifiziert sich keineswegs mit Ursel. Der Autor aber zollt dem katholischen Empfinden Anerkennung in bezug auf Schuld, Bekenntnis und Gnade, als etwas, das dem Menschen in der Not sinnvoll und gemäß ist. Hier, wie auch in *Effi Briest*, in der Gegenüberstellung der prinzipiengerechten Johanna und der moralisch schwachen, beschränkten aber liebevollen Magdalenagestalt, Roswitha, sind seine Sympathien offensichtlich bei den Katholiken. „Die Katholschen", sagt Kunicke gönnerhaft im 13. Kapitel, „bei Lichte besehen, sind auch Christen." (268).

Die Gestalt der Ursel Hradscheck dient dazu, die Komplexe schwarze und weiße Magie, Un- bzw. Aberglauben und Glauben, menschliche Gerechtigkeit und göttliche Gerechtigkeit einander gegenüberzustellen. Sie ist es, die im zweiten Kapitel anläßlich von Hradschecks Lotterie-Fetischismus das prophetische Wort von den sieben Teufeln („der Teufel und seine Sippschaft") fallen läßt,

---

5 Das Wort von dem Himmel aufschließenden Glauben kommt an Schlüsselstellen im Briefwerk Fontanes vor, wo von einem für sein Empfinden echten Christen die Rede ist.

(209), die nach dem Bibelwort das unbewohnte Haus beziehen. Das Wort von Ursel auf ihrem Sterbebett, „die Toten stehen wieder auf", über das Hradscheck so „heftig erschrak" (14, 281), wirkt zusammen mit den Sticheleien der ‚Hexe' als Vertreterin der ‚schwarzen Magie', an die Hradscheck halb glaubt, und stürzen ihn ins Verderben. Denn das Wort wirkt bei dem schon als „beständig zwischen Aber- und Unglauben hin und her schwankend" (2, 209) Charakterisierten nach, dessen lebhafte Phantasie von „unheimlich verzerrte(n) Gestalten . . . so faßbar und leibhaftig" (212) bedrängt wird, so daß zum Schluß der sonst so klug Berechnende, teils aus Angst vor einer erneuten polizeilichen Untersuchung, teils in der Vorstellung, daß es wirklich in seinem Keller „grapsche", sich in abergläubischen Wahn verstrickt, die längst verborgene Leiche müsse „unsichtbar" gemacht werden. So greift ‚die Magie' in das Leben des moralisch labilen Menschen Hradscheck ein und fordert ihn zu Handlungen heraus.

Ursels Todeskampf vollzieht sich am Michaelistag, an dem das denkwürdige letzte Gespräch zwischen ihr und ihrem Mann stattfindet. Michaeli – an dem das Paar zwölf Jahre zuvor ins Dorf gekommen war, war bekanntlich Quartaltag, Tag des Wohnungswechsels, der Anwerbung von Dienstboten und Landarbeitern. Michael, Schutzpatron der Deutschen, ist aber auch der rächende ‚Arm Gottes', jener Erzengel der Gerechtigkeit, der die Befehle des Allmächtigen ausführt. Ursel stirbt frühmorgens nach dem Michaelistag. Die zweifache Erwähnung des Erzengels durch den in der christlichen Ikonographie bewanderten Fontane geschieht sicherlich nicht von ungefähr.

Neben dem drei Jahre zuvor erschienenen *Schach von Wuthenow* bedeutet *Unterm Birnbaum* einen neuen Einschnitt in Fontanes erzähltechnischer Entwicklung. Man hat von der balladesken Struktur seiner Kriminalgeschichte gesprochen, und tatsächlich entsprechen die aneinandergereihten Szenen der Novelle der strophischen Folge einer Ballade, bis zur plötzlich einbrechenden Schauerszene am Ende. Fontanes Kriminalnovelle zeichnet sich zunächst durch ihre auch für einen bürgerlichen Realisten ungewöhnliche Genauigkeit und Detailliertheit in der Wiedergabe von Zeit und Raum aus. Chronikartig markiert der Erzähler Monat, Kirchenfest oder Jahreszeit. Ein neues Kapitel oder ein neuer Paragraph setzt oft mit einer präzisen Zeitangabe ein: „Die Verhaftung Hradschecks erfolgte zehn Tage vor Weihnachten", oder „Das war in der Nacht von Sonnabend auf Sonntag gewesen, den letzten Tag im September“, wobei auch der aufmerksamste Leser manchmal erst hinterher merkt, daß Wichtiges verschwiegen worden ist. Die erzählte Zeit erstreckt sich über genau zwei Jahre, von Oktober 1831 bis Oktober 1833. Anfang Oktober 1831 erreicht Hradscheck die Aufforderung der Krakauer Firma, Ende November erscheint Szulski in Tschechin und wird ermordet. Kurz vor Weihnachten wird Hradscheck verhaftet, im Januar wieder freigelassen. Im März beschließt er den Ausbau seines Hauses mit dem Ertrag aus seinem Raubmord. Damit wird im April begonnen; die Arbeit wird im August fertig. Doch schon „im Johanni (= 24. Juni) wußte ganz Tschechin, daß die Frau Hradscheck es lange nicht mehr machen werde“ (14, 277); sie stirbt frühmorgens nach dem Fest Michaeli und wird am 3. Oktober begraben. Ende Oktober findet zwischen Eccelius und Hradscheck das Gespräch über das Kreuz auf ihrem Grab statt; im März 1833 steht es schon. Aber wie lange noch? Sechs Monate später stirbt Hradscheck. Er findet sein Begräbnis „um die neunte Stunde“, ebenfalls an einem 3. Oktober, unter dem Schutt und den Brennesseln an einer Ecke des Kirchhofs, wie einst sein Opfer Szulski, mehr verscharrt als begraben.

Von der ersten Seite an wird der Leser mit dem Tatort exakt vertraut gemacht, mit dem genauen Verhältnis zwischen Haus und Birnbaumgarten, zwischen Gasthof und Nachbarwohnung der Witwe Jeschke, zwischen den Räumlichkeiten im Gasthof selber. Freilich weiß der versierte Fontaneleser, daß die berühmten ersten Abschnitte erst im nachhinein ihre Geheimnisse voll freigeben. Doch schon bei der ersten Lektüre fällt die schlampige Wirtschaftsführung bei der Beschreibung der mageren Schimmel und der schlecht zugebundenen, dazu noch rissigen Säcke auf. Von seinem Standort auf dem Dorfplatz vor dem Gasthof ‚sieht‘ der Leser die Szene, als stünde er vor einem niederländischen Genrebild aus dem 17. Jahrhundert, wird aber gleichzeitig auf die Verhältnisse innerhalb des Hradscheckschen Haushalts aufmerksam gemacht. So sieht er im Vordergrund auf der rechten Seite des Vorflurs die Stufe, die zum ‚herrschaftlichen‘ Wohnzimmer der Frau Hradscheck führt, die sich vom Geschäft, wo sich das Dorf trifft, deutlich distanziert. Das „große, fast die halbe Wand einnehmende Fenster“ auf der linken Seite erlaubt dem Leser, wie im Guckkasten, den Blick in den Laden. Der Hinterflur hingegen mit seinen schweren Ölfässern, die durch einen Keil festgehalten werden, und die Falltür, die in den Keller führt, gehören zum Geschäft. Die Erwähnung der Falltür und des „sorglich vorgelegten Keils“ an dieser Stelle hat vorausdeutende Funktion. Ohne daß die szenische Ebene verlassen wird, wird sozusagen das innere Auge des Lesers auf den symbolhaften Charakter der Gegenstände gelenkt. Er ‚sieht' sie, weil gerade an dieser Stelle, wie in der Tiefendimension eines niederländischen Gemäldes, ein Lichtschein von hinten, vom Garten her, sie erleuchtet.

Hradschecks Opfer wird im Dachstuhl ermordet und im Keller verscharrt. Die räumliche Dimension wird schon bei der ersten Beschreibung des Gasthofinneren durch den strukturbildenden Gegensatz von Dunkelheit bzw. Nacht und Licht bzw. Sonne oder Tageslicht ausgedrückt. In der Nacht wird der Mord verübt, die Leiche ein- und ausgegraben, Ursel stirbt in der Nacht, während bei Licht der Prozeß der Aufdeckung – nach vielen ‚blinden' Versuchen – sich vollzieht. So berichtet zum Schluß der Erzähler, wie „Kunicke, mit einem Licht in der Hand, von oben her in den Keller hineinleuchtet" (20, 307), und die Novelle schließt mit der Spruchweisheit: „ 's kommt doch alles an die Sonnen" (310). Dieser Gegenüberstellung entspricht in der räumlichen Dimension die Konstellation von Dachstuhl und Keller, von oben und unten, Paradies und Unterwelt, im übertragenen Sinn göttliche und irdische Gerechtigkeit, die die ganze Novelle durchzieht.

Der perspektivische Blick des Genremalers wird übersetzt in das perspektivische Erzählen des Handlungsablaufes. Fast bei jedem neuen Kapitel ‚sieht' der Leser den Gang der Ereignisse durch die Augen einer Gestalt in der Novelle oder beobachtet eine Szene von deren Standpunkt aus. So zum Beispiel aus der Sicht von Hradschecks Gegenspielerin, Mutter Jeschke, in der Sturmnacht im sechsten, dem ‚Mordkapitel', als sie ihm in seinem Garten nachspioniert. In bekannter Fontanescher Manier wird oft aus einer Nebenfigur, wie etwa dem „topfkuckrigen Schneidigel" bei der Rückkehr Hraschecks aus der Untersuchungshaft im elften Kapitel oder im Fall von Hradschecks Jakob im siebten, ein Hauptzeuge. In diesem letztgenannten, knapp über zwei Seiten langen Kapitel scheinen wir förmlich hinter dem Knecht zu stehen, ihn beobachtend, wie er um vier in der Früh die Stufe zur Dachstube hinaufsteigt, um den Reisenden zu wecken, vergeblich durchs Schlüsselloch guckt, und dann wieder zur Küchenmagd hinab und in den Hof geht, während in seinem „dußligen" Kopf die ersten Anzeichen des Argwohns erwachen. Zum Schluß dieses Kapitels wechselt der Standort wieder zu Hradscheck hin, als der „dem auf dem schlechten Wege langsam sich fortbewegenden Fuhrwerk eine Weile nach-

(sieht)“ (238). Mit Recht, denn er muß jetzt die Initiative wieder in die Hand nehmen, und er tut es auch, indem er in den letzten Zeilen des Kapitels in dem kunstvollen, halb hochdeutsch halb im niederdeutschen Dialekt geführten Dialog den Verdacht seines Knechtes geschickt zerstreut.

Einmal gewinnt der Leser einen plastischen Eindruck von einer Szene und somit der Sozialstruktur des Dorfes aus der Vogelperspektive, so wenn Hradscheck aus der Haft entlassen wird, um der Ausgrabung im Birnbaumgarten beizuwohnen. Man blickt auf den Halbkreis der Schaulustigen hinab. Vorne steht die Obrigkeit, zu der Hradscheck doch so gern gehören möchte, hinter ihr das gemeine Volk, ganz hinten die Schulkinder in ihren klappernden Pantinen. Die Perspektiven wechseln ständig, wie auch die Stilmittel. An wichtigen Stellen tritt der allwissende Erzähler zurück. An seine Stelle tritt die erlebte Rede: „Und das war alles sein! Aber wie lange noch?“. Das Mißtrauen der Dorfbewohner, durch Gerüchte geschürt, nimmt Gestalt in einem Spottvers des Kantorssohns an. Anekdoten, erzählt vor einem Publikum von Zechbrüdern in Hradschecks Weinstube, wie etwa die von den Seiltänzern im vorletzten Kapitel, tragen dazu bei, den Verdacht vom Erzähler und Mörder abzulenken. Vorausdeutenden Charakter haben die niederdeutschen orakelhaften Sprüche im Munde der Jeschke und ihrer Gesprächspartner. Zusätzliche, wichtige Informationen über die Hauptpersonen werden, wie sonst oft in Fontanes Erzählwerk, erst im Verlauf der Handlung und durch Briefe vermittelt. So hören wir nicht nur von der Vergangenheit Hradschecks und seiner Frau in Vowinkels Brief an seinen „Logenbruder“, sondern in uns wird darüber hinaus der Verdacht geweckt, daß Hradschecks ehemalige, dann unbequem gewordene Geliebte Rese vielleicht gar durch seine Hand ‚aus dem Weg geschafft‘ worden sei. Lieselotte Voss hat in ihrer klugen Analyse der Novelle auf die Rolle des literarischen Vorbilds Macbeth aufmerksam gemacht, darauf, daß es für Fontane „ gewisse Modelle des Handelns, Denkens, Fühlens gibt, die sich immer wieder wiederholen“ (200). „Verblüffend“ sei dabei „die Übereinstimmung der Handlung beider Werke in zahlreichen Details“ (208), so etwa der Verrat am Gastfreund, die Sturmnacht, als der Mord begangen wird, die blutigen Unruhen und zum Schluß noch die Einwirkung der Hexe(n) auf die Phantasie des Mörderpaars.

Novellistisch ist schließlich Fontanes Kriminalgeschichte in der ‚unerhörten‘ Gewöhnlichkeit ihres Protagonisten. Der Mörder mit der „weißen, fleischigen Hand“ und den alltäglichen Schwächen (Wein, Weib und Gesang) ist ein braver Ehemann, wenn es darauf ankommt, und ein guter Gesellschafter. Der zuvor schlampige Wirt entwickelt ungeahnte Fähigkeiten des Planens, der Ausführung, der Manipulierung von Menschen und Behörden, wenn es um die eigene Haut geht. Novellistisch ist aber vor allem die Art, in der die Geschichte erzählt wird, wobei, wie ja immer bei Fontane, von den eigentlich ‚dramatischen‘ Ereignissen nur indirekt berichtet wird, während die hohe und so variationsreiche Kunst des Erzählens dem Empfinden, Denken und Handeln der Menschen gilt, und der Konfrontation des Lesers mit den letztlich unerforschlichen Ratschlüssen der göttlichen Gerechtigkeit.

Winfried Freund

Heros oder Dämon? Theodor Storm: *Der Schimmelreiter* (1888)

Wie ein Sturm- und Unwetterdämon begegnet der Schimmelreiter bei seinem ersten Auftreten in der Novelle dem Reisenden in wüster Dämmerung unter dem Wutgebrüll der an den Deich hinaufschlagenden Wellen. Ein Etwas, eine dunkle Gestalt auf einem hageren Schimmel im flatternden Mantel, fliegt lautlos vorbei, einmal, zweimal. Brennende Augen stechen hervor aus einem bleichen Antlitz, dann verdämmert die Erscheinung schattenhaft an der Binnenseite des Deichs.

Effektvoll inszeniert Storm in seiner letzten vollendeten, 1888 erstmals gedruckten Novelle den Auftritt des gespenstischen Reiters in der Schwebe zwischen Authentizität und Fiktion, halb Sagengestalt, halb Novellenfigur. Die verschollene Geschichte aus „Pappes Hamburger Lesefrüchten", ursprünglich 1838 im „Danziger Dampfboot" erschienen, ist eine Wiedergängersage aus dem Weichselraum, von Storm nach Nordfriesland versetzt.[1]

Der fragmentarische erste Rahmen führt den Reisenden als Ich-Erzähler und glaubwürdigen Augenzeugen des unheimlichen Geschehens ein. Die Form des Reiseberichts macht das Grauen bedrückend authentisch und konturiert das Dämonische, das den Erlebenden mit fliegendem Mantel zu streifen scheint. Offen bleibt die Frage nach der Identität des Reiters, nach den Ursachen seiner augenscheinlichen Besessenheit. Ist er eines jener dämonischen Wesen, die sich besonders in der dunklen Jahreszeit bemerkbar machen sollen, der Totengeist eines Menschen, der eines jähen Todes gestorben ist, eine unbestimmte Personifizierung dunkler menschlicher Seelenkräfte oder einfach nur die Ausgeburt der Phantasie und der Furcht?

Der furiose Auftakt und die sich an ihn knüpfenden Fragen leiten nach Art der Erklärungssage über zur Binnenerzählung des

[1] Die Quellen und Hintergründe der Novelle werden ausführlich dargestellt in: Winfried Freund: Theodor Storm: „Der Schimmelreiter". Glanz und Elend des Bürgers. Paderborn 1984.

Schulmeisters als dem Kern der Novelle. Seinem Beruf gemäß tritt der Schulmeister als Wissender und Erklärender auf, als jemand, den man fragen kann und von dem Antworten zu erwarten sind. Doch seine Geltung scheint nicht uneingeschränkt. Als alternative Erzählerin wird die alte Wirtschafterin Antje Vollmers genannt, vom Schulmeister zum „dummen Drachen" gestempelt.[2] Doch gerade „bei den Drachen", so entgegnet man ihm, „sollen derlei Geschichten am besten in Verwahrung sein!"(255)[3]

Auch wenn dem Leser die Drachengeschichte vorenthalten bleibt, scheint sie als angemessene Erklärung des Dämonischen prinzipiell möglich. Drache und Dämon berühren sich dort, wo der dunkle Aspekt der Welt hervortritt, wo Chaos und Finsternis die Ordnung zerrütten und das Licht der Vernunft verdunkeln. Der Schulmeister übernimmt die Aufgabe des Drachentöters, indem er die Erlebnisse des Reisenden aufgreift, um gegen das, was er für den Aberglauben seiner Umwelt hält, mit den Waffen der Aufklärung zu Felde zu ziehen. Erhalten aber bleibt durch die schillernde Art der Darstellung die Spannung zwischen dem, was der Reisende mit eigenen Augen gesehen hat, und den rationalen Erklärungsversuchen, zwischen dem unerklärlich Dämonischen und der klärenden Vernunft. Verschweigen kann der Schulmeister auch nicht die überlieferten Nachrichten über den Schimmelreiter, Bruchstücke vielleicht der Drachengeschichte, die unterschwellig mit der Schulmeistergeschichte konkurriert und der es im Leseprozeß nachzuspüren gilt.

Der kränkliche Eindruck des Binnenerzählers wie das bereits im 19. Jahrhundert pejorative Verständnis des Schulmeisters als Pedanten und Besserwissers warnen von vornherein vor einer vorschnellen Identifizierung mit der vorgetragenen Sichtweise. Nach den intellektuellen Leitvorstellungen seines Berufs zeichnet der Schulmeister das Porträt eines äußerst lernbegierigen und scharf urteilenden jungen Menschen mit erstaunlicher Auffassungsgabe. Nicht einmal die Dauer eines Winters braucht Hauke dazu, sich den holländischen Euklid mit Hilfe einer holländischen Grammatik zu erschließen. Hauke Haien ein unermüdlicher Autodidakt und

---

[2] Den Aspekt der alternativen Erzählerin hat vor allem Thomas Heine betont: „Der Schimmelreiter". An Analysis of the Narrative Structure. In: GQu 55 (1982) S. 554–564.

[3] Der Text der Novelle wird zitiert nach: Theodor Storm: Sämtliche Werke Bd. 4. Hg. v. P. Goldammer. 4. Aufl. Berlin und Weimar 1978. S. 251–372.

Musterschüler, unverhohlen bewundert von seinem schulmeisterlichen Biographen.

Beiläufig erfährt der Leser, daß Hauke weder Sinn für das Blühen und Reifen aufbringt, noch Interesse an seinen Mitmenschen zeigt. Er zieht es vor, allein seinen Vorstellungen nachzugehen, besessen von dem Plan eines idealen Deichprofils. Den andrängenden Wassermassen wie den Menschen ruft er zu: „Ihr könnt nichts Rechtes, ... so wie die Menschen auch nichts können!" (260) Sein Bücherstudium und sein ewiges Projektieren entfremden ihn schon früh von seinem sozialen Umfeld wie von der Natur. Um das rechte Können geht es ihm, um die Leistungen des Kopfes, nicht um unvoreingenommene Begegnung und Verstehen. Deutlich verrät die Überakzentuierung intellektueller Maßstäbe den schulmeisterlichen Erzähler. Aus der Sicht des Lehrers ist Hauke der ideale Mensch, der kluge Kopf, wißbegierig und von innen heraus motiviert zu geistiger Leistung. Kein Wunder, daß gerade diese Novelle Storms breiten Einzug in unsere Schulen gehalten hat, wo Hauke bald zum Kopfhelden schlechthin avancierte. Sein offenkundiges Desinteresse an den Mitmenschen und an der Natur entsprach dabei weitgehend der schulischen Überbewertung des Intellektuellen im Gefolge des aufgeklärten bürgerlichen Bildungsideals. Nicht Verstehen, sondern Verwerten, nicht Bewahren, sondern fortschreitendes Verändern standen im Vordergrund. In Hauke ließ sich die cartesianische, allein auf das Denken gegründete Existenz feiern, die progressive Kraft des maskulinen Intellekts, wie er in unseren Schulen mit Vorliebe gezüchtet wurde.

Wie sehr das Gefühl intellektueller Überlegenheit Machtverhalten provoziert, führt Hauke bereits ein Jahr nach seiner Einsegnung auf der Schwelle zum Erwachsenen vor. Mit gezielten Steinwürfen erlegt er Strandläufer im Watt, um sich selbst die eigene Geschicklichkeit zu beweisen. Die Natur wird ihm zum Trainingsfeld, wo er, sein Können demonstrierend, mutwillig Leben vernichtet. Wie im Falle des getöteten Eisvogels spiegelt sich in seiner Unkenntnis des Opfers seine völlige Gleichgültigkeit der Kreatur gegenüber. Als der Kater von Trin' Jans ihm den Eisvogel abjagen will, tötet er auch ihn, ungeachtet seines emotionalen Werts für die alte Frau. Der Erzähler heroisiert seine Figur gerade in dieser Szene zum mächtigen Raubtier von überlegener Kraft. Für ihn leistet sein Held hier sein kapitales Gesellenstück auf Kosten einer alten, allerdings nicht sonderlich ernstgenommenen Frau.

Mit der gelungenen Machtprobe über die Natur wie den Mitmenschen hat Hauke seine Männlichkeit überzeugend bewiesen. Die gemeinsame Kate wird für Vater und Sohn zu klein. „... zwei Herren können darauf nicht sitzen." (268) Der Lebensweg des Musterschülers und Herrenmenschen Hauke führt wie nicht anders zu erwarten fortan steil nach oben. Vom Kleinknecht beim alten Deichgrafen bis zum neuen Deichgrafen erfüllt sich beispielhaft die Karriere eines Menschen, der nur sich selbst zutraut, etwas Rechtes zu können, der die andern abwertend, sich selbst aufwertet zum Größten von allen. In der Optik des Erzählers verblassen die Mitmenschen, die Dorfgemeinschaft insgesamt, zur bloßen Statisterie.

Immer wieder rückt der Schulmeister seinen Helden ins Zentrum, läßt ihn im glänzendsten Licht erscheinen und räumt ihm die entscheidende Handlungsinitiative ein. Er ist der überragende Rechner und unerbittliche Kontrolleur der Deiche, der den alten Deichgrafen, vom Schulmeister als Dummkopf dargestellt, zum bloßen Strohmann degradiert und alle anderen mit fortgesetzten Korrekturen verfolgt. Werk- und arbeitsbesessen, sich im Gefühl der eigenen Überlegenheit abschließend, ist ihm die Kritik der anderen gleichgültig. Sie treten für ihn nur als Übertreter von Vorschriften und Bestimmungen im Zusammenhang mit den Deichen ins Blickfeld, als gedankenlose Tölpel und Krakeeler.

Hauke ist es auch, der beim Eisboseln die entscheidenden Würfe tut und sich hinterher, obwohl es sich um ein Mannschaftsspiel handelt, als Einzelsieger feiern läßt. Allerdings nimmt er an dem sich anschließenden Fest nicht teil. Wieder isoliert er sich: „... die Menschen kamen ihm wie Narren vor." (288) Die Dorfgemeinschaft zerfällt in der Schulmeistergliederung in den klugen Primus Hauke auf der einen und die Dummen und Narren auf der andern Seite.

In der männlich dominierten Gesellschaft verwundert es nicht, daß der kluge und erfolgreiche Mann bezwingend auf Elke, die untadelige Deichgrafentochter, wirkt. Sie ist es, die nach dem Tode ihres Vaters dem „rechten Manne" zum Deichengrafenamt verhilft, indem sie seine Frau wird und den ererbten Besitz in seine Hand legt. Schon vorher hatte sie die Überlegenheit des Mannes in Deichsachen vorbehaltlos anerkannt: „Denk nur nicht, daß mir's leid tut, Hauke, ... das ist ja Mannessache." (279) In der Perspektive des männlichen Erzählers ordnet sich die Frau freiwillig dem Mann unter, um so bewundernder zu ihm aufblicken zu können.

Der Deichgraf Hauke Haien aber versinkt schon bald in der

Arbeit. Wichtiger als Ehe und Familie ist ihm sein persönliches Geltungsstreben, angestachelt noch durch das böse Wort, er sei nur Deichgraf „seines Weibes wegen" (306) geworden. Sein Plan, durch den Bau eines abgeflachten Deichs einen neuen Koog zu gewinnen, entspringt keineswegs sozialer Verantwortung, sondern allein persönlichem Trotz: „Du sollst mich wenigstens nicht umsonst zum Deichgrafen gemacht haben, Elke; ich will ihnen zeigen, daß ich einer bin!" (310) Elke, aus Furcht vor den bevorstehenden Widerständen, reagiert seufzend mit sorgenvollem Blick. Einzugreifen in die heldischen Selbstbestätigungsrituale des Mannes ist ihr wie allen Frauen ihrer Zeit verwehrt.

Fragwürdig bleibt die Notwendigkeit des geplanten Baus, der seinen Charakter als Denkmal und Kultobjekt des Ehrgeizlings von vornherein nicht leugnen kann. Hauke kreist ausschließlich um sich selbst, um sein Projekt. Die anderen sind ihm außer als Arbeitskräfte und Publikum gleichgültig: „Sein Verkehr mit anderen Menschen außer in Arbeit und Geschäft verschwand fast ganz; selbst der mit seinem Weibe wurde immer weniger." (311) Der Erzähler indes weiß den normalen männlichen Streber zum schöpferischen Ausnahmemenschen zu stilisieren, der seine einsamen Entscheidungen nicht etwa aus blindem Ehrgeiz, sondern aus schöpferischem Drang treffen muß.

In dem Maße, wie das ehrgeizige Projekt Gestalt gewinnt, ergreifen phantastische Vorstellungen Besitz von den einfachen Leuten. Zwei Bedienstete aus dem Hause des Deichgrafen meinen plötzlich auf der Jevershallig einen gespenstischen Schimmel zu sehen. Auch wenn sich das ganze bei näherem Hinsehen als Sinnestäuschung herausstellt – es handelt sich lediglich um ein Pferdegerippe – bleibt das Zusammentreffen des spukenden Schimmels mit dem von Hauke tatsächlich erworbenen Schimmel merkwürdig, zumal der Spuk nach dem Kauf verschwindet.

Mehrmals ist in diesem Zusammenhang vom Teufel die Rede. Von dem spukenden Pferd heißt es: „... das muß der Teufel reiten." (314) Die Hand des Pferdeverkäufers, der „wie ein Teufel" lacht, sieht „fast wie eine Klaue" (320) aus.[4] Zum erstenmal nach dem Erlebnis des Reisenden auf dem Deich mischt sich wieder Phantastisches in das Geschehen, erneut verknüpft mit Hauke

[4] Vgl.: Volker Hoffmann: Theodor Storm: „Der Schimmelreiter". Eine Teufelspaktgeschichte als realistische Lebensgeschichte. In: Erzählungen und Novellen des 19. Jahrhunderts. Bd. 2. Stuttgart 1990. S. 333–370.

Haien. Seine hochfliegenden Pläne, seine einsamen Entscheidungen und der Umstand, daß er „völlig eins" mit dem „Teufelspferd" scheint, machen ihn der Dorfgemeinschaft zusehends fremd und flößen den Menschen Unbehagen und Angst ein.

Aberglaube und Spuk spiegeln die Ohnmacht und das Ausgeliefertsein an die Selbstherrlichkeit des Deichgrafen. Mit dem Fettfüttern des Pferdes scheinen Hochmut und Angst gleichermaßen zuzunehmen. Verwachsen mit seinem Schimmel, gibt Hauke das Bild eines Menschen ab, der sich über alle anderen erhebt. Realisiert ist der negative Aspekt des Pferdes als Sinnbild der superbia. In den Augen der Betroffenen wird der Schimmel zur Inkarnation des Dämonischen. Indem Hauke mit ihm verschmilzt, tritt seine Ichsucht unverhohlen zutage.[5]

Das „Dämonische" bildet für Goethe „eine der moralischen Weltordnung, wo nicht entgegengesetzte, doch sie durchkreuzende Macht." Es erscheint am furchtbarsten, „wenn es in irgend einem Menschen überwiegend hervortritt." Vom Dämonischen besessene Menschen „üben eine unglaubliche Gewalt über alle Geschöpfe, ja sogar über die Elemente" aus.[6]

Die Obsession durch das eigene Ich, unempfindlich für die anderen und ihre Ängste, läßt den Deichgrafen unheimlich erscheinen.

„Von dem unheimlichen Glanze freilich, mit dem sein früherer Dienstjunge den Schimmelreiter bekleidet hatte, wußte er selber nichts; aber die Leute hätten ihn jetzt nur sehen sollen, wie aus seinem hageren Gesicht die Augen starrten, wie sein Mantel flog und wie der Schimmel sprühte!" (331) Unwillkürlich fühlt sich der Leser an das eingangs geschilderte gespenstische Erlebnis des Reisenden erinnert. Nicht erst nach seinem Tod, bereits zu Lebzeiten treibt der Ich-Dämon den Schimmelreiter um. Spuk und Wirklichkeit decken sich.

Im Angesicht des fertigen Deichs, in den Augen Haukes dem achten Weltwunder gleich, läßt er „den Schimmel tanzen; ihm war, er stünde inmitten aller Friesen; er überragte sie um Kopfeshöhe, und seine Blicke flogen scharf und mitleidig über sie hin." (342) Spätestens an dieser Stelle wird aber auch deutlich, wie sehr der

---

[5] Das Dämonische in der Novelle hat insbesondere hervorgehoben: Margaret T. Peischl: Das Dämonische im Werk Theodor Storms. Frankfurt/M. 1983. S. 88–94.

[6] Johann Wolfgang Goethe: Dichtung und Wahrheit 4. Teil, 20. Buch. In: J.W.G.: Werke Bd. X. Textkritisch durchgesehen v. L. Blumenthal. 2. Aufl. Hamburg 1960. S. 177.

heroisierte Deichgraf das Geschöpf seines Erzählers ist, des kränklichen, unscheinbaren Schulmeisters, der den Deichgrafen zum überlegenen Verstandeshelden stilisiert und in ihm ein ausgleichendes Gegenbild schafft zur eigenen Unscheinbarkeit und Unbedeutsamkeit. Der Er-Erzähler, weder Person des erzählten Geschehens noch Zeitgenosse der erzählten Figur, kann unmöglich über Innensicht in den Deichgrafen verfügen. Alle unterstellten Gedanken und Vorstellungen entspringen dem Bild, das sich der Erzähler von seiner Figur gemacht hat, gehören zum idealisierenden Entwurf einer Persönlichkeitsfiktion. Dabei ist der entstehende Eindruck jedoch ambivalent. Was als heroische Erhöhung gemeint ist, entpuppt sich beim zweiten Lesen als hybride Selbstüberhebung.

Anders verhält es sich mit den Fakten, wie sie im Umlauf sind und auch vom Erzähler nicht übersehen werden können. Herauszufinden, ob es sich dabei in den Worten des Schulmeisters um den Weizen oder die Spreu handelt, obliegt letzten Endes der Freiheit des Lesers. Die Fakten erst konterkarieren die Erzählerinterpretation, indem sie ein anderes, weniger verklärtes Bild bewahren und im Leser Konturen gewinnen lassen.

Immer wieder ist die Rede von den Widerständen der Dorfgemeinschaft, von der selbstgewählten Isolierung Haukes, von seinem Unverständnis und seiner kompromißlosen Härte. Hinter seinem Rücken versucht Elke zu mildern und zu bessern. Unbezweifelbar sind auch die langen Jahre unfruchtbarer und unerfüllter Ehe, die Einsamkeit der Frau und ihr offenbares Leiden unter der Besessenheit ihres Mannes. Unleugbar schließlich ist die Geburt eines schwachsinnigen Kindes, begleitet von einer schweren Erkrankung Elkes. Das Leben holt den Supermann, den „homo faber" und genialen Rechner ein, konfrontiert ihn mit persönlichem Schicksal und Leiden und erinnert ihn schmerzlich an die Gefährdung und Hinfälligkeit allen Daseins. Verbindungen der Stormschen Novelle mit dem bekannten Roman von Max Frisch werden sichtbar. Im Grunde aber vermögen selbst die Schicksalsschläge seinen Stolz nicht zu brechen, der nichts und niemanden neben sich bestehen lassen oder gar als überlegen anerkennen kann. Weiterhin im Banne seiner Ich-Obsession, der superbia, bestreitet er selbst die Allmacht Gottes. Von bitterer Ironie ist das Urteil des schwachsinnigen Kindes: „Vater kann alles-alles!" (348)

Überhaupt ist nicht alles so, wie es scheint. Die Idylle nach dem Bau des neuen Deichs ist trügerisch. Bereits die schwere Erkrankung Haukes wirft einen Schatten auf den Frieden im Deichgrafenhaus. Deutlich kündigt sich die Katastrophe an, als Hauke entdeckt, daß der alte Deich von Mäusegängen unterhöhlt ist. „Er erschrak heftig; gegen alles dieses hätte schon beim Bau des neuen Deiches Obacht genommen werden müssen; ... " (353) Wieder gewährt der Erzähler an entscheidender Stelle Innensicht in seine Figur, und wieder ist der Eindruck durchaus ambivalent. Auf der einen Seite kann einem idealen Deichgrafen, so wie er dem Schulmeister vorschwebt, die Ursache für die drohende Katastrophe nicht entgehen, auf der andern Seite wird klar, wie sehr Hauke in Vernachlässigung des alten Deichs das von anderen bereits Geschaffene mißachtet und die Tradition ignoriert hat, weil er einzig besessen ist von seiner Idee. Zwar legt der Schulmeister Hauke die Worte in den Mund: „Dein Koog, der Hauke-Haien-Koog, müßte preisgegeben und der neue Deich durchstochen werden!" (354), aber gerade die verheerende Selbstliebe, die Verliebtheit des Egozentrikers in das eigene Wunderwerk halten ihn von dem ab, was im Interesse der Menschen geschehen müßte. Der Erzähler entschuldigt aber auch diese tödliche Fahrlässigkeit durch den Hinweis auf das eben erst überstandene Marschfieber seines Helden.

Das einstige anmaßende Urteil Haukes über Gott: „Ich weiß ja wohl, du kannst nicht allezeit, wie du willst" (332) fällt auf den Urteilenden selbst zurück. Wie Gott angeblich nach seiner Weisheit handeln muß, so handelt Hauke unter dem Zwang seiner Obsession. Sein dämonisches Geltungsstreben setzt das Leben aller anderen aufs Spiel, um das eigene Werk, mit dem er sich identifiziert, zu retten.

Im Dorf mehren sich die Geschichten von unheimlichen Vorkommnissen. Ein Wirbelwind wirft den goldenen Hahn von der Turmspitze, ein schneeweißes Geschmeiß fällt im Hochsommer vom Himmel, einige sehen Blut herabregnen, und im Waschbecken des Pastors sollen erbsengroße Totenköpfe sichtbar geworden sein. Erklärbares und Unerklärliches, Wirklichkeit und Aberglaube mischen sich. Aber wie bereits beim Spuk auf Jevershallig wäre es vorschnell, das Phantastische mit dem aufklärerischen Schulmeister von oben herab als die übliche Beschränktheit des dummen Volkes abzutun. In den unheimlichen Vorstellungen ringt die Angst derer nach Ausdruck, die sich allein gelassen fühlen, einem Deichgrafen ausgeliefert, der sich nur für sich selbst und sein Werk, nicht aber für diejenigen einsetzt, die er zu schützen und zu bewahren hätte. Wieder geht die abergläubische Furcht vor dem Schimmel um: „... mit des Deichgrafs Schimmel ist's am

Ende auch nicht richtig!" (360) Gerade in dem, was die Leute sagen und empfinden, in ihrer namenlosen Angst, öffnet sich die eingangs angedeutete Perspektive der alten Wirtschafterin. Nicht der über allen anderen schwebende Heros gewinnt Gestalt, sondern der Angst einflößende Dämon heilloser Ichsucht, kein Wohltäter der Dorfgemeinschaft, sondern ein dämonischer Schadenbringer. Im Sinne Goethes verkörpert der Deichgraf in seiner lähmenden, verderblichen Gewalt den unheilvollen Einfluß des Dämons jenseits von Moral und sozialer Verantwortung. Er ist der Machtmensch, einzig besessen von der Idee, sich selbst und sein Werk durchzubringen. Sein Projekt, am Reißbrett entworfen, usurpiert die mitmenschliche Praxis, Ehrgeiz und Besserwisserei verdrängen Mitgefühl und Anteilnahme. Für den Streber und Unmenschen Hauke Haien bedeuten Wissen und Macht fast alles, beinahe nichts aber Verständnis und Liebe.

Vielleicht spielt der im Friesischen zur Zeit Storms ungewöhnliche Vorname Hauke auf germ. haugá (vgl. in alten Ortsnamen Haugk = Hügel) für hoch und der in Nordfriesland gebräuchliche Familienname Haien auf den Raubfisch an, wodurch sowohl das hybride Wesen als auch das mitleidlos Raubtierhafte des Einzelgängers, erinnert sei an die Kater-Szene, einmal mehr unterstrichen würden.

Was vom Sockel gestoßen zu werden verdiente, wird vom Erzähler zum Denkmal stilisiert und der Deichgraf in einem Atemzug mit Sokrates und Christus genannt, trotz seiner unabweisbaren Schuld an der verheerenden Katastrophe, in der auch Elke und das Kind umkommen. Die Ich-Besessenheit des Ehemanns und Vaters reißt mit brutaler Konsequenz gerade die seiner Fürsorge und Liebe im besonderen Maße Anvertrauten in den Untergang. „Eure Schuld, Deichgraf!" (367) In der Stimme des Volkes schwingt die Stimme der alternativen Erzählerin Antje Vollmers. Inmitten des verheerenden Infernos, in tödlicher Fahrlässigkeit durch den Deichgrafen heraufbeschworen, erscheint der schulmeisterliche Heros endgültig als zerstörerischer Dämon. Die Fakten überwältigen die verklärenden Retuschen des Erzählers.

Im Deichgrafen selber aber geht angesichts dessen, was er angerichtet hat, ein vollkommener Wandel vor. Nachdem seine Frau und sein Kind ertrunken sind, lenkt er den Schimmel entschlossen in den Abgrund des unheimlich rauschenden Wassers. Roß und Reiter, zusammengewachsenes Sinnbild des Hochmuts, gehen unter im Element, mit dem Hauke im Sinne des dämonischen Menschen bei Goethe den Kampf begonnen hatte und dem er nun demütig den Sieg einräumt. Seine letzten Worte: „Herr Gott; nimm mich; verschon die andern!" wiederholen in Hochdeutsch die Worte der sterbenden Trin'Jans bei der Vision einer vernichtenden Sturmflut. Der Egozentriker wandelt sich zum Mitmenschen. In der Überwindung seiner Ich-Obsession wird Hauke fähig zur eigenverantwortlichen sittlichen Entscheidung. Sein selbstgewählter Tod bedeutet Bekenntnis zur eigenen Schuld, Sühne im Angesicht des allmächtigen Gottes, nun von ihm ausdrücklich anerkannt („Allmächtiger Gott!") und soziale Hoffnung, indem er mit sich selbst auch den zerstörerischen Dämon der Ich-Vergötzung zur Strecke bringt.[7]

In seiner Radikalität erinnert das Finale der Binnenerzählung an den Schluß der Schillerschen „Räuber", wo sich Karl Moor zwar nicht selbst tötet, sich aber der sicheren Todesstrafe ausliefert. „... was ich gestürzt habe, steht ewig niemals mehr auf – aber noch blieb mir etwas übrig, womit ich die beleidigten Gesetze versöhnen und die mißhandelte Ordnung wiederum heilen kann. Sie bedarf eines Opfers – eines Opfers, das ihre unverletzbare Majestät vor der ganzen Menschheit entfaltet – dieses Opfer bin ich selbst. Ich selbst muß für sie des Todes sterben!"[8]

Was in der Schulmeistersicht noch den Eindruck eines heroischen Opfers erweckt – gerade diese Auffassung sollte später von der nationalsozialistischen Rezeption ausgeschlachtet werden –, ist in Wahrheit ähnlich wie bei Schiller die Kapitulation des Helden angesichts seiner verderbenbringenden Heldentaten. Auch hier erweist sich die Innensicht des Erzählers in seine Figur als ambivalent. Indem das Ich seine dämonische Besessenheit erkennt und reif wird für die sittliche Entscheidung, öffnet sich die letzte vollendete Novelle Storms zur Erzählung, weicht das zwanghafte Geltungsstreben der Tat des einzelnen, der sich aus freien Stücken preisgibt. In der Selbsttötung erreicht Hauke die radikale Freiheit von der Tyrannei des eigenen Ichs.

Erhalten aber bleibt das, was der Reisende eingangs mit eigenen Augen gesehen hat, was auch der Heroisierungsversuch des Schulmeisters nicht ungeschehen machen kann. Größere Authentizität

---

[7] Das scheiternde Ich steht im Zentrum der Deutung von: Winfried Freund: Der Bankrott des Egoismus. Bürgerliche Krisenerfahrung in der Altersnovelle „Der Schimmelreiter." In: W. F.: Theodor Storm. Stuttgart 1987. S. 136–162.

[8] Friedrich Schiller: „Die Räuber". V, 2. In: F. Sch.: Sämtliche Werke. Bd. 2. Hg. v. K. Goedeke. Stuttgart und Berlin 1893/94. S. 136.

als die Er-Erzählung mit ihrer Heldenfiktion beansprucht der Augenzeugenbericht des Ich-Erzählers über die unheimliche Begegnung mit dem Schimmelreiterspuk. Auf das Urteil des Reisenden über den Schulmeister: „Er scheint ein verständiger Mann!" erwidert der Deichgraf im Reisebericht: „Ja, ja gewiß; aber Sie können Ihren eigenen Augen doch nicht mißtrauen; . . . ". (372) Der Dämon Hauke Haien ist überwunden, aufbewahrt bei Antje Vollmers und den anderen aber ist die Erinnerung an das Unheil, das der Ichmensch einst heraufbeschworen hat. In phantastischer Fiktion verweist der Wiedergänger auf die stets drohende Gefahr eines erneuten Hervortretens ich-besessener Machtmenschen. Weder der erhaltene Hauke-Haien-Deich noch das goldenste Sonnenlicht am Morgen der Weiterreise dürfen über das Abgründige des menschlichen Lebens hinwegtäuschen, über das dunkel Dämonische hinter dem heldischen Hochglanzporträt.

Storm hat seine Novelle in der Zeit des preußischen Cäsarismus und Chauvinismus geschrieben, in der Ära gründerzeitlicher Großmannssucht und des Übermenschen Nietzsches. Insbesondere Jost Hermand gebührt das Verdienst, auf diese Zusammenhänge hingewiesen zu haben.[9] Dreißig Jahre nach dem ersten Erscheinen der Novelle fand sich Deutschland auf den Trümmern des preußischen Heldentums wieder, und schon stand ein neuer von sich selbst besessener Held ins Haus, der Millionen in den Tod reißen sollte.

In der „Schimmelreiter"-Verfilmung von 1933/34 in der Regie von Curt Oertel mußte Hauke Haien als nordische Führergestalt herhalten. Im Stil Hitlers wendet er sich mit demagogischer Rhetorik an sein Volk. Alfred Weidenmanns Film aus dem Jahr 1978 zeigt, wie unauflöslich das Heldenklischee mit dem Stormschen Deichgrafen verbunden ist. Diesmal agiert Hauke im Stil eines Westernhelden an der nordfriesischen Westküste, gespielt von einem aus Hollywood eingeflogenen Cowboy-Darsteller. Der DDR-Regisseur Klaus Gendries schließlich stilisiert den Deichgrafen in seinem zum Teil enthusiastisch aufgenommenen Film von 1984 zum Helden der Arbeit. Selbst die neuere Germanistik zeigt sich weiterhin anfällig für die Heldenverklärung. So erhebt Wolfgang

[9] Jost Hermand: Hauke Haien. Kritik oder Ideal des gründerzeitlichen Übermenschen. In: WW 15 (1965). S. 40–50.

Frühwald noch 1981 den Deichgrafen zum genialen Rechner und Helden des Verstandes.

Eine zeitgerechte Interpretation muß mehr als bisher die Fragwürdigkeit des Heldischen herausarbeiten, der Vorliebe der Schulmeister für leuchtende Vorbilder und kopflastige Streber mißtrauen und versuchen, mit Antje Vollmers aus der Sicht der Leidtragenden eines fragwürdigen Heldentums zu sehen, mit dem Ziel, die Dämonie der Macht nicht länger zu ertragen, sondern ihr aktiv zu widerstehen, Nicht Bewunderung sollte Storms „Schimmelreiter" beim Leser auslösen, sondern Verständnis und Mitgefühl mit den Opfern. Kritischer Widerstand ist geboten, wo immer der nur mühsam getarnte Machtwille der Führer die anderen in das Joch angeblich großer Ideen zu spannen versucht. Der am Ende einsichtige Deichgraf ist literarische Fiktion, wirklich aber sind seine vom Willen zur Macht besessenen Wiedergänger.

[10] Wolfgang Frühwald. Hauke Haien, der Rechner. Mythos und Technikglaube in Theodor Storms Novelle „Der Schimmelreiter". In: Literaturwissenschaft und Geistesgeschichte. Tübingen 1981. S. 438–457.

Günther Mahal

Experiment zwischen Geleisen
Gerhart Hauptmann: *Bahnwärter Thiel** (1888)

Mit „Bahnwärter Thiel“ gelingt dem kaum 25jährigen Gerhart Hauptmann 1887 die bekannteste deutsche Erzählung der naturalistischen Epoche. Der junge Autor lebt seit zwei Jahren mit seiner Frau Marie geb. Thienemann und seinem Sohn Ivo - der zweite Sohn Eckart ist unterwegs - im Berliner Vorort Erkner, am Waldrand in der Villa Lassen. Er leidet am Bluthusten und brennt vor literarischem Ehrgeiz[1], erfährt aber zugleich ein Gefühl von Beheimatung: „Der märkische Kiefernforst nahm uns auf.“[2] Hier macht sich Hauptmann, wandernd und beobachtend, „mit den kleinen Leuten bekannt, Förstern, Fischern, Kätnerfamilien und Bahnwärtern“[3]; hier liest er neben Marx und Darwin die von den „Jüngstdeutschen“ empfohlenen ausländischen Autoren Zola und Ibsen; und von Erkner aus hält er die Verbindung zum Berliner Literatenverein „Durch“, der seit September 1886 besteht, in dem Eugen Wolff den Begriff „Die Moderne“ prägt, in dem Wilhelm Bölsche der entschiedenste Verfechter einer naturwissenschaftlichen Grundlegung der modernen Poesie ist und in dem Hauptmann am 17. Juni 1887 einen Vortrag über Georg Büchner hält.[4] - Zu diesem Zeitpunkt lag wohl das Manuskript des „Bahnwärter Thiel“ bereits Michael Georg Conrad vor, dem Herausgeber der seit Beginn 1885 erscheinenden Zeitschrift „Die Gesellschaft“, in der dieser wiederholt ein „leidenschaftliches Bekenntnis“[5] zu Emile Zola, seinen Romanen und seiner Kunsttheorie ablegte. - Conrad veröffentlichte die „Novellistische Studie aus dem märkischen Kiefernforst“ 1888 im 10. Heft des IV. Bandes der „Gesellschaft“, für Hauptmann noch im Rückblick seiner 1937 geschriebenen Jugenderinnerungen

* Seiten- und Zeilenzählung nach der Reclam-Edition.

1 Vgl. Hauptmann 1962, S. 1044.

2 Ebd., S. 1027.

3 Ebd., S. 1043.

4 Seine Werke waren von Karl Emil Franzos 1879 ediert worden; M. G. Conrad wies 1885 bereits auf Büchner hin - in: Ruprecht 1962, S. 61.

5 Ebd., S. 58.

eine biographische Weiche: „Damit war ich als Schriftsteller in die Welt getreten.“[6]

Hauptmanns „Bahnwärter Thiel“ wird seit dem Zeitschriften-Abdruck von 1888 und der Separatausgabe von 1892 „stets zitiert als Schulbeispiel naturalistischer Prosa“[7]. Ob und in welcher Weise diese Epochenzuordnung zutrifft, kann erst unten geklärt werden. Unzweifelhaft ist, daß die „novellistische Studie“ bei aller „Unmöglichkeit einer wirklich allseits befriedigenden Novellendefinition“[8] den Hauptforderungen der meisten Theoretiker weithin entspricht. Schleiermachers Beobachtung einer „Hinneigung zum Drama“[9], August Wilhelm Schlegels Postulat „entscheidender Wendepunkte“[10] und eines möglichen Ausgangs „mit tragischer Katastrophe“[11], Tiecks inhaltliche Ebene der „Widersprüche des Lebens“[12], Vischers Zuweisung zum „tragischen Gebiet“[13], Spielhagens Einengung auf „fertige Charaktere“[14], Heinrich Harts Betonen des „Absonderliche[n][15], Lukács' Zuspitzung auf eine „Schicksalsstunde“[16], Heyses Forderung, die Novelle müsse erreichen, „mit einem raschen Schlage uns das innerste Herz zu treffen“[17] – all diese Kriterien sind im „Bahnwärter Thiel“ zweifellos ebenso erfüllt wie die Vorhandenheit eines „Falken“: „das Spezifische, das diese Geschichte von tausend anderen unterscheidet“.[18]

Bei einem für Wieland (Geschehnisse aus „unserer wirklichen Welt“)[19], für August Wilhelm Schlegel (“immer soll sie in der wirklichen Welt zu Hause sein“)[20] oder Goethe (“eine sich ereignete unerhörte Begebenheit“)[21] zentralen Merkmal der Novelle ist Hauptmann freilich abgewichen: auch intensiven Recherchen[22] ge-

---

6 Hauptmann 1962, S. 1044.
7 Bleicker 1961, S. 90.
8 Krämer 1976, S. 5.
9 Ebd., S. 12.
10 Ebd., S. 19.
11 Ebd., S. 22.
12 Ebd., S. 27.
13 Ebd., S. 36.
14 Ebd., S. 46.
15 Ebd., S. 58.
16 Ebd., S. 60.
17 Ebd., S. 39.
18 Ebd., S. 41.
19 Ebd., S. 10.
20 Ebd., S. 22.
21 Ebd., S. 29.
22 Vgl. in Neuhaus 1974, S. 39.

lang es nicht, als Realvorlage der „Studie" ein konkretes Unglück nachzuweisen, wie es bei der Novelle „Fasching" (1887) der Fall gewesen war. Nun sollte man nicht ausschließen, daß nach einer Vorlage am falschen Platz gefahndet wurde, daß also Hauptmann eine etwa im süddeutschen Raum stattgefundene Katastrophe in den „märkischen Kiefernforst" verlegt hätte.[23] Wahrscheinlicher ist aber, Fiktionalität anzunehmen, also sozusagen auf dem schriftstellerischen Reißbrett vor dem Hintergrund intensiver Beobachtungen und Erfahrungen gebaute dichterische Authentizität. Daß das Bauen, Machen, Arrangieren von Realitäts-Elementen in der Nachfolge Zolas Begründung eines „roman expérimental" eine auch für Hauptmann bestimmende Doktrin naturalistischer Epik wurde: davon soll gleich die Rede sein.[24]

Paul Heyse hatte festgehalten, „die Probe auf die Trefflichkeit eines novellistischen Motivs werde in den meisten Fällen darin bestehen, ob der Versuch gelingt, den Inhalt in wenigen Zeilen zusammenzufassen".[25] – Heyse ging es hierbei nicht um eine additive Nacherzählung, sondern um den „Falken". Für Hauptmanns „novellistische Studie" könnte man diesen als Zeitungsmeldung formulieren:

Schön-Schornstein. – Nur mit Gewalt konnte gestern ein offenbar geisteskranker Bahnwärter von den Geleisen gezerrt werden, der die Weiterfahrt des Schnellzuges Berlin-Breslau behindert hatte. An derselben Stelle war tags zuvor sein Sohn aus erster Ehe tödlich verunglückt, wohl durch Unachtsamkeit der zweiten Frau. Sie und das gemeinsame Kind ermordete der Bahnwärter augenscheinlich aus Rache. Er wurde in die Irrenabteilung der Charité eingeliefert.

Hauptmanns mit kühlem Kalkül in der Stofforganisation und im Spannungsaufbau um den „Falken" des Kindstodes auf den Eisenbahnschienen gruppierte „novellistische Studie" führt diesen Unter-

---

[23] Nach Ritzau 1979, S. 96, wurden im Schön-Schornstein nahen „Bf Steglitz 39 Reisende getötet, 8 schwer und zahlreiche weitere Personen leicht verletzt, als sie in Verkennung der Gefahrensituation ein Durchgangsgleis überschritten, um einen Vorortzug zu erreichen." – Zu den körperlichen und psychischen Auswirkungen von Eisenbahnunfällen vgl. Schivelbusch 1977, S. 117–141.

[24] Vgl., ohne weitere Erläuterungen, Felix Hollaender 1892 – in: Neuhaus 1974, S. 33: „Im knappen Rahmen dieser Novelle beherrscht er den ganzen Apparat Zola'scher Kunstmittel, und er beherrscht ihn mit einer Tiefe, die erstaunlich – mit einer künstlerischen Sicherheit, die, wenn man an den Zeitpunkt des Entstehens denkt, kaum faßlich ist."

[25] In: Krämer 1976, S. 40.

titel mit aller Berechtigung. „Novellistische Skizzen", freilich „pikante", hatte sich der Herausgeber der „Gesellschaft", Michael Georg Conrad, im programmatischen Einleitungstext der ersten Nummer gewünscht;[26] und er dachte dabei wohl an moderne Sittenbilder in der späten Nachfolge des „Decamerone". Was er aber kontinuierlicher empfahl, waren Erzählungen, die sich in die Nachfolge Emile Zolas und seines „roman expérimental" stellten. Hauptmann konnte sicher sein, Conrad mit „Bahnwärter Thiel" etwas zu schikken, das in dessen Feldzug für den französischen Meister einer (natur)wissenschaftlich fundierten Prosa paßte. – „Novellistische Skizzen" verlangten Atmosphärisches, Milieubedingtes und Milieu Ausfaltendes; eine „novellistische Studie" aber[27] zielte statt auf soziologische oder schichtentypische oder mentalitätsspezifische Repräsentanz darauf ab, einen engen und einmaligen und für nichts als sich selbst stehenden *Fall* vorzustellen, den möglicherweise in einem weiteren Schritt verallgemeinern zu können mit dem ersten Erzählimpetus wenig zu schaffen hatte.[28]

Hauptmanns „Bahnwärter Thiel" (die Bedeutung von Milieu und Sozialbindungen in dieser Novelle hat man meist überschätzt)[29] ist nicht für irgendeine berufsständische oder psychische oder psychosoziale oder gar psychiatrische Ebene typisch. Der hier wie die Bahnstrecke aus dem märkischen Kiefernforst herausgeschnittene und in bisweilen archaisch[30] anmutender Isolierung herauspräparierte *Fall* einer erst gegen Ende pathologischen und kriminellen

---

26 In: Neuhaus 1974, S. 29.

27 Die von Martini 1954, S. 59 f., u. a. versuchten Parallelisierungen mit den impressionistischen Freilichtstudien erbringen nicht mehr als kulturhistorische Annotate.

28 Zu Skizze und Studie vgl. Sprengel 1984, S. 187 f.

29 Weder zu den anderen Kirchgängern in Neu-Zittau (3,1 ff.) noch zu den Nachbarn in Schön-Schornstein hält Thiel, die Kinder ausgenommen (11,27 f.), engeren Kontakt; auch hat er kein Bedürfnis hierzu; die Unkenntnis des Pastors über Thiels Situation nach Minnas Tod (4,8 ff.) – „Der Junge geht mir drauf, Herr Prediger" (4,14) – deutet nicht eben auf ein vertrautes Verhältnis hin; beim Wärterhäuschen kommt es nur zu Zufallsbegegnungen (8,19 ff.); der Dialog mit dem Hilfswärter beschränkt sich auf „einige kurze Mitteilungen" (17,2); Thiels berufliches Interesse geht über seine technischen Hilfsdienste nicht hinaus: „Er hat sich nie um den Inhalt dieser Polterkasten gekümmert" (30,36 f.); selbst die kollegiale Anteilnahme nach dem Unglück beschränkt sich auf eine Choreographie „rätselhafte[r] Feierlichkeit" (37,3). – Zu den „Leuten" vgl. Silz 1954, S. 141. – Nach Heerdegen 1976, S. 275, sind die „Beziehungen des Helden zur Umwelt [. . .] durch die Beziehungen des Bahnwärters zur Natur ersetzt".

30 Ebenso Martini 1970, S. 44.

biographischen Phase eines jedenfalls durch Fallhöhe nicht interessanten ‚Helden‘[31] ist, um in Zolas Terminologie zu argumentieren, ein singuläres Experiment, eine nicht wiederholbare Versuchsanordnung. – Nicht, daß keine traditionellen Muster integriert würden: das alte Thema etwa des Mannes zwischen zwei Frauen[32] (wobei, für Thiel, der toten Minna weniger Präsenz und „Macht“ als der lebenden Lene zuzubilligen töricht wäre);[33] das seit 1835 in deutschen Landen gängige und von Anfang an ambivalente, zugleich demythisierende wie neue Mythen schaffende Eisenbahn-Motiv;[34] das Motiv der bösen Stiefmutter, das seinerseits zum positive Kräfte freisetzenden Bosheitsarsenal vieler Märchen zählte und das etwa von Theodor Storm im „Spiegel des Cyprianus“ (gute *und* böse Stiefmutter) teilweise bestätigt, in seiner Novelle „Viola tricolor“ aber widerlegt wurde; auch das vor allem in der Salome-Renaissance des späten 19. Jahrhunderts kulminierende Angstsyndrom der den Mann beherrschenden und sklavisch demütigenden, oft sexuell übermächtigen Frau.[35]

---

31 Conrad (1885) in Ruprecht 1962, S. 60: „keine ‚Helden‘ mehr von Ueberlebensgröße“.

32 Silz 1954, S. 149: „a kind of bitter allegory of Man persecuted by Woman“.

33 Vgl. den belgischen Roman von Georges Rodenbach, „Bruges la morte“, 1892; vgl. Henrik Ibsens „Rosmersholm“ (1886) und „Hedda Gabler“ (1891); vgl. auch Hauptmanns eigene jahrzehntelange biographische Situation sowie seine Werke: „Einsame Menschen“ (1891), „Gabriel Schillings Flucht“ (1912), „Buch der Leidenschaft“ (1930), „Der Schuß im Park“ (1942).

34 Daß Hauptmann sehr konventionelle Bilder gebrauchte, läßt sich an von Minaty 1984 gesammelten Beispielen zeigen: S. 42: Anastasius Grün, „Der Rosse Schnauben“ (1837); S. 55: Johann Minckwitz, „Das Ungethüm“ (1840); S. 57: Droste-Hülshoff, „heulende Ungeheuer“ (1842); S. 58: Eichendorff, „Art von Drachen“ (1841–44); S. 74: Geibel, „Dampf, den wilden Riesen“ (1847); S. 77: Kerner, „das Tier, / Das eiserne“; (apokalyptisches) „Ungeheuer“ (1852); S. 105: Karl Henckell, „eherner Koloß“ (1887); S. 108: Dehmel, „Ungetüm“; „Wie ein Klageschrei der gebändigten Elemente klang es; ein Schrei ohmächtiger Kraft, wie ein Riese schreit, den die List der Zwerge geknechtet hat.“ (1887). – Weitere Beispiele bringt Glaser 1984; S. 22: Geibel, „Dampfroß“; S. 82: Adalbert von Hanstein, „Funkensprühender Schienenlauf“; S. 117: Henckell, „Erhaben saust das Riesenroß“; S. 117: Friedrich Wilhelm Weber, „Es keucht das Roß, dem Reiter graut!“ „Ein Dämon ist's, der ihn beseelt“; S. 142: Liliencron, „Die Lokomotive schreit“. – Auch Schutte 1982 bringt Belege: S. 179–182: Hauptmann, „Im Nachtzug“; S. 182 ff.: Ders., „Der Wächter“; S. 42 ff.: Julius Hart, „Auf der Fahrt nach Berlin“; S. 126 f.: Henckell, „Nachtfahrt“; S. 175 f.: Karl Bleibtreu, „Schnellzug“. – Vgl. auch die beiden mit einem Suizid bzw. einem Unfall auf der Eisenbahn verknüpften Romane von Tolstoi („Anna Karenina“; 1875–77) und Zola („La bête humaine“; 1890).

35 Sprengel 1984, S. 191, weist auf das zeitgenössisch verbreitete Bild der *femme fatale* hin und bezeichnet Lene als „die märkische Variante des Strindberg-Kom-

Aber Hauptmanns rasch begeistert rezipierte „novellistische Studie“ verschmolz die genannten Muster in einer Erzählung, die sich Zolas Postulat einer experimentellen Versuchsanordnung stellte: er wollte einen geradezu chemischen Ablauf zeigen, Reagenzien aufeinander wirken lassen, Bestandteile eines Prozesses, der sozusagen im Labor mit der Präzision einer Apothekerwaage stattfand, überschaubar, kontrolliert, zunächst im Gleichgewicht, nach einer Änderung innerhalb der Versuchsanordnung jedoch explosiv. – Hauptmanns „Durch“-Kollege Wilhelm Bölsche hatte 1887 dekretiert: „Der Dichter, der Menschen, deren Eigenschaften er sich möglichst genau ausmalt, durch die Macht der Umstände in alle möglichen Conflicte gerathen und unter Bethätigung jener Eigenschaften als Sieger oder Besiegte, umwandelnd oder umgewandelt, daraus hervorgehen oder darin untergehen lässt, ist in seiner Weise ein Experimentator, wie der Chemiker, der allerlei Stoffe mischt, in gewisse Temperaturgrade bringt und den Erfolg beobachtet.“[36]

Thiel, rothaarig, sommersprossig, hünenhaft, wettergebräunt, kein Mann des überflüssigen Worts (wählte ein ständig Dialogbedürftiger den *per definitionem* einsamen und sprechfernen Bahnwärterberuf?)[37], Kindern gegenüber aufgeschlossen und dialogfähig, das Gerede der Leute geflissentlich überhörend, fromm, mit seinem „Pferdezahn“ (12,17) freilich auch abergläubisch, eigenbrötlerisch, sinnierend, pedantisch, seit seiner Militärzeit diszipliniert, ohne höhere Interessen, mit dem Forst jenseits der Spree über Vertrautheit hinaus verbunden, ein Beamter am untersten Ende der Verdienst- und Ansehensskala[38], pflichtbewußt, eingefahren in weniger als Zwang erlittenen denn als Stabilisierung unverzichtbaren Gewohnheiten – er ist die Hauptfigur der Novelle, wenngleich kein ‚klassischer Akteur‘.

---

plexes“; mit Lene vergleichbare Frauen kommen bei Hauptmann vor in „Fuhrmann Henschel“, „Rose Bernd“ und in den „Ratten“ – Minna vergleichbare Frauen in „Und Pippa tanzt“, „Die versunkene Glocke“, „Hanneles Himmelfahrt“.

[36] In: Ruprecht 1962, S. 87; an späterer Stelle – ebd., S. 92 – führte Bölsche aus: „Ja, eine derartige Dichtung wäre in der That eine Art von Mathematik, und indem sie es wäre, hätte sie ein Recht, ihr Phantasiewerk mit dem stolzen Namen eines psychologischen Experimentes zu bezeichnen.“

[37] Cowen 1973, S. 142, sieht in der „Betonung der Gebärde und in dem entsprechenden Verstummen der Sprache“ die dem Bahnwärter eigenen Kompensate.

[38] Dieser Selbsteinschätzung entspricht auch, daß er Tobias, für den er spart (12,18 ff.), gerne später zum „Bahnmeister“ (10,35) avancieren sehen möchte; ein Bahnmeister ist es auch, der Thiel den für ihn zu abgelegenen Kartoffelacker schenkt. (10,12 ff.)

Von der lebenden Minna, Thiels erster Frau, ist nur wenig zu erfahren. Jung, zart, das Gesicht hohlwangig und fein, nach Meinung der Leute ein gar zu starker Kontrast zu Thiels „herkulischer Gestalt“ (3,20), stirbt sie nach Tobias’ Geburt im Wochenbett; Thiel fühlte sich ihr durch „eine mehr vergeistigte Liebe verbunden“ (6,22 f.). Minna wird nur mit wenigen Strichen skizziert. Ihr Säugling kommt in die Obhut einer unzuverlässigen alten Frau, deren mangelnde Fürsorge eine zweite Heirat Thiels unausweichlich macht – ihre über das Skizzenhafte weit hinausgehende Existenz und Präsenz für den Bahnwärter erhält Minna erst nach ihrem Tod.

Unübersehbar als Extrem zur Minna-Skizze markiert Hauptmann Lenes Porträt mit holzschnittartig-derben Konturen:[39] ein dickes und starkes Frauenzimmer, eine ehemalige Kuhmagd, kaum kleiner als der schweigsame Herkules, „ihn an Gliederfülle“ (5,1) aber übertreffend, leicht in Zorn und vulgär im Schimpfen (14,12 ff.), von zäher Tüchtigkeit im Haushalt, hat sie bald das Sagen; „eine harte, herrschsüchtige Gemütsart, Zanksucht und brutale Leidenschaftlichkeit“ (5,10 ff.) verwehren Thiel – er gerät „durch die Macht roher Triebe“ in Lenes „Gewalt“ (6,23 f.) – ein kleines Familienglück; auch die Leute bekommen mit, wie „das Mensch“, das „Tier“ (5,15; 19) über den allzu gutmütigen Mann herrscht, von diesem quittiert mit augenscheinlicher Indolenz, tatsächlich aber geschützt durch eine undurchdringliche Panzerung: „es war, als trüge er etwas in sich, wodurch er alles Böse, was sie ihm antat, reichlich mit Gutem aufgewogen erhielt.“ (5,31 ff.) – „Dadurch, daß er die ihm zu Gebote stehende Zeit somit gewissenhaft zwischen die Lebende und die Tote zu teilen vermochte, beruhigte Thiel sein Gewissen in der Tat. – Oft freilich und besonders in Augenblicken einsamer Andacht, wenn er recht innig mit der Verstorbenen verbunden gewesen war, sah er seinen jetzigen Zustand im Lichte der Wahrheit und empfand davor Ekel.“ (7,3 ff.)

„Aufgewogen“ und „Zeit [. . .] teilen“ – der Experimentator hält die gegensätzlichen Elemente im Gleichgewicht, bezeichnet das eine wie das andere einmal als mächtig und dann wieder als unvorhanden; die Reagenzien befinden sich also vorerst in ungefährlicher Koexistenz, Thiel selbst weniger in einer (gar noch bedrohlichen) Spannung als vielmehr in einer ausgependelten Doppelung

[39] Kaum haltbar erscheint ihre Wertung bei Möbius 1982, S. 70: „Inkarnation einer bösen, dämonischen Natur“.

der für ihn wichtigen Bezugsfelder. Schon nach wenigen Absätzen nimmt Hauptmann der Zweischienigkeit von Thiels „Doppelexistenz“[40] jede Überanstrengung und Dämonie; des Bahnwärters Leben verläuft ruhig, ausgesteuert, eines das andere abfedernd, zwischen zwei Frauen, zwei Lebensmustern, zwei Geleisen. Das „Böse“ und das „Gute“ sind vorhanden, sind Realitäten; aber beide sind für ihn gleich nah und gleich fern, parallele Orientierungsstränge eines Daseins, das Hölle oder Idyll abwechselnd dominieren läßt und zwischen diesen Extremen eine *mezza linea* erlaubt.[41] – Keiner längeren Erläuterung bedarf der Hinweis, daß der jeder Lektüre gleich offenbare Antagonismus über die beiden Frauen hinausgeht: auf die Lokalitäten des Wohnhauses und der Wärterbude sowie auf die mit diesen verknüpften Mentalmuster Thiels, vor allem aber auf Minnas und Lenes Kinder, den „zurückgebliebene[n]“ (9,5), beschimpften (14,12 ff.) und geschlagenen (10,7 ff.; 15,6 ff.) Tobias und den „von Gesundheit strotzende[n]“ (9,6) Halbbruder, welchen „Balg“ (36,4) Thiel fast umbringt.

Daß man hinterher immer schlauer ist: das gilt wohl auch für jene Interpreten, die das durch zwei grausige Morde dokumentierte Irrewerden Thiels als Endpunkte einer schon lange und gar schon immer vorhandenen Disposition bezeichnen wollen. Von seinem determinierten[42] Irrsinn ist die Rede, von den „Stadien von Thiels progressivem Wahnsinn“[43], während derer „von Anfang an keine Möglichkeit der Rettung“ bestehe.[44] Diagnostiziert wird ein geistiges Fieber, das kurz vor und kurz nach Tobias' Tod zur zerstörerischen Kulmination kommt; ein pathologischer Fall, zunächst

[40] Poppe 1988, S. 43, spricht von seiner „seltsamen Doppelexistenz“.

[41] Nur angedeutet, jedoch nicht ausgeführt, findet sich diese These auch bei Krämer 1980, S. 29 f.: „Der Zweispurigkeit der Eisenbahn entspricht der Versuch Thiels, sein Leben in zwei parallel verlaufende, aber streng voneinander geschiedene Sphären zu teilen, eine psychisch-geistige und eine physisch-triebhafte.“

[42] Poppe 1988, S. 38, argumentiert allzu naturalismusgerecht: „Alle Personen aber werden durch ihre gemeinsame ‚Determiniertheit‘ zusammengehalten“.

[43] Ebd., S. 25; mit Poppe, S. 42, „bei Thiels Weg in den Irrsinn innere Bereitschaft“ zu sehen, liest nicht nur vom Ende her, sondern geradezu gegen den Text.

[44] Ebd., S. 28; anders Zimmermann 1966, S. 67: die Novelle „führt uns aus der heilen Welt eines in sich gesunden, geordneten Lebens in die Heillosigkeit eines völligen inneren Zerfalls“; vgl. auch Martini 1970, S. 45: „Ein bisher kindguter, nachgiebiger, etwas dumpf schwersinniger und unbeholfener Mann, ein frommer Kirchgänger, ein pedantisch gewissenhaft kleiner Eisenbahnbediensteter, der die Kinder und die Stille liebt, wird zum Doppelmörder.“ – Verwirrenderweise schreibt auch Poppe 1988, S. 45, von „Thiels (im Grunde heiler[r]) Psyche“.

latent, schließlich manifest; eine Entwicklungsnovelle, diesmal nicht ins Hohe und Vorbildliche empor[45], vielmehr als Niedergang in die Katastrophe der grausigen Trivialität eines Unfalltodes auf den Eisenbahnschienen.[46]

Mir scheint, daß solches Werten – abgesehen vom augenfälligen Finde-Zwang naturalistischer Kategorien wie Determiniertheit[47] oder fehlender Freiheit des Willens vom Ende her den Anfang passend macht und zugleich Hauptmanns erzählerische Leistung zu einer Streckentreue versimpelt, die vom Text her nicht gestützt werden kann. Hauptmann schildert Thiels Irrewerden als die Folge des Zerbrechens einer zuvor intakten, wenngleich nicht unkomplizierten Lebenswelt;[48] es ist Resultante einer von außen, eher zufällig als folgerichtig, kommenden Katastrophe, nicht aber Movens der Entwicklung zur Katastrophe. Er berichtet über keinen zwangsweise klinisch oder verbrecherisch endenden Vorgang, vielmehr über einen dramatischen Vorfall, der alle bisherigen Sicherheiten – und sei es in Form von Lebens-Krücken – zerbrechen läßt. Vorausdeutend und retardierend, mit häufigem Wechsel der Erzählperspektive und des narrativen Tempos, mit durchaus filmisch zu nennenden Veränderungen der Optik und mit vielen Bildver-

---

45 Der immer wieder behauptete positive oder versöhnliche Ausgang der Novelle(n) stimmt, näher besehen, weder für die literarischen Beispiele noch gar für die Novellentheorie.

46 Sprengel 1984, S. 189, sieht Eisenbahn und Bahnwärtermilieu „literarisch funktionalisiert: als Mittel zur Darstellung des Wahnsinns“; ihm erscheint „die Eisenbahn als Symbol des Triebhaften“ (S. 192); nach Martini in Neuhaus 1974, S. 41, bedeuten die Geleise „auch die Bahn des unentrinnbar überrollenden Schicksals“; als zentrales Ding-Symbol erscheint – vertrauensvoll häufig übernommene Zitate – Wiese 1967, S. 271, die „Eisenbahnstrecke, die zu einem gleichnishaften Ort wird, an dem sich der Einbruch des Unsichtbaren in das Sichtbare und die Auflösung einer realen und geordneten Welt ins Geisterhafte und Chaotische vollzieht“; ebd., S. 283, ist die Rede vom „Dingsymbol der Eisenbahnstrecke, das über alles Zweckhafte und rational Begreifbare der realen Existenz eines Bahnwärterdaseins hinausweist in einen geisterhaften Raum.“

47 Vgl. Krämer 1980, S. 39 f.

48 Deswegen wären allzu vorschnelle Analogisierungen oder gar Ahnenschaften mit Büchners „Lenz“ behutsam zu differenzieren; unbenommen bleibt davon, daß Büchner für Hauptmann 1962, S. 1061, und seine Autorenkollegen als „ein Verwandter von uns erschien“ und daß Martini 1970, S. 42, zu Recht konstatierte: „Ohne Georg Büchners Lenz ist diese novellistische Studie schwerlich zu denken“; Hans Mayer in Neuhaus 1974, S. 47, hat „die Wiederholung des Falles Woyzeck im Falle Thiel“ vor allem im Blick auf die sexuelle Abhängigkeit der beiden Titelgestalten betont; vgl. auch Fischer 1972, S. 59: Woyzeck wie Thiel sind „geistig embryonale Menschen“.

schränkungen des naturhaften und technischen Bereichs erfahren Leserinnen und Leser wenig über zwei oder drei Jahre und viel über zwei oder drei Tage aus dem Leben eines Bahnwärters in der Nähe von Berlin.

Und hier wird Hauptmanns Meisterschaft novellistischen Erzählens faßbar: seine „Studie“, sein auf wenigen Seiten in die Reagenz zweier antagonistischer Bereiche zusammengetriebener Experimental-‚Roman‘ beläßt es nicht bei simpler Mathematik oder Chemie und ebensowenig bei einem schon im ersten Lektürevorgang erkennbaren Determinismus, der allein eine Wie- und keine Was-Spannung zuließe (um Brechts Dramen-Termini zu verwenden). Er gruppiert seine Erzählung, innerhalb der deutschen Novellentheorie des 19. Jahrhunderts ganz konventionell, um eine „unerhörte Begebenheit“, um einen „Falken“, um die in Tobias' Tod katastrophal gipfelnde und mit der ebenso existenzsichernden wie trivialen Bestellung des neuen Kartoffelackers bei der „Bude“ einsetzenden Vermengung, Vermischung, Verwischung der Minna- und der Lene-Sphäre; zu spät sieht er voraus: „Nein, nein, das geht ja gar nicht.“ (20,5) Die Deckungsgleichheit der beiden Sphären, konfirmiert im gemeinsamen Mittagessen (S. 29,3 ff.), am selben Platz also, an dem Thiel sonst die *unio mystica* vollzogen und wo er mit der Ikone einer „verblichene[n] Photographie der Verstorbenen“ und mit „Gesangbuch und Bibel“ (7,18 f.) seinen Hausaltar aufgebaut und sich in „Ekstase“[49] gebetet hatte, die „sich zu Gesichten steigerte, in denen er die Tote leibhaftig vor sich sah“ (7,23 f.) – diese nicht mehr mystische, sondern körperprall den Fluchtwinkel annullierende *unio* vernichtet, keineswegs ohne eigene Schwäche und sogar durch eigenes Zutun, sein bisher einer klaren Entscheidung für Minna oder Lene ausweichendes und in der Mitte zwischen den „Geleisen“ ebenso gespanntes wie geschütztes Dasein.[50]

Zur Erzählperspektive, zum Wechsel des Blickwinkels, zum Tempo eines zunächst summarisch raffenden und später bisweilen dem naturalistischen Sekundenstil angenäherten Berichts[51] hat die

---

49 Vom „Charakter des Krankhaften“ spricht Krämer 1976, S. 22; von „einer krankhaften Verdüsterung der Sinne und des Geistes“ Zimmermann 1966, S. 69.

50 Heerdegen 1976, S. 264, spricht von einem „eintönigen, gedrückten Dasein“, ebenso von „seiner entwürdigenden Lage“ (S. 266); doktrinär-gebetsmühlengläubig heißt es S. 267: „Der echte Ausweg ist aber nur dem Proletariat vorbehalten“.

51 Allein steht Hollaender (1892) – in Neuhaus 1974, S. 34: „Durch die ganze Dichtung geht ein schwermütiger, lyrischer Zug.“ – Häufiger betont wurden die

Forschung Differenziertes vorgetragen. Zur Erzählerleistung Hauptmanns gehören vor allem die schon erwähnten und auch jene Vorausdeutungen, die Thiel zugeordnet werden und in denen die Latenz einer möglichen Zerstörung seiner ruhig-schienengleitenden Doppelexistenz deutlich, in der Folge aber stets wieder revidiert wird. (6,13 ff.; 20,6 ff.; 20,27 ff.)

So sehr der kurze Text dazu verlocken muß, die von der jüngeren Erzähltheorie bereitgestellten Kategorien personalen oder wertenden Erzählens oder die Präsenz eines sich häufig auf das Urteil der Leute stützenden, aber auch „reflexiven und interpretierenden"[52], kühl beobachtenden[53], objektiv berichtenden[54], zuweilen ironischen[55], nicht deutenden[56], bilderschaffenden[57], psychisch dolmetschenden[58], mit den Mitteln der erlebten Rede[59] oder des Psycholekts[60] oder des „monologue intérieur" (22,37–23,5; 35,31–37) arbeitenden, vom Präsens ins Präteritum überspringenden (30,15–32,32) oder allwissenden Erzählers[61] nachzuweisen und sie narrativen Modellen des Naturalismus oder anderer Epochen zuzuordnen, so könnte angesichts solcher auch kontroverser Positionen die nochmalige Erinnerung an Hauptmanns von Zola übernommene Rolle des Experimentators und seiner protokollierenden Beobachtungen nützlich sein. Conrad hatte von Zolas Angewohnheit berichtet, „alle Resultate der Beobachtung und des Nachdenkens" in einem „Arbeitsheft"[62] festzuhalten. Voraussetzung dafür war die Aufgabe jedes durchplanenden Vorweg-Dirigismus; statt dessen ließ sich ein derart experimentierender Autor davon überraschen, was sich aus der gewählten Versuchsanordnung entwickeln würde.

---

dramatischen Momente (vgl. die dramentheoretischen Äußerungen Hauptmanns 1963, S. 1036 ff.): Exposition, Schürzung des Knotens, Peripetie, Katastrophe. – Vgl. das niederdeutsche Drama „Bahnmeester Dood" (1919, basierend auf „Thiel").

52 Bleicker 1961, S. 87. – Dagegen Wiese 1967, S. 268: „Jede reflektierende Stellungnahme des Dichters ist vermieden.

53 Zimmermann 1966, S. 70.

54 Martini 1954, S. 74.

55 Ebd., S. 95. – Dagegen Cowen 1973, S. 145.

56 Ebd., S. 145.

57 Wiese 1967, S. 270.

58 Schunicht 1973, S. 442.

59 Fischer 1972, S. 57.

60 Vgl. Mahal 1975, S. 99 f.

61 Möbius 1982, S. 73; vgl. Zimmermann 1966, S. 71.

62 Schutte 1982, S. 105.

Natürlich entstand nicht ein numinoses *Es*, sondern ein gemachtes, vom Autor-„Chemiker" mit bestimmten Wertigkeiten ausgestattetes Etwas. Dessen Progreß aber aus der Distanz oder aus verschiedenen Graden der Nähe zu verfolgen, die untersuchende Aufmerksamkeit einmal diesem und dann jenem „Element" zuzuwenden, die gesamte „Gemengelage" abwartend zu belassen oder durch Zusätze aus dem Gleichgewicht zu bringen – das ergab im „Arbeitsheft", ausgehend von Dauer und Fokus der Beobachtung, jene Kontinuen oder Wechsel und Brüche und explosionsartigen „Reaktionen", als deren auktoriale und temporale Entsprechungen in literaturwissenschaftlicher Terminologie die Erzähler-Formen und -Ebenen erscheinen.

Noch einmal: Thiel, Mittel- und Zielpunkt des experimentierenden Erzählens, wird nicht von einem ausweglosen Schicksal und unentrinnbar tragischer Verstrickung beherrscht, nicht von Anfang an in vereinsamter Ratlosigkeit gezeigt. Seine Nahezu-Sprachlosigkeit hat mit seiner existentiellen Doppelgeleisigkeit[63] zwischen Minna und Lene[64] nichts zu tun; sie ist vielmehr eine durch Zensuren nicht erreichbare Eigenart und für den solistischen Berufsstand fernab aller Kommunikation geradezu die Voraussetzung. Thiels *Fall* setzt erst mit dem Tod des kleinen Tobias ein, der sein bisheriges Schienen-Dasein jäh beendet und ihn nicht mehr vom Kopf her handeln läßt; vorher aber ist bei allem Verqueren seiner zwiefach unbefriedigend biographischen Situation sein Leben zwar mißlich, aber nicht fatal.[65] Einen „Weg in den Irrsinn" von der zweiten Heirat an oder von der bemerkten Mißhandlung des kleinen Tobias an zu datieren, bedeutet rückwärts schauende Prophetie[66] und mindert Hauptmanns experimentierende Erzählkunst herab. Die linsenvariable Sichtweise und die unterschiedlichen

---

[63] Nach Wiese 1967, S. 269, lebt Thiel „in einer Art schizoider Spaltung"; S. 270: er ist „ein Getriebener, ein hilflos Ausgelieferter, nicht aber ein selbständig Handelnder."

[64] Sprengel 1984, S. 190, nennt sie „die geliebte und die begehrte Frau"; Silz 1954, S. 146, differenziert in „one sickly, delicate, spiritual; the other robust, coars, sensual"; Martini 1970, S. 46, ordnet sie einem „Innenbereich" bzw. dem „Triebbereich" zu.

[65] Krämer 1980, S. 39, konstatiert dagegen einen „fatalistische[n] Determinismus, wo der Mensch nur als Gefangener eines unausweichlichen Schicksals erscheinen kann".

[66] Friedrich Schlegels bekanntes Diktum hat Arno Holz in seinem kurzen Gedicht „Programm" (aus den „Berliner Schnitzeln") wieder aufgenommen. – In: Schutte 1982, S. 76.

Tempi seines epischen Kalküls bedienen sich der Bilder der Geleise oder der Strecke keineswegs als einer von Beginn an gegebenen Fahrt ins Unheil; ganz im Gegenteil: das Bild der zwei parallel laufenden Schienen hat bis zum „Falken" des Unglücks die Valeurs des Stützens, Leitens, Bergens und selbst des Beheimatens.[67]

Ebensowenig antizipatorisch ist der reiche Bestand an Bildverschränkungen *ex post* als dämonisch-manifest zu sehen, was erneut eine Herabminderung von Hauptmanns erzählerischer Potenz bedeuten müßte, so nämlich, als ob er die eine behauptete Linearität von Ausweglosigkeit und Pathologisierung durch landschaftliche oder (an)organische Kolorierung nur verstärkt hätte; die durch die Bildverschränkungen ausgelöste Spannung entsteht statt dessen durch den Kontrast der doppelgeleisig erzeugten Eindeutigkeiten und der Verdrängungsstarrheit Thiels einerseits, der Mehrdeutigkeiten und Dynamisierungen bzw. Maschinisierungen andererseits.

Daß der eine Bereich nicht in immer gleichem Abstand vom anderen bleiben könne, daß sich die „chemischen Elemente" in einem höchst labilen Zustand befänden, daß ein sortierendes Bewußtsein die Mittellage nicht ungefährdet besäße – solche Überlegungen und Ängste werden nicht allein beim verdrängungstüchtigen ‚Helden' der Novelle greifbar. Hauptmann hat denselben Vorgang der Vermengung auf einem ganz anderen Feld, das Genannte verstärkend und sozusagen energetisch aufladend, in seine Novelle eingebracht, einem Feld, das bisher weithin als ästhetisches Additum gesehen wurde, das jedoch für Thiels intrapsychische Vorgänge als vorwegnehmend und verstärkend – nicht aber zwingend – gesehen werden müßte: die Rede ist von den Bildverschränkungen.

Der Kiefernwald erscheint und rauscht wie ein Meer (12,34 f.; 21,10 f.), der Waldboden wirkt wie Filz (12,35 ff.), der Hochwald wie Säulen (13,1) oder Arkaden (18,20 ff.), die Birken wie „gespenstige Roßschweife" (22,15 f.), das Farnkraut wie Klöppelspitzen (24,29 f.); die Sonne gießt Purpurströme (18,17 ff.) und Lichtmassen aus (24,25 ff.) und läßt die Geleise „feurigen Schlangen gleich" erglühen (18,23 f.); sie erzeugt eine „Sintflut von Licht" (24,34), läßt graue Flechten als Korallen erscheinen (24,30 f.); ihr Licht wird vom Himmel wie von einer Kristallschale aufgefangen (28,22 ff.), und sie erzeugt „das rote Feuer des Abends" (34,3 f.); der Mond zeigt sich als „blaßgoldene Schale" (22,12), als „purpurglühende Kugel" (38,11) und als „Ampel" (38,14); rasend, keuchend, brausend, tosend, tobend (19,4 ff.) naht sich der Zug als „Ungetüm" (19,9) mit „Glotzaugen" (23,23), „den Hufschlägen eines heranbrausenden Reitergeschwaders nicht unähnlich"

[67] Mit Poppe 1988, S. 44, von einem abrupt endenden Weg Thiels „in die innere Emigration" zu sprechen, greift daneben.

(19,2 f.). – Man tut gut daran, derlei aus Raumnot nur dürre Resümees im Wortlaut nachzulesen; wenigstens einige Beispiele seien original angeführt: „Leicht gleich einem feinen Spinngewebe und doch fest wie ein Netz von Eisen legte es sich um ihn". (16,11 f.) „Die schwarzen, parallel laufenden Geleise darauf glichen in ihrer Gesamtheit einer ungeheuren eisernen Netzmasche, deren schmale Strähne sich im äußersten Süden und Norden in einem Punkte des Horizontes zusammenzogen." (18,4 ff.) „Auf den Drähten, die sich wie das Gewebe einer Riesenspinne von Stange zu Stange fortrankten, klebten in dichten Reihen Scharen zwitschernder Vögel." (18,12 ff.) Es „kreiste um ihn die Strecke wie die Speiche eines ungeheuren Rades, dessen Achse sein Kopf war" (33,9 f.).

Auf den ersten Blick mag man sich bei solchen Vergleichen damit bescheiden, in ihnen Belege für Hauptmanns – über allen „wissenschaftlichen" Naturalismus hinausgehende – Kunst der Metaphorik und Bildermächtigkeit zu sehen; dem literarhistorisch Vergleichenden wird es nicht schwerfallen, im einen oder anderen Bild traditionelle Muster oder vorausweisende Modelle zu erkennen. Aber derlei Befunde, so richtig sie sind, bleiben unterhalb des von einem 25jährigen in stupender Sicherheit mit seiner generellen Versuchsanordnung zweier antagonistischer Bereiche Kontextierten. In diesen Bildverschränkungen wird, wie mir scheint, die zunächst starr funktionierende Zweigleisigkeit der Titelfigur konterkariert und als dauerhaft unhaltbar verworfen. Eindeutigkeiten, wie sie dem Periodischen System der Elemente oder den Meßlatten der Geometer eignen, sind allenfalls – auch dieses Postulat stellten einige Naturalisten auf – in der Vorstellung eines *l'homme machine* (vgl. 27,5 f.) brauchbar. Ein Mensch aber wie Thiel, dem die Behelfe von Linearität und Parallelität nur auf Widerruf das Sitzen zwischen den Stühlen bequem erscheinen lassen, hat Sicherheit nur auf Verdacht, Eindeutigkeit bloß zum Schein; er lebt ein Leben zwischen „feurigen Schlangen". (8,23 f.)

Hauptmann schafft mit seinen Organisches und Anorganisches, Technisches und Vitales[68], Starres und Dynamisches, Pflanzliches und Tierisches, Festes und Feuchtes, Flora und Kunsthandwerk oder die alten „Planeten" mit alltäglichen Dingen und Funktionen verzahnenden Bildverschränkungen eine dynamische, dämonische, mythisierende Gegenwelt zu Thiels bewegungsloser Geradlinigkeit. Seiner bipolaren und allein im Alltagstrott mobil erscheinenden Existenz wird in den Bildern der Spinne und des Eisennet-

[68] Nicht übersehen werden sollte dabei, daß die Vitalisierung der Technik weder einheitlich glorifizierend noch verdammend erfolgt; einen industriegeschichtlich verräterischen Euphemismus stellt freilich die reale Ortsbezeichnung „Schön-Schornstein" (3,15 f.) dar.

zes (16,11 f.; 18,6; 18,13) ein weitverzweigtes, leicht scheinendes und doch drückendes Bezugssystem entgegengehalten.

In seiner Monographie „Die Rolle der Natur in Gerhart Hauptmanns Gegenwartswerken“ hat Günter Taube 1936, S. 17, „Natur als Macht und Natur als Milieu“ unterschieden, die erste aktiv-handlungsbestimmend, die zweite atmosphärisch-begleitend; eine „Parallelität von Natur- und Menschenstimmung“[69] gibt es in Hauptmanns Novelle bisweilen durchaus. Alle säuberlichen Zuordnungen laufen jedoch Gefahr, mechanistisch zu verkürzen, was der Autor variabel nutzte. Natur (auch das Wetter) erscheint im „Bahnwärter Thiel“ als Idyll, Schutz, Kontrast, Bedrohung, verstärkende Membrane, Kulisse, Staffage, als Flucht-Heimat und als Verweigerung des Aufgehobenseins.[70] – Vor allzu definierten Eindeutigkeiten ist auch bei den Klassifizierungen von Farben und Farbsymbolen[71] sowie bei der ‚Entdeckung‘ magischer Tiere[72] zu warnen.

Thiels kurzer Lichtblick „Aber mein Gott, das ist ja Wahnsinn“ (35,24 f.), sein erwachendes „Gott sei Dank, es lebt!“ (36,18) und der bestürzte Kommentar des Nachbarn „Heiliger Himmel!“ (40,6): man könnte geneigt sein, diese Exklamationen gegen Ende der Novelle als redensartliche Einwürfe anzusehen, über die Säkularisierung hinaus enttheologisiertes Sprachmaterial – stünden sie in Hauptmanns Novelle nicht als letzte Kürzel innerhalb eines religiösen Wortfelds, das sich keinesfalls auf Beiläufigkeiten und auf profanierte Glaubensinhalte beschränkt. Bereits der erste Satz der Novelle schildert Thiel als unverdächtig frommen Mann[73] und treuen Kirchgänger;[74] der letzte Satz berichtet von des wahnsinnig gewordenen Thiel Einlieferung nicht in irgendein Berliner Krankenhaus, sondern in die „Charité“: das aus dem Lateinischen *caritas* abgeleitete französische Wort bedeutet „Barmherzigkeit“; Thiels

---

69 Taube 1936, S. 43.

70 Einzelnachweise erübrigen sich hier, nachdem kaum ein Interpret versäumt hat, die Bedeutung der Natur im „Bahnwärter Thiel“ zu betonen und oft zu überhöhen.

71 Vgl. Krämer 1980, S. 35 ff., und Ordon 1951, S. 227 f.

72 Vgl. Krämer 1980, S. 22 f. – Ein Blick in das „Handwörterbuch des Deutschen Aberglaubens“ belehrt darüber, daß Tiere ohne magische Bezüge nicht existieren.

73 Dagegen Krämer 1980, S. 28: „Thiels psychisch-religiöses Erleben [ist] deutlich krankhaft überreizt“.

74 Die marxistische Interpretin Irene Heerdegen 1976, S. 265, bescheinigt Thiel „ausgeprägte Religiosität“; ob man diese als „mit spinozistischen Elementen verwoben“ bezeichnen sollte (S. 269), steht dahin.

Wahnsinnstaten zählen für den „heiligen Himmel" nicht. (Das letzte Wort der Novelle, bisher offenbar unbemerkt, lautet „Zärtlichkeit".) Zwischen dem ersten und letzten Satz wird auf den religiösen und kirchlichen Bereich mehr als dutzendfach angespielt, vor allem im Kontext des Minna-Bereichs, auf einer Spannweite, die von der kindlichen Verwechslung eines Eichhörnchens mit dem lieben Gott (28,25 f.), der Bibelarbeit mit den Dorfbuben (12,6), gläubigen Hoffnungen (11,1 f.), religiösen Skrupeln (20,18 ff.; 21,5 f.) und Natur-Heiligungen (19,12 f.; 27,31 ff.; 28,3; 28,6 f.) bis hin zum apokalyptischen Blutregen[75] reicht (23,26; vgl. Apk 8,7; 11,6; 16,3; 16,4; 16,6). Die „Kapellen"-„Andacht" (7,16 f.; 7,7 f.) im „geheiligten Land" (6,31) akzentuiert den Minna-Lene-Antagonismus zu einer transpersonalen Differenz zwischen dem Überirdischen und einer Welt, die ohne Seele und ohne Gott auszukommen meint.[76]

Nach Tobias' Tod ist die Lebensstrecke Thiels unbefahrbar geworden. Im Gegensatz zu seiner haltbaren Dienstuhr (32,35 f.; 33,23 ff.) bleibt für ihn die Zeit stehen. – Der Destruktion der alten Geleise, einer Existenz zwischen der vital-triebhaft-brutal-dominierenden Lene-Schiene und einer zart-bewahrend-fluchtselig-verehrten Minna-Schiene[77], folgt nun, barbarisch-animalisch wie das Zug-„Ungetüm", eine durch kein Warnzeichen mehr aufzuhaltende Fahrt auf einem neuen Schienenpaar, verderblicher als ein „heranbrausendes Reitergeschwader" (19,2 f.), Thiels altes Leben zerschneidend wie eine „ungeheure eiserne Netzmasche" (18,6). *Es* beginnt die Fahrt einer bisher trotz oder gerade wegen ihrer Zweiteilung lebensfähigen Person in den Abgrund eines Verderbnis-Automatismus, in dem Thiel alle Orientierung verliert („kreiste um ihn die Strecke wie die Speiche eines ungeheuren Rades, dessen Achse sein Kopf war": 33,9 f.) und in dem *es* mit ihm auf den Schienen einer aus dem Nichtbewußt-Vordiktierten („mit dem Küchenbeil will ich sie schlagen": 34,27 f.; vgl. den Beinahe-Mord am

---

75 „Blutstropfen (23,25) und „Blutregen" (23,26) kündigen – für Tobias wie für Thiel – Martyrium und (Welt-)Ende an.

76 Martini 1954, S. 63, spricht von der „Sehnsucht nach dem Göttlichen". – Vgl. Ders. 1970, S. 44: „Der sogenannte Naturalist Hauptmann erzählt zum Mythischen hin." – Die zahlreichen existentialistischen Überhöhungen von Hauptmanns Novelle transferieren den *Fall* zum *exemplum*.

77 Psychologistisch zu kurz greift Krämer 1980, S. 11: „Minna und Lene sind nichts anderes als Projektionen, Abbilder verschiedener z. T. polar gegensätzlicher Seiten der Persönlichkeit Thiels".

Zweitgeborenen: 35,31 ff.) in der grausigen Realität eines Doppelmordes endet; die Tat gleicht durchaus einer rituellen Hinrichtung. Wohin, nach Tobias' Unfalltod[78], Thiels Zug rast, ohne „Knarren und Quietschen der Bremsen" (30,7 f.), das ist eine Familientragödie und eine individuelle Tragödie zugleich. „Aber mein Gott, das ist ja Wahnsinn" (35,24 f.), erkennt der Bahnwärter in einem der immer selteneren Momente kontrollierenden Bewußtseins, ohne freilich der Finalität seiner letzten Wegstrecke etwas entgegensetzen zu können. Was im Wahnsinn geschieht[79], mit geradezu attisch-tragischer und somit fatal-unausweichlicher Notwendigkeit, das wäre allenfalls für Kliniker oder Pathologen oder Psychiater oder auch für Sensationsreporter von Interesse, fänden sich in der Abnormalität des nicht mehr vom Hirn gesteuerten Rache-Rasenden nicht die vormaligen Verdrängungspotentiale aus Thiels Biographie vor dem Tod des kleinen Tobias wieder, die lange Zeit getrennten und dann schlagartig verwundenen Schienen einer gewiß nicht konventionell-harmonischen, aber doch gefühlsökonomisch durchaus lebbaren Existenz.[80]

Die rechnerische, experimentelle Bewußtheit der „Studie"[81] zeigt sich nicht allein an den Vorausdeutungen der Eisenbahnunfälle (3,6 ff.)[82], den Vernachlässigungen des kleinen Tobias (4,23 ff.) und, dies vor allem, der Lene-Vision mit dem blutigen Bündel (23,6 f.);[83] sie wird womöglich noch evidenter in zwei Vorgängen,

[78] Heerdegen 1976. S. 273: „Jetzt erst erwacht die scheinbar erloschene, bislang zurückgedrängte Aktivität dieses Mannes und bricht sich ungezügelt Bahn."

[79] Poppe 1988, S. 44: „Gottes Hand hat gerichtet."

[80] Hier wäre in der Tat die oft zuschanden zitierte Stelle mit den zwei Seelen aus Goethes „Faust" (V. 1112 ff.) heranzuziehen; sowohl Ordon 1951 als auch Silz 1954 haben den „Faust" zum Vergleich herangezogen; der „Chor seliger Geister" (28,7) könnte mit dem Geisterchor („Faust", V. 1447–1505) und dem Chor seliger Knaben (V. 11894–97 und 11926–33) im Zusammenhang stehen.

[81] Terminologisch wenig glücklich formuliert Krämer 1980, S. 25: „exzessives Leitmotivgeflecht".

[82] Eine gegenläufige Motivverklammerung zeigt sich beim toten Rehbock (8,8) und dem Rehbock auf den Geleisen (37,31 f.).

[83] Wiese 1967, S. 276: „Diese traumhafte Vision ist der novellistische Mittelpunkt der ganzen Novelle". – Vgl. Martini 1970, S. 47: in der Vision „Durchbruch des Bewußtseins seiner Schuld und seines Elends". – Eine solche Endgültigkeit des Urteils verkennt, daß nach der Vision Thiels Fleischeslust erneut aufflammt (25,32 ff.) und daß er zusammen mit Tobias erstmals mitvollziehbare Vaterfreuden genießt (27,21 ff.). – Angedeutet kann hier nur werden, daß sich die Minna der Vision „auf der Flucht" (23,1) befindet und sich von Thiel „losgesagt" (23,18) hat, also das präfiguriert, was Thiel erst später vollziehen soll; hierzu korrespondiert nach Tobias' Tod Thiels Aufschrei: „gib ihn wieder" (34,14).

die das Verwischen der beiden bisher separat gehaltenen Bereiche Minnas und Lenes verdeutlichen: zum einen ist Thiel trotz des Wissens um Lenes Handgreiflichkeiten nicht in der Lage, seine zweite Frau in die der ersten geweihte Exterritorialität eindringen zu lassen, um dort maschinengleich (27,5 f.) den jüngst geschenkten Kartoffelacker zu bestellen; und zum anderen folgt dem einen Verrat an Tobias (den er nicht mehr anblickt: 16,17 f.) der zweite an Minna, indem er im Allerheiligsten seines Wärterhäuschens für Lene, Tobias und den bezeichnenderweise namenlosen Zweitgeborenen das Mittagessen bereiten läßt. (29,3 ff.) Lenes unbeirrbarer Durchsetzungsfähigkeit antwortet Thiels ohnmächtige Bereitschaft, die bisher streng geschiedenen Bereiche zu entgrenzen, die schienengleiche Parallelität verknotend engzuführen, sein vordem sorgsam bewachtes Hier und Dort lokal und mental zu verschmelzen und das eine durch das andere auslöschen zu lassen.

Der Sieg Lenes muß angesichts der jetzt gestörten, zerstörten Experimentalanordnung eine Niederlage Minnas (und Tobias') bedeuten; nach der früheren Äquivalenz ist nun der eine Part unzweifelhaft zur Dominanz gelangt. Thiel kann nicht länger in derselben Halbdistanz zum Minna- und zum Lene-Bereich existieren; er ist, wenn im Bild der Geleise gesprochen werden darf, auf eine Schiene desertiert. Thiel ist aus seiner Bahn geworfen, hat seine wenngleich komplizierte Normalität verlassen und seine mitteverbürgende Bipolarität[84] aufgegeben. Er ist aus dem spannungsvoll schützenden Gleichgewicht geraten und, sozusagen, aus den Schienen gesprungen.

Der auf Thiel zentrierte Blick der Interpreten hat jener Lene keine Aufmerksamkeit geschenkt, die als dominant und brutal, als animalisch und hart gekennzeichnet und schließlich als pflichtvergessene Mutter an Tobias schuldig geworden war; um es in unserem Experimentalanordnungs-Bild zu sagen: eine starre Schiene, unsensibel und seelenlos (vgl. 5,4).[85] Nach Tobias' Tod geht mit ihr aber eine staunenswerte Wandlung vor sich, nicht eben breit ausgeführt, lediglich skizzenhaft angedeutet (skizzenhaft wie Minnas Bild zu Beginn).

Zunächst ist ein „Geheul" zu hören, „wie aus der Kehle eines Tieres kommend. Wer war das?! Lene?! Es war nicht ihre Stimme, und doch . . ." (30,17 ff.) – „Lene

[84] Martini 1970, S. 46: sein Leben „in gespaltener, doppelter Existenz".

[85] Poppe 1988, S. 42 mag hier für andere Interpreten stehen: „Im Verlaufe der Novelle wird an ihr keine Entwicklung stattfinden."

gebärdet sich wie wahnsinnig. ‚Das arme, arme Weib‘, heißt es in den Coupés“. (31,25 f.) – „Lene wimmert in einem fort; jede Spur ihres einstigen Trotzes ist aus ihrem Wesen gewichen. Sie wiederholt fortwährend eine Geschichte, die sie von jeder Schuld an dem Vorfall reinwaschen soll.“ (32,5 ff.) – Thiel „bedeutet seiner Frau, die Bahre aufzunehmen; sie wagt nicht, sich zu widersetzen, obgleich sie um den zurückbleibenden Säugling besorgt ist.“ (32,23 ff.) – Lene folgt dem toten Tobias; „ihr Gesicht war bläulichweiß, braune Kreise lagen um ihre Augen.“ (37,18 f.) – Hinter dem ohnmächtig auf einer Bahre getragenen Thiel ging „Lene, die, fortwährend schluchzend, mit tränenüberströmtem Gesicht den Kinderwagen mit dem Kleinsten durch den Sand stieß.“ (38,7 ff.) – „Angesichts ihrer Bekannten brach Lene in erneutes Klagen aus.“ (38,35 f.) – „Ängstlich beobachtete sie die Atemzüge des Kranken“. (39,8 f.) – „Das Kleine schlief. Sie hatte sich entgegen ihrer sonstigen Gewohnheit wenig darum bekümmert. Sie war überhaupt eine andere geworden. Nirgend eine Spur des früheren Trotzes. Ja, dieser kranke Mann mit dem farblosen, schweißglänzenden Gesicht regierte sie im Schlaf.“ (39,15 ff.)

All das paßt nicht mehr zum früheren (Zerr)Bild. Der Experimentalvorgang hat nun auch das „Element“ Lene erfaßt und verwandelt. Das Grenzerlebnis von Tobias’ Tod (Tobias bedeutet hebr.: Gott ist gut) wirft nicht nur Thiel aus der Bahn, sondern auch Lene. Die blutige Zäsur beendet die bisherige Herrschaftsattitüde; das Gefühl ihres Versagens erlaubt keine Überlegenheit oder Überheblichkeit mehr. Aus ihrer Perspektive wird, muß sich ihr Verhalten ändern, sowohl Thiel gegenüber als auch in der Realität ihrer Ehe. Lene will, wird sich – bei allem körperlichen Unterschied – Minna annähern und den Verlust des Erstgeborenen durch neue Formen der Zuneigung wettzumachen versuchen. Aber: dafür ist es zu spät. Die eine Metamorphose käme nur zur Entfaltung, bliebe Thiels Verhalten konstant indolent. Doch Thiel ist seit dem Tod von Minnas Sohn nicht länger der gebändigte Bär, sondern er entgleist aus dem früher spurbildenden Doppelhalt gegensätzlicher Orientiertheit; er ist halt-los geworden, und weil seine lange zurückgestaute Energie nicht mehr auf glatten Schienen transportiert wird, weil diese Energie zukunftslos geworden ist, findet sie ihre Entladung nur in der Vergangenheit, in Lene und in deren Sohn. Die neue Lene vermag der Wahnsinnige nicht mehr wahrzunehmen; die alte Lene aber *muß* nun vernichtet werden. – Nirgends auffälliger als in Lenes vergeblicher, zu später *conversio* wird Hauptmanns Experimentieren erkennbar: weniger eine Doktrin, vielmehr ein souveräner Umgang mit Gesetzmäßigkeiten, deren Konsequenz aber angesichts des aus den alten Geleisen gelaufenen, nun solitär auf neuen Schienen weniger fahrenden als getriebenen Thiel ohnmächtig erscheinen muß.

Die breite und zustimmende Rezeption[86] von Hauptmanns kurzer Novelle ist bereits für die Zeitgenossen belegt; über die Schulen und Universitäten hinaus ist die schon 1929 in hunderttausend Exemplaren[87] aufgelegte Reclam-Ausgabe ein Kontinuitätsnachweis für einen Text, der weiten Kreisen des Lesepublikums als Musterlektüre naturalistischer Kleinepik galt und bis heute gilt; und dies im „Rang von Weltliteratur".[88] In der zumindest theoretischen Zola-Nachfolge[89], in der soziologischen Auswahl der Titelfigur, in der Genauigkeit der nicht so sehr Milieu- als Landschaftsschilderung, in der gegen Ende der Novelle streckenweise vorgeführten Identität von Erzählzeit und erzählter Zeit und in einigen weiteren von der Forschung hervorgehobenen Merkmalen darf Hauptmanns „novellistische Studie" dem Naturalismus zugeordnet werden. Die Momente einer unverdächtig virulenten Religiosität, die bereits dem Symbolismus zuzuordnenden Elemente einer neuen und vitalisierten Naturmetaphorik, die wie vergessenes Treibgut übriggebliebenen Romantizismen[90], vor allem aber die ohne Freuds Hilfe und Sprache formulierten tiefenpsychologischen Einsprengsel verbieten jene simplen Gleichungen, die den „Bahnwärter Thiel" allein als Schulbeispiel eines Naturalismus werten wollen, der den Menschen ganz erklären zu können meinte.[91] Die-

86 Vgl. Krämer 1980, S. 55–59; Poppe 1988, S. 4 ff., S. 73–78; Neuhaus 1974, S. 29–51.

87 Krämer 1980, S. 7.

88 Martini 1970, S. 48.

89 Conrad (1902) – in: Neuhaus 1974, S. 30: man habe seit Zola keine bessere Novelle in Deutschland gelesen.

90 Wiese 1967, S. 275: „Es heißt die künstlerische Gestaltung dieser Novelle völlig verkennen, wenn man diese Bildgestaltung für romantische Restbestände hält". – Dem stehen einige Textpassagen gegenüber: „sein liebster Aufenthalt" (6,15) – vgl. Eichendorff, „Abschied": „andächtger Aufenthalt" (vgl. 7,8: „Andacht"); „Waldeinsamkeit" (16,23) – vgl. Tieck, „Der blonde Eckbert" (1797) und Scheffel (1880); „kleine blaue Blüten" (28,15) – zwei Zeilen zuvor hatte es geheißen: „Stücke blauen Himmels" – vgl. Novalis; „das alte heil'ge Schweigen" (19,12 f.) – vgl. das von Franz Schubert op. 8 Nr. 3 (1817) vertonte Gedicht „Erlafsee" von Johann Mayrhofer mit der Zeile: „Heilig Schweigen in Fichtenzweigen". – In: Fischer-Dieskau 1968, S. 209.

91 Mit dem „Thiel" hatte Hauptmann nach Wiese 1967, S. 272, „das Programm des Naturalismus bereits durch eine symbolische Bildgestaltung überwunden." – Dieser Befund ist ebenso richtig wie falsch: das Programm gab es nicht. – Vgl. Cowen 1973, S. 142: Hauptmanns Novelle geht „schon über die Grenzen des doktrinären Naturalismus vorausdeutend hinaus". – Dagegen Möbius 1982, S. 66: die Novelle kann „noch nicht dem entwickelten Naturalismus zugerechnet werden."

ser Einspruch bleibt auch dann von Gültigkeit, wenn man innerhalb der theoretischen Proklamationen der „Jüngstdeutschen" erhebliche Differenzen konstatieren muß, von der Umsetzung der theoretischen Postulate in die literarische Praxis des Naturalismus ganz zu schweigen. Der Außenwirkung nach war Hauptmann zweifellos der bedeutendste Vertreter dieser ersten Moderne; zudem legte er aber zeitgleich mit seinen größten dramatischen Erfolgen als Naturalist Stücke ganz anderer und sogar konträrer Richtung vor.[92] Bereits den zeitgenössischen Puristen literarhistorischer Schubladenhuberei mußte er als unsicherer Kantonist gelten; derselbe Vorwurf, zur Tugend gewandt, läßt den „Bahnwärter Thiel" als Musterfall dafür erscheinen, daß etwas durchaus Epochentypisches auch mit Aberrationen oder Kontradiktionen bestehen kann und gerade dadurch noch mehr Interesse verdient.

[92] 1893 kamen von Hauptmann zur Aufführung: „Die Weber", „Der Biberpelz", „Hanneles Himmelfahrt".

Helmut Koopmann

Ein grandioser Untergang
Thomas Mann: *Der Tod in Venedig* (1912)

Thomas Manns berühmteste Novelle gilt als „Meisterwerk des zwanzigsten Jahrhunderts". Über dessen Konturen hatte er nachgedacht, als er sich anschickte, seine Novelle zu schreiben.[1] Kein Zweifel, daß Thomas Mann mit ihr ein solches Meisterwerk geschaffen hat - und in der Thomas-Mann-Forschung ist die Ansicht vertreten worden, „daß auf lange Sicht das Ansehen Thomas Manns sicherer und dauernder in dem halben Dutzend Meistererzählungen begründet ist als im knappen Dutzend seiner Romane".[2] Thomas Mann hat damals, als er den die Novelle begleitenden kleinen Aufsatz „Über die Kunst Richard Wagners" am Lido von Venedig im Jahre 1911 schrieb, auch verraten, wie er sich das Meisterwerk des 20. Jahrhunderts dachte: „irgend etwas ausnehmend Logisches, Formvolles und Klares, etwas zugleich Strenges und Heiteres, von nicht geringerer Willensspannung als jenes, aber von kühlerer, vornehmerer und selbst gesunderer Geistigkeit, etwas, das seine Größe nicht im Barock-Kolossalischen und seine Schönheit nicht im Rausche sucht, - eine neue Klassizität, dünkt mich, muß kommen".[3]

Sehr präzise ist das freilich kaum. Dennoch fällt in dieser visionären Charakteristik das entscheidende Stichwort, mit dem die Eigentümlichkeit des „Tod in Venedig" nicht besser bezeichnet werden könnte: „neue Klassizität". Thomas Manns „Tod in Venedig" leitet damit zugleich eine Wende in der Geschichte der Novelle des 20. Jahrhunderts ein, die freilich nicht nur ihren Höhepunkt, sondern auch das Ende einer Kunstform bezeichnet, die in dieser Weise nicht mehr fortgesetzt wurde - nicht einmal von Thomas Mann selbst.

[1] Thomas Mann: Gesammelte Werke in dreizehn Bänden. Frankfurt/M. ²1974. Bd. X. S. 842.

[2] So Hans R. Vaget: Die Erzählungen. In: Thomas-Mann-Handbuch. Hg. von Helmut Koopmann. Stuttgart 1990. S. 534–618. Hier S. 534.

[3] Thomas Mann: Gesammelte Werke in dreizehn Bänden. Bd. X. S. 842.

Novellen waren beliebt in der Zeit, als Thomas Mann zu erzählen begann; er fügte sich notgedrungen der literarischen Mode. Aber daraus darf man nicht eine bewußte Konzeption der Gattung Novelle ableiten.[4] In Thomas Manns Novellensammlungen finden sich höchst unterschiedliche literarische Erzählformen, und so können wir, über Thomas Mann hinaus, eigentlich nur folgern, daß sich der Begriff der Novelle damals, als er seinen höchsten Kurswert hatte, auch schon aufzulösen begann: eine bekannte literarische Erscheinung, die in dem literaturimmanenten Gesetz von reziprokem Verhältnis von Ausmaß und Kontur einer literarischen Gattung seit Jahrhunderten beobachtet werden kann. Dementsprechend bunt ist das, was sich bei Thomas Mann in seinen Novellenbänden versammelt: Skizzen und Reflexionen, handlungsarme Bestandsaufnahmen seelischer Zustände und ganze Lebensläufe, in Handlung umgesetzte Lebensphilosophie und Impressionen, Anekdoten und Kurzgeschichten, autobiographische Selbsterkundungen und in Erzählungen umgesetzte Seelenstudien. Auffällig ist nur eines: die Zahl der Erzählungen (oder Novellen) nimmt nach dem „Tod in Venedig" deutlich ab. Anders gesagt: der „Tod in Venedig" beschließt eine Serie, die mit ihm 25 Novellen umfaßte; die danach folgenden Erzählungen sind in großen Abständen ent-

[4] Thomas Manns Meisterstück, erstmals 1912 in der „Neuen Rundschau" erschienen, ist von ihm selbst sowohl in eine Sammlung von „Novellen" (Berlin 1922) wie auch später in den Band „Erzählungen" (Frankfurt/M. 1958) aufgenommen worden. Thomas Mann hat nicht unterschieden zwischen Novellen und Erzählungen, und in seinem erzählerischen Werk kennt er auch die „Skizze", „Studie", „Anekdote" – daneben nutzt er die Begriffe Idylle, Legende, Geschichte, Kurzgeschichte, „short story" und „short novel". Das läßt zunächst einmal nur die Schlußfolgerung zu, daß es für Thomas Mann eine definite Vorstellung vom Wesen der „Novelle" nicht gegeben hat, zumal sich der Begriff der Erzählung im Laufe seines Lebens für ihn immer stärker durchsetzte. Der Begriff „Novelle" ist eher für die frühen Erzählungen genutzt worden. Vor dem „Tod in Venedig" gab es, was Sammelveröffentlichungen anging, nur Buchveröffentlichungen mit den Titeln „Der kleine Herr Friedemann. Novellen" (1898), „Tristan. Sechs Novellen" (1903), „Der kleine Herr Friedemann und andere Novellen" (1909). Auch danach folgen Novellensammlungen: „Das Wunderkind. Novellen" (1914), dann in den „Gesammelten Werken in Einzelausgaben" der Band „Novellen" (1922). Der Begriff der „Erzählungen" setzt sich erst im gleichnamigen Band der „Stockholmer Gesamtausgabe" (1958) durch. Schon diese Übersicht macht deutlich, daß „Der Tod in Venedig" nicht als spezifische Novelle geschrieben, sondern in eine Novellensammlung aufgenommen wurde, die die Sammelbände der früheren Zeit fortsetzte.

standen und lassen erkennen, daß Thomas Mann sich vom Typus der „Novelle“ verabschiedet hat – inwieweit Buchmarktüberlegungen dabei eine Rolle gespielt haben, sei dahingestellt. „Herr und Hund“: ein „Idyll“; „Mario und der Zauberer“: ein „tragisches Reiseerlebnis“; „Die vertauschten Köpfe“: eine „indische Legende“; „Das Gesetz“: eine „short novel“, in Verbindung zu sehen natürlich mit den Josephsromanen und eine Auftragsarbeit. Damit aber bleiben als „Erzählungen“ eigentlich nur noch „Unordnung und frühes Leid“ und „Die Betrogene“; zwar erfüllt auch noch „Mario und der Zauberer“ einige Anforderungen, die man traditionellerweise an die Novelle stellt, aber sie ist eben nicht mehr so genannt – und auch daraus ist zu folgern, daß der „Tod in Venedig“ einen Höhe- und Wendepunkt in der erzählerischen Kunst Thomas Manns markiert; mit dem „Tod in Venedig“ tritt das erzählerische Werk in seiner bis dahin ausgebreiteten Vielfalt an Themen und Stoffen zurück, im folgenden dominieren die Romane.

Der „Tod in Venedig“ ist also ein nicht mehr überbietbares Erzählwerk gewesen; aber von ihm führten keine Wege mehr in die Erzähl-Zukunft Thomas Manns. Man kann diesen Sachverhalt freilich auch anders sehen: angesichts der außerordentlichen Vielfalt kleiner Erzählformen im Frühwerk Thomas Manns verabschiedet sich die Novelle mit dem „Tod in Venedig“ als eigene Kunstform aus Thomas Manns Erzählkunst, und damit wird der Schlußpunkt gesetzt unter eine Entwicklung, die längst begonnen hatte und die nicht nur für das Erzählen Thomas Manns, sondern für die Bedeutung der Novelle im frühen 19. Jahrhundert überhaupt charakteristisch ist. Denn die eigentlichen Überschneidungen gab es nicht zwischen Novelle einerseits und der Erzählung, der Kurzgeschichte, der Anekdote oder der Studie andererseits, sondern zwischen Novelle und Roman. So ist die Frage, ob es sich hier um „Novellen“, „Erzählungen“ oder anderes handelt, letztlich belanglos. Um so wichtiger ist die Frage, was Novelle und Roman miteinander zu tun haben. Die Nähe des einen zum anderen ist offenkundig. „Der Tod in Venedig“ ist in fünf „Kapitel“ gegliedert – gewiß nicht ein der Novelle, wohl aber ein dem Roman zugehöriges Strukturprinzip. Umgekehrt aber sind die frühen Romane Thomas Manns ausnahmslos aus novellistischen Anfängen entstanden. Thomas Mann hat selbst berichtet, daß er in den „Buddenbrooks“ eigentlich nur die „Erfahrungen des sensitiven Spätlings Hanno“ darstellen wollte – doch der epische Instinkt, der ihn getrieben habe, ab ovo zu beginnen, habe „statt der Knabennovelle“ einen Gesellschaftsroman entstehen lassen.[5] Daß auch „Königliche Hoheit" in Beziehung zur Novellistik Thomas Manns steht, ist ebenfalls von ihm ausgesprochen worden: er habe, so schrieb er einmal, auf „Buddenbrooks" Novellen folgen lassen, in denen er neue Wege gesucht habe, die er dann in „Königliche Hoheit" weitergegangen sei.[6] Andere Beziehungen laufen von „Tonio Kröger" zu „Königliche Hoheit", also wiederum von einer Novelle zu einem Roman.[7] Auch nach dem „Tod in Venedig" vermengt sich das Romanhafte mit dem Novellistischen; der „Zauberberg" war ursprünglich als „eine Erzählung" gedacht, „ein humoristisches Gegenstück zum ‚Tod in Venedig', ein Gegenstück auch dem Umfang nach, also eine nur etwas ausgedehnte short story".[8] Ernsthafte Gattungsüberlegungen darf man natürlich aus solchen Äußerungen nicht herauslesen. „Tod in Venedig" also Novelle, zugleich aber auch „Erzählung", schließlich „etwas ausgedehnte short story": daraus ist kein definitorisches Kapital zu schlagen. Allenfalls wäre noch hinzuzufügen, daß mit „short story" nicht die Kurzgeschichte amerikanischer oder auch deutscher Provenienz gemeint gewesen ist, sondern eben nur eine kürzere Erzählung, und Novelle war, kurz gesagt, schließlich alles das, was nicht Roman war –, wobei man wissen muß, daß Roman und Novelle ebenfalls ineinander übergehen, die Novelle Romanqualitäten hat und viele Romane einem novellistischen Entwurf folgen.

Das alles ist in Deutschland nicht neu. Vermischungen zwischen Novelle und Roman gab es bereits um 1830, und schon damals erschien als „Novelle", was zuweilen ein ausgewachsener Roman war, so wie umgekehrt die Romane oft nur eine Bündelung verschiedener Novellen waren. Gattungsspezifische Eigenheiten kamen der Novelle schon damals nicht mehr zu, weil eben alles Novelle sein konnte; als Novelle wurde bezeichnet, was mehr war als eine kurze Anekdote und weniger als ein Roman – wobei die Grenzen fließend waren. Andererseits war zur Zeit der Jahrhundertwende die Novelle – nach der artistischen Novellistik der Romantik, nach der Novellenkunst des späten 19. Jahrhunderts – *die* Kunstform, die am ehesten Klassizität zu ermöglichen schien. Sie hatte darüber hinaus eine ehrwürdige europäische Tradition, und so scheint beidemale die Novelle so etwas wie eine Antwort gewe-

---

[5] Thomas Mann: Gesammelte Werke in dreizehn Bänden. Bd. XI. S. 554.
[6] Ebd. S. 574.
[7] Ebd. S. 577.
[8] Thomas Mann: Gesammelte Werke in dreizehn Bänden. Bd. XIII. S. 155.

sen zu sein auf die Forderung nach Klassizität: im Falle Thomas Manns als erfüllte Leistung achtzig Jahre zuvor als unerfülltes Programm.

Thomas Mann begann seine Arbeit am „Tod in Venedig" unmittelbar nach dem Venedig-Aufenthalt vom 26. Mai bis zum 2. Juni 1911, aber erst nach etwa einem Jahr, am 15. Juni 1912, war die Novelle abgeschlossen. Die konzeptionellen Hintergründe sind widerspruchsvoll und lassen erkennen, daß durchaus nicht etwa von Anfang an eine tragende Idee oder feste Handlungsvorstellungen die Werkgenese bestimmten. Persönliche Erfahrungen während des Aufenthaltes auf dem Lido von Venedig spielten bei der endgültigen Niederschrift sicherlich eine Rolle, aber diese sind, vor allem, was die Beziehung Aschenbachs zu Tadzio angeht, häufig überschätzt worden. Am Anfang stand anderes, und Thomas Mann hat bekanntlich darüber in nötiger Ausführlichkeit berichtet: „Ich war von dem Wunsche ausgegangen, Goethe's Spätliebe zu Ulrike von Levetzow zum Gegenstand meiner Erzählung zu machen, die Entwürdigung eines hochgestiegenen Geistes durch die Leidenschaft für ein reizendes, unschuldiges Stück Leben darzustellen – jene schwere Krise Goethe's, der wir seine herrliche Karlsbader Elegie verdanken, diesen Aufschrei aus tiefstem Verstört- und Hingerissensein, das für ihn fast zum Untergang geworden wäre und jedenfalls ein Tod vor dem Tode gewesen ist".[9] Die Goethe-Beziehung Thomas Manns ist alt, sie geht bis in das Jahr 1894 zurück. Von der Widerspiegelung eigener Erfahrungen oder Wünsche wird man anfangs also kaum reden können. Thomas Mann kam damals mit diesem Goethe-Plan aber nicht voran und berichtete später, daß er denn auch etwas anderes beschrieben habe: „Ich schuf mir einen modernen Helden, einen Helden des zarten Typs, den ich in früheren Werken schon sympathievoll gestaltet hatte, einen Bruder Thomas Buddenbrooks und Gierolamo Savonarolas, einen *Helden der Schwäche* also, der am Rande der Erschöpfung arbeitet und sich das Äußerste abgewinnt, kurz: einen Helden vom Schlage des von mir selbst so getauften ‚Leistungsethikers' ".[10] Darin spricht sich nicht nur eine gewisse Kontinuität jenes „Helden"-Typus aus, die sich bei Thomas Mann immer wieder beobachten läßt und die zeigt, wie stark er hier noch unter dem Eindruck der Verfallsgeschichte seines ersten Romans und unter der Dekadenzstimmung der Jahrhundertwende stand; zweifellos spielte auch eine ver-

[9] Thomas Mann: Gesammelte Werke in dreizehn Bänden. Bd. XIII. S. 148.
[10] Ebd. S. 148 f.

deckt geführte und doch sehr gründliche Auseinandersetzung mit sich in die Erzählung hinein, eine Introspektion in die eigenen Möglichkeiten und Grenzen, was sein Schriftstellertum anging. Die Sympathie für jenen „zarten Typ" ist eine Sympathie für sich selbst; Gustav von Aschenbach, die Idealgestalt eines Leistungsethikers, trägt unverkennbar Thomas Mannsche Züge, und das nicht nur deswegen, weil die Werke, die er geschrieben hat, die Werke Thomas Manns sind oder sein sollten. Daß der „Leistungsethiker" in eine Krise geraten war, verraten auch andere Hinweise. Thomas Mann hat sich freilich erst spät über diese Krisensituation geäußert, nämlich in seiner Vorlesung „On myself", die er im Mai 1940 in Princeton gehalten hat. Dort heißt es:

„‚Der Tod in Venedig' also nimmt eine eigentümlich markante Doppelstellung ein in meinem persönlichen Leben als Schriftsteller und zugleich in der Epoche, der dieses Leben angehört. Die Erzählung erschien 1913, knapp vor Ausbruch des Ersten Weltkrieges also, mit dem ein Abschnitt des europäischen Lebens sich endigte und neue Schicksalswelten sich für den Fortlebenden auftaten; und diesem für mein Gefühl nicht zufälligen Standort an einer Zeitenwende entspricht genau die Rolle, die sie in meinem internen Leben spielt, insofern als sie darin ein Letztes und Äußerstes, einen Abschluß bedeutet: sie war die moralisch und formal zugespitzteste und gesammeltste Gestaltung des Décadence- und Künstlerproblems, in dessen Zeichen seit ‚Buddenbrooks' meine Produktion gestanden hatte, und das mit dem ‚Tod in Venedig' tatsächlich ausgeformt war, – in voller Entsprechung zu der Ausgeformtheit und Abgeschlossenheit der individualistischen Gesamt-Problematik des in die Katastrophe mündenden bürgerlichen Zeitalters. Auf dem persönlichen Wege, der zum ‚Tod in Venedig' geführt hatte, gab es kein Weiter, kein Darüber-Hinaus, und ich verstand es vollkommen, wenn Freunde meiner Arbeit damals ihre Sorge zu erkennen gaben darüber, wie ich es nun überhaupt noch weiter treiben wollte [. . .]. Wirklich ist es eine Frage der Vitalität, ob man einen kritischen Punkt, einen Punkt relativer und bedingter Vollendung, wie ich sie erreicht hatte, überwindet oder nicht [. . .]".[11]

Das bezog sich freilich auf die Zeit nach dem „Tod in Venedig", aber diese Bemerkungen lassen doch erkennen, daß mit dem „Tod in Venedig" ein Wendepunkt erreicht war. Das alles spiegelt sich in der Figur Aschenbachs, jenes Leistungsethikers, der eben das in Frage stellt, was er eigentlich ist. Die Kritik am „Leistungsethiker" war Selbstkritik, und sie verband sich also mit der Vorstellung, eine Episode aus Goethes spätem Leben darstellen zu wollen.

Die Krisensituation war eine solche der Unsicherheit, wie es weitergehen sollte – Thomas Mann hatte zwei Romane geschrieben und relativ viele Novellen, aber während der erste Roman ihn berühmt gemacht hatte, war der zweite eher als zu leicht befunden

[11] Thomas Mann: Gesammelte Werke in dreizehn Bänden. Bd. XIII. S. 150 f.

worden, und seine Novellistik ließ ein eindeutiges Konzept nicht erkennen, sondern wechselte nicht nur zwischen vielen Formen, sondern auch zwischen Themen hin und her, die sich letztlich alle als nicht tragfähig erweisen konnten und die in manchem mehr vom Experiment an sich hatten, als das der Schriftsteller Thomas Mann hätte zugeben mögen. Möglicherweise hat Thomas Mann damals sich eingeredet, daß auch er noch bis dahin bestimmten Kunstrichtungen des 19. Jahrhunderts mit seinen Novellen gehuldigt hatte - der für den „Tod in Venedig“ so entscheidende Essay „Über die Kunst Richard Wagners“, der in Venedig am Lido entstand und die Formel von der „neuen Klassizität“ enthält, legt derartige Überlegungen nahe. Am Beispiel Wagners verabschiedet sich, mit anderen Worten, Thomas Mann von künstlerischen Tendenzen, Themen und Formen des 19. Jahrhunderts oder ist doch wenigstens entschlossen, sich von alledem loszusagen. „Und ich meine zu wissen, daß Wagners Stern am Himmel deutschen Geistes im Sinken begriffen ist“, schrieb der glühende Wagner-Verehrer Thomas Mann in diesem Essay.[12] Auch da also eine Umbruch- und Krisensituation, die gewiß nicht dadurch ausgelöst wurde, daß auch sonst „in der höheren Jugend viel Wagnerkritik, viel Instinktives, wenn auch stummes Mißtrauen“ hochgekommen war. Thomas Mann, der nicht nur davon träumte, das repräsentative Kunstwerk seiner Tage zu schreiben, sondern der darüber hinaus selbst *der* repräsentative deutsche Schriftsteller werden wollte, demonstriert am Beispiel Wagners, wie jenes alte Ideal, dem er gehuldigt hatte, jetzt vergangen war. „Wagner ist neunzehntes Jahrhundert durch und durch“, schrieb er,[13] aber der Essay enthält dann sein Bekenntnis zur neuen Klassizität - und dort ist eben von jenem ausnehmend Logischen, Formvollen und Klaren, Strengen und Heiteren die Rede, das als Bestimmung des Neuen heute so unscharf wie nichtssagend wirkt.

„Neue Klassizität“ also, ein schriftstellerisches Programm im Hintergrund - andere Einflüsse auf den „Tod in Venedig“ sind entweder ephemerer Natur oder sind nur spät in der Entstehungsgeschichte zu lokalisieren. Dazu gehört zweifellos die homoerotische Komponente. Neuere Thomas-Mann-Arbeiten neigen dazu, geradezu von einer „Leidensmotivation“ zu reden und in der „Leidenschaft“ Aschenbachs für Tadzio einen „neuralgischen Punkt der

[12] Thomas Mann: Gesammelte Werke in dreizehn Bänden. Bd. X. S. 840-842. Hier Seite 841.

[13] Ebd. S. 842.

Novelle“ zu sehen.[14] Allen Versuchen, in der Homoerotik der Novelle das Zentrum zu erkennen, ist entgegenzuhalten, daß die Entstehungsgeschichte dem von vornherein widerspricht; deren zahlreiche Wurzeln lassen sich nicht auf dieses eine Moment zentrieren. Im übrigen hat Thomas Mann selbst – wenn auch im Abstand von acht Jahren – festgestellt: „was ich ursprünglich erzählen wollte, war überhaupt nichts Homo-Erotisches, es war die – grotesk gesehene – Geschichte des Greises Goethe zu jenem kleinen Mädchen in Marienbad, das er mit Zustimmung der streberisch-kupplerischen Mama und gegen das Entsetzen seiner eigenen Familie partout heiraten wollte, was aber die Kleine durchaus nicht wollte . . . “.[15] Erst spät kam das venezianische homoerotische Erlebnis hinzu, „ein persönlich-lyrisches Reiseerlebnis, das mich bestimmte, die Dinge durch Einführung des Motivs der ‚Verbotenen‘ Liebe auf die Spitze zu stellen . . . “.[16] Daß sich bei einer so eminent autorbezogenen Arbeit wie dem „Tod in Venedig“ Querbeziehungen zur Homoerotik des Verfassers herstellen müssen, liegt auf der Hand, aber damit sind weder die Absicht noch der Ausgangspunkt der Novelle getroffen. Im übrigen ist in dieser Hinsicht nicht das venezianische Erlebnis für Thomas Mann wichtig gewesen, sondern allenfalls die frühe Beziehung zu Paul Ehrenberg.

Wer die homoerotische Komponente in der Novelle überbetont, wird kaum erklären können, warum Thomas Mann so sehr um „neue Klassizität“ bemüht war. Camouflage war es sicherlich nicht. Es darf als gesichert gelten, daß Thomas Mann hierin einem Kunstprogramm folgte, das er im wesentlichen Samuel Lublinski verdankte.[17] Samuel Lublinski, dem Thomas Mann schon eine außerordentlich würdigende Besprechung der „Buddenbrooks“ schuldete, hatte in seiner „Bilanz der Moderne“ (1904) und in „Der Aus-

---

14 So Karl Werner Böhm: Zwischen Selbstzucht und Verlangen. Thomas Mann und das Stigma Homosexualität. Untersuchungen zu Frühwerk und Jugend. Würzburg 1991. S. 326; auf die „beträchtliche“ Bedeutung der Homoerotik im „Tod in Venedig“ weist auch Claus Sommerhage hin: Eros und Poesis. Über das Erotische im Werk Thomas Manns. Bonn 1982. S. 97.

15 Thomas Mann: Briefe 1889–1936. Hg. von Erika Mann. Frankfurt/M. 1962. S. 177.

16 Ebd.

17 Dazu Hans Rudolf Vaget: Thomas Mann und die Neueklassik: ‚Der Tod in Venedig‘ und Samuel Lublinskis Literaturauffassung. Stationen der Thomas-Mann-Forschung. Hg. von Hermann Kurzke. Aufsätze seit 1970. Würzburg 1985. S. 41–60. (Erstmals im „Jahrbuch der Deutschen Schillergesellschaft“ 17. 1973. S. 432–454).

gang der Moderne“ (1909) die neue Klassizität als Zeichen der Moderne genannt, und bereits in seinem Aufsatz „Klassische Kunst“ von 1904 wie auch später dann in seiner Schrift über den „Ausgang der Moderne“ ist der Begriff der neuen Klassizität zu finden. Lublinski ging damit gegen einen Naturalismus an, der sich überlebt hatte, sah sich aber auch in Übereinstimmung mit einer novellistischen Spielart, wie sie etwa Paul Ernst praktiziert hatte. Lublinski taucht in Thomas Manns Novelle auf: als „kluger Zergliederer“, und die Attribute, die er ihm zuerkennt, sind schmeichelhaft: „schön, geistreich und exakt”.[18] Lublinskis Formeln für eine neue klassische Kunst sind im „Ausgang der Moderne“ genannt; er will nichts Geringeres als „eine neue synthetische Kunst“, und sie ist so charakterisiert: „In ihr lebt ein Streben nach Präzision, Einfachheit und geschlossener Einheit, während sie mit allen zivilisatorischen Hilfsmitteln über einen wunderlichen Dualismus dennoch nicht hinausgelangt”.[19] Thomas Manns Hinweise auf „etwas ausnehmend Logisches, Formvolles und Klares, etwas zugleich Strenges und Heiteres“, wie er sie in „Über die Kunst Richard Wagners“ gegeben hatte, sind wohl nichts anderes als eine Umsetzung dieser Lublinskischen Charakteristiken.

Der Einfluß Lublinskis und seines Begriffes der „neuen Klassizität“ ist sicherlich groß gewesen, wenngleich auch die Auseinandersetzung Thomas Manns mit Wagner und die Hinwendung zu Goethe eine wichtige Rolle spielten, aber wichtiger vielleicht noch als die „neue Klassizität“ war wohl die Formel von der„neuen synthetischen Kunst“, die Thomas Mann unbedingt zusagen mußte. Denn sie lieferte ihm ein gedanklich-theoretisches Konzept dafür, in dieser Novelle, in die Persönliches und Unpersönliches, Literarisches und Philosophisches einschoß, so zu schreiben, daß alle diese Elemente eben in synthetischer Form integriert werden konnten. Zwar hat Thomas Mann im Brief an Carl Maria Weber vom 4. 7. 1920 darauf hingewiesen, daß die Novelle „im Kerne hymnisch geartet“ sei, und er zitiert selbst aus dem „Gesang vom Kindchen“ einige Zeilen, darunter auch die, wo vom Wandel vom *„‚trunkenen Lied* zur *sittlichen Fabel‘“* die Rede ist.[20] Aber die Annahme,

[18] Thomas Mann: Gesammelte Werke in dreizehn Bänden. Bd. VIII. S. 453. Darauf hat erstmals Vaget in seinem Aufsatz a. a. O. S. 48 hingewiesen.
[19] Vgl. Vaget. S. 52.
[20] Thomas Mann: Briefe 1889–1936. S. 176 f.

daß das „trunkene Lied" am Ausgang gestanden habe, wird von allen anderen Zeugnissen widerlegt und läßt sich auch nur schwer mit der Vorstellung vereinbaren, daß Thomas Mann sich hier um neue Klassizität bemüht habe. Thomas Manns Hinweis kann nur dann gelten, wenn damit die Beziehung zu Paul Ehrenberg gemeint gewesen sein sollte – die aber bestenfalls nur ein sehr früher, emotionaler Anlaß zur Niederschrift der Novelle gewesen sein konnte. Aber klassische Synthese: das war die eigentliche Formel, die es Thomas Mann erlaubte, jene trunkene, hymnische Stimmung und die Auseinandersetzung mit Wagner, die geschlossene Einheit und die Präzision der Darstellung miteinander zu verbinden.

Freilich läßt sich das Neoklassizistische an der Novelle nicht definieren, nur beschreiben – schon Thomas Manns Charakteristik der „neuen Klassizität" war ja bestenfalls annäherungsweise gelungen. Gegenüber den Novellen und vor allem den „Buddenbrooks" gegenüber fällt auf, daß zur Klassizistik des Stiles der Verzicht auf Dialoge ebenso gehört wie die sprachlich zurückhaltende und dennoch eindringliche Darstellung des Erzählers – der hier eine viel größere Rolle einnimmt als in allen anderen erzählerischen Werken Thomas Manns zuvor. Zum Klassizistischen gehört ferner der weitgehende Verzicht auf Ironie, die Eindeutigkeit der Darstellung – was nicht ausschließt, daß sie immer wieder doppelbödig wird, da hinter der Einzelheit oft ein mythisches Geschehen oder die literarische Tradition sichtbar wird. Vor allem aber bedeutet Klassizismus den Verzicht auf jegliche psychologisierende Darstellung und den Einsatz aller sprachlichen Mittel, die eine distanzierte Erzählhaltung zulassen. Der Einbezug mythischer Hintergründe erfüllte die Konzeption der neuen synthetischen Kunst; der Einbezug antiker Literatur und eines griechischen Mythos sicherte diese Klassizität auch vom Stofflichen her. Hier wurde im engsten Sinne des Wortes Klassisches erzählt, und in der Hermes-Geschichte war ein klassischer Mythos enthalten, der zur strengen Form der neuen Klassizität hinzukam. Zum Erzählstil der neuen Klassizität gehörte auch die Verwendung von Leitmotiven und Symbolen. Die Totentanz-Motivik, die die Erzählung durchzieht, die Geschlossenheit einer Reiseerzählung, an deren Ende der Tod steht, das kluge Gespinst aus Andeutungen und Zeichen, die den Helden der Erzählung umschlossen halten, der Verzicht auf naturalistische Skizzen und auf eine Anhäufung von Details, der strenge Funktionalismus der wenigen ausführlich beschriebenen Realien: das alles sind die Umsetzungen jener Konzeption von der neuen Klassizität in stilistische Charakteristika. Thomas Mann hat hier das, was Lublinski forderte, in eine Erzählkomposition eingebracht, in der alltägliche Zufälle als solche immer bedeutungsloser werden und die dennoch mit mythischer Bedeutung aufgeladen erscheinen: in der vordergründigen Wirklichkeit wird der Mythos sichtbar, und vor allem die letzten Abschnitte enthalten eine Bedeutungsdichte, deren Aussagekraft sich tatsächlich an der klassischer oder auch klassizistischer Werke (wie etwa Goethes „Faust“)· messen kann.

Sonderbarerweise ist die Frage, warum Thomas Mann so sehr auf Lublinskis „neue Klassizität“ einging, bislang eigentlich nie gestellt worden. Man hat mit Recht festgestellt: „Thomas Mann – daran kann es keinen Zweifel geben – ist auf Lublinskis kritische Anregungen eingegangen“.[21] Aber was war der Anlaß, die Begründung? Die sich anbahnende Auseinandersetzung mit Wagner, die Lublinskis Überlegungen Vorschub leistete, kann es allein kaum gewesen sein. Erst recht kann man wohl nicht Thomas Manns Dankbarkeit dem Kritiker Lublinski gegenüber ins Feld führen – diese hätte sich in anderer Form ebenso deutlich äußern lassen. Auch das Bewußtsein, mit der „neuen Klassizität“ wirklich zur Moderne zu gehören, wie Lublinski sie beschrieben hatte, kann man kaum ernsthaft als Beweggrund nennen. Das gleiche gilt für die beiderseitige Auseinandersetzung mit Nietzsche. Da hätte Lublinskis Nietzsche-Kritik eher hinderlich sein können. Man wird ebenfalls die Kunstkonzeption Lublinskis, seine Theorie der Moderne als zwar bedeutsam, aber konzeptionell nicht so klar umrissen charakterisieren können, als daß Thomas Mann ihr gewissermaßen hätte folgen müssen. Alles das sind nur Begleitmomente einer Umorientierung, zu der Lublinski den Anlaß, aber nicht die Begründung lieferte. Zur Moderne gab es eine Unzahl von Äußerungen, und Thomas Mann fand hier auch nicht vorbildhafte ästhetische Vorbilder oder Vorlagen – die hätte Paul Ernst eher liefern können. Die Goethe-Beziehung hingegen brauchte er nicht auf Lublinski zurückzuführen – sie war längst vorhanden. Auch die philosophischen Bereiche der Lublinskischen Charakteristik der Moderne konnten es allein kaum gewesen sein, die Thomas Mann zu ihm hingeführt haben könnten; zwar hat Lublinski viel zum Thema „Geist und Kunst“ gesagt, aber das haben andere ebenfalls, und man kann

[21] So Vaget. a. a. O. S. 52.

auch daraus noch nicht zureichend erklären, warum Thomas Mann auf die „neue Klassizität" verfiel. Dabei geht es nicht um den Einfluß Lublinskis, sondern um die Frage, warum Thomas Mann in der „neuen Klassizität" ein Programm für sein Erzählen sah. Persönliche Motivationen darf man ausschalten – künstlerische Fragen allein aber geben auch keine rechte Begründung. Sucht man sorgfältiger nach den eigentlichen Ursprüngen der Novelle vom Tod in Venedig, bietet sich eine andere Erklärung an, die merkwürdigerweise nie deutlicher vorgebracht worden ist. Denn wie fast immer im Frühwerk Thomas Manns antwortet „Der Tod in Venedig" unverblümt auf das Werk Heinrich Manns: er ist nichts weniger als eine Kriegserklärung. Auch „Der Tod in Venedig" ist ein *„Anti-Heinrich"* – wie es eine Notiz früh schon festhält.[22]

Man darf in den frühen Jahrzehnten bei Thomas Mann fast immer davon ausgehen, daß sein Werk auf Heinrich Mann und dessen Arbeiten reagiert. Thomas Manns „Buddenbrooks" und Heinrich Manns „Im Schlaraffenland" waren noch Parallelaktionen, aber sie schienen doch schon zumindest indirekt aufeinander bezogen zu sein. Der Erfolgreichere in diesen Jahren war zweifellos Heinrich Mann – er schrieb einen Roman nach dem anderen, während auf „Buddenbrooks" lange Zeit nichts Vergleichbares folgte. „Königliche Hoheit" war ein etwas leichtgeratenes Lustspiel, gemessen am epischen Tiefgang des Erstlings. Thomas Mann, der jüngere, sah sich durch seinen älteren Bruder in den Schatten gestellt, wollte es ihm gleichtun und ihn nach Möglichkeit übertreffen; von Heinrich dürfte er auch die Kunst des ebenso unauffälligen wie artistischen Zitierens gelernt haben, um ihn selbst darin zu überflügeln. Natürlich gab es viel Gemeinsamkeiten – aber das Gegensätzliche begann zu überwiegen. „Tonio Kröger" antwortet in manchem bereits auf Heinrich Manns „Im Schlaraffenland", und überhaupt ist es dieser Roman, der tief in das Werk Thomas Manns hineinwirkt. Der amerikanische Landesbeglücker und Krösus Samuel N. Spoelmann ist, wenn man so will, eine Personalvariante zu James L. Türkheimer, dem Börsenhelden im „Schlaraffenland". Auf den Glückspilz Andreas Zumsee folgt bei Thomas Mann Felix Krull. Da sollte der Bruder übertroffen werden, nicht nur nachgeahmt, und allmählich schob sich Thomas Manns Erzählkunst vor die des Bruders. Der machte das Spiel mit: „Professor Un-

[22] Thomas Mann: Notizbücher 7–14. Hg. von Hans Wysling und Yvonne Schmidlin. Frankfurt/M. 1992. S. 115 (Notizbuch 7; S. 148).

rat" nimmt unzweifelhaft das Schulkapitel der „Buddenbrooks" wieder auf, nicht nur zu demonstrativen Zwecken.[23]

Aber spätestens 1903 wurde aus dem brüderlichen Miteinander und Übertreffen-Wollen in *einem* Bereich ein Gegensatz, der jahrelang, am Ende sogar jahrzehntelang die Beziehungen der Brüder belasten sollte. Heinrich Mann, dem Renaissancekult der Jahrhundertwende zugetan, veröffentlichte „Die Jagd nach Liebe". Der Roman machte den latent schon länger schwelenden Konflikt mit Thomas perfekt. Thomas Mann antwortete mit jenem Brief vom 5. Dezember 1903, der eine einzigartige Philippika enthielt und den Heinrich kaum je in seinem Leben vergessen haben dürfte. Thomas erklärt sich mit der literarischen Entwicklung Heinrichs „nicht einverstanden" – und es geht eben über diesen Roman, „Die Jagd nach Liebe", her.[24] Da waren nicht nur Heinrichs „Schnellfertigkeiten" – schlimmer war die Skrupellosigkeit des Libertin. Und das Verdikt lautete: „Diese schlaffe Brunst in Permanenz, dieser fortwährende Fleischgeruch ermüden, widern an. Es ist zu viel, zu viel ‚Schenkel', ‚Brüste', ‚Lende', ‚Wade', ‚Fleisch', und man begreift nicht, wie Du jeden Vormittag wieder davon anfangen mochtest, nachdem doch gestern bereits ein normaler, ein tribadischer und ein Päderasten-Aktus stattgefunden hatte". Also ein sexualistischer Kolportage-Roman – und Thomas' Urteil war vernichtend. Daß er am Schluß seines Briefes „ein fruchtbares neues Jahr" wünscht, ist ein so offener Hohn, daß man versteht, wie hilflos Heinrich auf diese Kriegserklärung reagiert hat – es hat sich nur der Entwurf eines Antwortbriefes erhalten, der Thomas Mann auch nicht überzeugt hätte, wenn er besser, ausführlicher und überzeugender geschrieben worden wäre. Die zweite Verurteilung der „Jagd nach Liebe" kam später, stiller und gründlicher: es war der „Tod in Venedig". Denn da wurde dem hemmungslosen Liebesrausch des brüderlichen Romans eine andere Art von Liebe entgegengesetzt, die sich mit Blicken begnügte und Gedanken – da war auch Leidenschaft, aber gebändigt und literarisch ganz anders inszeniert. Wenn Liebe und große Leidenschaft im Roman – dann so, wie Thomas es beschrieb. „Neue Klassizität" – das war auch neue Klassizität in der Darstellung von Liebesdingen, eine Antwort auf die „schlaffe Brunst in Permanenz", und daß Liebe und Tod miteinander zu tun

[23] Vgl. dazu: Thomas Mann – Heinrich Mann. Briefwechsel. 1900–1949. Hg. von Hans Wysling. Erweiterte Neuausgabe. Frankfurt/M. 1984. S. XXVII.

[24] Ebd. S. 28 ff.

haben, konnte Heinrich bei dieser Gelegenheit auch noch lernen. So ist denn „Tod in Venedig“ der eigentliche „Anti-Heinrich“, dem Bruder entgegengeschrieben, nicht so sehr, um ihn zu übertreffen, sondern um ihn zu entwaffnen.

Das war das eine. „Tod in Venedig“ enthält aber noch eine andere Antwort, wiederum in brüderliche Richtung gegeben. Als von Thomas Mann „Königliche Hoheit“ erschien, wo so manches sich auf Heinrichs „Schlaraffenland“ bezog, war Heinrich wieder einmal mit einem neuen Roman zur Stelle: der „Kleinen Stadt“. Da feierte eine vielleicht etwas sonderbare Art von italienischer Volks- und Stadtdemokratie sich selbst, da war das „Volk“ der eigentliche Held, da gab es den literarisch inzwischen reichlich überalterten Fortschrittsglauben, da gab es Sozialkritik und dennoch den Sieg der gesunden Vernunft und Liberalität in Volksgestalt, da war „öffentliches Leben“, da waren die Schauspieler und die Piazza, und da war ein mediokres Kleinstadtleben mit allen Langweiligkeiten, Anzüglichkeiten und Beschränktheiten.

Das konnte nicht nach Thomas Manns Geschmack sein, und das war es auch nicht. Das allzu Menschliche und das Gewöhnliche – „Königliche Hoheit“ hatte sich schon dagegen ausgesprochen, und „Der Tod in Venedig“ tat es noch einmal. Dieses scharfe Sich-Abwenden von aller ordinären Popularität, wie sie in der Novelle im Verhältnis Aschenbachs zu seiner italienischen Umgebung deutlich wird, es ist nicht zuletzt eine Antwort auf die sonderbare Liebe zum Volk, die aus der Sicht Thomas' in der „Kleinen Stadt“ alles so sehr durchtränkte. Der Einzelfall, der Aristokrat, der unverstandene Ausnahmemensch, der Einsame, der auch im Tod noch einsam war, die aristokratische Liebe zum Göttlich-Schönen, dann der nicht weniger aristokratische Verzicht auf den wirklichen Besitz, selbst wenn dieser Verzicht ein erzwungener war: auch das war „Der Tod in Venedig“. Wenn dieser Aristokrat am Schluß unterging – es war ein Untergang, wie er grandioser kaum vorstellbar war, denn nicht jedem winkt ein Gott ins verheißungsvoll Ungeheure hinein. Der Liebestod am Ende der „Kleinen Stadt“: das war italienische Opernmusik, süß und gleichzeitig ein wenig Kolportage. Der Untergang des Aristokraten Gustav von Aschenbach in seiner Einsamkeit und auch in seiner bewahrten Würde, bei allem Entgleiten aus der Disziplin in den Rausch: das war alles andere als Kolportage. Da wurden dem Bruder literarisch noch einmal die Leviten gelesen, ein für allemal. Und Thomas Mann wußte natürlich, was er tat. Er schrieb an Heinrich am 2. April 1912 über seine

Novelle: „Es ist zum Mindesten etwas sehr Sonderbares, und wenn Du es im Ganzen nicht wirst billigen können, so wirst Du einzelne Schönheit nicht leugnen können. Besonders ein antikisierendes Kapitel scheint mir gelungen".[25]

Daß die Novelle ein Ende war, ein Höhe- und Schlußpunkt, das steht auf einem anderen Blatt: klassizistisch ließ sich danach, am Vorabend des Ausbruchs des Ersten Weltkrieges, nicht mehr schreiben, das besorgte Stefan George, und Thomas Mann wollte in diese Nachbarschaft gewiß nicht hinein. Was folgte, waren Gewissenserkundungen, waren die „Betrachtungen eines Unpolitischen", war der „Zauberberg". Er sollte ursprünglich ein humoristisches Gegenstück zum „Tod in Venedig" sein, aber er wurde anderes, mehr. Heinrich hat auf den „Tod in Venedig" direkt nicht mehr geantwortet. „Der Zauberberg" als Roman über Tod, Krankheit und Liebe jenseits aller „neuen Klassizität" war die Antwort, die Thomas Mann sich selbst gab.

[25] Thomas Mann – Heinrich Mann. Briefwechsel 1900–1949. S. 120.

Peter Cersowsky

Mit primitivem Blick
Franz Kafka: *Die Verwandlung* (1915)

Dem Biographismus bietet Kafka wohl kaum je vielfältigere Anhaltspunkte als mit der *Verwandlung.*[1] Unmittelbar vor dem 17. 11. 1912, als ihm, im Bett liegend wie Gregor Samsa, der erste Einfall zu dessen Geschichte kommt (F 102)[2], glaubt er sich von Felice Bauer verlassen, wie sich dann Gregor an eine vergebliche Liebeswerbung erinnern wird (E 122). Daß dieser das Verhalten des Vaters als feindselig erfährt, während die Mutter allenfalls lamentierend passiv bleibt, mag man auf Kafkas Sicht seiner Eltern zurückführen. Wie um Familie Samsa stand es um Familie Kafka finanziell kritisch, während er bis zum 7. 12. 1912 an der *Verwandlung* schrieb. Oblag Gregor der Unterhalt seiner Angehörigen, so haftete Franz für das Familienunternehmen einer Fabrik. „Als Affe meiner Eltern" (F 138) sah er sich; er blieb abhängig und isoliert zugleich im Elternhaus wie sein Protagonist. „Wer sich mit Hunden zu Bett legt, steht mit Wanzen auf" (T 139), urteilte Hermann Kafka über eine Freundschaft seines Sohnes. Gregors Schwester Grete mag Kafkas Lieblingsschwester Ottla nachgezeichnet sein. Wie Gregor wollte Franz Ottlas Ausbildung bezahlen. Solidarisiert sich Grete nach anfänglicher Fürsorge schließlich mit den Eltern gegen den Verwandelten, was ihn vollends todesbereit macht, so

---

1 Vgl., auch zu den literarischen Voraussetzungen der *Verwandlung*: Hartmut Binder: Kafka. Der Schaffensprozeß. Frankfurt/M. 1983 (Suhrkamp Taschenbuch Materialien 2026). – Kommentierte Bibliographie: Stanley Corngold: The Commentators' Despair. The Interpretation of Kafka's *Metamorphosis*. Fort Washington/N. Y., London 1973. – Peter U. Beicken: Franz Kafka. Eine kritische Einführung in die Forschung. Frankfurt/M. 1974 (Fischer Athenäum Taschenbücher Literaturwissenschaft 2014), S. 261–272. – Ders. (Hrsg.): Franz Kafka: *Die Verwandlung*. Stuttgart 1990 (Erläuterungen und Dokumente, Reclam 8155).

2 Kafka: Gesammelte Werke. Hg. v. Max Brod. New York, Frankfurt/M. 1950 ff. Br = Briefe 1902–1924. E = Erzählungen. F = Briefe an Felice und andere Korrespondenz aus der Verlobungszeit. Hg. v. Erich Heller und Jürgen Born. H = Hochzeitsvorbereitungen auf dem Lande und andere Prosa aus dem Nachlaß. T = Tagebücher 1910–1923.– J = Gustav Janouch: Gespräche mit Kafka. Frankfurt/M. 1968. Siglen und Seitenzahlen im Text.

ergriff Ottla im Oktober 1912 wegen seines Desinteresses an der Fabrik Partei für die Eltern gegen den Bruder, was ihn zur Selbstmordabsicht trieb. Grete mag auch an Felice erinnern. Sie teilt ihren Vornamen mit Felices Freundin Grete Bloch, die Kafka selbst mit der Schwester in der *Verwandllung* in Verbindung brachte (F 562). Gregors strapaziöser Beruf als „Reisender" mag durch Kafkas lästige Dienstreisen mit angeregt sein. Das Dienstpersonal und die räumlichen Verhältnisse im Elternhaus mag man in der *Verwandlung* ebenso wiederentdecken wie den Fleischer, mit dem Kafka einmal versehentlich zusammenprallte und, in den Speisen für Gregor Samsa, sogar seine eigenen Ernährungsgewohnheiten.

Allein: „Samsa", soll er beteuert haben, sei kein Kryptogramm für „Kafka", *Die Verwandlung* kein „Bekenntnis" (J 55). So häufig er sie in den Briefen an Felice erwähnt, so distanziert er doch die Arbeit daran von seiner Beziehung zur Adressatin – nicht zuletzt, wenn er ihr sein Work in Progress als „ausnehmend ekelhaft" (F 117), vorangetrieben durch einen „wilden Wunsch" (F 105), darstellt. Solche Formulierungen führen schon eher auf die Eigenart der Erzählung.

„Mit primitivem Blick gesehen, ist die eigentliche, unwidersprechliche, durch nichts außerhalb (Märtyrertum, Opferung für einen Menschen) gestörte Wahrheit nur der körperliche Schmerz", notiert Kafka (T 569), und außerdem: „Jenen Wilden, von denen erzählt wird, daß sie kein anderes Verlangen haben als zu sterben ... sie geben sich hin ... sie fallen in den Ufersand und stehn niemals mehr auf – jenen Wilden gleiche ich sehr". Einen solchen „fürchtet man wie den Teufel, es ist ... wegen des Gestankes der Wahrheit, der aus ihm steigen würde. Gewiß, es würde nichts geschehn, ... weiter ginge das mächtige Leben ..." (H 249). Nichts Abstraktes ist demnach die „Wahrheit", die Kafka meint, sondern vielmehr Elementares, entsprechend „Primitives", gemäß den „Wilden"; sie ist physischer und widerlich-abstoßender, „stinkender" Natur, und sie beruht in der Erfahrung des Schmerzes selbst, kulminierend im eigenen Tod; eine schmerzhafte Auslöschung der Existenz, die aus eigenem Impuls, allerdings ohne rationale Motive, betrieben wird, was freilich den Lebensgang im Ganzen nicht beeinträchtigt. Dies sind Schlüsselformulierungen für *Die Verwandlung*.

Die „Vorstellungen" (E 75), die Gedanken Gregors angesichts seiner Metamorphose, erscheinen den wahren Gegebenheiten unangemessen, sie sind „in seinem gegenwärtigen Zustand ganz nutzlos“ (E 102). Psychologisierende Kausalbeziehungen zwischen Außenwelt und innerer Verfassung – „das trübe Wetter ... machte ihn ganz melancholisch“ (E 71) – verfehlen die Wahrheit ebenso wie Gregors Ansichten von „Vernunft“ und „Opfer“ (E 77). Seine Worte werden nicht mehr verstanden, und er weiß selbst kaum mehr, was er sagt (E 83 f.).

Mit der „Zerstörung“ von Gregors Worten (E 74), des Mediums der Ratio, geht jedoch die elementare Wahrheit einher, die Degeneration auf eine „primitive“ Existenzform und die Hingabe an die allmähliche Auslöschung seiner menschlichen Existenz. Seine Verhaltensmöglichkeiten ähneln denen eines Kleinkindes. Als Tier vermag er schlechterdings keinen „menschlichen Husten“ (E 85) hervorzubringen. Er wird schließlich zum bloßen Ding, zur toten Hülle, die man wegfegt – eine Reduktion auf Körperliches. „Körper“ ist eines der Hauptworte der *Verwandlung*. Gregors Erfahrungen konzentrieren sich auf die physische Empfindung, in erster Linie auf den Schmerz, Resultat der körperlichen Gewalt, die der Vater anwendet. Im Schmerz kulminieren regelmäßig die Bewegungsimpulse des Verwandelten, besonders, als einer der Äpfel, mit denen der Vater ihn beworfen hat, in seinem Körper steckenbleibt. Unmittelbar vor seinem Tod fühlt er nur noch „Schmerzen im ganzen Leib“ (E 136). Diese Erfahrung bleibt als manifeste Wahrheit, und Gregor fügt sich ganz passiv drein. Sein Tod ist nur noch ein widerstandsloses „Niedersinken“ (E 136 f.), so wie sich jene Wilden in den Ufersand fallen lassen, um zu sterben.

Wenn der Vater ihn behandelt „wie ein Wilder“ (E 92), dann entspricht dies Gregors eigenem Zustand, einer Verwilderung fürwahr. Wie der Wilde in Kafkas Aufzeichnung erfährt er, daß man sich vor ihm entsetzt wie vor etwas Diabolischem: man bekreuzigt sich vor ihm. Gregors „primitive“ Existenz verläuft in Schmutz und Fäulnis. Die verfaulende Nahrung, zu der es ihn zieht, appelliert mit ihrem Gestank ebenfalls in negativer Weise an die Sinnesorgane, und in dergleichen, vollends schließlich in Gregors verrottendem Kadaver, beruht die unbezweifelbare, „ekelhafte“ (E 118), „peinliche“ (E 105), „widerliche“ (E 132) Wahrheit seiner Verwandlung, ihr Skandalon – darin und daß Gregor sich in diese Sphäre des Körperlich-Schmutzig-Tödlichen so bereitwillig und grundlos fallenläßt. Und wie sich für Kafka gerade in der Verwesung des Wilden der Fortgang des Lebensganzen zeigt, so entwickelt Gregors Familie nach seinem Ende neue Lebensimpulse, bezeichnenderweise am

Frühlingsanfang, mit dem Hinweis auf den lebensvollen „Körper“ der Schwester (E 142) als letztem Wort.

„... und habe auch Stammesbrüder ringsherum“ (H 249), ergänzt Kafka jenen Abschnitt über die Wilden. Entsprechend soll er Gustav Janouch mit Blick auf *Die Verwandlung* mitgeteilt haben, die Ansicht: „Das Tier ist uns näher als der Mensch“ liege „in der Zeit“ (J 43). In der Tat bricht sich in der Literatur der Jahrhundertwende das Tier im Menschen unübersehbar Bahn, ob bei einem Hanns Heinz Ewers (z. B. *Die Spinne*) oder bei einem Johannes V. Jensen. In seiner Erzählung *Der Kondignog*, die Kafka möglicherweise kannte[3], schildert Jensen die Verwandlung in eine rätselhafte Menscheneidechse aus der Optik des Betroffenen. Dessen Isolation, der Verlust des aufrechten Gangs und Details wie sein Kältegefühl machen ihn zu einem Vorläufer Gregor Samsas, wenn auch die Animalisierung bei Jensen subjektiver, weil von der Menge unbemerkt bleibt und zu guter Letzt märchenhaft zurückgenommen wird.

Sicherlich, auf literarische Tiermetamorphosen konnte Kafka bereits bei Ovid, Dante, Goethe oder in seinen verschiedenen Märchenbänden stoßen; vorbereitet ist seine *Verwandlung* aber namentlich im 19. Jahrhundert – vielleicht im Darwinismus, dem Jensen anhing und mit dem Kafka wohl sympathisierte. Noch viel weniger konnte er sich der Sogwirkung Nietzsches entziehen. Was Nietzsche, beileibe nicht nur im *Zarathustra*, den er besaß, über den Wahrheitscharakter des Schmerzes und über die selbstzerstörerische tierische Natur des Menschen, orientiert ebenfalls an den „Wilden“, sagt, mußte Kafka ansprechen. Wie für Nietzsche, war vor allem auch Schopenhauer für ihn eine Leitfigur. Die Täuschung durch die subjektiven Vorstellungen neben dem eigentlich Wahren, dem Organischen, Animalischen, zulaufend auf den Tod des einzelnen mit dem Fortgang des Lebens, das allenfalls bereitwillig erlitten werden kann – es sind Kernpunkte der Schopenhauerschen Philosophie, die *Die Verwandlung* damit aufnimmt.[4] Die deformierte, gespaltene Persönlichkeit nimmt besonders seit der Romantik vielfältige literarische Gestalt an bei Chamisso (*Peter Schlemihl*, Be-

---

[3] So eventuell schon aus dem *März* 4 (1909), S. 294 ff. Die Buchausgabe in Jensens *Mythen und Jagden*, Frankfurt/M. 1910, wurde in der *Neuen Rundschau* besprochen, die Kafka regelmäßig las.

[4] Vgl., auch sonst zu Kafka und den literarischen Voraussetzungen: P. Cersowsky: Phantastische Literatur im ersten Viertel des 20. Jahrhunderts. München ^{2}1989.

standteil von Kafkas Bibliothek), Hoffmann (z. B. *Die Abenteuer der Silvester-Nacht*), Gogol (*Die Nase*) oder Edgar Allan Poe (vgl. J 55, 68). Bei Poe bereits wird der elementare, unmotivierte Impuls, sich selbst physisch zu schaden – *The Imp of the Perverse* – beherrschend, auch in Zusammenhang mit Animalischem, das an Stelle des Menschlichen tritt (*The Black Cat*). Eine Hauptquelle der *Verwandlung* ist *Der Doppelgänger* von Dostojewski, einem von Kafkas erklärten „Blutsverwandten" (F 460). Bei Dostojewski findet sich nicht nur die Vorstellung, vor der Umgebung wie ein Ungeziefer dazustehen, Ausdruck einer reduzierten, gespaltenen Persönlichkeit; bei ihm findet sich vor allem auch, anknüpfend an Poe, jener elementare, „perverse" Trieb zur Selbstqual.[5] Während dies allerdings hier wie bei Poe letztlich doch in psychologischem Zusammenhang bleibt, greifen derartige Erklärungsmöglichkeiten bei Kafka eben nicht.

Mit der Geschichte der Novelle gründlich genug vertraut, übernimmt er dieses Gattungsetikett auch für seine *Verwandlung* (Br 151). Was kann das besagen? Marion Sonnenfeld sieht in Gregors Metamorphose die „eine sich ereignete unerhörte Begebenheit" entsprechend der Goetheschen Gattungsdefinition.[6] Was den von Tieck geforderten „Wendepunkt" betrifft, so entdeckt sie deren gleich zwei, nämlich, erstens, Gregors Annahme seiner Insektenexistenz und, zweitens, seinen Entschluß, zu sterben. Auch den Heyseschen „Falken" macht sie dingfest, freilich nicht etwa im Käfer, sondern im Motiv der Tür. Zu Recht konstatiert allerdings bereits Benno von Wiese, daß diese geläufigen Novellenmerkmale für die Spezifik der *Verwandlung* wenig erbringen.[7]

Näher liegen da schon die Bemerkungen Theodor Storms zur Theorie der Gattung.[8] Wenn nach Storm die Novelle den Verlauf und den Ausgang eines Einzelfalles, nicht aber dessen Ursachen erfaßt, wenn es, wie Winfried Freund ausgehend davon in der Einleitung dieses Bandes feststellt, in der Novelle vorwiegend um

5 „Masochismus" heißt dann die sexuelle Variante dieses Impulses im Anschluß an Sacher-Masoch. Dessen *Venus im Pelz* soll Kafka ebenfalls beeinflußt haben. Vgl. Peter B. Waldeck: Kafka's *Die Verwandlung* and *Ein Hungerkünstler* as Influenced by Leopold von Sacher-Masoch. In: *Monatshefte* 64 (1972), S. 147–152.

6 Marion Sonnenfeld: Parallels in *Novelle* and *Verwandlung*. In: *Symposium* 14 (1960), S. 221–225.

7 Benno von Wiese: Die deutsche Novelle von Goethe bis Kafka. Düsseldorf 1968, Bd. 1, S. 319 ff.

8 Vgl. Jürgen Born: Kafkas Bibliothek. Ein beschreibendes Verzeichnis. Frankfurt/M. 1990, S. 45, 176. – H 446, T 578.

ein Geschehen geht, dem der einzelne mehr oder weniger passiv ausgeliefert ist und das sogar den Menschen beiseite drängen kann, dann ist *Die Verwandlung* dafür geradezu ein Musterbeispiel. Als „die strengste und geschlossenste Form der Prosadichtung" schätzt Storm die Novelle. Er begründet damit ihre Charakterisierung als „Schwester des Dramas".[9] Affinitäten zum Dramatischen zeigt auch Kafkas Œuvre allenthalben, und als eine „Schwester des Dramas" par excellence kann *Die Verwandlung* gelten. „Szenen" nennt Kafka bezeichnenderweise ihre einzelnen Episoden (Br 136). Auch für ihn bestimmt sich eine „Novelle" durch die Tendenz, „sich abzuschließen", indem sie, „falls sie berechtigt ist, ihre fertige Organisation in sich trägt" (T 450). *Die Verwandlung* steht dafür deutlich genug ein: Der abgeschlossene Vorgang, beginnend mit Gregors Erwachen als Insekt und endend mit seinem Tod und dem neueinsetzenden Leben in der Familie, gliedert sich, wie ein Dreiakter, in drei Kapitel, die nahezu gleich lang sind, mit Klimax und Antiklimax jeweils etwa an der gleichen Stelle – den Ausbruchsversuchen Gregors und ihrer Vereitelung durch den Vater – bzw. mit der Katastrophe am Schluß, nach der die familiäre Ordnung, die durch seine Verwandlung gestört war, neu hergestellt scheint. Von Kapitel zu Kapitel weitet sich die erzählte Zeitspanne – vom Tag zu Wochen und Monaten –, aber an einem Morgen setzt das Ganze ein und am Morgen nach Gregors Todesnacht endet es. Dies läßt doch geradezu an die Einheit der Zeit denken. Ohnehin gewahrt sind die weiteren dramatischen Einheiten des Ortes – die Wohnung bzw. Gregors Zimmer darin – und der Handlung. Seine Metamorphose bedingt ihrerseits Wandlungen im Verhalten der anderen Charaktere. Dieses Leitmotiv wird damit um so beherrschender. Es trägt vollends zur außerordentlichen Geschlossenheit der *Verwandlung* bei.

Auch damit freilich ist noch nichts sonderlich Spezifisches gesagt. Zwar, die Zeitschrift *März*, die Kafka sicher aufmerksam verfolgte, glossiert 1909 „eine neue Käferart . . ., außerordentlich schwer zu definieren", verwandt jedoch den „Aaskäfern" in ihrer Ernährung von verwesendem Fleisch und ihrem abstoßenden Gestank.[10] Gemeint ist einmal mehr der Mensch als Tier, hier das

---

[9] Albert Köster (Hrsg.): Der Briefwechsel zwischen Theodor Storm und Gottfried Keller. Berlin [4]1924, S. 85. Vgl. Born, S. 176.

[10] E. A. Loosli: Literarische Insekten. In: *März* 4 (1909), S. 143. – Max Brod schrieb häufiger für den *März*, nicht nur – 1913 – als einer der ersten über Kafka. – Vgl. etwa F 300. – Anm. 3.

grassierende literarische Epigonentum. Indes, ebensowenig wie Samsa ein Kryptogramm für Kafka ist, erschöpft sich nun einmal die Dramatik seiner Erzählung als Kriterium ihres Novellencharakters in epigonaler Anlehnung an Storm.

Genauer weisen auf *Die Verwandlung* die Überlegungen, die der Freund Max Brod über dramatische Gestaltung anstellte – praktisch gleichzeitig mit deren Entstehung: Ausstattungsstücke und Dramen, die sich in großen Worten ergehen, lehnt Brod ab. Dagegen schätzt er Bühnenwerke, die, mit möglichst sparsamer Konversation, das Augenmerk auf unscheinbare Details, auf scheinbar belebte kleine Dinge oder Lebewesen lenken, wobei die Deutung dem Zuschauer überlassen bleiben soll: „Keine Erklärungen ... Eine Katze schleicht zwischen stürmisch beschriebenen Papieren, und man weiß, es handelt sich um einen Dichter" (S. 114).[11] Menschen sollen in solchen Werken allenfalls „geduldet" sein, sie werden jedoch abgelöst durch „Katze, Maus, Spucknapf, Sonnenstreifen" (S. 114). Immer wieder soll die dargestellte Welt „verwandelt" werden ins „noch nie Dagewesene": „Eine Wiese wird zu dem Gefieder eines sagenhaften Riesenpapageis" (S. 117). Offenkundig wohl, wie nahe dem die animalisierte, unerklärte Welt der *Verwandlung* steht, in der denkbar wenig gesprochen wird und das Augenmerk neben dem Insekt immer wieder auf unscheinbare Dinge fällt, seien es eine umgeworfene Kaffeekanne, vom Wind bewegte Vorhänge oder Zeitungsblätter. In einem Tagebuchkommentar über dramentheoretische Äußerungen Brods wendet sich Kafka seinerseits gegen eine „unerträgliche Vermenschlichung" dieser Gattung (T 124). Seine eigene „Schwester des Dramas", die *Verwandlung*, führt buchstäblich eine entsprechende Entmenschlichung vor Augen.

Max Brod mußte selbst wissen, daß seine Ideen dramatischer Metamorphosen auf der Bühne schwerlich realisierbar sein würden – ebensowenig wie die Geschichte Gregor Samsas. Das dramatische Genre jedoch, an das sich Brods einschlägige Erwartungen vor allem knüpfen, ist der Film, der wie kein anderes eine verwandelte Welt vor Augen zu führen vermag: Unscheinbares und Wild-Exotisches gleichermaßen. Dies bestätigt nicht zuletzt *Das Kinobuch*, das Kurt Pinthus 1913/14 herausgab. Pinthus charakterisiert in

[11] M. Brod: Ideen für Ausstattungsstücke. In: M. B.: *Über die Schönheit häßlicher Bilder. Ein Vademecum für Romantiker unserer Zeit.* Wien, Hamburg 1967. Seitenzahlen im Text.

seinem Vorwort den Film als exemplarisches Medium von „Seltsamkeiten“ und fehlender „Kausalität“ (S. 22)[12], worin „Bewegung und Geste . . . belebte Natur, fremdartiges Milieu, überraschende Tricks, stark bewegte Szenen“ (S. 20) mehr als im Bühnenstück zu ihrem Recht kommen, worin Ernstes, Schreckliches und Lächerliches vermischt werden dürfen, und das alles – die Rede ist selbstverständlich vom Stummfilm – ohne Worte. „Das Wunderbare, Ungewöhnliche, Unerhörte, sucht der Mensch im Kino (weil es ihm im Leben zu selten geschieht)“ (S. 26). „Kleine Kaufleute“, meint Pinthus, sollen durch einen Film „aus dem Gleichmaß ihrer Stunden herausgerissen werden“ (S. 24). Das Kino ist für ihn alles andere als „edle“ Kunst (S. 20) – Medium des „primitiven Blicks“ also schlechthin. Mit seinem Filmszenarium *Ein Tag aus dem Leben Kühnebecks, des jungen Idealisten* hat Max Brod einen typischen Beitrag für diesen Sammelband geliefert. Gezeigt werden soll darin, wie sich die Alltagswelt für den Titelhelden, dessen Familie sich feindselig verhält, mannigfach „verwandelt“ (S. 71). Der kindliche Schüler Kühnebeck wird zum „venezianischen Nobile“, wobei sich vor seinen und des Zuschauers „phantastischen Augen die häuslichen Speisen in grandiose Nobile-Gerichte umformen“ (S. 72 f.). Er wähnt sich in die Welt indianischer Wilder versetzt und entdeckt Delphine auf einer Großstadtstraße. Das Ganze, ebenfalls gegliedert in drei Abschnitte, beginnt mit Kühnebecks morgendlichem Erwachen wie Gregor Samsas Geschichte. Kafka kannte das Szenarium seines Freundes gewiß. Ebenso wie Brod zeigte er sich gerade zur Entstehungszeit der *Verwandlung* vom Kino fasziniert. Im September 1912 sah er etwa einen Film *Seltsame Insekten.*

Eine „Filmnovelle“ hat man dadurch definiert, daß das Geschehen vor dem inneren Auge des Autors und des Lesers erzählend-beschreibend zur Darstellung gelange. Als Gesamtkunstwerk, als Medium traumähnlich vermittelter Wahrheit ist diese Textart, mit Rekurs auf Schopenhauer, charakterisiert worden, und lediglich „eine mit bewegten Bildern illustrierte Novelle“[13] sei der Stummfilm gewesen. Entsprechend nennt schon Pinthus im *Kinobuch* Film und Novelle in einem Atemzug. Brods *Kühnebeck* ist erzählerisch angelegt.

---

[12] K. Pinthus (Hrsg.): Das Kinobuch. Kinostücke . . . Zürich 1963. Seitenzahlen im Text.

[13] Gottfried Müller: Dramaturgie des Theaters, des Hörspiels und des Films. M. e. Beitr. von Wolfgang Liebeneiner. Würzburg ^{7}1962, S. 16, 20, 121 ff.

Die Wahrheit des Schmerzes, das unterstreicht schon sein bewegtes Bild der sterbenden Wilden, zeigt sich bei Kafka vorwiegend optisch. „Ich zeichnete keine Menschen. Ich erzählte eine Geschichte. Das sind Bilder, nur Bilder" (J 54) – was Gustav Janouch so zum *Verschollenen* überliefert, gilt noch mehr für die gleichzeitig geschriebene *Verwandlung*, eine Filmnovelle, wie sie im Buche steht. Die wenigen, kurzen und floskelhaften Sprachwendungen ähneln bisweilen den Zwischentiteln im Stummfilm. Absolut vorherrschend sind in der *Verwandlung* die optischen Eindrücke, vor allem natürlich das Erscheinungsbild des verwandelten Gregor. Seine Beine „flimmerten" ihm „vor den Augen" (E 71). Dieses Verb erinnert ganz besonders an einen ablaufenden Film. Sogar das Violinspiel der Schwester ist vorwiegend eine visuelle Episode mit dem Arrangement des Notenpultes und den aufmerksamen Blicken der Zimmerherren. Wie der Schwarzweißfilm ist die fast farblose Bilderfolge der *Verwandlung* bestimmt durch Hell-Dunkel-Kontraste (vgl. Br 136). Unverkennbar erinnert die intensive Gestik der Figuren an die des Stummfilms, beispielsweise wenn angesichts des Insekts der Prokurist „die Hand gegen den offenen Mund drückte und langsam zurückwich" (E 86), oder wenn es über den Vater heißt, er „beschattete . . . mit den Händen die Augen und weinte, daß sich seine mächtige Brust schüttelte" (E 87). Vergleichbare Gestik führt auch die Titelillustration zur ersten Buchausgabe der *Verwandlung* vor Augen, die Kafkas Wünschen entsprach. Sie wirkt in ihrer Statik wie das Szenenphoto aus einem Film. Was Kafka dem Kino noch vorzog, war eine Abfolge unbewegter Bildprojektionen von der Art des „Kaiserpanoramas" zu Friedland, weil er darin an Stelle der ausschließlichen filmischen „Unruhe" der „Bewegung" auch die „Ruhe des Blickes" fand (T 593). *Die Verwandlung* kommt auch dem erzählerisch nahe. Der Wechsel zwischen Bewegung und Statik prägt den Text auffallend – nicht nur das Gebaren des Ungeziefers, das mal abrupt hastig, mal völlig bewegungslos ist. Gregors Ansichten von sich selbst und seiner Umgebung wechseln wie Kameraeinstellungen zwischen Großaufnahme und Totale, Ruhe und Bewegung. Von den hektisch flimmernden Beinchen wandert der Blick zur „ruhig[en]" (E 71) Totale des Zimmers und verharrt dann ebenso statisch auf dem Tisch mit der Musterkollektion des Reisenden, anschließend auf der Photographie an der Wand von Gregors Zimmer mit all ihren Einzelheiten. Dann wieder ein Schwenk zum konturlosen Blick aus dem Fenster. Furchterregend riesig werden sich später die Stiefelsohlen des Vaters vor den Augen Gregors und des Lesers bewegen. Wiederholt zeigt Kafka andererseits die Personen in ihren Gesten zu tableauhaften Gruppierungen erstarrt. Wie Brods Kühnebeck ist Gregor Samsa Zuschauer und Hauptdarsteller in einem. An das Kino, namentlich das der Stummfilmzeit, erinnert schließlich Kafkas Mischung von Ernst und Komik. Bei allem Schrecken, der auch dem Leser vermittelt wird – wenn beispielsweise der Vater Gregor rund um das Zimmer jagt, buchstäblich im Zeitlupentempo, dann ähnelt dies denkbar stark einer situationskomischen Verfolgungsjagd in Slapstick-Manier. Charlie Chaplin als Kafka-Held – mit dieser Vorstellung liebäugelte schon Max Brod.[14] Kafka selbst bezeugt, daß viel gelacht wurde, als er seine *Verwandlung* im Freundeskreis vorlas (F 320).

Der „Idealismus" Kühnebecks besteht darin, daß die Verwandlungen lediglich in seinen Vorstellungen stattfinden, die immer wieder durch die alltägliche Wirklichkeit abgelöst werden. Das verbindet Brods Kinostück mit Kafkas frühen *Hochzeitsvorbereitungen auf dem Lande*, deren Held sich allenfalls tagträumerisch ausmalt, er liege zum Käfer verwandelt im Bett, während sein Menschenkörper die Reise aufs Land antrete (H 11 f.); aber auch hier bleibt dies eben nur Vorstellung, realiter kommt es dazu nicht. Anders allerdings dann in der *Verwandlung*. Gregor sagt zwar: „er war gespannt, wie sich seine heutigen Vorstellungen [von seiner Metamorphose] allmählich auflösen würden" (E 75); das geschieht jedoch nicht: „Es war kein Traum" (E 71). Kühnebecks Wahrnehmungen bleiben auch tagsüber wie ein „Traum" (S. 72), während mit Gregors Erwachen die bloßen Träume definitiv vorbei sind; was bei Brod als Bereich irrealer Einbildung kenntlich gemacht ist, wird bei Kafka umgekehrt zur eigentlichen, physisch-schmerzhaften, destruktiven Wahrheit – die „primitive" Wahrheit der Verwilderung und Entmenschlichung.

Bevor Kafkas Filmnovelle 1915 in den *Weißen Blättern* und in der Buchreihe *Der jüngste Tag* erschien, lag sie 1914 bereits der *Neuen Rundschau* vor. Wegen ihres Umfangs mußte deren Redakteur, Robert Musil, seine Publikationszusage wieder zurückziehen. Musil selbst äußerte sich 1914 in seiner Zeitschrift über die Novelle im allgemeinen. Er beschreibt sie als „etwas, das über [den Dichter] hereinbricht" und das mit „große[n] innere[n] Umkehrungen" zeige, „wie alles in Wahrheit sei". Der Novellendichter „wird fremd

[14] So in seinem Nachwort zu *Amerika*, A 359. – Vgl. Wolfgang Jahn: Kafka und die Anfänge des Kinos. In: *JbDSG* 6 (1962), S. 353–368.

bleiben und ein Sonderling; er wird vielleicht gar kein Mensch sein, sondern ein Etwas . . .“.[15] All dies klingt, als seien Musils novellentheoretische Anmerkungen bereits eines der frühesten Beispiele für die Rezeption der *Verwandlung*.

Kaum eine Novelle des 20. Jahrhunderts, die seither breitere Resonanz gefunden hätte. Unter den deutschsprachigen Erzählern der Gegenwart unterstreichen dies vielleicht am deutlichsten Peter Handke und Thomas Bernhard. Beide zählen Kafka zu ihren literarischen Leitfiguren. Bernhards *Verbrechen eines Innsbrucker Kaufmannssohns* porträtiert einen körperlich Verunstalteten. Dessen gewalttätige Eltern, bestimmt durch Geschäftsdenken, und die Schwestern, die sich auf deren Seite schlagen, verstecken ihn vor der Umwelt und wollen ihn, ein „nutzloses . . . Tier . . . ein . . . Fleischklumpen„[16], beseitigen. Der elementare, auch selbstzerstörerische Impuls zur „Auslöschung“, bei Bernhard allgegenwärtig, kulminiert im versuchten Selbstmord des Kaufmannssohnes. Dessen Welt erscheint als perverses Schauspiel. – Handkes *Stunde der wahren Empfindung* beginnt mit dem Erwachen Gregor Keuschnigs aus dem Traum, zur Schande seiner Eltern ein Mörder zu sein. Von da an ist alles für ihn verwandelt. Wie Gregor Samsa drängt es ihn aus dem geregelten Alltagsleben zur Selbstdestruktion, er wird sich und seiner Familie fremd, sieht sich als ekelerregendes Zwischenwesen zwischen Mensch und Tier, sprachlos, reduziert auf seinen Körper, als „Fleisch- und Sehnenklumpen“.[17] Die Problematik einer „wahren“, vorwiegend optischen Erfahrungsweise bleibt für Gregor Keuschnig wesentlich. Nicht von ungefähr arbeitet er, befaßt auch mit Stummfilmen und angeregt durch Novellen, an einem Film.

Nicht von ungefähr gehört jedenfalls *Die Verwandlung* zu den Werken Kafkas, die verfilmt worden sind – so 1975 für das ZDF von Jan Nemec. Die eindringliche Bitte des Autors, sein Illustrator dürfe das Insekt keinesfalls zeigen (Br 136), hat sich auch Nemec zu Herzen genommen: es ist in seiner Inszenierung niemals zu sehen, optisch für den Zuschauer von vornherein schon ausgelöscht; wie der Text wahrt der Film statt dessen die Perspektive des verwandelten Gregor. Dessen entmenschlichter Blick wird zum Kameraauge.

---

15 R. Musil: Literarische Chronik (1914). In: R. M.: *Tagebücher, Aphorismen, Essays und Reden*, hg. v. Adolf Frisé. Hamburg 1955, S. 684.

16 Th. Bernhard: Das Verbrechen eines Innsbrucker Kaufmannssohns [1967]. In: Th. B.: *Die Erzählungen*. Frankfurt/M 1979, S. 82.

17 P. Handke: Die Stunde der wahren Empfindung. Frankfurt/M. 1975, S. 13.

Siegfried Unseld

Das Spiel vom Schach
Stefan Zweig: *Schachnovelle* (1941/42)

Über die letzten Monate Stefan Zweigs 1941/42 in Petropolis bei Rio de Janeiro berichtet seine erste Frau Friderike M. Zweig in ihrer Biographie: „Stefan Zweig mietet in Petropolis, einem hochgelegenen Kurort, unweit von Rio de Janeiro, eine kleine Villa mit einer großen Terrasse. Hier, in der ehemaligen Sommerresidenz der Braganzas, ist Ernst Feder sein Nachbar und Partner beim Schachspiel. Es ist die Zeit, in der die *Schachnovelle* entsteht, die Geschichte eines Emigranten aus der österreichischen Gesellschaft, der während seiner Gestapo-Haft - ohne Partner, ohne Schachbrett und Figuren, nur aus einem zufällig in seinen Besitz gekommenen Schachbuch - das königliche Spiel so vollkommen erlernt, daß er während der Seereise nach Amerika einen Schach-Weltmeister schlägt. Diese kleine Meisternovelle beweist, daß Stefan Zweig weder seine Schaffenskraft noch seine Konzentrationsfähigkeit verloren hat, obwohl er sich in Briefen an Friderike darüber beklagte."[1]

Aus den biographischen Angaben Friderike M. Zweigs wissen wir also, wie Stefan Zweig die letzten Monate seines Lebens verbrachte, wo und wann er die *Schachnovelle* schrieb, wer sein Schachpartner in diesen letzten Tagen war und mit wem Stefan Zweig Umgang hatte, bevor er sich am 22. 2. 1942 gemeinsam mit seiner zweiten Frau Lotte zum Freitod entschloß. Weniger genau sind ihre Angaben zum Text der *Schachnovelle* selbst. Ist es wirklich nur die „Geschichte eines Emigranten"? Ist jenes Schachbuch so ganz „zufällig" in seinen Besitz gekommen? Hat dieser Mann tatsächlich „das königliche Spiel so vollkommen erlernt", daß er einen Schach-Weltmeister schlagen konnte? Und schließlich findet dieses Spiel nicht auf einer „Seereise nach Amerika" statt, sondern auf einem Schiff, das von New York nach Buenos Aires in Argentinien fährt. Gewiß hat Zweig seine „Schaffenskraft" auch in diesen für ihn so

[1] Friderike M. Zweig: *Stefan Zweig, Eine Biographie.* Kindler Verlag, München 1961. S. 114.

schweren Monaten nicht „verloren“, doch die Novelle gibt Auskunft, warum er nicht weiter leben und weiter arbeiten wollte.

Und ist es eine „*Meisternovelle*“? Gewiß, die Geschichte ist meisterlich, spannend, aufregend erzählt. Es gibt Formelemente, die exemplarisch Goethes klassische Novellentheorie belegen, mit deren Grunderfordernis der künstlerischen Gestaltung einer „unerhörten Begebenheit“. Nach solcher Auffassung steht im Mittelpunkt der Novelle eine bestimmte Begebenheit, ein Spannung auslösendes Ereignis, das in möglicher Geradlinigkeit und Kürze, mit möglicher Objektivität und ohne die Einschaltung des Erzählers selbst berichtet und dargestellt wird. Doch bei unserer Novelle gibt es mehrere Begebenheiten und mehrere Ereignisse. Geradlinig und kurz wird der Vorgang gewiß nicht erzählt, der Erzähler selbst ist als erzählte Figur immer wieder in den höchst kunstvoll gestalteten Gang der Handlung eingeschaltet, und mit den bekannten formalästhetischen Begriffen der klassischen Novellentheorie, mit Goethes „unerhörter Begebenheit“, Tiecks „Wendepunkt“ und Heyses „Falken“ und „Silhouette“ ist der Novelle nur unzureichend beizukommen. Doch mag Zweig kaum beabsichtigt haben, einen klassischen Novellenbegriff zu erfüllen, vielleicht wußte er auch, daß es *die* Novelle nicht geben kann. Ihm lag sicherlich mehr daran, diese Geschichte mit einem ihm wesentlichen Gegenstand, dem Schachspiel, so zu erzählen, daß ihr Außergewöhnliches uns Lesern als wahr erscheinen, daß eine fremde Wirklichkeit unsere eigene erweitern sollte. Ihm jedenfalls, ihrem Erfinder, war sie die Wahrheit seines Lebens, war sie seine Wirklichkeit.

Was geschieht? Die Geschichte setzt ein in der letzten Stunde vor der Abfahrt eines großen Passagierdampfers von New York nach Buenos Aires. Der Ich-Erzähler erfährt von einem Bekannten, daß sich an Bord des Schiffes ein „rarer Vogel“ befinde, der berühmte Schach-Weltmeister Mirko Czentovic. Da den Ich-Erzähler, der selbst passionierter Schachspieler ist, jener Mitpassagier interessiert, erzählt ihm der Bekannte in der noch verbleibenden Stunde „eine ganze Reihe von Anekdoten“ über den merkwürdigen Mann. Dieser Bericht umfaßt nahezu ein Viertel des Textes. Das Merkwürdige an der Persönlichkeit von Mirko Czentovic ist die geniale Kenntnis des Spiels mit seinen Kombinationsmöglichkeiten einerseits, andererseits seine Unkenntnis in anderen intellektuellen Bereichen: er sei nicht in der Lage, korrekt zu schreiben, seine „Unbildung war auf allen Gebieten gleich universell“. Der Sohn eines blutarmen, bei einem Schiffsunfall getöteten Donauschiffers im

Banat wuchs bei einem Pfarrer auf, Kindheit und Jugend verbrachte er dumpf und teilnahmslos, für die simpelsten Unterrichtsgegenstände in der Schule fehlte seinem Gehirn jede festhaltende Kraft. Nur das tägliche Schachspiel des Pfarrers mit dem Gendarmeriewachtmeister beobachtete der Junge, und als einmal der Pfarrer abgerufen wurde, führte er die Partie weiter und gewann. Er gewann auch gegen den Pfarrer, gegen die Schachgemeinde des Ortes, wurde ausgebildet und machte in nicht ganz einem Jahr eine Karriere, die ihn mit einem Schlag neben die Altmeister der Schachkunst, wie Aljechin, Capablanca, Bogoljubow und andere, stellte. In dem Bericht des Bekannten unseres Ich-Erzählers fällt auf, daß die Anekdoten, die er von anderen, Dritten, erzählt, ein eher bewunderndes Bild von der Karriere Czentovics geben, während dessen eigene Berichte und die der Schachkollegen dieses Bild relativieren, indem sie immer wieder seinen „Eitelkeitskoller“ betonen und erwähnen, daß ihm der Ruhm den „leeren Kopf beduselt“ habe. Czentovic, so der Bekannte, sehe nur sich selbst, sei hartnäckig und habgierig und kenne nur Schach und Geld als Werte.

Die Mitteilungen des Bekannten verfehlen nicht „die besondere Neugierde“ unseres Ich-Erzählers, der selbst Schach spiele, aber nie ernstlich Schachkünstler gewesen sei. „Alle Arten von monomanischen, in eine einzige Idee verschossenen Menschen“, so sagt er, „haben mich zeitlebens angereizt, denn je mehr sich einer begrenzt, um so mehr ist er andererseits dem Unendlichen nahe.“ Auf der zwölftägigen Schiffsfahrt von New York nach Buenos Aires will er eine solche „einmalige Abbreviatur der Welt“, „dieses sonderbare Specimen intellektueller Eingleisigkeit . . . näher unter die Lupe nehmen“.[2] Das gelingt ihm erst am dritten Tage und auch erst, als er dem Meister eine Falle stellt. Der Ich-Erzähler spielt mit seiner Frau in auffallender Position eine Partie Schach, um, wie Jäger auf der Jagd nach dem Auerhahn den Balzschrei nachahmen, mit dem Spiel den Spieler anzulocken. Bald versammelt sich auch eine Gruppe von Schachinteressierten, darunter ein schottischer Tiefbauingenieur, der durch Ölbohrungen in Kalifornien reich geworden ist. Diesem gelingt es, Czentovic gegen hohes Honorar für eine Partie gegen die Gruppe zu gewinnen; der Ingenieur verurteilt auch keineswegs dessen „Habgier“. „In jedem Fach“, so weiß er,

[2] Stefan Zweig: *Schachnovelle.* Mit einem Nachwort von Siegfried Unseld. S. Fischer Verlag, Frankfurt am Main 1979. S. 17 f. Alle Zitate aus der *Schachnovelle* sind wie dieses dieser Ausgabe entnommen.

„sind die wirklichen Könner auch die besten Geschäftsleute." Der Meister gewinnt nach dem 24. Zuge. Verdrießlich ist für den Ich-Erzähler und seine Gruppe nicht die Tatsache der raschen Niederlage, sondern die „präpotente", herablassende Art, mit der Czentovic, „dieser unmenschliche Schachautomat", seine Mitspieler behandelte, als wären sie selbst nur „tote Holzfiguren". Es kommt zu einer zweiten Partie, wieder bezahlt der Ingenieur, sie bringt der Gruppe einen Anfangsvorteil, der aber eine versteckte Finte enthält, auf die einzugehen das Ende des Spiels bedeutet hätte. In diesem Augenblick greift ein „Herr von etwa fünfundvierzig Jahren", mit einem „schmalen, scharfen Gesicht", der neu zur Gruppe getreten ist, „jäh" in den Kampf ein und rät zu einem ganz anderen, von der Gruppe nicht bedachten Zug, der, konsequent verfolgt, nach neun oder zehn weiteren Zügen dem Meister ein Remis abgewinnen würde, „mehr ist nicht herauszuholen". Die Gruppe folgt dem Rat des Freundes, und das angekündigte Remis tritt ein. Danach „herrschte eine totale Stille". Doch dann ereignet sich wieder „Unvorhergesehenes": Als der Ingenieur den Meister zu einer dritten Partie auffordert, die nun der Fremde allein mit ihm bestreiten soll, „verwirrten" sich des Fremden Züge, er stammelt, er könne und wolle nicht spielen, er habe seit 25 Jahren nicht vor einem Schachbrett gesessen; er verläßt den Raum.

Wieder wird der Ich-Erzähler aktiv und schaltet sich in den Gang der Dinge ein, die Gruppe beauftragt ihn, den Österreicher, den fremden Herrn und „Retter", der, wie zu erfahren ist, ebenfalls Österreicher sei, für eine neuerliche Partie zu gewinnen. Der Ich-Erzähler macht ihn ausfindig, sie nehmen auf den Liegestühlen des Promenadendecks Platz, und der fremde Herr, ein Dr. B., der ohne sein Wissen gegen einen leibhaftigen Schach-Weltmeister gespielt hatte, will ihm erzählen, warum er ohne die Spielelemente doch das Spiel vom Schach gespielt habe. „Aber", so Dr. B., „das geschah unter ganz besonderen, ja völlig einmaligen Umständen. Es war dies eine ziemlich komplizierte Geschichte, und sie könnte allenfalls als kleiner Beitrag gelten zu unserer lieblichen großen Zeit. Wenn Sie eine halbe Stunde Geduld haben ...". Der Ich-Erzähler hat diese halbe Stunde, denn er will ja das Geheimnis dieses merkwürdigen Fremden erfahren. Dr. B. ist dann zu einer einzigen weiteren Partie bereit und will durch seine Lebensgeschichte erklären, warum er keine zweite spielen möchte. Hatte vordem der Bericht des Bekannten des Ich-Erzählers über den Aufstieg des Schach-

Weltmeisters Czentovic etwa ein Viertel des Textes eingenommen, so dehnt sich nun die Erzählung des Dr. B. über ein Drittel aus.

Dr. B. war Inhaber einer Rechtsanwaltskanzlei in Wien, die finanzielle Angelegenheiten verschiedener Klöster wie auch von Mitgliedern des ehemaligen österreichischen Kaiserhauses, weitgehend unbeachtet von der Öffentlichkeit, wahrnahm. Nach dem Einmarsch Hitlers wurde er von einem Spitzel verraten und durch die Gestapo verhaftet. Man brachte ihn zwar nicht in ein KZ, aber seines vermuteten und durch Verhöre erpreßbaren Wissens wegen in ein Isolationszimmer eines Wiener Hotels. Das Zimmer bedeutete für ihn, wenn auch nicht die physische, so doch die psychische Folter. „. . . man stellte uns nur in das vollkommene Nichts, denn bekanntlich erzeugt kein Ding auf Erden einen solchen Druck auf die menschliche Seele wie das Nichts.“ Dann kam wieder „Unvorhergesehenes“. In einer Manteltasche machte er eine Entdeckung. „Mir begannen die Knie zu zittern: ein BUCH!“ Und er stahl es aus der Tasche. Es war nicht der erhoffte Goethe oder Homer. Es war ein Schachrepetitorium, eine Sammlung von 150 Meisterpartien, ohne jeden Text, ohne Erklärungen, nur in den Expertenformeln von a bis h und 1 bis 8. Zunächst war Dr. B. verdrossen, dann aber gewannen die graphischen Diagramme die Sprache des Spiels. Er faltete ein kariertes Bettlaken in die 64 Felder des Schachbrettes und formte aus Brotkrümeln Schachfiguren; allmählich wurden ihm die Formeln lebendig, er verstand die Züge der Figuren, er lernte in den Zügen der Meister die Gesetze und die typischen Kombinationen des Spiels. Mehrfach täglich vertiefte er sich in die Schönheiten und Peripetien der Partien der Meister, in denen, wie es in einer Beschreibung hieß, „so oft der Geist über die Materie triumphiert“. Durch diese intellektuellen Exerzitien behielt er im Gegensatz zu seinen Mitgefangenen Widerstandskraft für seine Gestapo-Verhöre. Doch nach Monaten wurden ihm auch diese 150 Partien zu langweilig, und um nicht stumpf zu werden, ersann er sich den Widersinn, gegen sich selbst zu spielen, Schwarz und Weiß gleichzeitig zu sein, sein Ich also zu spalten, sich selbst zu belauern und zu überlisten. Er erfuhr „eine solche Paradoxie, wie über seinen eigenen Schatten zu springen“. Dann wurde aus der Spielfreude eine Spiellust, aus der Spiellust ein Spielzwang, eine Wut, die er mit dem medizinisch unbekannten Begriff einer „Schachvergiftung“ bezeichnete. Seine monomanische Besessenheit begann, seinen Körper zu attackieren und wurde zur Ursache einer schweren Krankheit, eines Nervenfiebers, das nun jedoch eine Entlassung herbeiführte und die Ausreise nach den USA ermöglichte. Als er dann an Bord die Gruppe gegen den Meister spielen sah, wurden für ihn tote Chiffren lebendig, und er mußte sich einmischen. Jetzt aber wollte er eine Partie spielen, neugierig, um „festzustellen, ob das in der Zelle damals noch Schachspiel oder schon Wahnsinn gewesen" sei. Er könne nur *eine* Partie spielen, eine zweite könnte tödlich sein.

Nach diesem Gespräch wartet die Gruppe in großer Spannung auf die angekündigte Partie. Zum ersten Mal nach seiner Haft soll Dr. B. auf einem richtigen Schachbrett gegen einen wirklichen und kongenialen Gegner spielen. Die Partie beginnt, und es ereignet sich das Unwahrscheinliche: Dr. B. schlägt den Weltmeister. Als dieser ihm jedoch eine Revanchepartie anbietet, ist Dr. B. schon von Leidenschaft ergriffen. Der Ich-Erzähler registriert das „Erschrecken", als Dr. B. „mit einer mir unangenehmen Begeisterung" die Offerte annimmt. Plötzlich, „mit einemmal stand etwas Neues zwischen den beiden Spielern, eine gefährliche Spannung, ein leidenschaftlicher Haß. Es waren zwei Feinde, die sich gegenseitig zu vernichten geschworen." Während Czentovic seine eisige Ruhe beibehält, wird Dr. B. zunehmend exaltierter, ein krankhafter Wahn, eine „kalte Form des Wahnsinns" tritt auf, der er nicht gewachsen ist. Beim 19. Zug bricht die Krise aus, Dr. B. bietet dem feindlichen König eine Schachdrohung, die keine ist. Er muß aufgeben. Es ist klar, daß er nie mehr ein Schachbrett anrühren wird. Er hatte sein Selbst aufgegeben und war mit erdachten Partien aus sich herausgetreten, und der, der sein Selbst behalten hatte und sein System, war stärker als er.

Stefan Zweig selbst hatte sein Leben lang passioniert Schach gespielt, Schach als Entspannung und als Meditationsübung, Schach mit Freunden und „mit großer Leidenschaft" mit seinem Verleger Anton Kippenberg. Noch am Vorabend seines von ihm so sorgsam durch Briefe, Testamente und Dokumente vorbereiteten Freitods spielte er Schach mit dem Freunde Ernst Feder.

Wir wissen heute, daß er sich in den wenigen Monaten des Eingewöhnens in Petropolis vornehmlich mit zwei Dingen beschäftigt hat, mit dem Studium Montaignes und dem klassischer Schachpartien. Von Montaigne zitierte er in seiner letzten Zeit immer wieder den Satz: „In seinen späten Jahren sollte man nichts tun, als was einem Freude macht." Zweig hatte wenig Grund zur Freude. In seinen Briefen klagte er über den Verlust seiner Bücher in Europa, über das Nichtvorhandensein einer „großen amerikanischen Bibliothek“ und über das „Fehlen von Material“, das er zur Vollendung seiner großen Balzac-Biographie benötigte. In einem Brief an Friderike vom 29. 9. 1941 erwähnt er ein einziges Buch, das er gekauft habe[3]: Seit der sorgfältigen, das letzte brasilianische Detail studierenden Biographie von Alberto Dines[4] weiß man, um welches Buch es sich handelte, um „Die hypermoderne Schachpartie“ des Schachjournalisten S. G. Tartakower (Zweig reihte in seiner Novelle (S. 73) den Journalisten fälschlicherweise unter die „bewährten Altmeister der Schachkunst“ ein). Im selben Brief schrieb Zweig: „Hier korrigiere ich viel an der Autobiographie, habe eine kleine Schachnovelle entworfen, angeregt davon, daß ich mir für die Abgeschiedenheit ein Schachbuch gekauft habe und täglich die Partien der großen Meister nachspiele.“ Wie wesentlich ihm das Schachspiel damals war, belegt auch ein Brief an Berthold Viertel vom 28. 10. 1941: „. . . habe eine kuriose Novelle entworfen, die Ihnen vielleicht gefiele - eine Schachnovelle mit einer eingebauten Philosophie des Schachs, ich habe sie aber noch nicht abgeschlossen.“[5] Nur noch einmal erwähnte er die Novelle. In einem der Briefe, die er am Vortage seines Todes schrieb, legte er seinem Freund Victor Wittkowski sein „Unveröffentlichtes“, seine *Schachnovelle*, zur Durchsicht ans Herz. Victor Wittkowski vermerkt in seinen ‚Erinnerungen‘, Zweig habe das Manuskript der Novelle „vier Monate nach ihrer Vollendung“, wenige Tage vor seinem Freitod, an den Verleger Bermann Fischer nach New York abgesandt[6], und Donald A. Prater erwähnt in seiner Zweig-Biographie die Absendung von zwei weiteren Kopien des Manuskripts per Einschreiben an die Viking Press New York und an Alfredo Cahn, seinen spanischen Übersetzer in Buenos Aires.[7] Vielleicht sind manche sprachlichen Eigenarten des Textes durch die Kürze der Entstehung und durch die von der Zeit geprägte physische Verfassung bedingt; die Kleistsche Kunst des Superlativs, von Stefan Zweig in seinem Essay gerühmt, war nicht seine Sache. Der Stil knapp, prägnant, die Sätze kurz, für Umschweife war keine Zeit mehr.

---

[3] Brief vom 29. 9. 1941 an F. Zweig: In: *Stefan Zweig – Friderike M. Zweig. Ein Briefwechsel 1912–1941.* Alfred Scherz Verlag, Bern 1951. S. 343.

[4] Alberto Dines: *Morte no paraíso. A tragédia de Stefan Zweig.* Rio de Janeiro 1981.

[5] Brief vom 28. 10. 1941 an Berthold Viertel: In: *Stefan Zweig. Briefe an Freunde.* S. Fischer Verlag, Frankfurt am Main 1978. S. 337.

[6] Victor Wittkowski: *Ewige Erinnerung.* Privatdruck, Rom 1960. S. 100.

[7] Donald A. Prater: *Stefan Zweig. Das Leben eines Ungeduldigen.* Aus dem Englischen von Annelie Hohenemser. Hanser Verlag, München 1981. S. 438 f.

Es wurde spekuliert, ob Zweig die *Schachnovelle* schon während der Schiffahrt begonnen habe. Jeffrey B. Berlin hat 1982 in seiner Abhandlung *Stefan Zweig and His American Publisher*[8] diese Frage aufgenommen. Ihm war es möglich, den bisher unveröffentlichten Briefwechsel zwischen Zweig und Ben Huebsch einzusehen. Huebsch war Vizepräsident und Lektor des Verlags Viking Press New York und als solcher Zweigs Verleger. Mit ihm führte Zweig eine Korrespondenz (schon seit 1926, bis zum Vortag seines Todes 1942), die nur noch mit seiner jahrzehntelangen Korrespondenz mit Anton Kippenberg, dem Verleger des Insel Verlages Leipzig, zu vergleichen ist; nachdem Zweigs intensive Mitarbeit und Beratungstätigkeit durch die politischen Verhältnisse in Deutschland abbrach, wurde Ben Huebsch Zweigs wichtigster verlegerischer Ansprechpartner, dem Zweig nicht nur all seine neuen Arbeiten anvertraute, sondern den er, wie vorher Kippenberg, über alles Wichtige in der zeitgenössischen europäischen Literatur auf dem laufenden hielt und dem er viele Autoren und Bücher für sein Verlagsprogramm vermittelte. Als „Vermittler" zwischen europäischer und lateinamerikanischer Literatur sahen ihn auch die brasilianischen Behörden, die ihn mit einem Staatsbegräbnis auszeichneten.[9] Der Briefwechsel mit Huebsch, so Berlin, sei wie ein wechselseitiges Tagebuch zu lesen. Im Brief an Huebsch, den Berlin „early September" datiert und der im Hause in Petropolis (in einem

[8] Jeffrey B. Berlin (Philadelphia): *Stefan Zweig and His American Publisher. Notes on an Unpublished Correspondence, with reference to 'Schachnovelle' and ‚Die Welt von Gestern'.* Deutsche Vierteljahrschrift für Literatur-, Wissenschafts- und Geistesgeschichte. Stuttgart, 56/H. 2. 6. 1982. S. 259 ff.

[9] Über den „Vermittler" Zweig sollte noch gearbeitet werden. Als „Vermittler" sehen ihn die wenigen, vornehmlich amerikanischen Kritiker, die über die *Schachnovelle* schrieben: Donald G. Daviau and Harvey I. Dunkle. (Donald D. Daviau and Harvey I. Dunkle, *Stefan Zweigs ‚Schachnovelle'*. In: Monatshefte, Bd. 65 1973/4. S. 370–385) Jeffrey B. Berlin: „As one may expect some of the correspondence only discusses business matters, but here, too, the character of both Ben Huebsch and Stefan Zweig emerges to demonstrate their sincerity with business acumen and responsibility to each other and the firms or other writers whom they represent. The letters also depict the image of Europeans, as well as North and South American literature." Klaus Mann beschwor Zweigs Eifer und seine Umsicht, mit denen er das „Literarische All erkundete" und mit dem er „jeden guten Fund pries". „. . . mit ihm starb ein literarischer Repräsentant der Zeit und ein profunder Kenner und Gönner, ein wahrer Liebhaber der Literatur." (In: Klaus Mann: *Prüfungen*. München 1968. S. 323) Den Begriff und das Faktum des Vermittlers hatte Goethe, in leicht anderer Perspektive, in die Literatur eingeführt. Vgl. Siegfried Unseld: *Goethe und seine Verleger*. Insel Verlag, Frankfurt am Main 1991. S. 111.

Viertel, das ironischerweise „Valparaíso" hieß) geschrieben wurde, nimmt Zweig zum ersten Mal ausführlicher zur geplanten Novelle Stellung. Nach diesem Brief ist klar, daß die Niederschrift der Novelle nach der Schiffahrt und erst in Petropolis begonnen wurde, es bleibt sein einziges Werk, das er in Brasilien angefangen und beendet hat. In ihrer vorzüglichen Abhandlung über die Entstehungsgeschichte der *Schachnovelle* mit dem bezeichnenden Titel *Schachmatt im brasilianischen Paradies* beschreibt Ingrid Schwamborn, daß die Tatsache, daß die Niederschrift der Novelle in Brasilien begonnen und beendet wurde, „durchaus kein Zufall war".[10] Wolfgang Kießling[11] glaubt nachweisen zu können, daß Zweig auf dem Schiff einem Dr. B. begegnet sei, einem Juristen und Monarchisten, der ihn zu seiner Figur des Dr. B. angeregt haben könnte.

In jenem Brief von „early September" schrieb Zweig an Huebsch: „I have finished the first draft of another small work, one of my stories in my unfortunate length, too short for a novel and too long for a magazine." Am 21. 2. 1942, einen Tag vor seinem Freitod, schickt er das Manuskript, wie erwähnt, auch an Huebsch und gibt ihm alle Publikations- und Verwertungsrechte in englischer Sprache, „there will be necessary only that a chess-connoisseur looks it through if there is not a technical mistake and that the remark is made that it is pure fiction".[12] Pure fiction - das ist dieser Text gewiß nicht. Die Bitte um einen nachprüfenden Schachkenner ist kurios. Wir wissen aus dem Bericht von Zweigs Freund Ernst Feder, daß Zweig ihm vor dem 8. 1. 1942 das Manuskript geschickt hat mit der Bitte, er „als doppelter Fachmann der beiden Künste, der schachlichen und literarischen", möge ihm seine „Einwände rückhaltlos" sagen. Feder hatte keine Einwände, dies konnte er Zweig mitteilen, als sie am Vorabend des Freitodes noch einmal Schach spielten.[13] Es blieben einige freilich völlig marginale „Sachungenauigkeiten" übrig, die Jiří Veselý nachwies[14], die

---

[10] Ingrid Schwamborn: *Schachmatt im brasilianischen Paradies. Die Entstehungsgeschichte der ‚Schachnovelle'.* In: *Germanisch-Romanische Monatsschrift.* NF/34/4. Heidelberg 1984. S. 406 ff.

[11] Wolfgang Kießling: *Stefan Zweig. Der Weg nach Petropolis.* In: *Sinn und Form.* Jg. 35. 1983. S. 376–392.

[12] Berlin a.a.O. S. 275.

[13] Ernst Feder: *Stefan Zweigs letzte Tage.* In: *Stefan Zweig im Zeugnis seiner Freunde.* Hg. v. Hanns Arens. Langen-Müller, München/Wien 1968. S. 179.

[14] Jiří Veselý: *Das Schachspiel und die Schachnovelle.* In: *Österreich in Geschichte und Literatur.* 1969. S. 517–523.

aber weder die Struktur noch die poetische Kraft der Novelle beeinflussen.

Die erste Ausgabe des deutschen Textes hat eine besondere Geschichte: Es gibt nämlich zwei Erstausgaben – beide im Todesjahr 1942 in Buenos Aires erschienen; eine Erstausgabe in 250 numerierten Exemplaren im Verlag Pigmalion und eine in 50 numerierten Exemplaren im Verlag Janos P. Kramer. Nach einer mündlichen Aussage des kompetenten Antiquars Edgardo Henschel in Buenos Aires handelt es sich bei der Ausgabe im Verlag Kramer um einen Raubdruck.[15]

Bei den Verlagen Bermann Fischer Stockholm und Viking Press New York traf das Manuskript zusammen mit der Nachricht vom Tode ein. Die erste öffentliche Ausgabe veranstaltete Bermann Fischer 1943 in Stockholm. Die amerikanische Ausgabe, „The Royal Game", erschien 1944 bei der Viking Press New York in der (übrigens vorzüglichen) Übersetzung von Ben Huebsch.

1974 legte der S. Fischer Verlag eine Taschenbuchausgabe vor, sie ist heute in der Auflage von über einer Million Exemplaren verbreitet und in 16 Sprachen übersetzt. Hat Stefan Zweig den Text der Novelle als zu persönlich eingeschätzt, das Thema Schach für nicht sehr publikumswürdig gehalten, hat er sein Publikum unterschätzt, wenn er erst jene „edition de luxe" wünschte oder wenn er an Huebsch schrieb, seine Novelle „is not suitable for the large publics but for a smaller circle"? Für mich ist Zweigs Einschätzung seiner Novelle wieder ein Beispiel dafür, daß ein Autor selten in der Lage ist – selbst Goethe nicht ausgenommen –, die Wirkung eines eigenen Werkes vorauszusehen.

Was war Stefan Zweigs „Philosophie des Schachs"? Man darf annehmen, daß die Vorstellungen des Ich-Erzählers von der geheimnisvollen Attraktion des „königlichen Spiels" auch die des Autors selber waren. Das Schachspiel, so Zweig, entziehe sich als einziges unter allen Spielen, die der Mensch ersonnen habe, „souverän jeder Tyrannei des Zufalls", und es teile „seine Siegespalmen einzig dem Geist oder vielmehr einer bestimmten Form geistiger Begabung" zu. Einerseits also die Entfaltung von Denken und Phan-

[15] Gero von Wilpert und Adolf Gühring führen in ihrer Bibliographie die beiden Ausgaben als die „ersten Ausgaben" an. Gero von Wilpert und Adolf Gühring: Erstausgaben deutscher Dichtung. Eine Bibliographie zur deutschen Literatur 1600–1990. 2. vollständig bearbeitete Auflage 1992. Nr. 146. Kröner Verlag Stuttgart.

tasie in nahezu unbegrenzten Kombinationen, andererseits die rationale Begrenzung: Die Anlage des Spiels ist schematisch, der Raum des Brettes geometrisch begrenzt, seine Gesetze sind nicht unwiderlegbar. Es benötigt ein Denken, „das zu nichts führt", eine Mathematik, „die nichts errechnet", Schachkunst wird zur „Kunst ohne Werke", zur „Architektur ohne Substanz". Und doch bleibt es das einzige Spiel, das allen Völkern und allen Zeiten zugehört und „von dem niemand weiß, welcher Gott es auf die Erde gebracht hat, um die Langeweile zu töten, die Sinne zu schärfen, die Seele zu spannen". Freilich: es sollte „Spiel" bleiben; ein Spiel vom Schach. Der Ich-Erzähler bekennt, zeitlebens sich mit dem Schach nur zu seinem Vergnügen befaßt zu haben, er „spiele" im wahren Sinne des Wortes, er „ernste" nicht, und führt damit ein Wort ein, das für Teilnehmer am Schachwettkampf gelten sollte. Er weiß auch: Für das Schachspiel wie für die Liebe ist der Mensch als Partner unentbehrlich; der Automat als Partner, der bloße Roboter, würde den Menschen letztlich zum Unmenschen machen.

Es ist nicht so sehr das Schachspiel, sondern die Haltung des Schachautomaten Czentovic, die Dr. B.s Krankheit wieder ausbrechen läßt. Obschon Zweig in der beurteilenden Schilderung des Spiels von Czentovic sich große Zurückhaltung auferlegt, vertritt dieser für Dr. B. doch jenes Unmenschliche, dem er eben erst aus seiner Haft entronnen war. Hier ist die Stelle, an der die Handlungs- und Bedeutungsstränge zusammenschießen, an der die Geschichte in einer Spitze kulminiert, an der sich die Novelle weitet, da hier die Phantasie des Lesers die in der erzählten Geschichte vorwaltende Intention des Autors fortsetzt und realisiert. Grund und Hintergrund scheinen an dieser Stelle auf. Genau das macht die große literarische Bedeutung dieser Novelle aus. Sie ist eine Meisternovelle. Mit Recht hat Manfred Schunicht in einer Diskussion um eine neue Novellenforschung von der „bilateralen Struktur" moderner Novellen gesprochen; heute, da „der ‚Falke' an einem ‚Wendepunkt'" sei, ist „die Erkenntnis der grundsätzlich bilateralen Struktur der Novelle"[16] wesentlich. Es ist eben jenes Doppelte, das Aufscheinen von Grund und Hintergrund, das diesen Text als Novelle charakterisiert und das die erzählte Geschichte für uns heute so lesbar und so gegenwärtig macht. Das Unmensch-

---

[16] Manfred Schunicht: *Der ‚Falke' am ‚Wendepunkt'*. In: *Germanisch-Romanische Monatsschrift*. 41. Jg. Heidelberg 1960. S. 61.

liche als *Einseitigkeit*, als ungeheuerliche Konzentration auf *eine* Sache, auf *einen* Gedanken, auf *eine* Tätigkeit.

Obschon der Autor selbst keinen direkten Hinweis gibt, vermag der Leser hinter dem Schachautomaten, hinter der übersteigerten Intelligenz der Tücke von Kampf und Angriff, das System faschistischer Gewaltpraxis zu erkennen, die in den Emigrationsjahren Zweigs die abendländliche Welt gefährdet, ihre Kultur auslöscht und sie zu einer „Welt von gestern“ macht.

„In meinen Novellen ist es immer der dem Schicksal Unterliegende, der mich anzieht“, schrieb Stefan Zweig einmal. Die Leiden des Gestapohäftlings Dr. B. stehen in diesem Sinne stellvertretend für die Millionen Menschen, die in den Konzentrationslagern gefoltert und ermordet wurden. Schon in Zweigs erstem Drama *Tersites* hatte er nicht die heroische Figur des Achill, sondern seinen unscheinbarsten Gegenspieler Tersites dargestellt, den leidenden Menschen, und nicht den, der durch seine Kraft und seine Motivation anderen Leiden schafft. Immer wieder schuf Zweig solche Gestalten. Er wußte, „keine Idee ist die ganze Wahrheit, aber jeder einzelne Mensch ist eine ganze Wahrheit“. Dieser Wahrheit spürte Zweig nach, bei Balzac, Dickens, Dostojewski, Hölderlin, Kleist, Nietzsche, Casanova, Stendhal, Tolstoi, um nur die Themen seines bekanntesten Buches *Baumeister der Welt* zu nennen und sein unbekanntestes Buch, *Triumph und Tragik des Erasmus von Rotterdam*, zu erwähnen, das er selbst einen „stillen Lobgesang auf den antifanatischen Menschen“ genannt hatte; auch das Motto seines *Erasmus*-Buches, ein Zitat aus den Dunkelmännerbriefen von 1515, ist kennzeichnend: „Ich versuchte zu erfahren, ob Erasmus von Rotterdam bei jener Partei sei. Aber ein gewisser Kaufmann erwiderte mir: ‚Erasmus est homo per se‘ – Erasmus steht immer für sich allein.“[17] So war und blieb Stefan Zweig ein Parteigänger nicht für eine Partei, nicht für eine Idee, sondern für den einzelnen Menschen. Wer Partei für den Einzelnen gegen die Masse ergreift, gerät automatisch in die Zerreißprobe von Macht und Ohnmacht; überflüssig zu fragen, wer hier unterliegt.

Stefan Zweig war ein furchtsamer Mench, von Ängsten und Verfolgungen geplagt. Als sein Verleger Gottfried Bermann Fischer ihn ein letztes Mal vor seiner Abreise nach Brasilien in New York traf, war er „in einer schweren Depression, nicht frei von Verfol-

[17] Stefan Zweig: *Triumph und Tragik des Erasmus von Rotterdam*. Reichner Verlag. Wien-Leipzig-Zürich 1934. S. 7.

gungsideen und rationalem Zuspruch ganz unzugänglich".[18] Was Zweig am meisten bedrückte, war jedoch nicht so sehr die eigene persönliche Situation, sondern seine Hilflosigkeit gegenüber anderen, denen er, ein „Genie an Freundschaft" wie kaum einer, in seiner Emigration geholfen hatte. „Wie im Ersten Weltkrieg überwältigt mich das Elend von Millionen Unschuldiger. Nichts schmerzt mich mehr, als daß man jahrelang machtlos gegen die Dummheit der Politiker war und nun hilflos deren Folgen gegenübersteht", schrieb er in einem Brief an Robert Neumann, zwei Tage vor seinem selbtgewählten Tod.[19] Hilfloses Ausgeliefertsein: dies das innere Thema der *Schachnovelle* und dies Zweigs Lebensgefühl und der Gund seines Todesgefühls. Es war nicht Todesleidenschaft, wie sie Stefan Zweig bei Kleist so meisterlich analysierte; doch die Einsicht, mit der Zweig seinen Kleist-Essay beschloß, darf auch für seinen Freitod gelten: „Denn nur der ganz Zerstückte kennt die Sehnsucht nach Vollendung. Nur der Getriebene erreicht die Unendlichkeit."[20]

Im Aufdecken des Unmenschlichen als Einseitigkeit wird Zweigs Philosophie des Schachs zur Philosophie des Lebens. Wer monomanisch einseitig ist, vermag in sich die Kräfte des Selbst nicht zu wecken und zu entfalten. Wer sich nur auf *eine* Sache konzentriert, kann sich, kann sein Selbst nicht lieben. Und nur wem es gelingt, den Schritt zu machen, sein Ich anzunehmen, sein Selbst zu lieben, dem wird auch das Wichtigste gelingen, dieses Selbst durchlässig zu machen für den Anderen, für den Mitmenschen, für die Gesellschaft. Von der Möglichkeit solcher Zuwendung wird für die Zukunft wieder vieles abhängen.

Im ernsten Spiel mit dem Partner beim Schach kann solche Zuwendung erfolgen; der Schachspieler erfährt es immer wieder. Es ist schon oft gefragt worden, ob das, was Zweig in der Novelle fiktional beschrieben hat, überhaupt möglich sein könne, die steile Karriere des Schachmeisters und das rasche Erlernen der Partien der Meister in extremer Situation. Die Geschichte des Schachs

---

[18] Gottfried Bermann Fischer: *Bedroht – Bewahrt. Weg eines Verlages*. S. Fischer Verlag. Frankfurt am Main 1967. S. 244.

[19] Brief an Robert Neumann, 20. 2. 1942. Robert Neumann: *Abschied von Stefan Zweig*. In: *Blätter der internationalen Stefan Zweig-Gesellschaft*. Wien, Oktober 1961.

[20] Stefan Zweig: *Der Kampf mit dem Dämon*. Insel-Verlag Leipzig 1925. S. 229 (der ganze Essay: S. 153–229).

belegt immer wieder solche kometenhafte Aufstiege, in unserer Zeit den von Anatolij Karpov, dem 1975 mit 24 Jahren der Titel des Schach-Weltmeisters zuerkannt wurde.

Hier eine persönliche Erinnerung: Im August 1955 trafen sich einige Mitglieder des von Henry Kissinger an der Harvard University geleiteten International Seminar an Bord der ‚Queen Elizabeth' zur Rückfahrt von New York nach Europa. Ingeborg Bachmann, ebenfalls Teilnehmerin des Seminars, sah mich mit einem italienischen Professor Schach spielen. Sie wurde von dem Spiel, dessen Regeln sie nicht kannte, so angezogen, daß sie wünschte, eingeführt zu werden. Ich erklärte ihr die wichtigsten Spielgesetze, die Figuren und ihre Züge, die Varianten der Eröffnung, die Kombinationen des Mittel- und die Modi des Endspiels, den Tauschwert der Steine, das mögliche Opfer, um einen Vorteil der Position zu gewinnen, und dies alles, um das Ziel der Suche, das „Matt" des anderen Königs, zu erreichen. Nach ganz kurzer Zeit beherrschte Ingeborg Bachmann das Spiel, und sie spielte es immer souveräner. Am Ende der fünftägigen Reise mußte man sich mühen, gegen sie zu bestehen. – Das Schachspiel ist und bleibt eben eine geheimnisvolle Verbindung von Kunst, Kombinatorik und äußerst zähem persönlichem Kampf. Wer dieses Geheimnis imaginieren kann, dem öffnet sich das Spiel ohne weiteres; Meister aber wird nur der, der neben solcher Imagination aus erarbeiteter Kenntnis heraus in der Lage ist, über Strukturen, Techniken und Strategien zu verfügen.

Diese Verbindung von Imagination und Kenntnis, von „pure fiction" und seiner Lebenswirklichkeit beschreibt Stefan Zweig in seiner *Schachnovelle*. Auch hier wird das Buch zum „Eingang zur Welt": Es wurde schon erwähnt, fast exakt in der Mitte der Novelle trifft den Häftling Dr. B. das Ereignis: „Mir begannen die Knie zu zittern: ein BUCH! Vier Monate lang hatte ich kein Buch in der Hand gehabt, und schon die bloße Vorstellung eines Buches, in dem man aneinandergereihte Worte sehen konnte, Zeilen, Seiten und Blätter, eines Buches, aus dem man andere, neue, fremde ablenkende Gedanken lesen, verfolgen, sich ins Hirn nehmen könnte, hatte etwas Berauschendes und gleichzeitig Betäubendes." (S. 66) Stefan Zweig hat in seinen Schriften immer wieder auf die Bedeutung des Buches als „Eingang zur Welt" hingewiesen. Je inniger der einzelne mit dem Buch lebt, desto tiefer erlebt er die Gesamtheit des Lebens, denn der Leser durchdringt, mit Hilfe der Erfahrungen Stefan Zweigs, „wunderbar vervielfacht, mit dem Seelenblick Unzähliger“ Zeit und Welt.[21] Er kann jene „Seelenarbeit“ leisten, die uns heute not tut; Arbeit, sich selbst zu finden und durchlässig zu machen für den anderen.

[21] Stefan Zweig: *Das Buch als Eingang zur Welt*. In: *Begegnungen mit Menschen, Büchern, Städten*. S. Fischer Verlag. Frankfurt am Main 1955. S. 309–317.

Manfred Durzak

Entzauberung des Helden
Günter Grass: *Katz und Maus* (1961)

Als 1978 einer von Grassens schwergewichtigen Romanen, „Der Butt“, in englischer Übersetzung erschien, veröffentlichte der amerikanische Literaturkritiker Nigel Dennis seinen ironischen Verriß[1] in der *New York Times Review of Books*, der von dem Schlüssel-Satz geleitet wird: ‚In jedem fetten Roman von Grass steckt ein schmales Meisterwerk, verzweifelt bemüht sich zu befreien.‘ Bezogen auf den „Butt“ erkennt Dennis dieses schmale Meisterwerk in den beiden Kapiteln über den Danzig- und Kalkutta-Besuch und in dem Vatertag-Kapitel. Sein ironischer Appell an eine der reichen Kulturstiftungen, sich doch der Grass-Romane zu erbarmen und die editorische Aufbereitung ihrer erzählerischen Filet-Stücke zu finanzieren, damit der Schriftsteller Grass in einer angemessenen und anständigen Form der Nachwelt überliefert werde, scheint im Falle von Grassens zweiter wichtiger erzählerischer Arbeit, der Novelle „Katz und Maus“, nicht erforderlich zu sein. Im ironischen Bild von Dennis gesprochen, ließe sich sagen, Grass hat hier gleichsam das schmale Meisterwerk ohne allen überflüssigen erzählerischen Ballast vorgelegt, was ja dann diesem Text in der werkgeschichtlichen Hierarchie der Grass-Arbeiten eine Königsrolle zusprechen würde.

Freilich könnte man auch umgekehrt argumentieren, daß die schwerleibigen Grass-Romane, angefangen bei der „Blechtrommel“ über „Hundejahre“ und „Butt“ bis zu „Rättin“ und „Unkenrufe“, viel stärker die barock weitschweifige Handschrift von Grass verraten als die schmaler konzipierten Nebenwerke wie „Das Treffen in Telgte“, „Kopfgeburten“, „Totes Holz“ oder „Zunge zeigen“. Ordnet sich also „Katz und Maus“ nicht von vornherein diesem Werkkontext zu?

Nun ist Grass kein alexandrinischer Autor, der die Poetik-Felder der literarischen Tradition sorgfältig inspiziert, bevor er sich bei einem neu entstehenden Werk für eine bestimmte Gattung ent-

[1] The One That Got Away, in: The New York Times Review of Books 23 (1978), S. 22–23. Übersetzung des Zitates von mir.

scheidet. Dafür spricht bereits die literarische Sozialisation von Grass, im wesentlichen die eines Bildungsautodidakten[2], dessen formale schulische Bildung über die ersten Gymnasialjahre nicht hinausgelangte, der sich in der frühen Nachkriegszeit als Hilfsarbeiter durchschlug und auch in seiner Steinmetzlehre, an die sich dann ein Studium der Bildhauerei an der Kunstakademie Düsseldorf anschloß, künstlerische Fragestellungen immer von der praktischen Seite anging und bis heute zur Theorie ein gespanntes Verhältnis besitzt. Hans Werner Richter, sein verehrter Mentor und väterlicher Freund in der Gruppe 47, hat mit guten Gründen darauf aufmerksam gemacht[3], daß die ersten Jahre der Zugehörigkeit zur Gruppe 47 für Grass die Funktion einer Erwachsenen-Universität gehabt haben, da er, von Richters Ratschlägen angeleitet, sich mit autodidaktischem Heißhunger jene literarischen Texte erlas, mit denen normalerweise der junge Mensch auf dem Wege seiner schulischen Sozialisation vertraut gemacht wird. Es bedarf daher keiner ausführlichen Begründung, daß Grass keine detaillierten historischen Gattungsüberlegungen[4] angestellt hat, als er sich entschied, seine wesentlich schmalere zweite Erzählarbeit mit dem Untertitel ‚Eine Novelle' zu versehen. Die Gründe dafür lassen sich vielmehr in anderen Zusammenhängen aufspüren. Zum einen hat die Rezeption der „Blechtrommel" damit zu tun, die sich schon bald einbürgernde Klassifizierung von Grass als ein barock ungezügelter Fabulierer, dem die erzählerische Architektur seines wildwuchernden Romans im Grunde gleichgültig sei[5]. Grass war gleichsam als schriftstellerischer Naturbursche in die professionelle Literatur eingebrochen und bestach sein Lesepublikum nicht durch das ästhetische Kalkül seines Erzählens, sondern durch seine schiere Fabulierenergie. In „Katz und Maus" versuchte er gegen die Etikettierung als literarischer Tausendsassa anzuschreiben, gleichsam un-

[2] Zur biographischen Information verweise ich auf die Monographien von Hanspeter Brode: Günter Grass (= Autorenbücher), München 1979 und Volker Neuhaus: Günter Grass (= Realienbuch), Stuttgart 1979.

[3] Ich beziehe mich hier auf ein persönliches Gespräch mit H. W.Richter aus dem Jahre 1983.

[4] Vgl. zu diesem Problemkreis der Gattungszuordnungen die Ausführungen des Verf.s Es war einmal. Zur Märchen-Struktur des Erzählens bei Günter Grass, in: Zu Günter Grass. Geschichte auf dem poetischen Prüfstand, hg. v. M. D., Stuttgart 1985, S. 166–177.

[5] Zu diesem Rezeptionsaspekt im einzelnen die Ausführungen von Franz Josef Görtz: Günter Grass – Zur Pathogenese eines Markenbilds, Meisenheim am Glan, 1978.

ter Beweis zu stellen, daß auch die genau ausgezirkelte Erzählarchitektur einer klassizistischen Prosa-Kurzform wie der Novelle zum Repertoire seiner Erzählmöglichkeiten gehörte. Der andere Grund für diese Entscheidung zur knappen Erzählform der Novelle ist produktionsästhetischer Natur: Grass, gleich nach der Vollendung der „Blechtrommel“ mit dem großen Erzählentwurf der „Hundejahre“ beschäftigt, stellte im sukzessiven Arbeitsprozeß fest, wie sich hier am Beispiel von „Katz und Maus“ ein Erzählstrang zu verselbständigen begann, der ursprünglich als Teil des „Hundejahre“-Komplexes – ‚Kartoffelschalen‘ lautete damals noch der Arbeitstitel – konzipiert war. In „Katz und Maus“[6] findet sich an einer Stelle unmittelbar ein Reflex dieser Entstehungssituation im Kontext der Erwähnung des Studienrats Brunies und seiner Ballett tanzenden Pflegetochter, die in den „Hundejahren“ dann eine zentrale Rolle spielen:

„[. . .] eine dunkle verzweigte Geschichte, die an anderer Stelle doch nicht von mir, und auf keinen Fall im Zusammenhang mit Mahlke, niedergeschrieben werden soll.“ (S.32)

Grass war zweifelsohne nicht bewußt, daß ja gerade die Novellen-Gattung, ungeachtet ihres hohen poetologischen Stellenwertes in der zweiten Hälfte des 19. Jahrhunderts[7], die Nachkriegsliteratur als eine lädierte und depravierte Gattung erreicht hatte, durch die kunstgewerbliche Produktion eines Rudolf G. Binding, Ernst Wiechert, Stefan Andres und vor allem Werner Bergengruen ihr aristokratisches hochangesetztes Gattungsprofil längst eingebüßt hatte und statt dessen vom Nimbus einer epigonalen Form belastet schien. Dennoch scheint es nicht gerechtfertigt, aus dieser Situation den pauschalen Schluß zu ziehen, den Benno von Wiese in seiner „Novelle“[8] so formuliert hat:

„Novellen wie Günter Grass' ‚Katz und Maus‘ (1961) (mit dem Untertitel: ‚Eine Novelle‘) zeigen, wie sehr der Prozeß der Auflösung der Gattung Novelle in der Moderne gediehen ist. Grass' Erzählung ist ein Romanfragment oder ein ironisch erzählter kleiner Roman; zur Novelle fehlt ihr eigentlich alles, was diese bisher ausmachte.“

---

[6] Hier und im folgenden zitiert nach der Ausgabe in der Sammlung Luchterhand 148, Neuwied 1974.

[7] Vgl. dazu im einzelnen die Hinweise bei Josef Kunz: Die deutsche Novelle im 19. Jahrhundert, Berlin 1970.

[8] Sammlung Metzler 27, Stuttgart 1963.

Man hat vielmehr zu Recht darauf aufmerksam gemacht[9], daß bestimmte Formelemente, die als ästhetische Vorgaben zu dieser Gattung gehören, in Grass' Erzähltext durchaus zu erkennen sind: Am auffälligsten ist die als erzählerisches Dingsymbol fungierende leitmotivische Verwendung von Mahlkes übergroßem Adamsapfel und der allem Anschein nach vom späteren Erzähler Pilenz arrangierten Schlüssel-Szene mit der Katze, die Mahlkes Adamsapfel als Maus anspringt, einer Szene, die als nie aufgelöster Schuldanteil Pilenz' an Mahlkes späterem Entwicklungsweg von diesem später erzählerisch abgearbeitet wird; ebenso läßt sich am Ende von „Katz und Maus" der für die Novellenform so wichtige Wendepunkt erkennen, da der mit dem Ritterkreuz hochdekorierte Kriegsheld Mahlke zum Deserteur wird, als ihm die Rede in seiner alten Schule von jenem Klohse verweigert wird, der ihn wegen des Diebstahls des Ritterkreuzes seinerzeit von der Schule verwiesen hatte; und auch die Tatsache, daß Klohse bei jenem Diebstahl, der Mahlkes Leben die entscheidende erste Wendung gibt, von etwas „Unerhörtem" spricht, wirkt wie ein indirektes Zitat jener „unerhörten Begebenheit"[10], die Goethe als strukturellen Kern im Zentrum der Novellenhandlung annimmt. Man könnte darüber hinaus auch darauf verweisen, daß Grass in „Katz und Maus" auch am Beispiel des Erzählers Pilenz[11], der in der Nachkriegszeit als Sekretär eines Kolpinghauses irgendwo im Ruhrgebiet seinem Gesprächspartner Pater Alban diese Geschichte von Mahlke erzählt, ja gleichfalls das formale Element der Rahmenerzählung aufnimmt, das sich in vielen Novellen-Texten des 19. Jahrhunderts findet. Ein berühmtes Beispiel ist Theodor Storms „Der Schimmelreiter".

Dieser Bezug zu Storm ist jedoch noch unter einem anderen Aspekt wichtig. Denn selbst wenn man argumentieren würde, daß all dies nur die spekulative Überzeugungskraft eines mit Analogien arbeitenden Indizienbeweises habe, so erweist sich Grass' Novelle jedoch auf einer verdeckten, gleichwohl zentralen Schicht mit der Geschichte dieser Erzählgattung verbunden, gleichsam als subver-

---

[9] Ich beziehe mich beispielhaft auf das Nachwort zu der von Volker Neuhaus herausgegebenen Werkausgabe in 10 Bden, Darmstadt 1987, Bd. 3: Katz und Maus, Hundejahre, S. 840–848.

[10] Im Gespräch mit Eckermann vom 29. Januar 1827 heißt es: „[. . .] denn was ist eine Novelle anders als eine sich ereignete unerhörte Begebenheit."

[11] Zur Funktion des Erzählers Pilenz vgl. die Ausführungen von Detlef Krumme: Der suspekte Erzähler und sein suspekter Held. Überlegungen zur Novelle „Katz und Maus", in: Zu Günter Grass (Anm. 4), S. 65–79.

sive Kontrafraktur, als kritische Gegenschrift zur ideologischen Zementierung dieser Erzählgattung in der Literatur des späten 19. Jahrhunderts. Und Theodor Storm firmiert da als entschiedenster Vertreter ihres aristokratischen, streng durchkomponierten Formanspruchs. Eine der Schlüsselstellen von Storms Novellen-Poetik lautet:

„Sie ist nicht mehr, wie einst, ‚die kurzgehaltene Darstellung einer durch ihre Ungewöhnlichkeit fesselnden und einen überraschenden Wendepunkt darbietenden Begebenheit‘; die heutige Novelle ist die Schwester des Dramas und die strengste Form der Prosadichtung. Gleich dem Drama behandelt sie die tiefsten Probleme des Menschenlebens; gleich diesem verlangt sie zu ihrer Vollendung einen im Mittelpunkt stehenden Konflikt, von welchem aus das Ganze sich organisiert, und demzufolge die geschlossenste Form und die Ausscheidung alles Unwesentlichen; sie duldet nicht nur, sie stellt auch die höchsten Forderungen der Kunst.“[12]

Zu dieser in der literarischen Gattungshierarchie sehr hochangesetzten Novellen-Form gehört freilich auch ein inhaltliches Moment, das Storm nicht unmittelbar anspricht, das jedoch deutlich aus dem Diktum C. F. Meyers gegenüber Gottfried Keller spricht, das jener in seinem Brief vom 29. Dezember 1881 an Theodor Fontane berichtete:

„Es ist schade um die Gabe Ihres Stiles! Sie verschwenden ihn an niedrige Stoffe, an allerlei Lumpenvolk! Ich arbeite nur mit der Historie, kann nur Könige, Feldherren und Helden brauchen! Dahin sollten Sie streben!“[13]

Die Novelle, vor allem insofern sie sich historischer Stoffe bedient, stellt den überragenden einzelnen als großes geschichtsmächtiges Individuum in die Mitte der Darstellung und erweist sich so gegen Ende des 19. Jahrhunderts in den Texten von C. F. Meyer oder Paul Heyse und vielen damaligen Erzählern kleineren Kalibers als literarisches Medium einer bestimmten ideologischen Zementierung der Literatur:

„Im Zentrum der gründerzeitlichen Erzählkunst steht daher die Novelle, und zwar meist in Form einer scharf konturierten und leitmotivisch genau durchdachten Prosaarchitektur, die auf jede epische Läßlichkeit verzichtet. [. . .] Weder das Wunderbare noch das rein Empirische, weder das Typenhafte noch das Bizarre interessieren [. . .], sondern das Einmalige, Große, Geniale: die menschlich überragende Gestalt. [. . .] So nennt Meyer sein literarisches Ideal die *‚dramatisierte*

12 Sämtliche Werke, Bd. 8, hg. v. A. Köster, Berlin 1923, S. 122.
13 Zitiert hier nach Jost Hermand: Zur Literatur der Gründerzeit, S. 222, in: J. H., Von Mainz nach Weimar 1793–1919. Studien zur deutschen Literatur, Stuttgart 1969, S. 211–249.

Novelle', die sich von allem realistisch Detaillierten und Kleinlichen freihält. Noch stärker als bei Heyse wird bei ihm das gesamte Erzählmaterial so lange bearbeitet und leitmotivisch zugespitzt, bis es wie gehämmert erscheint, weshalb ihn Spitteler mit echt gründerzeitlicher Emphase als den ‚Tacitus der Novelle' bezeichnete. Selbst der alte Storm hat sich diesem neuen Anspruch an die Novelle angepaßt und sich wiederholt gegen den realistischen Roman gewandt."[14]

Ohne daß Grass im Sinne literarischer Recherchen diese Zusammenhänge bewußt aufgearbeitet hätte, hat er jedoch instinktiv seinen eigenen Erzähltext durch die Gattungszuordnung in verdeckte historische Traditionskontexte integriert, die dem Anspruch, in „Katz und Maus" eine Novelle geschrieben zu haben, Plausibilität verleihen, freilich eine Novelle, welche die ideologische Vorgabe ihrer Gattung im Kontext der Gründerzeit-Literatur kritisch demontiert.

Denn auch bei Grass geht es vordergründig um die Darstellung eines großen einzelnen, der aus kümmerlichen Anfängen schon im Kontext der Jugendlichen-Gruppe[15] durch seine überragenden Tauchfertigkeiten, durch seine die andern immer wieder beeindruckenden neuartigen Einfälle, durch seine Askese und Zurückhaltung, seinen Kult der Jungfrau Maria, aber auch durch seine Potenzbeweise bei der Onanier-Olympiade der Jungen und nicht

---

[14] Jost Hermand (Anm. 7), S. 228/9.

[15] Eine mögliche Lesart der Novelle ist sicherlich, sie als Initiationsgeschichte zu lesen, als Darstellung jenes komplizierten Entwicklungsschrittes vom jugendlichen Alter in die Adoleszenz. Grass selbst hat auf Parallelen zu Alain-Fouriers „Le grand Meaulnes" und Musils „Die Verwirrungen des Zöglings Törleß" aufmerksam gemacht, vgl. dazu Krumme (Anm. 11), S. 73. Einen auf weiten Strecken plausiblen Deutungsversuch auf der Ebene einer solchen Lesart hat Emil Ottinger vorgelegt: Zur mehrdimensionalen Erklärung von Straftaten Jugendlicher am Beispiel der Novelle „Katz und Maus", in: Von Buch zu Buch. Günter Grass in der Kritik, hg. v. Gert Loschütz, Darmstadt 1968, S. 38–50. Sehr viel problematischer sind die unterschiedlichen Lesarten, die Johanna E. Behrendt in ihrer Studie Die Ausweglosigkeit der menschlichen Natur. Eine Interpretation von Günter Grass' „Katz und Maus" (in: Günter Grass Materialienbuch, hg. v. Rolf Geißler (= Sammlung Luchterhand), Darmstadt 1976, S. 115–135) skizziert hat. Es gehört schon sehr viel spekulative Phantasie dazu, die von Grass dargestellte Entwicklung als Metapher für den „individuell-historischen Fall Deutschland" (S. 121) oder die „Geschichte des abendländischen Geistes" (S. 127) zu lesen. Zur Rezeptionsgeschichte von „Katz und Maus" sei im einzelnen auf den schon erwähnten Band von Loschütz und die Dokumentation von Alexander Ritter verwiesen: Günter Grass. Katz und Maus (= Erläuterungen und Dokumente), Stuttgart 1981. Einen knappen Überblick über die Forschungssituation der Novelle hat Gerhard Kaiser am Schluß seiner kleinen Monographie Günter Grass. Katz und Maus (= Literatur im Dialog), München 1971 vorgelegt, vgl. S. 45–52.

zuletzt durch sein alle anderen Jungen übertrumpfendes Geschlechtsteil allmählich zum „Großen Mahlke“ wird:

> „Nur Schilling, nein, ich führte einen neuen Begriff ein, sagte in die Lücke zwischen Hotten Sonntags Kopf und Tullas Kleinkopf: ‚Der Große Mahlke. Das hat, das kann nur, das tat der Große Mahlke.‘“ (S. 62)

Als Pilenz und die anderen Schulkameraden mit einiger zeitlicher Verzögerung nach dem von der Schule relegierten Mahlke zum Arbeitsdienst in die Tucheler Heide abkommandiert werden, stoßen sie auch hier schon auf die legendären Geschichten über Mahlkes Aktivitäten, der sich, von dem schikanösen Oberfeldmeister zu domestikenhaften Hausarbeiten herangezogen, an ihm rächte, indem er dessen Frau sexuell von sich abhängig machte, was in den Gesprächen der andern zur Heldentat aufgebläht wurde:

> „[. . .] faustdicke Geschichten. Immer dieselben Litaneien mit abweichenden Geringfügigkeiten über einen Arbeitsdienstmann namens Mahlke, der ein gutes Jahr zuvor in der Abteilung Tuchel-Nord Dienst getan und dolle Dinge gedreht haben mußte.“ (S. 87)

Der Große Mahlke wird schließlich zur öffentlichen Figur, als er, zum Panzereinsatz abkommandiert, zahlreiche russische Panzer knackt und, schließlich mit dem Ritterkreuz ausgezeichnet, als berühmter Kriegsheld in die Zeitungen kommt:

> „Zwei Tage später bekamen wir es offiziell bestätigt. Die Abteilung wurde beim Morgenappell unterrichtet: Ein ehemaliger Arbeitsdienstmann der Abteilung Tuchel-Nord hat zuerst als einfacher Richtschütze, dann als Unteroffizier und Panzerkommandant in pausenlosem Einsatz und an strategisch wichtiger Stelle soundsoviel russische Panzer, darüber hinaus und so weiter und so weiter. [. . .] da schickte mir meine Mutter einen Zeitungsausschnitt des ‚Vorposten‘. Und es stand in großen Buchstaben gedruckt: Ein Sohn unserer Stadt hat in pausenlosem Einsatz, zuerst als einfacher Richtschütze, dann als Panzerkommandant und so weiter und so weiter.“ (S.89/90)

Der Große Mahlke ist im Kontext von Grassens Novelle zugleich als Gegenfigur konzipiert zu jenen offiziellen Kriegshelden[16], die, propagandistisch instrumentalisiert, ihre rhetorischen Werbe-Auftritte in den Gymnasien Hitler-Deutschlands absolvieren und so auch in Pilenz' und Mahlkes Schule, dem Conradinum in Danzig, ihre Vorstellung geben. Die Absicht dahinter ist klar zu erkennen: dem Krieg vor allem in der Schluß-Phase, als die Fronten unter Druck gerieten und zusammenzubrechen begannen, jenen patriotischen

[16] Vgl. dazu auch David Roberts: The Cult of the Hero. An Interpretation of „Katz und Maus“, in: German Life and Letters XXIX/76, S. 307 ff.

Helden-Glamour zu verleihen, der vor allem die Schüler der Oberstufen zum freiwilligen Fahnen-Dienst motivieren sollte, zumal ihnen das sogenannte Not-Abitur als Morgengabe mit auf den Weg gegeben wurde.

Von daher erweist sich die subjektive Sozialisationsgeschichte Mahlkes, der, auf Grund einer körperlichen Anomalität, seines monströsen Adamsapfels, ausgesondert und, anfänglich eher körperlich mickrig, darum betteln muß, von den andern akzeptiert zu werden, und der dann auf dem Wege der Kompensation seines Mangels zum bewunderten Gruppen-Mittelpunkt und späteren hochdekorierten Kriegshelden wird, als parodistischer Gegenentwurf zu jenen abziehbildähnlichen Heldenviten, mit denen die Ritterkreuzträger ausgestattet sind, die im Conradinum, ihrer ehemaligen Schule, das hohe Lied vom patriotischen Dienst für das Vaterland im Waffenrock singen und ihre Kriegserfahrungen so schildern, als handle es sich um eine perfekt inszenierte sportliche Aktion. Das erste Beispiel ist ein junger Flieger-Leutnant, der mit „kleinem hellrotem Kußmund" (S. 39) schon in seiner Körpersprache alles kaschiert und ästhetisch umschminkt, was auf die erschreckende Realität des Krieges verweisen könnte:

„Dunkelbraune, ungescheitelte und straff zurückgekämmte Haare hatte er, war nicht besonders groß, eher ein zierlicher, in einem Nachtlokal servierender Kellner. Beim Sprechen hielt er eine Hand in der Tasche, zeigte die versteckte Hand aber sofort, wenn ein Luftkampf geschildert werden sollte. Dieses Spiel mit durchgedrückten Handflächen beherrschte er nuancenreich [. . .] Man konnte annehmen, daß er diese Nummer im Kasino seines Fliegerhorstes geübt hatte. [. . .] Aber auch sonst, und abgesehen von den Schauspielerhänden, wie vom naturgetreuen Geräuschenachmachen, war sein Vortrag recht witzig, weil er es verstand, einen Teil unserer Studienräte, die schon zu seiner Zeit dieselben Spitznamen gehabt hatten wie zu unserer Zeit, auf die Schippe zu nehmen. Blieb aber immer nett, lausbubenhaft, bißchen Schwerenöter, ohne große Angabe, sprach, wenn er etwas unerhört Schwieriges geleistet hatte, nie vom Erfolg, immer von seinem Glück." (S. 40/1)

Diesem überzeugenden Rollenspiel als Botschafter kurzweiliger militärischer Abenteuer, die ihm Ruhm und Ansehen beschert haben, entspricht auch die ästhetisierende Darstellung der kriegerischen Aktionen selbst. Der Krieg erscheint als faszinierendes Kampfspiel und wird gleichsam in der Sprache des Sports beschrieben:

„. . . nun müßt Ihr nicht denken, das läuft wie ne Karnickeljagd, mit drauf und los und hastenichtjesehn. Oft wochenlang nichts. Aber als wir an den Kanal – dachte ich, wenn hier nicht, dann nirgends. Und es klappte. Gleich beim ersten Einsatz kam uns ein Verband mit Jagdschutz vor die Nase, und das Karrussel, sag ich, mal über mal unter den Wolken, war perfekt: Kurvenflug. Ich versuche mich höherzuschrauben, unter mir kreiseln drei Spitfire, schirmen sich ab, denke, wäre doch gelacht, wenn nicht, stoße steil von oben, hab ihn drinnen, und da zeigt er schon Spuren, kann noch gerade meine Mühle auf die linke Tragflächenspitze, als ich auch schon eine zweite im Gegenkurs kommende Spitfire im Visierkreis, halte auf Propellernarbe, er oder ich; na, wie Ihr seht, er mußte in den Bach, und ich dachte, wenn du schon zwei hast, versuch es doch mal mit dem dritten und so weiter, wenn nur der Sprit reicht.“ (S. 39/40)

Die kriegerische Aktion wird in einer ästhetisch verschleiernden Sprache so dargestellt, daß der Kampf gleichsam zur spannenden Unterhaltung wird und alle Momente des Schreckens und Grauens, der Angst, alle Erfahrungen, die mit Tod und Zerstörung zu tun haben, ausgeblendet werden. Der Tod der gegnerischen Piloten wird mit einem Witz zugedeckt. Indem zugleich zwischen schulischer und kriegerischer Erfahrung eine Art natürlicher Fortsetzung postuliert wird, erreicht seine Darbietung den Gipfel der Verlogenheit, weil er gerade dadurch indirekt die Schüler für den Waffendienst zu ködern versucht:

„Jungs, das sage ich Euch: Wer draußen im Einsatz steht, denkt immer wieder gerne und oft an die Schulzeit zurück!“ (S. 41)

Es ist bezeichnend, daß Mahlke der einzige ist, der nicht am frenetischen Beifall der Schüler für den Redner teilnimmt. Der Erzähler Pilenz bemerkt:

„Erst als meine Hände brannten und hart waren, bemerkte ich, daß sich Mahlke zurückhielt und keinen Beifall in Richtung Katheder spendete.“ (S. 41)

Und ganz im Unterschied zu dem Schuldirektor Klohse, der den ideologischen Impetus in der Rede des Fliegerhelden durch pathetische und patriotische Phrasen womöglich noch übertrifft, erkennt Mahlke, dessen Berufswunsch bezeichnenderweise der eines Zirkusclowns ist, das theatralisch Inszenierte dieses rhetorischen Spektakels und distanziert sich als einziger davon.

Dieser Widerstand Mahlkes steigert sich noch, als ein U-Boot-Kapitänleutnant als weiterer hochdekorierter ehemaliger Schüler seinen Auftritt im Conradinum hat. Zugleich werden die Momente einer ideologischen ästhetischen Inszenierung hier noch deutlicher akzentuiert:

„Der Kapitänleutnant mag etwa vierunddreißig sein Abitur gemacht haben. Man sagte ihm nach, er habe, bevor er freiwillig zur Marine ging, ein bißchen Theologie und Germanistik studiert. Ich kann nicht anders und muß seinen Blick feurig nennen. Dichtes, womöglich drahtiges Kraushaar, Richtung Römerkopf [. . .] Zierlich und scharf die Nase. Der Mund, den er für uns aufmachte, war ein weichgeschwungener Sprechmund.“ (S. 51)

Auch hier markiert der humanistisch gebildete Pädagoge Klohse den ideologischen Rahmen:

> „Klohse sprach von allen, die draußen stehn, von allen zu Lande, zu Wasser und in der Luft, sprach lange und mit wenig Gefälle von sich und den Studenten bei Langemarck, und auf der Insel Ösel fiel Walter Flex, Zitat: Reifwerdenreinbleiben: Mannestugend. Sogleich Fichte oder Arndt, Zitat: Vondirunddeinemtunallein. Erinnerung an einen vorbildlichen Schulaufsatz, den der Kapitänleutnant als Obersekundaner über Arndt und Fichte geschrieben hatte?" (S. 52)

Die Rede des Kaptänleutnants liegt völlig auf dieser Linie. Einerseits verkündet er das heroische Ideologem der verschworenen Gemeinschaft des einer für alle und alle für einen:

> „... Mannschaft ist eine eingeschworene Gemeinschaft, denn fern der Heimat, Belastung der Nerven enorm, müßt Euch mal vorstellen, mitten im Atlantik oder im Eismeer unser Boot, eine Sardinenbüchse, eng feucht heiß, Leute müssen auf Reserveaalen schlafen, tagelang kommt nichts auf, leer die Kimm, dann endlich ein Geleitzug, stark gesichert, alles muß wie am Schnürchen, kein Wort zu viel; und als wir unseren Ersten Tanker, die ‚Arndale' [...], mit zwei Aalen mitschiffs [...]" (S. 53)

Die gleichsam im Stenogramm-Stil nüchtern vorgetragene Beschreibung des Kampfgeschehens, in dessen kollektiver Erfahrung jedes individuelle Empfinden ausgelöscht und in dem alles in der Tat „wie am Schnürchen" zu verlaufen scheint, wird noch zusätzlich ideologisiert durch den ästhetischen Glanz der Naturbilder, die wie ein Goldrahmen das Kampfgeschehen einrahmen. Die brutalen Vernichtungsaktionen des U-Boot-Krieges werden durch die Verschönerungsstrategie der Naturdarstellung euphemistisch umgeschminkt:

> „... blendend weiß schäumt auf die Hecksee, folgt, eine kostbar wallenden Spitzenschleppe, dem Boot, das gleich einer festlich geschmückten Braut, übersprüht von Gischtschleiern, der totbringenden Hochzeit entgegenzieht. [...] Und bevor die atlantische Nacht wie ein aus Raben gezaubertes Tuch über uns kommt, stufen sich Farben, wie wir sie nie zu Hause, eine Orange geht auf, fleischig und widernatürlich, dann duftig schwerelos, an den Rändern kostbar, wie auf den Bildern Alter Meister, dazwischen zartgefiedertes Gewölk; welch ein fremdartiges Geleucht über der blutvoll rollenden See!" (S. 53/4)

Es geht Grass ja nicht nur darum, das Kitsch-Repertoire dieser kalligraphischen Propaganda-Sprache aufzudecken, sondern zugleich die politische Absicht, die dahinter steht, bloßzustellen: Grausamkeit und Zerstörung durch euphemistische Bilder wie „totbringende Hochzeit" oder „blutvoll rollende See" bis hin zur Unkenntlichkeit zu marginalisieren. Es entsteht solcherart der Eindruck eines großartigen schicksalhaften Geschehens, in dem heroisches Handeln im Kollektiv den einzelnen überhöht und ihm eine heldenhafte Aura verleiht.

Es ist auf diesem Hintergrund nicht nur pueriler Übermut, daß Mahlke ausgerechnet diesem Kaleu, der seine propagandistische Beispiel-Funktion auch noch durch seine Teilnahme am Sportunterricht in Mahlkes Klasse zu vertiefen versucht, sein Ritterkreuz stiehlt, sondern es erweist sich objektiv als subversiver Angriff auf die verlogene Theatralik dieser Propaganda-Inszenierung insgesamt, deren praktischer Zweck ja nur darin besteht, möglichst viele Jungen der Oberstufen-Klassen zum freiwilligen Eintritt in Hitlers Armee zu bewegen. Und auch Mahlkes Lächerlichmachung des heroischen Requisits, indem er sein Geschlechtsteil damit schmückt[17], ist ja nicht nur jungenhafte Protzerei, sondern degradiert die Heldenmedaille zu einem letztlich belanglosen Indiz, das sich in die Kette der andern Indizien einreiht, mit denen Mahlke mit wechselndem Erfolg seinen übergroßen Adamsapfel zu verhüllen versuchte: den Puscheln, den Schraubenziehern oder später den Krawatten.

Zwar könnte man einwenden, daß diese dekuvrierenden Gegenaktionen Mahlkes letztlich dadurch ins Zwielicht geraten, daß der spätere Kriegsheld Mahlke ja die Karrieren jener im Conradinum aufgetretenen Propagandisten kopiert, bis hin zu der Konsequenz, daß er sich selbst in die Gruppe der mit dem Ritterkreuz ausgezeichneten Redner einreihen will. Doch dieser Aspekt der naiven Eitelkeit ist für Mahlkes Absicht nicht ausschlaggebend. Die Rede vor seinem ehemaligen Lehrer-Kollegium und den Schülern des Conradinums ist für ihn in erster Linie ein Akt der Wiedergutmachung, der seine Relegierung aufhebt, zu der Klohse ihn nach dem Diebstahl des Kaleu-Ritterkreuzes verdonnerte. Es geht um eine Art Zweikampf zwischen Klohse, dem rhetorischen Statthalter der NS-Ideologie, und Mahlke, der diese Ideologie von innen her auflöst, indem er allen rhetorischen Pomp von ihr entfernt und dokumentiert, daß auch er, Mahlke, auf diesem Helden-Kothurn in seine Schule zurückkehren kann und daß es damit indirekt auch mit der Helden-Gloriole der anderen Ritterkreuz-Träger nicht so weit her ist. Klohse hat den Sinn dieses Zweikampfes durchaus begriffen, und er hält Mahlke an der entscheidenden Stelle vor:

[17] Vgl. S. 66.

„Es mag Ihr Plan noch so gut durchdacht sein, dennoch geht er nicht auf: Viele Leute – lassen Sie sich das gesagt sein – lieben Zeit ihres Lebens kostbare Teppiche und sterben dennoch auf rohen Fußbodenbrettern. Lernen Sie verzichten, Mahlke!" (S. 96)

Mahlke wiederum nimmt die Herausforderung mit aller Entschlossenheit an und setzt durch diese rigorose Überschreitung aller Etikette seine sogenannte Helden-Karriere aufs Spiel:

„Und Mahlke nahm Klohses brieflichen Rat an, wählte der Rede besseren Teil, das heldische Schweigen und schlug wortlos, links rechts, mit Handrücken und Handfläche, in des Oberstudienrates rasiertes Gesicht. Beide starr und mit Haltung." (S. 97)

Wäre Mahlke an diesem Punkt seiner Entwicklung zum Gefangenen seiner öffentlich gewordenen Helden-Karriere geworden, hätte er die ihm von Klohse zugefügte Kränkung auf sich beruhen lassen und seine Helden-Auftritte in anderen Schulen, was ihm ja Klohse auch empfiehlt, absolviert. Es geht ihm letztlich aber nur um diesen Akt der schulischen Rehabilitierung, und als dieser ihm verweigert wird, setzt er entschlossen alles aufs Spiel: er desertiert und versucht, von Pilenz unterstützt, sich in seinem Geheimversteck, der von ihm beim Tauchen entdeckten Funkerkabine auf dem in der Bucht liegenden havarierten Schiff, zu verbergen, wobei letztlich nie aufgeklärt wird, ob ihm die Flucht damals gelang oder er beim Tauchen ertrank.

Die eigentliche Demaskierung der Heldenfassade vollzieht er jedoch kurz vor seinem Desertionsversuch im Gespräch mit Pilenz, sowohl in der Körpersprache als auch im verbalen Bericht über seine Helden-Karriere. Er hat sich kurz vorher mit unreifen Stachelbeeren vollgestopft und krümmt sich, zum Häufchen Elend geworden, mit Magenbeschwerden am Strand. Gleichzeitig schildert er – und das ist die eigentliche Gegenrede zu den Reden des Flieger- und U-Boot-Ritterkreuzträgers –, wie seine imponierende Liste von Panzerabschüssen durch eine irrationale Zufallsverkettung zustande gekommen ist, in der sein Marienkult keine unwesentliche Rolle spielte:

„O allzeit Reine. Die Du im unverletztlichen Glanze. Durch Fürsprache teilhaftig werde. Liebreiche, Gnadenreiche. Jawohl. Denn gleich mein erster Einsatz nördlich Kursk hat bewiesen. Und mitten im Schlamassel, als bei Orel der Gegenangriff. Und wie im August an der Vorskla die Jungfrau. Alle lachten und den Divisionspfarrer schickten sie mir auf den Hals. Aber dann brachten wir die Front zum Stehen. [. . .] Dabei hatte sie nie das Kind, immer das Bild. [. . .] Und das hielt sie nicht vor der Brust, sondern tiefer. Ganz deutlich hatte ich die Lokomotive drinnen.

Mußte nur zwischen meinen Vater und Labuda halten. Vierhundert. Direkter Beschuß. Hast ja gesehen Pilenz, ich sprech die Dinger immer zwischen Turm und Wanne an." (S. 107)

Das Foto seines verunglückten Vaters, das ihn, den Lokomotivführer, mit seiner Lokomotive und seinen Heizer Labuda zeigt, in den Händen der Jungfrau Maria hat ihm in den Panzerschlachten sozusagen die Ziele markiert und seine erfolgreichen Abschüsse herbeigeführt. Von einer Heroisierung des Kampfes ist hier nichts mehr zurückgeblieben.

Das gilt ja gleichfalls für Mahlkes persönliche Einstellung. Nach der mit Tulla Pokriefke verbrachten Liebesnacht hat der Krieg als Selbstverwirklichungs-Arena für ihn restlos ausgedient:

„War doll gestern mit der kleinen Pokriefke. Hätt ich nicht gedacht. Die ist ganz anders, als sie tut. Also ehrlich gesagt: Wegen der will ich nicht mehr raus. Hab schließlich meinen Teil erledigt – oder? Werde einen Antrag stellen. Können mich ja nach Groß-Boschpol als Ausbilder abschieben. Jetzt sollen mal andere die Schnauze hinhalten. [. . .] Vielleicht hab ich auch Angst." (S. 101)

Das ist die endgültige Entzauberung der Helden-Rolle und zugleich der realistische menschliche Züge tragende Gegenentwurf zu den öffentlich instrumentalisierten Heldenbildern am Beispiel des Fliegers und des U-Boot-Kapitäns. Hier wird die Zäsur gezogen, die die ideologische Idolisierung des Heldenbildes endgültig demontiert.

Von daher ergibt es sich durchaus als plausible erzählerische Strategie des Autors Grass, daß er sich in „Katz und Maus" einer epischen Prosaform bedient, die ihre Gattungskarriere am Ende des 19. Jahrhunderts vor allem dadurch machte, daß sie den herausragenden einzelnen als geschichtsmächtige Kraft in den Mittelpunkt stellte. Grass verfährt ganz analog. Auch bei ihm steht der große einzelne, die hochdekorierten Kriegshelden und der Große Mahlke, im Zentrum seiner Erzählung. Er nutzt diese ideologisch instrumentierte Prominenz der Erzählform Novelle aus einer analogen Darstellungsabsicht heraus, aber dekuvriert zugleich diese Form, indem er darstellt, wie im Kontext der NS-Ideologie und ihrer propagandistischen Gehirnwäsche Heldenbilder als propagandistische Versatzstücke erstellt wurden, deren Verlogenheit und deren Lächerlichkeit er am Beispiel der Geschichte des Großen Mahlke konterkariert.

Hans Wagener

Die Sekunde durchschauten Scheins
Martin Walser: *Ein fliehendes Pferd* (1978)

Martin Walser hat seiner Novelle „Ein fliehendes Pferd" (1978) als Motto folgendes Zitat aus Sören Kierkegaards „Entweder/Oder" vorangestellt: „Man trifft zuweilen auf Novellen, in denen bestimmte Personen entgegengesetzte Lebensanschauungen vortragen. Das endet dann gerne damit, daß der eine den andern überzeugt. Anstatt daß also die Anschauung für sich sprechen muß, wird der Leser mit dem historischen Ergebnis bereichert, daß der andere überzeugt worden ist. Ich sehe es für ein Glück an, daß in solcher Hinsicht diese Papiere eine Aufklärung nicht gewähren." (7)[1] Um zwei verschiedene Verhaltensmöglichkeiten in der Gegenwart des Erzählers geht es in dieser Novelle, um ein Duell zwischen den Repräsentanten zweier gegensätzlicher Fluchtmöglichkeiten in eine scheinhafte Lebensform, zwei Formen eskapistischer Lebensbewältigung.

Helmut Halm, 46 Jahre alt und Studienrat an einem Stuttgarter Elitegymnasium, verbringt mit Ehefrau Sabine und Hund Otto seit elf Jahren die Sommerferien in einer Ferienwohnung in Nußdorf am Bodensee, dem Wohnort des Autors Walser. Als sie in einem Café an der Uferpromenade sitzen, tritt plötzlich ein sportlich aussehender junger Mann mit einem Mädchen, beide in Jeans, auf sie zu, der sich nicht etwa als ein ehemaliger Schüler Halms, sondern als sein ehemaliger Klassenkamerad und Kommilitone Klaus Buch, jetzt Journalist und Buchautor in Umweltfragen, mit seiner 18 Jahre jüngeren Frau Helene erweist. Die Buchs verbringen seit drei Jahren ebenfalls ihre Sommerferien am Bodensee. Halm, der am liebsten die Zeit in der vergitterten Ferienwohnung mit der Lektüre von Kierkegaards „Tagebüchern" verbracht hätte, gelingt es nicht, sich der lästigen Gemeinsamkeit mit den Buchs zu entziehen. Während der unsportliche Halm, mit Bauch, gern gute Weine

[1] Alle Seitenangaben im Text beziehen sich auf die Ausgabe: Martin Walser: „Ein fliehendes Pferd. Novelle". Frankfurt: Suhrkamp, [4]1981. = suhrkamp taschenbuch 600.

trinkt, gut ißt und Zigarren raucht, essen die Buchs nur Steak und Salat und trinken Mineralwasser, fahren Fahrrad, spielen Tennis und machen Waldläufe. Klaus Buch nimmt gegen Halms Willen die Ferienplanung in die Hand. Man geht gemeinsam essen, wandert zusammen, macht eine Segelpartie zu viert. Bei einem Ausflug gelingt es Klaus Buch, ein einem Bauern durchgegangenes Pferd von der Seite anzugehen, sich hinaufzuschwingen und bezähmt zu seinem Eigentümer zurückzuführen. Auf einer Segelpartie, die Halm und Buch allein unternehmen, versucht Buch seinen alten Schulfreund dazu zu überreden, gemeinsam mit ihm seine alte Umgebung zu verlassen und auf den Bahamas noch einmal ein neues Leben zu beginnen. Als plötzlich ein Sturm aufkommt, schlägt Halm dem dem Unwetter begeistert trotzenden Buch die Pinne aus der Hand. Buch wird über Bord gespült und scheint ertrunken zu sein. Zurück in der Ferienwohnung, kaufen Halms Fahrräder und Trainingsanzüge und wollen anfangen, Sport zu treiben wie vorher die Buchs. Da kommt Buchs Frau Hel, stopft Kuchen in sich hinein, trinkt Calvados, raucht Zigaretten und erzählt, ihr scheinbar so überlegen-sportlicher Mann sei in Wirklichkeit beruflich völlig am Ende; emotional verunsichert, brauche er dauernd verbale Bestätigung durch sie, der er ihre Selbstverwirklichung als Musikerin verboten und sie statt dessen ihrerseits zu schriftstellerischer Tätigkeit gedrängt habe. Da kommt der totgeglaubte Buch zurück und holt seine Frau ab, ohne Halm eines Blickes zu würdigen. Halms brechen ihren Urlaub ab, lassen die neuerworbenen Fahrräder stehen und reisen nach Montpellier, wo Helen Halm einst, zwischen dicken Mauern, die schönste Zeit ihres Lebens verbracht hat. Im Zug will Helmut seiner Frau alles erzählen.

Literaturwissenschaftler sind die Novelle angegangen, indem sie vor allem nach Beziehungen zu anderen Autoren geforscht haben. Schon bald wies die Kritik auf Ähnlichkeiten zur Figurenkonstellation in Goethes Roman „Die Wahlverwandtschaften“ hin: Helmut und Sabine Halm, Klaus und Helene Buch entsprächen Eduard, Charlotte, dem Hauptmann und Ottilie bei Goethe. Helmut fühlte sich von Helene Buch angezogen wie Eduard von Ottilie, Sabine von Klaus wie bei Goethe Charlotte von dem Hauptmann („Wenn sie einander heute nahekämen, dann dächte sie an Klaus und er an Helene, [. . .]“ (104). Dazu kommt ein Hund namens Otto – in den „Wahlverwandtschaften“ hieß das Kind Charlottes und Eduards Otto. Waltraud Wiethölter hat darüber hinaus auf die große Bedeutung des Wassers, des Briefeschreibens und der Natur hingewiesen.[2]

Eine zweite Möglichkeit: Es liegt natürlich auf der Hand, vom Kierkegaard-Motto und der Kierkegaard-Lektüre Halms, die im Text dann auch zitiert wird, Beziehungen zur Novelle zu suchen. Ohne Frage, „der Wunsch, in den Ferien Kierkegaards *Tagebücher* vollständig zu lesen, bleibt während der *midlife-crisis* [für Helmut Halm] ständige Ausweichmöglichkeit vor dem wirklichen Leben".[3] Ferner stellt Kierkegaard in „Entweder/Oder", ähnlich wie Walser in „Ein fliehendes Pferd", zwei unterschiedliche Ich-Konzepte vor, den Ästhetiker A und den Ethiker B, und über derartige parallelen Konzeptionen hinaus finden sich wesentliche Motivübereinstimmungen mit der Novelle, wie z. B. Pferde- und Schiffsmetaphorik. Halms Lektüre von Nietzsches „Also sprach Zarathustra", schon während der Pubertät, weist auf die Motiv- und Begriffswelt Nietzsches hin, dessen „Geburt der Tragödie aus dem Geist der Musik" sich ebenfalls zur Erhellung des Novellengeschehens heranziehen läßt. Das Apollinische bei Nietzsche scheint im blonden, sportlichen Klaus, dem „Masseur Apoll" (55), verkörpert, während Helmut Halm meint, ein anderer Gott könne durchaus in ihm gewirkt haben - fraglos Dionysos, wie sein reichlicher Weinkonsum verrät.

Von Nietzsche ist es nicht weit zu Thomas Manns Novelle „Tonio Kröger", die der Autor Walser von den Werken Manns vor allem schätzt. So läßt sich trotz der scheinbaren Verachtung, die sein Helmut Halm für den so agilen, blonden Klaus Buch hat, in der Beziehung der beiden Männer der Neid Tonio Krögers auf Hans Hansen, auf die Blonden und Blauäugigen erkennen; in seiner Einsicht, nie wirklich gelebt zu haben, die Sehnsucht nach den vielzitierten „Wonnen der Gewöhnlichkeit", dem „Leben in seiner verführerischen Banalität" bei Thomas Mann.[4] Der Gegensatz von Geist/Kunst versus Leben/Natur ist beiden Novellen gemeinsam. Doch während im „Tonio Kröger" „die Gegensätze [. . .] in den Ironiker Tonio selbst verlegt und dort auch vermittelt" werden,

---

[2] Waltraud Wiethölter: „ ,Otto' - oder sind Goethes *Wahlverwandtschaften* auf den Hund gekommen?" In: Zeitschrift für deutsche Philologie 102 (1991), S. 240–259;

[3] Maria Behre: „Erzählen zwischen Kierkegaard- und Nietzsche-Lektüre in Martin Walsers Novelle *Ein fliehendes Pferd*". In: Literatur in Wissenschaft und Unterricht 23,1 (1990), S. 4.

[4] Vgl. Marcel Reich-Ranicki: „Martin Walsers Rückkehr zu sich selbst". In: Frankfurter Allgemeine Zeitung, 2. 9. 1983.

erweisen sie sich im „Fliehenden Pferd“ am Ende als Täuschung, beiderseits als Überlebensstrategien.[5]

Thomas Mann’s „Tonio Kröger“ ist bekanntlich eine wenn auch sehr lyrische Novelle, eine Art novellistischer Ableger der „Buddenbrooks“. Walser deklariert „Ein fliehendes Pferd“ sogar im Untertitel, ähnlich wie Günter Grass „Katz und Maus“, ausdrücklich als Novelle. Eine Diskussion dieser behaupteten Gattungszugehörigkeit mag dazu dienen, die innere Struktur des Werks zu verdeutlichen: „Ein fliehendes Pferd“ entspricht ziemlich genau den Anforderungen, wie sie bereits Goethe in den „Unterhaltungen deutscher Ausgewanderten“ an die klassische Novelle gestellt hat:

> Geben Sie uns zum Anfang eine Geschichte von wenig Personen und Begebenheiten, die gut erfunden und gedacht ist, wahr, natürlich und nicht gemein, soviel Handlung als unentbehrlich und soviel Gesinnung als nötig, die nicht still steht, sich nicht auf einem Flecke zu langsam bewegt, sich aber auch nicht übereilt, in der die Menschen erscheinen, wie man sie gern mag, nicht vollkommen, aber gut, nicht außerordentlich, aber interessant und liebenswürdig.“[6]

Da ist zunächst einmal die Länge, rund 150 Seiten, in ziemlich weitem, raumgreifendem Druck. Walser beschränkt sich nur auf das Wesentliche. Es gibt keine ausführlichen Beschreibungen, kein soziales Panorama wie in seinen frühen Romanen. Das Personal ist begrenzt auf vier Personen, von ein paar Dialogfetzen mit anderen Gestalten abgesehen. Die Personenkonstellation ist entsprechend einfach: die Tatsache, daß es sich um zwei Ehepaare handelt, gliedert das Personal gleich noch einmal in zwei Zweiergruppen. Gezeigt wird nicht ein soziales Panorama, sondern ein sehr begrenzter Wirklichkeitsausschnitt. Das Geschehen schreitet geradlinig und langsam fort, und die Hauptgestalten sind Durchschnittsmenschen unserer Zeit: Helmut Halm ist Studienrat, also Beamter, Klaus Buch ist Journalist mit zweifelhaftem Erfolg. Auch die von Goethe in den „Gesprächen mit Eckermann“ (am 29. Januar 1827) von einer Novelle geforderte „sich ereignete, unerhörte Begebenheit“ ist vorhanden; wenn man will, gleich zweimal: einmal in der Bändigung des durchgegangenen Pferdes durch Klaus Buch, zum anderen in dem halbgewollten Mordversuch (im Affekt) Helmut

---

[5] Manfred Dierks: „‚Nur durch Zustimmung kommst du weg‘. Martin Walsers Ironie-Konzept und ‚Ein fliehendes Pferd‘“. In: Literatur für Leser (1984), S. 48.

[6] Goethes Werke. Hamburger Ausgabe. Hamburg: Christian Wegner, ^{4}1960, Bd. 6, S. 167.

Halms auf dem Boot. Beide Ereignisse lassen sich obendrein im Sinne Ludwig Tiecks als Wendepunkte deklarieren, denn nachdem Klaus das Pferd wieder eingefangen hat, stimmt Helmut ihm zum erstenmal geradezu überschwenglich zu, und Klaus selbst hat eine innere Sicherheit gewonnen, wie er sie vorher nicht besaß. Er fürchtet sich von jetzt an nicht einmal mehr vor der Hündin Otto, „und auch seine ständige Angst, daß Helene ihn nicht mehr mag, scheint sich gelegt zu haben“[7], auch wenn diese Harmonie in mancher Hinsicht trügerisch ist und die Szene mit dem Pferd eher Ausdruck des gegenseitigen Mißverständnissses und Aneinandervorbeiredens ist als der Harmonie. So stellt sie zwar im Hinblick auf das gegenseitige Mißverstehen der Hauptpersonen einen Achsenpunkt dar, hat aber für die Folgehandlung keinerlei Bedeutung. Das Verhältnis von Helmut und Klaus hat sich in Wirklichkeit nicht dadurch geändert, so daß ein zweiter Wendepunkt, eine zweite „unerhörte Begebenheit“, die auf dem Boot stattfindet, dadurch geradezu herausgefordert wird. Hierbei konfrontiert Klaus Helmut keineswegs so, wie er es im Hinblick auf das Pferd formuliert hat, d. h. er geht ihn nicht von der Seite, sondern direkt an, fordert ihn auf, sein Leben zu ändern, seine Frau zu verlassen und mit ihm auf die Bahamas zu ziehen. In dieser Szene kommt es nun tatsächlich zu einer Wende, insofern als Helmut aus seiner Reserve heraustritt und handelt, einerseits aus einem rein biologischen Überlebenstrieb, indem er sich gegen die Waghalsigkeit und Tollkühnheit des beider Leben gefährdenden Klaus Buch zur Wehr setzt, Notwehr also, zum anderen als er hier die Scheinhaftigkeit seiner Existenz durchbricht und in einer Sekunde Klaus sein wahres Wesen enthüllt: „Wahrscheinlich hatte Klaus ihn in diesem Augenblick so durchschaut, wie ihn noch niemand durchschaut hatte.“ (147) Als Resultat findet zunächst ein scheinbarer Rollentausch statt: Helmut und Sabine geben sich sportlich, Hel gestattet sich den Genuß von Kuchen, Alkohol und Zigaretten. Aber auch nach einer nochmaligen Wende, der Rückkehr des totgeglaubten Klaus und der Abreise Halms, wird dieser neue Kurs aufrechterhalten: Hel wird sich nicht mehr in gleicher Weise von Klaus kontrollieren lassen, und Helmut wird Sabine „alles von diesem Helmut, dieser Sabine“ (151) erzählen, d.h. die Scheinhaftigkeit durchbrechen, die sein

---

[7] Joachim Schote: „Martin Walsers Novelle ‚Ein fliehendes Pferd‘ “. In: Orbis Litterarum 46 (1991), S. 60.

ganzes bisheriges Verhältnis zu anderen Menschen, einschließlich seiner Frau, bestimmt hat.

Mit dem fliehenden Pferd ist natürlich ein geradezu klassisches Dingsymbol gegeben, der Falke der Novelle, um mit Heyse zu sprechen. Es symbolisiert die Flucht vor der Wirklichkeit, vor den Anforderungen des täglichen Lebens, der Leistungsgesellschaft. Dabei bezieht es sich zeichenhaft sowohl auf die Flucht Helmuts nach innen als auch auf die Flucht Klaus' nach außen, in den Konformismus mit einer Existenz, wie sie klischeehaft von der Werbung propagiert wird. Schon zu Anfang der Novelle heißt es von Helmut:

> „Jetzt blieb ihm nur noch die Flucht. Ein-, zweimal im Jahr. Der Urlaub eben. Im Urlaub probierte er Gesichter und Benehmensweisen aus, die ihm geeignet zu sein schienen, seine wirkliche Person in Sicherheit zu bringen vor den Augen der Welt. [. . .] Sah sich durch die Wälder traben. Ohne sich zu bewegen, trabte er [. . .]" (13),

also die Gangart eines Pferdes nachahmend; in der Szene der beiden Männer auf dem Bodensee heißt es: „Klaus Buch benahm sich immer mehr wie ein Rodeoreiter" (117), und von Helmut am Schluß derselben Szene: „Klaus hatte in Unterhomberg gesagt, ein fliehendes Pferd lasse nicht mit sich reden. Er hatte zugestimmt." (123) Eine deutlichere Inbezugsetzung von Symbol und Hauptgestalten dürfte sich in keiner klassischen Novelle finden.

Zwar kein unabdingbares Kriterium, sind doch zahlreiche Novellen, vor allem des 19. Jahrhunderts, Rahmenerzählungen. Sicherlich hat „Ein fliehendes Pferd" keinen strengen erzählerischen Rahmen, aber doch einen, der sich durch die Wiederholung des Anfangssatzes der Novelle als Schlußsatz konstituiert: „Plötzlich drängte Sabine aus dem Strom der Promenierenden hinaus und ging auf ein Tischchen zu, an dem noch niemand saß." (9 und 151) Indem aber vor dem Schlußsatz Helmuts „Also bitte, sagte er, es war so:" steht, so daß die gesamte vorher erzählte Novelle damit als Erzählung Helmuts figurieren könnte, wird nachträglich tatsächlich die Fiktion eines erzählerischen Rahmens suggeriert. Dazu paßt, daß die Novelle aus der Perspektive Helmuts erzählt ist, zumindest aus einer erzählerischen Schwebehaltung, die zwischen dem Standpunkt Helmuts und auktorialer Erzählhaltung schwankt.

Zwei Standpunkte werden vorgestellt, verdeutlicht an zwei Gestalten, den beiden Männern, die dem Leben gegenüber eine entgegengesetzte Haltung einehmen. Die Frauen spielen ihnen gegenüber eine vergleichsweise geringere Rolle. Helene Buch hat sich ihrem Mann bis zur Verleugnung ihrer eigenen Persönlichkeit angepaßt – erst als er anscheinend ertrunken ist, kann sie sich gehen lassen, wird auch sie fast zum fliehenden Pferd, das ihr überraschend zurückkehrender Mann aber nur scheinbar wieder einfangen und nach Hause zurückführen kann. Sabine hat sich auch ihrem Mann angeglichen, ja Helmut und Sabine sind ein Ehepaar, das sich im Laufe der Jahre verblüffend ähnlich geworden ist, „ein alt werdendes Paar" (12), von dem Sabine selbst sagt: „Ich glaube, wir haben beide schon das Spanielgesicht." (17) Sie unterscheiden sich beide also äußerlich kaum noch, nur daß Sabine ein wenig mehr Elan hat als Helmut, an der Uferpromenade sitzen möchte, während Helmut lieber zu Hause, hinter den vergitterten Fenstern der Ferienwohnung, seinen Kierkegaard lesen würde. Aber man kennt sich intim, man kämpft nicht gegeneinander, man kann die Gedanken des anderen lesen, auch wenn Helmut glaubt, sich auch vor Sabine verstecken zu können. In diesem Verhältnis also ein großer Unterschied zu den Buchs. Sabine braucht Helmuts Ego nicht dauernd zwanghaft zu bestätigen, und sie braucht aufgrund ihrer eigenen Selbstsicherheit ihrerseits keine Bestätigung durch ihn, doch bekommt sie diese ungefragt immer wieder von Helmut, und zwar in Form einer geradezu leitmotivisch wiederholten, verhaltenen Liebeserklärung: „Ach du. Einziger Mensch. Sabine." (z. B. 87, 149).

Umgekehrt läßt sich Klaus Buch seine Attraktivität dauernd durch Helene bestätigen, hat offensichtlich Angst, nicht geliebt zu werden, und wenn am Ende der Novelle Helene die Scheinhaftigkeit seiner Existenz enthüllt, kommt dies für den Leser keinesfalls überraschend. Er weiß schon, daß er es mit einer unsicheren, vorgetäuschten Existenz zu tun hat. Von vornherein hat Walser hier schon fast zu dick aufgetragen; sein vor Gesundheit strotzender Klaus Buch ist ihm doch etwas zu sehr zur Karikatur geraten. In ihm macht er die ganze substanzlose Scheinhaftigkeit einer synthetischen, künstlichen Existenz lächerlich, die sich an einem Image orientiert, wie es von der zeitgenössischen Reklameindustrie und Illustriertenjournalistik propagiert wird: Gesundheitsfanatismus, der Kalorien zählt, zum Sklaven von Trimmdichideologie wird und sexuellen Hochleistungssport für die Erfüllung des Lebens hält. Durch Helenes Erzählung bricht Klaus' Potemkinsches Dorf wie ein Kartenhaus zusammen. Walser spricht es nicht aus, aber als er am Schluß seine angetrunkene Hel bei den Halms abholt, weiß Klaus Buch natürlich sofort, daß sie Halms von seiner Lebenslüge erzählt hat.

Scheinhaftigkeit bestimmt aber auch die Existenz Helmut Halms. „Incognito war seine Lieblingsvorstellung" (12) heißt es gleich zu Anfang über ihn, und es stört ihn zutiefst, daß in Stuttgart „in der Nachbarschaft und in der Schule – und zwar bei Kollegen und bei Schülern – die Kenntnis über ihn zunahm." (Ebd.) „Jedesmal, wenn ihm das Erkannt- und Durchschautsein in Schule oder Nachbarschaft demonstriert wurde, die Vertrautheit mit Eigenschaften, die er nie zugegeben hatte, dann wollte er fliehen." (Ebd.) Andere benutzen Kenntnisse über ihn „Zu seiner Unterwerfung. Zu seiner Dressur." (13) Die Flucht des Pferdes Helmut Halm ist die zweimal jährliche Flucht in die Ferien, in den Urlaub. Halm gibt sich in der Schule progressiv, ist in Wirklichkeit aber konservativ. Er hat sich in die Passivität, in den Genuß von Essen, Trinken und Rauchen zurückgezogen, weiß aber, daß seine körperliche Trägheit und Lesebegeisterung Flucht vor dem Leben ist. Das Resultat ist geradezu hofmannsthalisch: „Er hatte praktisch nicht gelebt. [. . .] Er spürte, daß in ihm das Abenteuer endgültig zu Ende gegangen war." (28) Er hat sich vor den gesellschaftlich sanktionierten Forderungen zurückgezogen, was besonders darin deutlich wird, daß er vor der Sexualität Angst hat, vor ihr flieht und hofft, sie bald ganz überwunden zu haben, keinen Leistungsbeweis mehr liefern zu müssen. In einem Brief an Klaus Buch macht sich Helmut Halm entsprechende Selbstgeständnisse, die ein Abschicken des Briefes unmöglich machen:

> „Mein Ideal ist es, ruhig zusehen zu können, wenn man falsch verstanden wird. Dem Mißverständnis zustimmen, das möchte ich lernen. [. . .] Ja ich fliehe. Weiß ich. Wer sich mir in den Weg stellt, wird . . . [. . .] Mein Herzenswunsch ist zu verheimlichen. Diesen Wunsch habe ich mit der Mehrzahl aller heute lebenden Menschen gemeinsam. Wir verkehren miteinander wie Panzerschiffe. [. . .] Je mehr ein anderer über mich wüßte, desto mächtiger wäre er über mich, also . . . " (36 f.)

Was passiert, als Klaus Buch sich ihm in den Weg stellt, wissen wir. Panzerschiffe: ein Schiff, das gegen den Angriff anderer Schiffe gepanzert ist, gleichzeitig aber auch selbst schwere Geschütze hat, um sich gegen Angriffe zu verteidigen. Die dicke Schutzschicht des Menschen, die bewußt gepflegte Täuschung, wie sie Halm entwickelt hat, wird als innere Fluchtwahl einer großen Anzahl von Menschen angegeben. Sicher läßt sich behaupten, daß Walser in Halm *und* Buch Züge seines eigenen Wesens hineingelegt habe, wichtiger ist aber, daß Helmut Halm eine für eine große Zahl von Menschen verbindliche Verhaltensweise repräsentiert. Dabei wäre es falsch, diese Verhaltensweisen Halms und Buchs einfach als Kritik an der Leistungsgesellschaft zu interpretieren, also an „Halbzeit“ oder „Ehen in Philippsburg“ abgelesene Sozialkritik einfach auf diese Novelle anzuwenden. Hier geht es vielmehr um allerdings in der heutigen Gesellschaft gewonnene menschliche Lebens- und Verhaltensweisen, Möglichkeiten der Flucht vor allem, was im Leben von einem Menschen verlangt wird, und Walser führt uns exemplarisch zwei extreme Möglichkeiten vor.

Eingangs wurde das Kierkegaardsche Motto der Novelle zitiert, in dem es um zwei gleichberechtigte Überzeugungen geht. Zu fragen ist allerdings, ob sich, bei aller Kritik, die Walser an beiden männlichen Hauptgestalten übt, bei ihm nicht doch etwas Parteilichkeit eingeschlichen hat. Durch den Spott, mit dem er sich über Klaus Buch lustig macht, die schonungslose Art und Weise, in der er ihn durch seine Frau Helene völlig dekonstruiert, läßt er an dessen Fluchtmöglichkeit kein gutes Haar. Im Falle Helmut Halms ist das anders. Bei aller Kritik an seiner Lebensflucht, seinem Versteckspiel, das er zum Selbstschutz mit anderen, selbst mit seiner Frau Sabine treibt, wird er doch als Charakter nicht so völlig abgelehnt wie Klaus Buch. Halm, obwohl angesehener Oberstudienrat, ist ein resignierter Kleinbürger; er weiß es und ist sogar stolz darauf: „Helmut dachte: wenn ich überhaupt etwas bin, dann ein Kleinbürger. Und wenn ich überhaupt auf etwas stolz bin, dann darauf.“ (96) Das Kleinbürgerliche wird von Walser nicht definiert, ließe sich hier aber am ehesten als selbstgenügsame, biedermeierliche Haltung erklären, mit gutem Auskommen, Rückzug ins Private und Geistige, eben als die eine Fluchtmöglichkeit des Intellektuellen in unserer Zeit. Kurz: die eine Möglichkeit des Panzerschiffs. Nun wird aber das Panzerschiff Helmut auf dem Boot von seinem Pendant Klaus torpediert. Die Fortführung der Existenz Helmut Halms wird dadurch unmöglich gemacht, daß ihn hier jemand eine Sekunde lang völlig durchschaut hat:

„[. . .] du hast eben gelebt in diesem Augenblick, du bist aus dir herausgegangen, Ha-Ha, eine Sekunde lang hast du den Schein nicht geschafft, an dieser Sekunde klebst du jetzt, wirst du kleben, wenn sich der Riß dieser Sekunde nicht mehr schließen läßt.“ (129)

Dieses Bewußtsein bleibt, heißt es doch gegen Ende der Novelle: „Wahrscheinlich hatte Klaus ihn in diesem Augenblick so durchschaut, wie ihn noch niemand durchschaut hatte. Und der, der ihn durchschaut hatte, lebte.“ (147) Der Riß in dem Panzer, mit dem er sich umgeben hat, wird sich nicht wieder schließen. So wie Klaus

Buch sein Verhältnis mit seiner Frau wird ändern müssen, so wird sich auch Helmut Halms Verhältnis zu Sabine wandeln. Er wird nun aus seiner Schweigsamkeit, aus seiner Täuschung heraustreten und Sabine im Zug alles erzählen. Die Ehe, die bisher im schweigsamen Einverständnis des gemeinsamen Spanielgesichts bestanden hat, hat damit die Chance gewonnen, sich zu öffnen zur kommunikativen Beziehung. Halms bleiben nicht in ihrer Ferienwohnung mit den vergitterten Fenstern und werden aller Wahrscheinlichkeit nach auch nicht dahin zurückkehren; ihre Beziehung, und damit ihr beider Leben hat eine neue Richtung gewonnen. So endet die Novelle von zwei Eskapisten, zwei intellektuellen Flüchtlingen, die zwar einander von den Vorzügen ihrer jeweiligen Lebensform nicht überzeugen konnten, doch mit einem Hoffnungsschimmer, mit der Aussicht, daß die Sekunde der Wahrheit sie und ihre Partnerbeziehungen gewandelt zurückläßt.

Nachdem sie ihm lange Jahre lang eine große Begabung bescheinigt, das jeweils eben herausgekommene Werk aber ablehnend beurteilt hatten, nahmen die professionellen Kritiker der wichtigsten bundesdeutschen Zeitungen und Zeitschriften „Ein fliehendes Pferd“ mit großer Begeisterung auf. So veranstaltete Marcel Reich-Ranicki in der „Frankfurter Allgemeinen Zeitung“ bereits vor Erscheinen der Buchausgabe einen Vorabdruck in Fortsetzungen, und in seiner Rezension vom 4. 3. 1978 proklamierte er, Walser sei es gelungen, seine oft beschworene Krise zu überwinden: „Die Novelle ‚Ein fliehendes Pferd‘ ist seine bescheidenste und überzeugendste epische Arbeit.“ Für Reinhard Baumgart, der die Novelle im „Spiegel“ vom 27. 2. 1978 rezensierte, ist Walser hier „nahe an die Quadratur des Kreises [gekommen], an die erzählende Objektivierung seiner Subjektivität“. Aber er sieht dieses Werk Walsers politisch und kommt zu einer geradezu pathetischen Schlußfolgerung: „Indem er sich auf das scheinbar Allerprivateste einläßt, auf zwei ihm gleich naheliegende Fluchtmöglichkeiten aus dieser Gesellschaft, kommt etwas ganz und gar Politisches zum Vorschein: ein soziales System, das keinen Lebenssinn mehr hergibt, das Halm nur noch als eine Produktion von Schein, das Buch als ein Universum des Schwindels erlebt. Mit keinem Satz redet die Geschichte zur Lage der Nation. Und doch enthält sie unsere ganze Lage.“ Benjamin Henrichs urteilt am 24. 2. 1978 in der „Zeit“: „Eine Novelle, die mit dem Wort 'meisterhaft' eher karg gelobt wäre.“ Achim Ayren meint in der „Stuttgarter Zeitung“ vom 11. 3. 1978 gar: „[. . .] ihm [Walser] ist da ein wahrhaft glänzendes Stück

Prosa gelungen, [. . .] [. . .] diese Geschichte könnte zu dem gehören, das einmal übrig bleibt von einem Jahrhundert.“ – Zur Rezeption gehört schließlich auch, daß Peter Beauvais 1984 bei einer Artus Film/WDR-Produktion einer Fernsehfassung der Novelle Regie führte (mit Vadim Glowna, Rosel Zech, Dietmar Mues, Marita Marschall, Marieluise Nagel-King und Horst A. Reichel) und daß die Novelle in einer Dramenfassung zur Aufführung kam: Im Jahre 1985 arbeitete sie Ulrich Khuon, Dramaturg am Stadttheater Konstanz, zu einem Zweiakter um, für das Walser selbst die Dialoge neu schrieb, die Monologe aus dem Buch übernahm und der Bühnenhandlung einpaßte. Das überrascht nicht bei einem solchen Kammerstück, ist doch die Novelle nach Storm die „Schwester des Dramas“.

Walburga Freund-Spork

Jeder für sich
Christoph Hein: *Drachenblut* (1982)

Christoph Hein, 1944 in Heinzendorf in Schlesien geboren, von Peter Hacks als der „endgültig letzte Vertreter der schlesischen Dichterschule" bezeichnet, hat die Novelle „Drachenblut" 1982 unter dem Titel "Der fremde Freund" im Aufbau-Verlag der damaligen DDR veröffentlicht. Unter dem Titel „Drachenblut" erschien sie als Lizenzausgabe im Luchterhand Verlag Darmstadt und Neuwied 1983.* 1989 wurde sie ins Taschenbuch der Sammlung Luchterhand übernommen. Dies allein zeigt, daß diese Novelle ihr Lesepublikum gefunden haben dürfte. Christoph Hein ist sowohl als Dramatiker als auch als Erzähler hervorgetreten. 1982 wurde er mit dem Heinrich-Mann-Preis der Akademie der Künste Berlin (Ost) ausgezeichnet. Peter Hacks attestiert seinem Kollegen ein großes poetisches Können, und in der Tat zeugen seine Dichtungen von höchst sensiblem Wahrnehmungsvermögen, gepaart mit sprachlicher Gestaltungskraft.

Der gewählte Aufbau bestätigt zunächst vordergründig die Gattungsbezeichnung „Novelle". Das erste Kapitel eröffnet den Rahmen mit der schwankenden Haltung der Hauptperson und Ich-Erzählerin, einer Ärztin und Hobbyfotografin, an der Beisetzung ihres „Freundes" Henry teilnehmen zu wollen oder ihr vielleicht doch fernzubleiben. Das vorletzte zwölfte Kapitel schließt ihn nach einer rückschauenden nüchternen Bilanzierung der Beziehungen bis zum Todestag Henrys. Wenngleich plötzlich betroffen, nimmt die Erzählerin den Tod ohne besondere Überraschung zur Kenntnis.

Zwischen dem ersten und zwölften Kapitel wird die eigentliche Handlung entfaltet. Es ist dies keine Handlung im eigentlichen Sinn, eher eine objektiv (Fotografin) sezierende (Ärztin) Analyse, nüchtern, kaltschnäuzig, Worte probierend, wägend, und oft solange reihend, bis der Ausdruck von jeglicher emotionalen Schwingung gereinigt erscheint.

* Die Zahlen in Klammern beziehen sich auf: Christoph Hein: Drachenblut. Novelle. Luchterhand, Darmstadt und Neuwied. 1983.

Entfaltet wird ein Spektrum mißlungener zwischenmenschlicher Beziehungen, gescheitert an mangelndem Interesse füreinander, an der mutwilligen Vereinzelung beziehungslos nebeneinander agierender Individuen. Ein Prozeß verselbständigt sich, er läuft ab, ohne daß der einzelne korrigierend oder verändernd in ihn eingriffe.

Allem voran stellt der Autor ein Traumerlebnis der Ich-Erzählerin. Es ist nicht in die Kapitelzählung integriert und drucktechnisch von der Novellenhandlung abgesetzt, so daß sich der Eindruck einer Schlüsselszene für das Ganze aufdrängt. Tiefenpsychologisch stellt der Traum in symbolischer Weise oft dar, was für das Wachbewußtsein des Träumers unannehmbar ist. Freud führt aus, daß man keine besondere symbolisierende Tätigkeit der Seele bei der Traumarbeit anzunehmen brauche, daß der Traum sich solcher Symbolisierungen bediene, die im unbewußten Denken bereits fertig enthalten seien . . .[1], was für den dargestellten Traum bedeutete, daß seine Bilder die innere Befindlichkeit der Träumerin, ihren Lebensplan, offenlegen könnten. Sie betritt mit ihrem ‚gesichtslosen' Begleiter eine brüchige Balkenbrücke, die vor „kristallen-leuchtender Leere" (5) über einen Abgrund führt. Sie müssen hinüber. Der Begleiter reicht ihr seine schweißnasse Hand, verkrallt sich in die ihre, sie möchte sich lieber lösen. „Jeder für sich", ist ihr Gedanke beim langsamen, gefährlichen Voranschieben auf das andere Ufer zu, dessen Erreichen ebenso aussichtslos erscheint wie eine Umkehr.

Dann im scharfen Schnitt ein zweites Bild. Fünf überdeutlich konturierte Läufer, junge Männer mit markanten Gesichtern, erscheinen, aus einem Wald kommend, vor der gleißenden Leere. Sie laufen auf die Brücke zu, überqueren sie leichtfüßig; mit den eleganten, regelmäßigen Bewegungen von Maschinen erreichen sie das andere Ufer. Das Leben, ein schmaler, brüchiger Pfad zwischen zwei Ufern, ein Balanceakt über dem Abgrund. Zwar wurde dieser Weg gemeinsam mit einem anderen betreten, doch ist dieser andere ein fremder, unkenntlicher Begleiter, weder Vertrauen einflößend noch Sicherheit gebend, eine verkrampfte Verbindung, eine aus der Angst geborene Notgemeinschaft. Sie verspricht keinen Gewinn festen Bodens, ihr fehlt die bejahte Entscheidung füreinander. Kontrastfolie zu diesem das andere Bild: Fünf junge Läufer, äußerlich und im Verhalten völlig identisch, eine Solidargemein-

[1] Uwe Peters, Wörterbuch der Tiefenpsychologie. München 1978. S. 156/157.

schaft, die furchtlos den Abgrund überwindet und sicher das andere Ufer erreicht.

Zwei kontrastierende Lebenskonzepte: das eine der totale Rückzug auf das Ego, das Ausblenden jeglicher Gemeinsamkeit mit einem Rückhalt gebenden Du, eine Haltung, die zusammengehörige Lebensäußerungen auseinanderfallen läßt wie Bild und Ton angesichts der Beobachtung der Läufer beim Überqueren des Abgrunds (6); das andere: Gleichklang und Solidarität, das Aufgehobensein in der Gruppe.[2]

In konsequent struktureller Entwicklung kann zum Traumvorspann das letzte, dreizehnte Kapitel der Novelle gelesen werden. Es führt dem Leser die Folgen des egozentrischen Lebenskonzepts der Ich-Erzählerin vor, die Erstarrung im Selbst, im Panzer aus Drachenblut, der unverletzlich gemacht hat. Mit einer solchen Haltung, das steht für sie außer Frage, wird sie ihr künftiges Leben meistern. Es geht ihr gut, denn sie ist auf alles eingerichtet.

Christoph Hein versinnbildlicht in der Person und der Haltung seiner Protagonistin, daß in den bestehenden gesellschaftlichen Umständen nur Erstarrung zu der Unverletzlichkeit führt, die für das nackte Überleben nötig ist. Zugleich zeigt er aber auch, daß die Fähigkeit abhanden gekommen ist, Erstarrung als Fehlverhalten erkennen zu können.

Das assoziativ-erinnernde Erzählen erstellt im Verlauf der Novelle ein Mosaik, das den Leser mit allen gesellschaftlichen Bezügen der Protagonistin bekanntmacht, begleitet jeweils von den subjektiv persönlichen Kommentaren der Erzählerin.

Der Leser sieht sich konfrontiert mit der Berufsarbeit der Ärztin, er begegnet den Mitarbeitern und den Berufskollegen, dem Chef und der Urlaubsvertretung. Er lernt die Nachbarn im Hochhaus, die Bekannten und Freunde in der Stadt und im Urlaub, die Eltern, die Schwester, den geschiedenen Mann kennen. Er nimmt teil an der Begegnung mit der Vergangenheit, mit Kindheits- und Jugenderfahrungen, die sich traumatisch auf die Ich-Erzählerin ausgewirkt

[2] Stephan Reinhard (s. Anm. 7) sieht im vorangestellten Traum den Schlüssel zum Schloß der Erzählung. Er interpretiert den Gang über den Abgrund als das Verlangen, das Geschehen unterhalb der Oberfläche, das eigene Ich, den Abgrund kennenzulernen. Dies mißlinge jedoch durch den Abbruch des Traums.
Konrad Franke (s. Anm. 8) deutet die Läufer „die ihr entgegenkommen, und die dahin laufen, wo Claudia hergekommen ist", als „die Generation derer, die dort anfängt, wo ihre Generation aufgehört hat zu leben", die vorbeizieht, sich prostituiert oder zuschlägt, die erst später verstanden wird.

haben. Durchgängig wird er Zeuge eines zwiespältigen Verhältnisses zwischen zwei Menschen, das sich deshalb so unfruchtbar und frustrierend entwickelt, weil beide ihrem Bedürfnis nach Geborgenheit selbstquälerisch Schranken errichten, um sich gegen mögliche Verletzungen zu immunisieren.

Die Ausweitung auf das soziale Spektrum und die fortgesetzte Konfrontation mit den Lebensplänen der anderen macht deutlich, daß der Lebensentwurf der Zentralfigur kein außergewöhnliches Schicksal darstellt, sondern eher einen exemplarischen Fall, stellvertretend für viele namenlose Fälle, die in einer nach außen und innen abgeriegelten Welt leben. Zwar erfährt der Leser an einer Stelle (58) den Namen der Protagonistin, aber diese Zutat wäre entbehrlich, wenngleich der Name „Claudia" auf die Verschlossenheit der Ich-Erzählerin anspielt.[3] Auf dem sozialen und politischen Hintergrund des DDR-Staates gewinnt ein Lebensgefühl Gestalt, das sich nur unwesentlich zu unterscheiden scheint von einem Leben in einem westdeutschen Großstadt-Hochhaus, nur hätte man, der Utopie eines gemeinschaftsfördernden Sozialismus folgend, erfülltere Lebensformen erwartet. Offenkundig ist die Enttäuschung über den real existierenden Sozialismus. Was Christoph Hein an seiner Heldin demonstriert, entspricht „recht genau den zwischenmenschlichen Folgen jener Entfremdung, die . . . im real existierenden Sozialismus längst hätten beseitigt sein sollen."[4]

Der Beschreibung der gesellschaftlichen Zustände folgt in der Novelle konsequent deren Analyse. Dabei blendet die gewählte Perspektive jegliche Objektivation aus. Durchgängig tritt an die Stelle des Dialogs die indirekte Redewiedergabe, durch die die Ich-Erzählerin das Gesprochene allein auf das für sie subjektiv Bedeutsame reduziert. Dem Leser sind direkte Teilnahme und Zeugenschaft verwehrt. Dennoch kommen ihm an der Glaubwürdigkeit der dargestellten Sachverhalte keine Zweifel, offenbar auch deshalb nicht, weil sich die akademisch ausgebildete Medizinerin bei ihrer Gesellschaftsanalyse auf wissenschaftlich anerkannte Erkenntnisse vor allem der Psychologie und der Psychiatrie beruft. Bei der Diagnose der Routinefälle in ihrer Praxis muß sie feststellen, daß der Arzt in aller Regel nicht helfen kann, weil nicht in erster Linie organische, sondern psychische Erkrankungen (9) vor-

---

[3] Rolf Michaelis, Leben ohne zu leben. Die Zeit, Hamburg 11. 11. 1983.

[4] Uwe Wittstock, Letzte Liebe in der Seelenwüste. Frankfurter Allgemeine Zeitung. 17. 9. 1983.

liegen. Was aber schlimmer ist: Hilfe, die darin bestehen könnte, krankmachende Verdrängungen offenzulegen, ist nicht angezeigt, weil das Zusammenleben nur dann funktioniert, wenn Gefühle und Triebe unterdrückt werden. (86)

Gesellschaftliches Leben wie Leben überhaupt stellt sich dar als ein Antagonismus, als unausweichliche Tragödie, in der die Krankheit der Preis für das Zusammenleben ist. Vernunft und Zivilisation gebieten, sich auf der Oberfläche einzurichten, zugleich verbieten sie, sich für die Schicksale von Menschen, für ihre Abgründe zu interessieren. Entsprechend verfügt die Ich-Erzählerin nur über ein äußerst eingeschränktes Repertoire von Teilnahmsäußerungen: „Es ist mir unangenehm“, „es ist mir gleichgültig“, „ich habe keine Lust“, „es interessiert mich nicht“ sind die immer wiederkehrenden Formeln.

Rolf Michaelis hält es für ein Indiz, daß die Ich-Erzählerin noch nicht aufgegeben hat „ nicht hinter der Hornhaut von Drachenblut verschwindet, sondern noch leidet“[5], daß sie auch „wünscht“. Dabei kommt es aber entscheidend auf den Inhalt der Wünsche selbst an: Sie wünscht sich „ein Kind“, weiß aber, daß es ihr dabei nur um sich selbst geht (153), „eine Reise nach Rom, nach Kanada, in die Provence“, ist aber nicht sicher, ob sie ihr gelingen wird. Ausdrücklich sagt sie: „Wünsche habe ich nicht mehr viele, und ich weiß, ich werde sie mir nicht erfüllen können. Dafür habe ich ein paar handfeste Ängste, die mich ausfüllen.“ (152)

An einigen Stellen jedoch wird die vorherrschende Lethargie durchbrochen. Dies sind Augenblicke besonderer, höchst schmerzlicher Verletzungen. Nach einem im Bett verbrachten Samstagvormittag begleitet Henry die Ich-Erzählerin auf einen Ausflug. Sie möchte ihrem Hobby nachgehen, Landschaften zu fotografieren. Aus gelangweiltem Unbehagen, die Strapaze erscheint ihm sinnlos und unnötig, kommt es zu einer Auseinandersetzung, bei der Henry mutwillig und verletzend seine bestehende Ehe ins Spiel bringt, für Claudia eine völlig überraschende Wendung. Plötzlich sieht sie sich einer Revolution ihrer Gefühle gegenüber. Sie fühlt sich „wütend“, „verzweifelt“, „hintergangen“, „maßlos gekränkt“, empfindet sich als „banales Verhältnis“, als „vorgeprägtes Muster einer Flucht“. Dem vehementen Gefühlsausbruch folgen der Entschluß zu „endgültiger Einsamkeit“ und die Überzeugung, niemals mehr die Distanz zu Menschen aufgeben zu dürfen, um nicht hin-

---

[5] Rolf Michaelis, a.a.O.

tergangen zu werden.(51) Die Distanzierung vom Mitmenschen, die hervorstechende Haltung der Ich-Erzählerin und auch der übrigen Personen in der Novelle, läßt die Figuren weniger als handelnde, selbstbestimmte Menschen erscheinen, sondern als kühle Beobachter, teilnahmslos Urteilende, die im anderen den Getriebenen, Leidenden, das Opfer sehen. Alle sind unfähig, entscheidend in den Lauf der Ereignisse einzugreifen.

Syntaktisch korrespondiert solcher Befund mit der auffälligen Bevorzugung parataktischer Satzbaumuster. In der durchgängigen Nebenordnung der Aussagen spiegelt sich das beziehungslose Nebeneinander der Menschen, ihr Zurückgeworfensein auf sich selbst. Dem entspricht auch die Wahl des Ortes. Das Hochhaus wird zum Dingsymbol der Vereinzelung und der Gleichförmigkeit oder, wenn man so will, der Vereinzelung in der Gleichförmigkeit. Für die Vereinsamung und Kontaktlosigkeit der Menschen im Hochhaus steht Frau Rupprecht als bedrückender Einzelfall. Ihr dauerndes Alleinsein führt auch da zu Absencen, wo sie ausnahmsweise angesprochen wird (20). Im übrigen lebt sie in namenloser Angst, gesteigert zu panischem Entsetzen, dem sie hilflos ausgeliefert ist. Ihr spät und zufällig bemerkter Tod, angezeigt durch den Lärm ihrer verwaisten Käfigvögel, setzt ihrem Dasein ein folgerichtiges Ende. (20/127 f.) „In diesem Haus verreckt man, das kümmert keinen" (127), kommentiert ein Bahrenträger zutreffend. Wie die Käfigvögel leben die Menschen hier. Die beengten Verhältnisse bringen überall die gleichen Einrichtungen hervor. Individualisierung scheint ausgeschlossen. Sie kann nur erfolgen durch den Rückzug nach innen, der aus Furcht vor Verletzungen Öffnungen zum anderen dauerhaft verhindert.

Die Novelle verweigert positiv orientierende Lebensentwürfe. Illusionslos dokumentiert sie fortlaufend Fehlhaltungen und Beziehungskrisen. Karla, die Sprechstundenhilfe, ist „einfach etwas mannertoll" (37). Verwicklungen mit dem Chefarzt oder dem Ehemann rühren aus dieser offenbar unabänderlichen Veranlagung; Anne, eine Berufskollegin, wird regelmäßig von ihrem Mann vergewaltigt. Aus Angst, allein zu bleiben, findet sie sich jedoch mit den Demütigungen ab (11). Henrys Frau, unattraktiv, verbittert, befragt ihr Leben unaufhörlich nach dem Schuldigen an soviel Banalität und verblichenen Hoffnungen (17). Einflußlos steht die Mutter den Geschehnissen innerhalb der Familie gegenüber. Mit roten Gesichtsflecken reagiert sie auf das Unabänderliche. Der Vater ist ein kaltgestellter Kommunist, wegen unüberlegten Verhaltens ohne Auszeichnung aus dem Betrieb entfernt. Er ist vereinsamt und verbittert, unfähig zur Einsicht. Hinners Problem erschöpft sich in der Angst, als Mann zu versagen. Ansonsten hat er sich im System eingerichtet, wo er im üblichen Rahmen reüssiert. Er und Irene, die Schwester der Ich-Erzählerin, gehen ein ebenso unfaires wie geschmackloses Verhältnis miteinander ein. In sadistischer und selbstquälerischer Weise haben sich Fred und Maria aneinander gebunden (60), und der selbstbewußt auftretende Chefarzt fühlt sich alt und allein. Aus Furcht vor Zurückweisung vergräbt er sich in die Arbeit (78). Miese, kleine sexuelle Abenteuer zerren ihn in den allgemeinen „Tümpel“ der „kleinen Schäbigkeiten“, in den „Schoß“ der „banalen, armseligen Intimitäten“.

Auf der gleichen Ebene spielt sich letzten Endes die „Freundschaft“ der Ich-Erzählerin mit Henry ab. Ihre Begegnungen verlaufen ohne echte Öffnung füreinander. Beide geben nichts preis von sich selbst, ihre Vertraulichkeit beschränkt sich auf gegenseitige Bedürfnisbefriedigung. Obwohl man miteinander schläft, weiß man vom anderen so gut wie nichts. Man lehnt es ab, sich mit dem zu beschäftigen, was den anderen bedrückt. Jedes Interesse an ihm wird künstlich und gewaltsam unterdrückt. Nur darin besteht Konsens: „Wir waren nicht füreinander verantwortlich. Keiner schuldete dem anderen etwas.“ Ängstlich stellt sich die Ich-Erzählerin die Frage: „War ich schon wieder dabei, mich in eine der üblichen Verbindungen zu stürzen? Eine Art Ehe mit all ihren tausend Verpflichtungen und kleinlichen Abhängigkeiten.“ (39) Entschieden fällt die Antwort aus:

> „Ich war war seit langem entschlossen, . . . nie wieder einem Menschen das geringste Recht über mich einzuräumen. Unsere stillschweigende Übereinkunft, daß keiner für den anderen verantwortlich sei, daß keiner sich vor dem andern zu verantworten habe, nahm ich sehr ernst.“ (51)

Das Fazit der dargestellten Beziehungen ist die Hilflosigkeit des einzelnen in einer Gesellschaft, die keine erfüllte Integration zuläßt. Alle sind Täter und Opfer in einem. Ihr Handeln wirkt auf sie selbst zurück, macht die Welt unbewohnbar, die Menschen unbehaust. Gespielte Gleichgültigkeit und Ungerührtsein vermögen nicht über die menschliche Leere hinwegzutäuschen. Henry empfindet sein Leben als „ungeheuerlichen Witz“, dessen Pointe noch aussteht (23) und die sich schließlich überraschend einstellt, als ihn ein Jugendlicher aus läppischem Anlaß, im Vorübergehen, im Spiel sozusagen, totschlägt. „Sollte dies“, so fragt Karl Corino, „das unerhörte Ereignis sein, das die Novelle im klassischen Sinn definiert?“[6] Unerhört ist dieser Tod in des Wortes wahrer Bedeutung, unerhört in seiner ganzen Banalität und Unernsthaftigkeit, das Ergebnis eines Lebens, das aus Hilflosigkeit, Leichtsinn und Langeweile mehr als einmal aufs Spiel gesetzt worden war. (28)

Auf der Suche nach den Gründen für eine solche Wegwerfhaltung, für die fatalistische Erstarrung in der Unabänderlichkeit, gerät der Leser mit der Ich-Erzählerin an den Ort ihrer Kindheit. Henry sieht in der Fahrt nach G. einen „unbedachten Weg in ein überholtes Vorher“, es zeigt sich jedoch, daß es unmöglich ist, die Vergangenheit zu überholen. Sie enthält Erfahrungen, die als Schlüsselerlebnisse untilgbare Prägungen im Innern hinterlassen haben. Dazu zählt die Erfahrung mit Vorgesetzten und Erziehern, exemplarisch gestaltet im Sportlehrer Ebert, der die Schülerinnen und Schüler seinerzeit in „Matschpflaumen“ und „Saftsäcke“ einteilte und so die jungen Menschen durch seine „Leibesertüchtigung“ seelisch „gründlich lädierte“ (101). Vielsagend verallgemeinernd stellt die Ich-Erzählerin fest:

> „Ich glaube jetzt, meine Generation ging in den Turnhallen ihrer Schulen so nachhaltig auf die Matte, daß es uns noch immer in allen Gliedern steckt.“ (101)

Auch die Eltern versagen angesichts kindlicher Nöte. (104) Die Aufklärung durch die Mutter als Reaktion auf das Fehlverhalten eines Lehrers zerstört schonungslos und rabiat alle Wünsche und Illusionen, die das Kind bisher mit dem Erwachsensein verbunden hatte. Aus der Rückschau kommentiert die Betroffene: „Jahrelang war mein Kopf mit verquasten Bildern von Sexualität verklebt.“ (105)

Die bisher in der Rückblende auf die Kindheit erinnerten Erfahrungen mögen eher zeit- als gesellschaftsspezifisch sein. Anders jedoch das nachhaltige Erlebnis mit Katharina. Mit ihr verband die Ich-Erzählerin eine tiefe Freundschaft. Als die Freundschaft zerbrach, fühlte sie sich „nicht mehr bereit oder fähig“, sich „einem anderen Menschen anzuvertrauen“.(62) Katharina war die uneingeschränkt Vertraute, mit ihr konnte die Ich-Erzählerin über alles reden, selbst über die Folgen des gewaltsamen militärischen Eingreifens in den Volksaufstand am 17. Juni. Doch gerade dieses Vertrauensverhältnis wird irreparabel zerstört durch einen Verrat,

[6] Karl Corino, Tod eines fremden Freundes. Hannoversche Allgemeine. 14. 1. 1984.

für den das totalitäre politische System des DDR-Staates allein die Verantwortung trägt. Gesellschaftliche Vorteile müssen durch persönliche Opfer erkauft werden. Der konkrete Fall einer an den gesellschaftspolitischen Bedingungen scheiternden Freundschaft erklärt das politische Verstummen einer ganzen Generation, eines ganzen Landes. Die Lieblosigkeit der Gesellschaft bedingt die Unfähigkeit zu lieben.

Wie nachhaltig und traumatisch der Vertrauensbruch das Leben der Protagonistin verändert hat, zeigt der Verlauf der Novelle. Die Erinnerung an Katharina läßt die Erzählerin nicht mehr los. Wie ein Aufschrei bricht es zum Schluß aus ihr heraus: „In meiner unverletzbaren Hülle werde ich krepieren an Sehnsucht nach Katharina.“ „Ich will wieder mit Katharina befreundet sein. Ich möchte aus diesem dicken Fell meiner Ängste und meines Mißtrauens heraus. Ich will sie sehen. Ich will Katharina wiederhaben.“ (154)

Die effektvolle Wiederholung des gleichen Prädikats und das syntaktische Stakkato unterstreichen die emotionale Erregung.

Widerspruch rufen vor allem die Urteile einiger Rezensenten hervor, die das Lebensgefühl der Erzählerin als allgemein zeittypisch auffassen, als Krisenspiegel moderner zwischenmenschlicher Beziehungen überhaupt[7], als einen „Bericht aus weiblicher Sicht über den Zustand der ganz normalen Lieblosigkeit, die uns überleben läßt.“[8] In einer Zeit aber, wo nach dem Zusammenbruch des Unrechtstaates der DDR die Nachrichten über das Verstricktsein der Menschen in das Spitzelsystem der Staatssicherheit nicht abreißen, wird klar, wie die politischen Pressionen Einfluß auf die persönliche Geschichte des einzelnen genommen und das Handeln im Leben nachhaltig bestimmt haben.

In diesem Licht soll am Schluß das Hobby der Ich-Erzählerin betrachtet werden. Sie fotografiert in ihrer Freizeit „Bäume, Wege, Steine, zerfallene Häuser, lebloses Holz.“ Nie nimmt sie Personen auf, weil sie glaubt, dies sei ein indiskreter Eingriff in fremdes Leben.(75) Sie stopft ihre Schränke voll mit entseelter Natur, die sie selbst schuf, vor der sie sich jedoch zuletzt zu fürchten beginnt, die sie aber dennoch zu brauchen meint.(155) In den Bildern hat

---

[7] Stephan Reinhard, Vom Schweigen und Verschweigen. Frankfurter Rundschau. 8. 10. 1983.
Uwe Wittstock a.a.O.

[8] Konrad Franke, Nicht glücklich aber zufrieden. Süddeutsche Zeitung. 12.10.1983.

sie ihr Inneres abgebildet, es objektiv aus sich herausgestellt. Die Bilder bilden ab, was im Innern zutiefst verschlossen bleiben sollte: die Menschenleere, die Leblosigkeit, das Ruinenhafte, das auf Grund der persönlichen und gesellschaftlichen Bedingungen unveränderbar geworden ist. Die Novelle spiegelt in erschütternder Weise die Ohnmacht und die Hilflosigkeit der Menschen gegenüber einem übermächtig gewordenen Außen, gegenüber Zwängen, in die der einzelne hineingestellt ist, ohne ihnen aus eigener Kraft begegnen oder ihrer gar Herr werden zu können. Die beharrliche Weigerung der Protagonistin, Leben in einer solchen Gesellschaft weiterzugeben, ist auf dem Hintergrund der dargestellten Erfahrungen nur konsequent.

Raimar Zons

Lieben und Schreiben
Bodo Kirchhoff: *Mexikanische Novelle* (1984)

„Hätte ich den Anfangssatz, ginge es schon weiter. Die andere Klippe war der Titel." (12)[1] Die Schwelle, die jeder Autor zu nehmen hat, die Linie, die den Claim der Literatur gegenüber allem Gerede und dem Dickicht aus Zeigzeug und Zeichen absteckt, die ihr Form und Schönheit verleiht, sie trennt auch den freien Provinzjournalisten und Icherzähler der Novelle von jenem „Porträt", das er im Auftrag der „Breisgau-Zeitung" von einem Leutnant und „jungen Piloten" namens Ritzi anzufertigen hat. Bodo Kirchhoff, dessen Bild sich in ihm spiegelt, wählt als Anfangssatz: „Ich war nun für mich" (7), und als Titel „Mexikanische Novelle". Alles weitere folgt „wie von selbst".

Der Titel - wie der seines großen Vorbilds - bezeichnet die Gattung; „mexikanisch", so steht zu vermuten, gibt schwerlich nur den Ort der Novellenhandlung an, sondern mindestens auch ihren Modus. Was dem Icherzähler aus dem fernen Breisgau zustößt, geschieht auf eine Weise, die eben „mexikanisch" ist. Mexikanisch wird der Code der Novelle sein, ein Code, den nicht zu kennen oder nicht zu befolgen gleichermaßen tödliche Folgen haben kann. Und so ist in der Tat aus dieser Spannung, in der der erste Satz zum Gattungstitel steht, beinahe alles gewonnen. Die Novelle, während ihr Autor schon nicht mehr in Mexiko sondern in Manila weilt, dem Schauplatz des Romans „Infanta", der in Rom seine Reinschrift erfährt, die Novelle, sie wird sich erzählen. Und der Leser nicht anders als der Autor beobachtet an der Klippe, wie sich ihr Erzählen noch selber erzählt und die erzählte Ferne Mexikos sich fast ganz in ihre Sprache auflöst.

Mit solchen Erzählungen, die sich selber erzählen, ist Bodo Kirchhoff groß geworden. Als Sohn von Evelyn Peters, einer erfolgreichen Produzentin von sauberen Frauenromanen[2], hat er sie sozusa-

---

[1] Bodo Kirchhoff: Mexikanische Novelle. Frankfurt a. M. 1987 (st 1376). – Im Text zitiert: (x)

[2] „An einem heißen Januartag". Ariane Barth über den Schriftsteller Bodo Kirchhoff. In: DER SPIEGEL 32/1990.

gen mit der Muttermilch eingesogen. Am 6. 7. 1948 wird Bodo Kirchhoff in Hamburg geboren. Mit seinem Icherzähler teilt er nicht nur seine Volksschulzeit in der Nähe von Freiburg, sondern auch zehn Internatsjahre am Bodensee. Während seines zweijährigen Bundeswehrdienstes beginnt Kirchhoff zu malen und erwirbt sich so eine Doppelkompetenz, die zahlreichen Buchumschlägen zugute kommt. So auch der Suhrkamp-Taschenbuchausgabe, die vor gelbem Wüstenhintergrund und unter einer faltigen Gebirgslandschaft und einem blauen, von dem Kondensstreifen eines Düsenflugzeugs gezeichneten mexikanischen Himmel winzig klein zeigt, was sich im Rückblick des „Helden" auf die „mexikanische Novelle" findet:[3] „Ich dachte an Baby Ophelia. Wie sie am Beckenrand gestanden hatte, die Arme auf den Platten, den Kopf in einer der Beugen;" (171): Ihr vollständig bedeutungsloser Anlaß.

Aber auch wenn sein Icherzähler „Porträts" schreibt, die Kirchhoffschen Romane, Erzählungen und Reiseberichte verdanken sich eher Kameraaugen als Malerpinseln. Was sie verzeichnen, sind Oberflächen, Details, Augenblicke, Kontraste, Zeichen statt Ausdruck, Kanten statt Tiefen. Nach einem längeren USA-Aufenthalt studiert Kirchhoff in Frankfurt Pädagogik und promoviert schließlich über die Psychoanalyse Jacques Lacans. Von ihr lernt er, aus den Strudeln mütterlicher Schreibflüsse auftauchend, an der Oberfläche auch der Sprache zu bleiben: „Worte nicht als Vorwand verwenden für Ideologie, sondern als SPRACHE respektieren, die den Personen widerfährt; den Ver-sprecher, die Ver-legenheit, das SIGNIFIKANTE dominieren lassen über die Gewaltsamkeit von selbstverständlichen Bedeutungen; grausam und im genauesten Sinne WITZIG SEIN!" so wünscht sich Bodo Kirchhoff die Inszenierung seines Theaterstücks „Das Kind oder Die Vernichtung von Neuseeland"[4], das 1979 uraufgeführt wird und seinen Autor schlagartig bekannt macht; so wünscht er sich die Lektüre seiner Bücher.

Im Stück taucht der – kindliche – Gedanke auf, ein Loch durch die Erde zu graben, das ihr Mal und Zeichen sein wird: ihr centre manqué. Dieses Loch, dieser ‚unendliche Mangel an Sein'[5] wird alle

---

[3] S. Bildlegende in der Titelei: „Umschlagmotiv: Ölgemälde von Bodo Kirchhoff".

[4] Bodo Kirchhoff: Das Kind oder Die Vernichtung von Neuseeland. In: *Spectaculum* 31. Frankfurt a. M. 1979.

[5] „Unser Ausgangspunkt ist der Satz: Gott ist das *Seyende selbst*. Bedenken Sie (. . .) wohl diesen Begriff, von dem man sagen kann, er sey *aller Begriffe Begriff*. Erkennen Sie (. . .) vor allem (. . .), daß er noch kein *wirkliches* Seyn in sich schließt (. . .).

Fahrten, Fährten und Finten der Kirchhoffschen Bodybuilder und Schriftsteller, Dressmen und Zuhälter, ihr Ver-sprechen und ihre Verkennung, ihr Begehren und ihr Tod sein. Branzgers Obsession in Kirchhoffs Erstlingsnovelle von 1979 „Ohne Eifer, ohne Zorn" ist die „weibliche Gesäßfalte", weit geöffnet, unbehaart . . . "[6] (62), die er nach zahllosen, stereotypen Wiederholungen im „Arsch aller Ärsche" (64) einer käuflichen Passantin findet – und verfehlt. „Eine winzige Spur von Organischem" (67), „ein kleine(r), braune(r) Rest" unter seinem Fingernagel wird ihn auf die Fährte des „O" führen, das die mexikanische Novelle durchgeistert. Es ist das O von Salo, jenem geschichtsträchtigen Ort in Oberitalien, dem der Reiseschriftsteller, Bodybuilder, Onanist und Glücksspieler nachjagt – nur um schon unterwegs – buchstäblich – zu er-fahren, daß es keine Repräsentation finden wird: Das Salo der Schrift spricht sich, himmelschreiende Differenz, als „Salau" der Stimme (74): „Dort drüben, sagt er, liegt Salau -", so endet, ohne Eifer, ohne Zorn, die „Novelle" (auf S. 99).

Die Branzgers, bevor sie im „Sandmann" zu DDR-Emigranten und Fälschern von Mädchentagebüchern promoviert werden, bevölkern das Bahnhofsviertel von Frankfurt, das Kirchhoff mit der Akribie und der Impassionabilität, mit dem Witz und dem bösen Blick eines Ethnologen beschreibt. Sie alle, jeder auf seine Weise, stehen im Bann des kindischen Lochs in der Welt, jenes Mangels und Strudels, der das Begehren anzieht und der nur im Spiegel des Imaginären augenblicklich zu verkennen ist. Im Spiegelbild findet, Kirchhoffs Lehrer Lacan[7] zufolge, der seiner Prämaturation wegen

---

Jenes Seyn aber, das in ihm damit schon gesetzt ist, ist eben das bloße Seyn im *Begriff*, und Sie sehen (. . .) daraus, daß das Seyende *selbst*, da es kein Seyn *außer* dem Begriff hat, selbst nur als Begriff *exisitert*; dass (es) unmittelbar nur Wesen und also gänzlicher Mangel des Seins ist.
Der unendliche Mangel an Seyn in dem einen kann nur durch den unendlichen Überfluß von Seyn in dem andern begnügt und ersteres eben dadurch im Können erhalten werden." – so Schellings Version des Mangels und des Begehrens (WW II,2; 29– 32, 49), die wir nur noch zur Formel umzuschreiben haben, um uns alle weiteren Ausführungen ersparen zu können. – S. dazu: Manfred Frank: Der unendliche Mangel an Sein. Schellings Hegelkritik und die Anfänge der Marxschen Dialektik. Vollständig überarbeitete Neuauflage. München 1992.

6 Bodo Kirchhoff: Ohne Eifer, ohne Zorn. Novelle. Frankfurt a. M. 1986 (st 1301). Im Text zitiert: (x)

7 S. Jacques Lacan: Das Spiegelstadium als Bildner der Ichfunktion, wie sie uns in der pschoanalytischen Erfahrung erscheint (Bericht für den 16. internationalen Kongreß für Psychoanalyse in Zürich am 17. Juli 1949). In: J. L.: Schriften I, ausg. und hg. von Norbert Haas, übers. von Peter Stehlin, Olten und Freiburg 1973, S. 61–70.

unfertige, mangelhafte und zerstückelte Leib des Infanten, des noch sprachlosen Wesens, „jubilatorisch" seine Integration und Inkorporation.

Der sogenannte „eigene Körper", der sich im Spiegel augenblicklich einstellt, aber ist nicht nur ein Bild, sondern auch ein sinnloses Zeichen, gibt er doch die leerste – wenn auch die wichtigste (und falscheste) – Ansicht, die einer über sich haben kann: „Du bist Einer". So ist die Beziehung zum Selbstbild als zu einer bildhaften Eins auch das Zeichen eines Abstands, meines Abstands zur Frau, die der Spiegel zu ersetzen hatte: Ein Phalluszeichen. Ein solches Zeichen, das Differenzen einrückt, zuallererst die der Geschlechter, heißt bei Lacan „symbolisch". In der von diesem Zeichen gespurten Welt werde ich nicht „jubilieren" wie vor dem Spiegelbild, sondern statt in Affekten oder in „Liebe" zu ersaufen Distanz wahren, hören und sprechen, schreiben und lesen. Das ist die Formel für Kirchhoffs Erzählungen. Der Bodybuilder, Aug' in Aug' mit dem Spiegelbild seines einzigartigen Körpers, der fliegende Krieger, eingepaßt in seine Maschine im Blindflug die Himmel zerschneidend, der Autor, der an seinen „Porträts" kratzt und „feilt" bis sie „geschliffen" sind, sie alle kreuzen im Cyberspace des Imaginären – unsinnige Zeichen. Aber der Code, das Symbolische bahnt das Begehren – ohne es zu bannen. „Frauen" tauchen auf, Geschlechter-, Tausch- und Verwandschaftsverhältnisse: der Raum der „Novelle", eine Maschine.

> „Die Maschine, das ist die Struktur als abgelöst von der Aktivität des Subjekts. Die symbolische Welt, das ist die Welt der Maschine."[8]

Aug' in Aug' mit dem Sprachlosen, mit *Infanta*, mit *Baby O.* scheint sich der Mangel als der Logos des Tauschs zu vergessen; eine Sekunde das Zeichen ohnegleichen nicht zu haben, sondern zu sein: Eintauchen ins „O", die „Enge" suchen, den „Finger in ihr" „bestatten", Körper und Grabkammer, sie „murmeln" hören, „daß es schön sei und nur ein Anfang" (37), die Frau, (0 und 1), Abwesenheit und Anwesenheit. Doch lange wird nicht verborgen bleiben, daß zwischen Mann und Frau nichts läuft, daß das Geschlechtsverhältnis unmöglich ist. Nach ein paar Seiten „digitaler Romantik"

[8] Jacques Lacan: Das Ich in der Theorie Freuds und in der Technik der Psychoanalyse. In: J. L. Das Seminar II, Olten 1980, S. 64, s. auch Friedrich Kittler: Die Welt des Symbolischen – eine Welt der Maschine. In: Literatur in einer industriellen Kultur, hg. von Götz Großklaus und Eberhard Lämmert. Stuttgart 1989, S. 521–536.

(32) „nahm (es) dann seinen Lauf" (37), das alltägliche Verhängnis nämlich, das „mexikanische Novelle" heißt. „Anschließend weinte sie, das kannte ich auch." (37)

Am Schluß aber, in der Indifferenz einer mexikanischen Gefängniszelle, in der Tag nicht von Nacht zu unterscheiden ist, flüstert ein knabenhafter Psychopompos dem Schriftsteller „Taifun" in den ihm zum Kusse geöffneten Mund. Im Hauch eines flatus vocis, der das Versprechen ist, das er gibt, erstirbt die Novelle. „Mein lebenslanges formloses Selbstgespräch schien mit diesen Küssen zu Ende zu gehen; langsam glitt ich in ein anderes Leben." (175) Zur Sache:

> „Mit den Obsessionen eines trostlosen Streuners im Frankfurter Bahnhofsviertel („Die Einsamkeit der Haut", 1981) erreichte der verlorene Sohn des Bürgertums den Gipfel seiner Degout-Akzeptanz – und stürzte jäh ab. Sein ebenso trostlos durch Afrika, Asien und Südamerika irrender Roman „Zwiefalten" kam nicht mehr an. Sein Fluchtversuch in die Phantasie, in die mexikanische Novelle, wurde von den Kritikern abgetan als „Short Thriller" und „Männerkitsch" (DER SPIEGEL). Zu recht?[9]

Der Schriftsteller und Ethnologe des Inlands hat Frankfurt gegen „Afrika, Asien und Südamerika"[10] getauscht. Seine Reisebeschreibungen liefert er an „Transatlantik", als Erzähler aber blickt er zurück und in die Ferne – auf „traurige Tropen", Landschaften aus Zeichen und „Wendungen". Das trennt ihn vom Icherzähler der „Mexikanischen Novelle", dessen Provinzjournalistensprache sich dem Text mitteilt, ohne ihn aber tatsächlich zu formieren. Eine Schwelle im Geschriebenen: Nicht der Autor sondern allenfalls der Erzähler schreibt „Männerkitsch". Aber schreibt er tatsächlich? Ein freier Mitarbeiter einer deutschen Provinzzeitung hat eine deutsche Luftwaffeneinheit in den „Staaten" „besucht" und seine Einladung nur dem Umstand verdankt, daß die „festen Redakteure abends Häuser bauten oder Frauen hatten, die kurz vor der Niederkunft standen". (8) Er „reist ins nahe Mexiko, um ungestört das Porträt eines heutigen Soldaten zu schreiben"[11], der – nach „Ohne Eifer

---

[9] Ariane Barth, a.a.O. (Anm. 2)

[10] Ebd.

[11] S. Klappentext des st 1367 (Anm. 1): „(. . .) Ein Überlebender erzählt. Als freier Mitarbeiter einer Provinzzeitung hat er deutsche Luftwaffeneinheiten in den Staaten besucht. Er reist ins nahe Mexiko, um ungestört das Porträt eines heutigen Soldaten zu schreiben. Während der Arbeit kommt er mit einer Frau in Kontakt, er flirtet mit ihr. Die Mexikanerin verbringt ein paar Tage im Hotel

ohne Zorn“ und „Zwiefalten“ – den obszönen Namen „Ritzi“ tragen wird. An diesem Porträt nun schreibt und feilt der Journalist während der gesamten Novellenhandlung, mit dem Ergebnis, daß es am Ende, statt interesseloses Wohlgefallen zu erzeugen, Objekt einer höchst interessierten und indizialen Lektüre werden wird. Dagegen findet sich die Novelle selbst nicht im Tagebuch des Icherzählers, den wir zwar ständig schreibend, aber nicht als Autor seiner eigenen Erzählung antreffen, schon gar nicht – gleichsam „rückblickend“ – im anderen Zustand der Gefängniszelle und der Knabenliebe, in dem jedes Schreibzeug fehlt. Die Novelle, so müssen wir schließen, erzählt sich, wenn auch in den, „traurigen Wendungen“ eines Mannes, der in Mexiko nur geringste Abweichungen von den united pictures der Großstadt, von Coca Cola, Apotheken, eiskaltem Bier, Imbißständen, Straßenreklamen, Paaren, Huren und Passanten wahrnimmt.

Auf der anderen Seite steht der aufwendige Rückzug nach Mexiko in keinem Verhältnis zum geringen Anlaß, ein Zwei-Spalten-Porträt für ein Provinzblatt zu verfertigen. Der Journalist – an der Schwelle des Jungseins – wird vielmehr „schreibender Gast“ (11) in einem „Mittelklassehotel“ (9), um sich einer jungen, schönen, wenn auch im Vorgriff auf eine Zukunft ohne Begehren bereits etwas üppigen Mexikanerin zu zeigen. In den Worten des Erzählers: „Um ihr ein Bild von mir zu geben, begann ich zu schreiben.“ (11) Aber während der Schreibende das Simulacrum eines Schriftstellers ist, wird die Bikinischönheit am Rande des Pools des Hotels „Maria del Carmen“ nicht „beschrieben“, sondern wie mit Kameraschüssen in Blicke und Einstellungen fixiert:

Totale: „Der Innenhof war licht*durchschossen*. In der Sonne lag eine Frau“. Halbnah: „Sie schwenkte ihre Unterschenkel. Mal kam die eine, mal die andere *Fessel* bis zum Steiß.“ (10) Nah: „Sie schob ihr Haar, das über Schultern und Kreuz fiel, zusammen und schaufelte es aus dem Nacken; sie war noch jung.“ Detail: „Den Spalt,

---

ihres Bruders. Sie verliebt sich in den schreibenden Gast. Der Bruder schickt sie daraufhin in ihre Heimatstadt am Pazifik zurück. Der Erzähler reist ihr nach. Er will arbeiten und lieben; er kann weder das eine noch das andere. Da taucht unerwartet der Soldat auf. Über sich zu reden hat den jungen Piloten verwirrt, er wollte den älteren wiedersehen. Er ist ihm nachgereist. Die beiden Männer fühlen sich zueinander hingezogen; sie teilen sich das Zimmer, in dem der Erzähler die Mexikanerin trifft. Als er ihren Wünschen mehr und mehr ausweicht, erscheint überraschend ihr Bruder. Er stellt sich vor die Schwester, er stellt Bedingungen. Der Erzähler unterschätzt sie beide.“

den ihre Lippen schufen, empfand ich als freundliches Zeichen.“ usw.

Während der Kamerablick gleitet, werden Bilder getauscht. Kaum noch Bilder: Zeichen. Kaum noch Zeichen: Signifikanten: „Ihr Bauch war im Liegen wie eine flache Wanne geformt. Durch die Senke stand ihr Höschen etwas von der Haut ab. Ein paar gekräuselte Haare schauten hervor. (11) Später: „Sie legte ihre Unterarme auf den Stein und den Kopf auf eine der Beugen“ - ein Bild, das, wie wir sahen, die Novelle einrahmt und covert. „Ich sah auf ihren anderen Armknick. Die tiefe Falte und der *Film* von nassem, dunklem Flaum ergaben ein Bild, auf das ich gern meinen Mund gedrückt hätte; ich wandte mich ab, bis ich ihren Bruder im Profil sah. Er schaute ruhig ins Licht, er fing an zu reden.“ (15) (Hervorhebungen von mir)

Noch bevor sie in die Studios geriet, ist die Novelle schon „Film“ und dementiert sich dadurch in gewisser Weise selbst; ein Film wie der des Wassers, der zwischen dem Mann und der Frau ist und der den Betrachter zum Küssen des Standbildes einlädt. Filmstar ist er aber auch selbst: „ich sah mich nur springen - meine Haltung war gut - und ich wünschte mir Ritzi als Zeugen.“ (18), und bliebe es auch, wäre nicht der Schatten des Bruders in den Lichthof gefallen.

Angeblickt und ins Bild geschossen ist der weibliche Körper reine Oberfläche, aber nicht integriert zu einem „Porträt“ sondern „kubistisch“ zerlegt, allenfalls physiognomisch als Zeichenensemble lesbar. Striche, wie der Mundspalt zwischen den Lippen, die beinahe zusammengewachsenen Augenbrauen, Schrüfte, Gebirge, aber auch An-zeichen eines Einverständnisses oder Versprechens, das sich später freilich als todbringendes Ver-sprechen erweisen wird. Entsprechend hat der Erzähler nur für „Einzelheiten Augen“ (14). Blicke, Bilder, Zeichen, Anzeichen werden getauscht (nicht „verstanden“), schließlich, wie nicht anders zu erwarten, Geldscheine und Frauen, wobei es vorkommt, daß die Geldscheine „geflickt“ (103) und - als corpus delicti - selber Anzeichen sind, und daß die Frauen vielleicht weniger wie Goldstücke als wie heiße Kartoffeln hin- und hergeschoben werden, mindestens wie beides. Das einfallende Profil des goldbehängten Bruders (und Hotelbesitzers) macht aber deutlich, daß die Zeichen auch Instrumente in einem äußerst bedrohlichen Tauschspiel sind. Etwas zu einem Zeichen zu machen, etwas wie eine Frau, bedeutet ja, einen Riß zu „flicken“, der als Rand des Diskurses, der durch den Einfall des

Signifikanten in den Lichthof des Films entsteht, den Tod offenbaren würde. Geteilte Scheine und mitgeteilte Frauen täuschen im Tausch nur darüber hinweg, daß der Herrensignifikant der Tod selber ist. So ersetzt der Territorialherr, der schwarzgekleidete Bruder des Babies Ophelia, den toten Vater.

Als Vertreter des toten Vaters, der das Allianz-, Procreations- und Diskurssystem der Familie steuert, ist Emilio gleichzeitig ein besonders schmieriges, gewalttätiges und triviales Exemplar einer mexikanischen Chauvinistengattung, wie sie Evelyn Peters nicht „dramatischer" hätte auf's Papier bringen können. Aber vom bedrohlichen Beobachter des Flirts in Sorocco, zum Inquisitor von Acatlán ("Fucking my sister?", 60) und Frauenhändler ("You love Baby Ophelia?", 101), der Zuhälter Emilio bezeichnet das Geschick der Novelle und das Schicksal ihres Personals bis hin zum Komplott und zur unerhörten Begebenheit des Mordes nach Abbruch aller Tauschhandlungen. Der Bruder – mit anderen Worten – Supplement eines blöden Signifikanten, zeitigt die *mexikanische* Novelle in ihrer schlichten Trivialität.

„Emilio ließ mühelos Wasser. (. . .) sein Blick bekam den kleinen Silbersprung. Da behauptete ich, seine Schwester zu lieben. Er schwieg auch weiter, aber nahm meine Hand und umschloß sie mit seiner. Er drückte meine Fingerknöchel aneinander, bis es mir weh tat. (. . .) Sein Griff schloß meinen Daumen ein, ich hatte keine Möglichkeit, den Druck zu erwidern; das war eine Beschämung, die ärger war als der Schmerz. (. . .) Ihr Bruder drückte jetzt noch fester, für einen Moment wurde mir flimmrig vor Augen. Er sagte, wenn ich bei ihr bliebe, sei es gut. Dann werde er uns, bis alles geregelt sei, erst mal ein Apartment besorgen. (. . .) Ich könne jetzt zu ihr, sie wisse Bescheid. Und ich täte gut daran, ihre Sprache zu lernen! Damit ließ er mich los (. . .)" (61 f.)

Ihre Sprache, den Code der mexikanischen Novelle zu lernen, wird der Mann aus dem Breisgau freilich sich weigern, obwohl der „Vorschlag" ihm „irgendwie vernünftig" vorkam (62). Statt dessen begegnet er – unvernünftigerweise – in den Spiegeln „Heilandnochmal!" seinem „Porträt" und Doppelgänger, der für ihn und seine Sünden abgeschlachtet werden wird wie ein Lamm.

Am Ende der Novelle von ihrem Bruder zu *ihrer* „eigenen" Sprache gebracht, heißt Baby Ophelia, die kleine Sekretärin am „modernen Schreibgerät" (93), die der Erzähler mit gutem Grund für „dumm" (98) hält: „Guadalupe, Rosalinda, Carmen, Ophelia" – und gleicht ihrer Mutter, deren Bild mit vier Stecknadeln an die Tapete ihres „Kinderzimmers" (94) geheftet ist. Einen „Armin" aber, dessen Name „ihr so leicht über die Lippen gekommen“ (19) war, wird sie nicht mehr kennen.

Eine kurze, in die Novelle eingeschobene Begegnung mit einer Frau, die dem Icherzähler beim Cola- und Medikamenteneinkauf für seinen kranken Zimmergenossen Ritzi unmittelbar vor der unerhörten Novellenbegebenheit widerfährt, endet so: „Ich ging schneller und versuchte sie ganz zu vergessen. Sie sollte gar nicht dagewesen sein.“ (127) Man muß ihren völlig unbedeutenden Anlaß nur vergessen, damit es zur Novelle erst gar nicht kommt, diesen unbestimmten Kitzel *vor* allem Geschlechterverhältnis und vor jeder Erzählung. Lieben von Frauen, also erzählen, und schreiben von „Porträts“, also von Männern, so zeigt sich dem Icherzähler, der die „Novelle“ nicht erzählt, geht nicht zusammen. Während im „Splendid Meyer“ die Liebe zu Ophelia schon ist wie irgendeine – nämlich z. B. wie die zur ewig verlassenen „Marlies“ –, während also die Liebe in einer Liebes*geschichte* untergeht, tritt der Porträtierte aus dem Porträt und – verliert seine „Fassung“ (51).

Nach seinem Abschied von Baby Ophelia erscheint dem Icherzähler, zum zweiten Mal schon in der Novelle, ein Junge, dessen „Lippen einer unechten Frau“, einem Transvestiten gleichen, der an der Schwelle des Zauberkreises von Acatlán gestanden war (30). Seine „männliche Nase in einem weichen Gesicht“ bringt die sexuelle Differenz, die die Novelle durchspielt, augenblicklich zum Stillstand. Der Knabe reinigt die Hose des Journalisten von einem „häßlichen Fleck“, (59) erwartet aber von ihm keine Bezahlung sondern eine Gabe, ein Geschenk. Augenblicklich ist der Tausch suspendiert: es erscheint Ritzi: „Er trug ein kurzes Hemd mit Schlips. Er stand da und rauchte.“ (47) Und es beginnt ein kompliziertes Verhältnis, in dem der Porträtierte unter dem starren Porträt des Soldaten gleitet und dem Porträtisten immer ähnlicher wird – bis zum Verwechseln. „Keine Charakterisierung“, unterbrach ich. „Nur was man sehen kann – Das Oberflächliche . . . “ (52)

Aus der doppelten Spiegelung des Schriftstellers und des Soldaten entsteht ein Raum des Imaginären, ein Apparat, durch dessen Vision das männliche Paar des Mangels des Realen selbst ansichtig wird, des „Buchstabe(n) O, dessen Schein auf dem gekachelten Fußboden lag; die leere Mitte des O wiederholte sich als dunkle Partie auf dem Bett“ (54), auf dem das Brettspiel des Kästchenmusters ausgespielt werden wird. „Woran glaubst du ?“ fragte er. „An gutes Aussehn.“ (75)

Aber im Apparat aus Spiegel und Widerspiegel verliert sich das Eine, das sich dem Blick eröffnet hatte, in fernste Fernen und unendliche Wiederholungen, während – mit Merlau Ponty und Jacques Lacan zu sprechen[12] – das Bewußtsein erwacht, daß „wir im Schauspiel der Welt angeschaute Wesen“ sind, und keine narzistischen Spieler. Noch bemüht sich der Porträtist um „ganze Sätze, um Subjekt, Prädikat, Objekt“ (58), noch ist der Krieger, um ein Bonmot des Porträts aufzugreifen, in der „Form seines Lebens“, die keine „Uniform“ ist, noch kennt er das „Gefühl für das Flugzeug“ und weiß, „wer er ist, wenn er fliegt“ (112), noch ist er „restlos gesund“. Dann aber entfaltet sich die dekonstruktive Kraft der Videomaschine aus gespiegelten Spiegeln: Auf derselben Buchseite (121) berichtet der von der Krankheit des Porträtisten infizierte Ritzi (im Ton des Icherzählers): „So habe er sich nur aufs Fliegen gefreut. Bis ich dann aufgekreuzt sei. Zufällig. Oder.“, auf der der Schriftsteller nur noch „Worte“ verzeichnet, „um die Bewegung des Schreibens zu haben. Ich schrieb: Landzunge, Gleiskörper, mannigfaltig, Schelte, Takt, durchkämmen, Trauung, Neige, Tau.“, Sprachabfälle, allenfalls einer indizialen Lektüre zugänglich, wie am Schluß das gesamte Porträt: in Ritzis vorausblickendem Fiebertraum: Den Kopf eingespannt wie der eines japanischen Affen, die Schädeldecke abgesägt, so bietet sich die Hirnmasse den Scharfrichtern und Henkern, die sie teelöffelweise verspeisen. Ein Erinnerungsbrocken nach dem anderen geht so über den Kopfrand, bis nur noch der Name selbst übrig bleibt, ein letztes traumatisches Zeichen, das nichts mehr bedeutet, es sei denn es selbst und freilich das Lebens seines Trägers. (115) So verzehren Aufschreiben und Leben sich wechselseitig.

Am Ende ist alles Komplott. Emilios, wessen sonst?, Messerstiche haben, wen anders?, den Doppelgänger getroffen und in einer letzten Verkehrung das Opfer zum Mörder gemacht. Der Porträtist, der angesichts des Todes des Porträtierten wieder zum „Armin“ seiner Kindertage geworden ist, besudelt sich mit dem Blut des sterbenden Ritzi, dessen Wunde er stopfen will. Doch nur Geldscheine, nicht Ritzen sind zu flicken. Und so wird dem Erzähler selbst der Hurenlohn zum Verhängnis, den er einst als Vorschuß auf eine Ehe empfangen und vergeudet hatte.

---

[12] S. Jacques Lacan: Die Spaltung von Auge und Blick. In: J. L., Die vier Grundbegriffe der Psychoanalyse, hg. und übers. von Norbert Haas. Olten 1978, S. 73–96 (hier: S. 81)

Während sein Porträt in die Hände der mexikanischen Inquisition fällt, die dem Porträtisten nur die Wahl läßt, als normaler, schwuler oder politischer Täter verurteilt zu werden, findet der Icherzähler in der Ecke seiner Gefängniszelle den „verhaftete(n) Junge(n)". So wird die Zelle zum Ziel einer rite de passage, die den Code der „Mexikanischen Novelle" vollständig verrückt: Wie wenig sie einen Raum des Anderen eröffnet, so sehr schärft die Erfahrung mexikanischer Ferne den Blick für unscheinbarste „Abweichungen", (107) die die Novelle periodisch unterbrechen. Und wie immer die Mexikanerin schon nach dem ersten Beischlaf nur an die ewig verlassene deutsche Marlies erinnert, wie immer die Gangsterposse déjà vues aus billigen amerikanischen Filmen hervorzaubert und wie immer der Erzähler sich nur „ein gewisses Quantum an Glück" sichert, „z. B. durch eiskaltes Bier" (125), so findet sich doch eine Spur, die geradewegs vom Inkognito in pazifischen Städten in das Nirgendwo mexikanischer Gefängnisse führt. Und auch dem Helden der Novelle, um ihm endlich auch diesen Namen zu geben, ist bei aller Provinzialität eine gewisse Begabung zur Transgression kaum abzusprechen. Daß er sich mit aller Entschlossenheit zur Gefühlskälte weder auf den Familiencode noch auf die „Sprache" der Novelle einläßt und der unübersehbar drohenden Gefahr standhält, macht ihn erst zum Experten des Imaginären, als der er „narzistisch" und „heldisch" sich selbst begegnen kann. Und sein Spiegelbild muß diesen Tod schon sterben, um den Raum einer Indifferenz zu eröffnen, der keiner Diktatur der Zeichen mehr unterworfen ist. Für diesen unmarkierten Raum freilich gibt es keine Chiffren, und die Liebesbeziehung zu einem Knaben, die da das Geschlechterverhältnis unterlaufen soll, gibt ein Bild von schlechter, ja kitschiger Posivität. Es sind vielmehr die Einschnitte von Verrat und von Versprechen, minimale gestische Abweichungen, „Atemwenden"[13] , die den eigentümlichen poetischen Gehalt der Novelle ausmachen. So mag der Knabe nur ein Psychopompos sein, der dem Tod seinen Stachel nimmt, welcher am Rande des

[13] „Dichtung: Das kann eine Atemwende bedeuten. Wer weiß, vielleicht legt die Dichtung den Weg (. . .) um einer solchen Atemwende willen zurück? (. . .) Vielleicht wird hier, mit dem Ich – mit dem *hier* und *solcherart* freigesetzten befremdeten Ich, – vielleicht wird hier noch ein Anderes frei?" Paul Celan: Der Meridian. Rede anläßlich der Verleihung des Georg Büchner-Preises. Darmstadt, am 22. Oktober 1960. In: P. C., Gesammelte Werke in fünf Bänden, hg. von Beda Allemann und Stefan Reichert, Frankfurt a. M. 1986; Bd. 3, S. 187–202 (hier: S. 195 f.).

Diskurses überall lauert. Von „Heiland“ und „Heilandnochmal“ ist zwischen dem Erzähler und Ritzi im Dialekt der gemeinsamen Heimat ja wohl ein dutzendmal die Rede – und der „Schein des O“ stellt auf der „Klinge der Nacht“ sich ein. (89)

Am Ende allen Porträtierens und am Ende des Porträtierten findet sich ein Dialog, der die Schwelle zum andern Zustand endgültig markiert: „Er flüsterte, ‚Schreib schön‘, ich roch sein Blut. Ich schrie ihn an, ‚Bleib leben‘, er spuckte dunkles Zeug.“ (131) Leben und schreiben – Illusionen beide. Wieviel mehr dann schreibend leben oder gar lebendig schreiben? So kennt das Totenreich einer Mexikanischen Gefängniszelle weder Spiegel noch Frauen: „Ich sah uns da liegen, und es war recht so. Mein lebenslanges formloses Selbstgespräch schien mit diesen Küssen zuende zu gehen. Langsam glitt ich in ein anderes Leben“ (174), ein Leben, das man nun gut auch „Tod“ nennen kann, Indifferenz. Es ist der Tod des Literaten, der aus einem Nirgendwo von diesem Leben hier berichtet hat. Vielleicht hat deshalb, wenn Sie diese Interpretation einer deutschen Novelle lesen und gleich gelesen haben, der Film die Literatur schon eingeholt und ersetzt.

Rüdiger Bernhardt

Die Sühne nach dem Tod
Hartmut Lange: *Das Konzert* (1986)

Tote bemühen sich um den Eintritt in einen glänzenden Salon in Berlin, der von einer Toten geführt wird. Ist das eine novellistische Eröffnung im Sinne von Goethes „unerhörter Begebenheit"? Man könnte es vermuten, gäbe nicht Langes Erzähler an anderer Stelle kund, was er unter der unerhörten Begebenheit versteht. Die Goethesche Formulierung wird verwendet, ohne als Zitat ausgewiesen zu werden, ein Verfahren, das den Text durchgängig bestimmt und manches Rätselraten ermöglicht. Es ist verbunden mit jeweils neuer Erkenntnis und tieferen Einblicken in die Verstrickungen, die ein neuer Text mit dem vorgefundenen Material eingeht. – Für Langes Erzähler ist die unerhörte, also novellistische Begebenheit die, als der Pianist Lewanski, der im Alter von 28 Jahren von SS-Verbrechern auf dem Bahnhof von Litzmannstadt (Kodz) erschossen wurde, nicht vor seinen toten Schicksalsgefährten sein Konzert gibt, sondern vor den inzwischen ebenfalls toten Henkern im Führerbunker Berlins.

Über Hartmut Langes analytische Begabung und kritische Vernunft waren die Kritiker von Beginn an des Lobes voll. Hatte er früher seine Fähigkeiten in den Dienst revolutionärer Utopien gestellt, so änderte sich das in den achtziger Jahren spürbar. Seit dem Roman *„Die Selbstverbrennung"* (1982) ging es dem Schriftsteller um die existentiellen Fragen des Lebens und Sterbens, der Schuld und Sühne, des Leidens und Erlösens. Die Novelle *„Das Konzert"* gibt Antworten, die alle Hoffnungen in das Reich des Todes verlegen. Damit werden sie ebenso als endgültige Möglichkeit annehmbar wie auch als unwirklich aus dem Leben ausgeschieden. Es ist der Versuch einer rigorosen Utopie, die keinerlei Reflex aus dem Leben als Annäherungsversuch zuläßt. Aus dem revolutionären Denker Hartmut Lange von einst ist der Pessimist, vor allem der Geschichtspessimist von heute geworden. Marx ist in den Hintergrund getreten, Schopenhauer wird ahnbar. Vor allem aber näherte sich Lange Denkmodellen Benjamins an, in der Verwendung des Bildes vom Engel der Geschichte ist es deutlich. – Wenn Hartmut Lange in seiner Novelle einerseits eine zeitlose Utopie entwirft, in der Opfer und Täter der faschistischen Zeit in gleicher Weise Erlösung finden, so ist das andererseits ein Rückgriff auf Alttestamentarisches, auf Hesekiels Lehre, daß zwar die sündigen Seelen sterben sollen, aber die bekehrten Gottlosen davor bewahrt werden. Dabei werden auch jene schuldig, die nicht den Versuch unternommen haben, den Schuldigen zu bekehren. Eine Vielzahl christlicher Symbole und Motive, gipfelnd im „Abbild des Gekreuzigten"[1], begleitet von Schuld- und Sühnemetaphern wie blutende Wunden, dem Kreuz und Wundmalen, hält die testamentarische Bezugsebene des Vorganges ständig präsent.

Schon zwei Jahre vor dem *„Konzert"* hatte Lange seine Frage nach dem Tod thematisiert, so daß in zwei Novellen des Bandes *„Die Waldsteinsonate"* (1984) die später folgende Novelle vorbereitet wurde. Einmal spielte Franz Liszt am 1. Mai 1945 im Führerbunker Klavier, um die Kinder Goebbels' vor der Ermordung zu retten. Gleiches, nun aber vom toten Pianisten Lewanski, wird im *„Konzert"* berichtet; hier sind alle tot und warten auf Erlösung und Auferstehung durch und in der Kunst. In der Novelle *„Die Heiterkeit des Todes"* gingen zwei Tote, eine ermordete Jüdin und ihr toter SS-Mörder, spazieren, amüsierten sich und genossen das Zusammensein, im Tod das verlorene Leben zu vollenden und zu sühnen. Auch diese Handlung findet sich in mehrfacher Variation im *„Konzert"* wieder, immer in der Konstellation von Ermordetem und Mörder, am deutlichsten in der Beziehung zwischen dem ermordeten jüdischen Schriftsteller Schulze-Bethmann und seinem Mörder, dem inzwischen „gerichteten" Hauptsturmführer Klevenow. Das Besondere solcher Vorgänge war aber bereits im Theaterstück *„Jenseits von Gut und Böse oder Die letzten Stunden der Reichskanzlei"*(1975) vorhanden, indem vom Tod her auf das Leben geblickt wurde. Die Novelle *„Das Konzert"* ist durch mehrere Versuche Hartmut Langes parallel zu dem skizzierten Umdenkprozeß vorbereitet worden und stellt den Abschluß einer literarischen Reihe dar, die sich immer nachdrücklicher einem die Geschichte prägenden Verhältnis widmete, dem von Täter und Opfer. Wie aktuell Lange damit wurde, drei Jahre nach dem Erscheinen seines Textes, konnte der Schriftsteller nicht ahnen. Aber es ist ein herausragen-

[1] Hartmut Lange: Das Konzert. Novelle, Zürich 1988, S. 68. – Im weiteren Verlauf wird Zitaten aus dieser Ausgabe die Seitenzahl unmittelbar nachgestellt.

der Beweis für die prophetische Kraft von Literatur, die indessen nichts zu bewirken vermag.

Weniger im Sinne der ästhetischen Bestimmung der Novelle als vielmehr im Bewußtsein deutscher Geschichte ereignete sich eine „unerhörte Begebenheit", indem in einem gegenwärtigen Totenreich, also nicht abgedrängt in mythisch antike Orte oder in die christliche Hölle, sich ermordete deutsche Juden und ihre ebenfalls toten Mörder begegnen. Das Thema ist gefährlich, seine Ausführung wurde zur Gratwanderung. Aber die Distanz und kühle Sachlichkeit, mit denen erzählt wird, sowie die den historischen Abstand zu den Ereignissen herstellende leicht archaisierend wirkende Wortwahl ließen den Autor und seinen vorsichtig agierenden auktorialen Erzähler nicht vom Grat stürzen, sondern Tabu-Grenzen erreichen und überschreiten, ohne daß es peinlich oder unangemessen wäre. Dazu gehört auch die Unbestimmtheit, in der dieses Totenreich verbleibt, die scheinbar verschwommen wirkende Handlung, in der die Toten z. B. wohl die Genüsse des Lebens annehmen, nicht aber von der Gegenwärtigkeit behelligt werden. Die Abgründe, die bei diesem Thema aufreißen, verschlingen den Erzähler nicht, weil er aus der Sicht des Endgültigen, des Todes das kaum Sagbare ins Wort gezwungen hat. Der Erzähler ist die einzige Verbindung zwischen den Toten und den Lebendigen, den Lesern. Indem er die Opfer in ihrem Totenreich beobachten kann, ist er einer der Ihren, denn Lebendigen ist der Blick in den Salon der Frau Altenschul ebenso verwehrt wie in den Führerbunker. Aber indem auch die Toten ihn nicht sehen, ist er bereits in eine Transzendenz eingegangen, die wohl nur als Auferstehung gedacht werden kann. Der Erzähler hat durch das Erzählen jene Erlösung gefunden, die er für die anderen sucht.

Die auf den ersten Blick schlichte, wenn auch elegant gefeilte Novelle – von einigen Kritikern als „Banaler Nenner" verrissen[2] – bietet eine Handlung, die in sich logisch verläuft und fast möglich erscheint, nimmt der Leser die erste, aber nicht entscheidende unerhörte Begebenheit, den Salon der Toten, hin. Danach entwikkelt sich alles von diesem Punkte aus. Eine Ahnung an Kafka stellt sich ein; auch bei ihm war es jeweils eine außergewöhnliche Veränderung oder Begebenheit, die alles andere zwangsläufig begründe-

[2] Vgl. Jürgen Beckelmann: Banaler Nenner. In: Nürnberger Nachrichten vom 29./30. 5. 1986.

te. Die sich im glanzvollen Salon der Frau Altenschul am Wannsee jeden Donnerstag treffen, sind – bis auf die Ausnahme Max Liebermanns – eines gewaltsamen Todes gestorben. Die sich im Führerbunker treffen, haben gewaltsam vernichtet. Der Salon bewahrt Traditionen des 19. Jahrhuderts, die „alte Schule". Im Namen der Salonherrin liegt die Versicherung dafür. Das bedeutet einen Ort kulturvoller Bürgerlichkeit, jüdischer Bürgerlichkeit. Der Führerbunker ist dagegen ein Antisalon, er ist ein Ort jenes deutschen Denkens, das Weltmacht erstrebte und den Zusammenbruch schuf. Die Qualität gediegener Bürgerlichkeit hat dort keine Heimat, auch nicht die Kunst. An ihre Stelle traten blitzende Wehr und Waffen, „es schimmert das Metall ihrer Helme" (113). Auch das weist in die Geschichte; die Helme der Wehrmacht schimmerten nicht, wohl aber die des Kaiserreichs, auf die sich die Wendung, wenn auch falsch gebraucht, zurückführen läßt.[3] Doch weiter zurück trieb Lange seinen Erzähler in die Vergangenheit, bis zum „Gotenkönig" (127), mit dem einerseits Hitler gleichgesetzt wird, der aber andererseits Verweis auf die historischen Zeiträume deutscher Täter-Opfer-Beziehung ist. Diese Zeiträume werden nun im Totenreich durch Zeitloses abgelöst. In der Novelle ist der Zeitverlauf aufgegeben worden. Die Handlung spielt sich von 1947 bis 1985 ab; sind in einen Jahresrhythmus vom Oktober bis Mai vierzig Jahre eingepaßt worden, so vollzieht sich doch alles „außerhalb der Zeit" (9). Auch die Orte verschwimmen in ähnlicher Weise: Zerstörtes ist den Toten gegenwärtig, durch Neues gehen sie hindurch. Wie auf einer doppelt belichteten Postkarte erscheinen ständig zwei Berliner Stadtansichten, die des unzerstörten und die des geteilten Berlins, in dem Mauer und Palast der Republik ihren Platz haben. Ort und Zeit wurden in Langes Text außer Kraft gesetzt. Dadurch war es einerseits möglich, beides bis in ferne geschichtliche Abläufe zu projizieren und mythisch-legendenhafte Vorgänger zu beschwören, von Christus bis zu den Goten, andererseits konnte mit der Aufhebung der Zeit ein Endpunkt konstruiert werden, der Geschichte aufhebt.

Unter dieser leicht verfolgbaren Handlung liegt ein Gespinst vielfältiger Beziehungen, die den Text Langes mit unterschiedlichen Beispielen aus der Kunst verbindet, ihn daraus bezieht und

---

[3] Die ursprüngliche Formulierung „in schirmender Wehr" (Vgl. Die Reden Kaiser Wilhelms II., Leipzig o. J., 4. Teil, S. 217) wird fast immer in der Form „in schimmernder Wehr" verwendet und ist so zum geflügelten Wort geworden.

ihn davon abhebt. Nur auf einiges kann hingewiesen werden, weil sich diese Konstruktion als eine der Sonate ähnliche Form zeigt, indem sich zwei ihrem Wesen nach unterschiedliche Themen gegenüberstehen, die Opfer und die Täter, die Toten und die Tötenden. Selbst Anfang und Ende beziehen ihre Spannung miteinander aus einem solchen Gegensatz. Die Eröffnung im Salon findet ihre Entsprechung im „letzten denkwürdigen Abend in ihrem Salon“ (127), dem Salon der Frau Altenschul.

Der Salon läßt an Kunst, Literatur und Künstler denken. Der Titel bereits nennt ein musikalisches Ereignis, die Toten hatten „Rang und Namen“ (5), Schriftsteller darunter sind selbstverständlich, Zugang zu diesem Salon vermutet man durch Max Liebermann, den Maler, zu erhalten. Die Kunstgattungen sind damit schon zu Textbeginn versammelt, sie werden später ergänzt durch Architektur, Porzellan und Möbel. Max Liebermann wird beschrieben, als wäre er aus einem Selbstbildnis entstiegen. Übrigens malt er zum Zeitpunkt der Handlung gerade an einem. Musik, Literatur und Malerei werden zu thematischen Hinweisen für den Leser; sie durchziehen den Text und begleiten die Handlung. Aber eine zweite Kette derartiger Hinweise steht daneben, verschränkt teilweise mit den zuerst genannten. Das sind die Toten aus Berlin, die in den Salon Einlaß begehren; sie schreiben an die Adresse, wo man Liebermann vermutet, an die „Adresse jener Villa am Wannsee“ (5). Eine solche Adresse assoziiert mehr als nur einen Wohnort, denn in einer Villa am Wannsee, in der Straße Am Großen Wannsee, fand am 20. Januar 1942 die Konferenz statt, die nach dem Beginn der Ermordung der Juden die Vernichtung anstrebte, die sogenannte „Endlösung der Judenfrage“. Auf der Wannsee-Konferenz wurden die dort Anwesenden verschiedener Ministerien, SS- und Sicherheitspolizeidienststellen zu genau informierten Mitwissern des Verbrechens, das längst vor der Wannsee-Konferenz begonnen hatte. „Villa am Wannsee“ zwingt zur Erinnerung daran ebenso wie die Tatsache, daß nun die Toten Einkehr erstreben, verfremdend wirkt. Aber aus dieser Verfremdung erheben sich die Toten als die Wiederkehrer, die ewig Wandernden, die auf ihre Erlösung warten. Die Kunst wird zu ihrem Verbündeten. Indem sie sich in der Totenwelt zeigt, bringt sie Zeichen des Dauernden und Bleibenden ein, denn Kunst entsteht nur aus der weiterwirkenden Absprache über ein vorhandenes Werk. Der Mensch, der in solcher Absprache wirkte, entzieht sich dem Vergessen. Die Toten drängen in den Salon der Frau Altenschul, weil sie „den Dingen des schönen

Scheins" (5) zugetan ist. Je größer der Einsatz der Toten für die Kunst wird, desto schwindender ist die Erinnerung an das schäbige Sterben unter der Mörderhand der SS und das Verscharren im Massengrab. Das Geheimnis des Textes wird zu Beginn bereits angedeutet: Während das Sein vergänglich ist, dauert der schöne Schein. Nur in dem Maße wird das Sein dauerhaft, wie es sich an den schönen Schein, das Abbild des Seins in der Kunst, binden kann. Das Sprichwort „Sein geht über Schein" findet seine Umkehrung, jedoch nur in dem Ausnahmefall der Korrektur des Seins durch die Kunst, eines schmählichen Endes durch den Widerruf, wie ein zentraler Begriff der Novelle lautet. Zwar dauert die Kunst im Totenreich, aber sie entsteht dort nicht, weil die Ursachen der Kunst vergänglich sind, ist doch die Kunst das „Ergebnis einer Not, einer quälenden, vorwartstreibenden Ungewißheit" (6). Der Salon wird zum Hort der bleibenden, d. h. dauernden Kunst. Das Haus, in dem sich der Salon befindet, ist innen und außen Symbol der Kunst. Seine Fenster erinnern an Schinkel, in ihm ist Kunst gehäuft, nur eine „Vitrine von Guimard" (11) fehlt. Wenn die Kunst schließlich auf das einzelne Werk zurückgeführt wird, dominiert in diesem Salon vor allem Französisches. Die fehlende Vitrine ist von Hector Guimard (1867 – 1942), dem Schöpfer der Metroeingänge von Paris; gespielt wird im Salon Musik von Chopin, nachdem man Kaffee aus Sèvres-Porzellan getrunken hat. Selbst die Literatur, am wenigsten konkretisiert, scheint auf Französisches zu verweisen, auf Novellen und Satiren. Daß die Literatur nicht mit dem besonderen Werk vertreten ist, gehört zu der Kunstauffassung Langes in dieser Novelle: Die Literatur ist das alle Kunst überschauende Medium und trägt durch sich selbst, also durch Langes Novelle zum Salon bei. Die Bevorzugung französischer Kunst und französischen Lebensstils, die im Salon zur Vollendung geraten, ergibt den Kontrast zu dem deutschen Leben und Denken der Mörder. Für Frau Altenschul schließt sich der Kreis, nachdem der von ihr geförderte Pianist ihren Salon zu Gunsten der Mörder vernachlässigt. Enttäuscht hält sie dennoch an dem Vorsatz fest, den Tod vergessen zu machen durch „die schönen Dinge des Lebens" (130), von denen sie, auch hier wird der Beginn wiederholend variiert, die Vitrine von Guimard und das Service aus Sèvres nochmals nennt. Französische Kunst ist für sie bleibende Kunst. Das gilt nicht für alle Salonbesucher, vor allem nicht für den Pianisten Lewanski. – Bis zuletzt bleibt zweifelhaft, ob Frau Altenschuls Wirken von Erfolg gekrönt sein wird. Zwar wünscht ihr der Schriftsteller Schulze-Bethmann dafür Glück, aber Zweifel spricht ebenfalls aus seinen Worten. In seiner Figur ist es wiederum die Literatur, die zum Richter über die Kunst wird, die aber gleichzeitig die Kunst als Erlösung für Ermordete und Mörder vorsieht, denn „„es hat doch keinen Zweck, jene Unterscheidung, die wir im Leben treffen, nämlich die zwischen Gut und Böse, im Tode beizubehalten" (132 f.). Das kann nur geschehen, wenn militantes Heldentum aufgehoben und vergessen wird. Dafür bietet der Text ein außergewöhnliches Beispiel.

Hatte in den Thermopylen einst eine Handvoll Spartaner ihre Stadt verteidigt und war unsterblich geworden, indem man ihnen zu Ehren einen Gedenkstein errichtete, so sind die Toten an der Berliner Grenze namenlos geworden. Nur noch ein schwacher Nachklang der Erinnerung an thermopylische Helden ist zu vernehmen:

> Wanderer, sei freundlich zu uns
> und gedenk der Gebeine
> über die dich dein Weg führt! (113)

Folgt man den Erinnerungsworten, die Herodot überliefert hat, so ist der Weg von Schillers *„Der Spaziergang"* über Bölls *„Wanderer, kommst du nach Spa . . ."* zu Langes Novelle der Abstieg von Geschichte in die Kümmerlichkeit, von Nationalstolz ins Bedeutungslose, vom Nennens- und Erinnernswerten ins Vergessen. Das also bewahrt Kunst nicht, dem Kampf ist wahre Kunst nicht dienstbar zu machen. Aber an Kampf und Tod kann erinnert werden durch Kunst, um die Wiederholbarkeit auszuschalten. Der Text gerät zu seinem Höhepunkt, zur „unerhörten Begebenheit". Wie eine „Hölle" tut sich ein Abgrund auf, in den Lewanski geführt wird. Der „Todesengel" steht davor. Der Text wird an dieser Stelle zum literarischen Pendant der geschichtsphilosophischen Erklärung des Angelus Novus von Paul Klee, wie sie Walter Benjamin in der IX. These über den *„Begriff der Geschichte"* gegeben hat. Langes Engel wendet sich der Vergangenheit zu, steigt in den Kreis der Mörder hinab, aber ihn treibt kein Sturm mehr in die Zukunft wie Benjamins Engel, Trümmer aber sind in Langes Vergangenheit ebenso zu finden wie in Benjamins Zukunft. Der Abstieg in den Abgrund, in dem Lewanski eine „kalte Pracht" (117) vorfindet, wird zum Gegenbild des Eintritts in den Salon. Langes Engel hat seine Zukunft nur noch im Totenreich. Erneut wäre auf eine Zitatkette zu verweisen, die von Paul Klee über Benjamin zu Brechts

„Glücksgott“ und Heiner Müllers Bearbeitung desselben bis zu Lange reicht. Hatte Benjamins Engel die Geschichte als sich türmende Trümmerlandschaft vor Augen, zu Geschichte wurden die Trümmer nur durch den jeweiligen Sieger, so hat Langes Engel ein Totenreich vor sich, das zum Bild der Geschichte wird, in dem sich Opfer und Täter untrennbar miteinander bewegen, oft auch nicht einmal mehr unterscheidbar. Das ist das Bild des Menschen in der Geschichte. Langes Text beschreibt ein Endbild von Geschichte, der Trümmerberg ist nicht bis zum Himmel gewachsen, sondern Langes Himmel wird leer. Der „Große Wagen“ fährt vor den Augen Schulze-Bethmanns und Klevenows dem Horizont zu und ist schließlich „hinter den Dächern der Stadt verschwunden“ (139). So lauten die Schlußworte der Novelle. Erlösung ist nicht im Leben zu finden, weil „die Unvereinbarkeit alles Lebendigen“ (133) dagegen steht. Es gibt sie im Totenreich und in der Utopie der Literatur, in Hartmut Langes Novelle *„Das Konzert“.*

Im Führerbunker werden, und damit wird die Erlösung möglich, wenn auch endlich nicht wirklich, die Täter an eine Kunst herangeführt, die Verzeihung ermöglicht. Der Vorgang bricht ab, weil Lewanski sein Konzert abbrechen muß. Die Lebenserfahrung, die er erwarb, ehe er durch Genickschuß starb und auf ewig 28 Jahre bleiben muß, reicht nicht für die Erlösung durch Kunst aus. Beethovens E-dur-Sonate, op. 109, gelingt dem Pianisten nur teilweise. Die Erinnerung an die Ermordung ist stärker als die Bereitschaft zum Verzeihen. Beethovens E-dur-Sonate – sie kehrt ebenfalls leitmotivisch im Text immer wieder – steht in der Nähe der Missa solemnis, op. 123. Der Text weist darauf hin. Beiden ist gemeinsam, daß es nicht um einen göttlichen Frieden gehen kann, sondern ein irdischer Frieden gesucht wird. Dabei spielen plötzliche Harmoniewechsel ebenso eine Rolle wie abrupte Wendungen. Ähnlich stehen sich auch die Handlungsabläufe in Langes Novelle gegenüber. Zuerst wird das Leben im Salon beschrieben, der Höhepunkt dafür ist Lewanskis erstes Konzert (Abschnitte 1 – 6). Ein Zwischenstück schließt sich an, ehe der inzwischen motivlich eingeführte Führerbunker zum Zentrum der Handlung wird mit dem abschließenden zweiten Konzert Lewanskis (Abschnitte 8 – 13). Das letzte Stück sieht Opfer und Täter gemeinsam einem trostlosen Tag mit einem leeren Himmel gegenüber. Pessimismus über die Unmöglichkeit des Ausgleichs im Leben steht am Ende, Melancholie erweist sich als das stärkste Gefühl. Schulze-Bethmann hatte Lewanski die Melancholie als Ersatz für die fehlenden Erfahrungen angeboten und dafür Kunst, Beethovens Missa solemnis, angeraten. Langes Erzähler hat von seinem Schöpfer jene Melancholie mitbekommen aus genügender Lebenserfahrung, die zum Geschichtspessimismus führte.

Lewanskis zweites Konzert sollte ein „Auferstehungskonzert" (111) werden, ein Konzert der Versöhnung. Der Gedanke, daß erst im und durch den Tod Schuld gesühnt wird, ist seit Henrik Ibsens *„Wenn wir Toten erwachen"* und der darin enthaltenen grandiosen Utopie vom „Auferstehungstag" in der Literatur präsent. Unter der Hand geraten die Entwürfe zum Zerrbild des Gedachten. Ibsens „Auferstehungstag" zeigte Menschen mit Tierköpfen. Langes „Auferstehungskonzert" findet vor dem falschen Publikum statt, kann nur Versöhnung andeuten, nicht aber zu ihr führen. Hier endet auch die christliche Metaphorik, denn die Auferstehung wird erst außerhalb des menschlichen Denkens, beim Jüngsten Gericht, geschehen oder „Wenn wir Toten erwachen".

Neben dem Musikalischen ist es Literarisches, aus dem zu diesem gewollten und abgebrochenen Sühnevorgang Motivketten bezogen werden. Als Lewanski eine ihm angebotene Villa besichtigt – natürlich ist es eine Trümmerlandschaft, auf der Bungalows stehen, aber der Tote sieht das Zerstörte unzerstört – ist die Beschreibung des Interieurs bis zum „Kronleuchter, mit eigenartigen Fabeltieren" (30) fast identisch mit der Schauplatzbeschreibung von Gerhart Hauptmanns *„Das Friedensfest"*. Damit ist die Richtung erkennbar, aus der Literarisches bezogen wird und das, wie die Malerei in Liebermann, in Schulze-Bethmann zur Personifikation gerät. Es ist große bürgerliche Kunst vom Ende des 19. Jahrhunderts, die zitiert wird, eine Kunst, die noch die Salons bestimmte. Schulze-Bethmann ist Kritiker und Novellist und leistet sich frühzeitig die seltsame Belastung, Gespräche mit seinem Mörder zu führen. Sein Vermögen dazu gewinnt er aus der Erkenntnis, daß eine erlösende Harmonie zwar ahnbar, aber nicht möglich ist. Daß Schulze-Bethmann nicht in gleicher Weise der Wirklichkeit entstammt wie Liebermann, ist die Folge davon, daß er der Kommentator des Salons wird wie Langes Erzähler der Kommentator der Ereignisse. So findet sich in Schulze-Bethmann auch Langes Erzähler wieder.

Die Aufnahme der Novelle bei der Kritik war zwiespältig, Ablehnung überwog. Sie reichte vom Vorwurf, es sei „eine Manifestation der Vernebelung und einer weltschmerzlich getönten Verdrängung"[4] bis zum geschmacklosen Ausbruch, es wäre „allermindestens ein grausiger Quatsch mit Soße"[5]. Die seriöse Literaturkritik war sich sowohl der Qualität des Erzählten als auch der „Ernsthaftigkeit", mit der sich Lange „dem ungeheuerlichen Thema nähert"[6], bewußt. Insgesamt übersah die Kritik aber einen wichtigen Vorgang der Novelle: Die Opfer sind ausnahmslos ermordet worden. Sie haben eine Kultur geschaffen,in der sie lebendig bleiben werden, aber diese Kultur hat ihnen zu Lebzeiten nicht geholfen, der Vernichtung zu entgehen bzw. ihre Mörder vom Morde abzuhalten. Kulturlose Menschen setzten an die Stelle der Kultur die Vernichtung. Nun aber sind die Mörder „gerichtet" und tot. Ihre Kulturlosigkeit führt in das Vergessen. Es erinnert nur die Kultur ihrer Opfer an sie. Da sie so im Bild der Kunst erinnerbar werden, sind Opfer und Täter in gleicher Weise aufbewahrt. So ist die Vernichtung zu verfolgen und könnte dadurch unwiederholbar werden. Langes Bekenntnis mutet wie die Antwort auf Alfred Anderschs zentrale Frage an: „Schützt Humanismus denn vor gar nichts?" Der Titel von Anderschs berühmter Erzählung *„Der Vater eines Mörders"* erscheint in der Frage des Henkers Klevenow, „wie es käme, daß man, obwohl ein Leben lang idealistisch gesinnt, am Ende doch nur als gemeiner Mörder dastünde" (138). Langes Antwort lautet, daß Humanismus - nirgends auffallender als in Kunst faßbar - nicht das Leben schützt, aber vor dem Vergessen bewahrt. Langes Antwort versteht sich als Verweis auf eine Utopie, denn nichts hat die Erinnerung genützt. Die nächste Abrechnung der Täter-Opfer mit den Opfer-Tätern ist in vollem Gange, ohne daß die Toleranz gesehen würde, die bei den Tätern vermißt wurde. Die Hoffnung, daß „endlich aufhöre das Urzeitspiel von Henker und Opfer"[7], die auf Langes Novelle zu setzen war, wurde wieder einmal zunichte gemacht. Langes Geschichtspessimismus wurde nicht nur durch die Erinnerung an die Vergangenheit, sondern auch durch die Erfahrung der Gegenwart uneingeschränkt bestätigt.

---

[4] Gunter Schäble: Hartmut Lange „Das Konzert". In: Südwestfunk. Literatur vom 21. 6. 1986.

[5] Beckelmann, Anm. 2.

[6] Jürgen P. Wallmann: Erlösung durch die Musik. In Rheinischer Merkur, Bonn 24. Juli 1987.

[7] ders.

Manfred Schunicht

Die deutsche Novelle im Überblick

Mit enormem Scharfsinn hat die Literaturwissenschaft in den letzten Jahrzehnten immer neue Versuche unternommen, die Form der Novelle gattungsästhetisch zu fixieren[1]. Mehrere Begriffe wie konzentrierende Bildlichkeit, Wendepunkt, unerhörte Begebenheit, Falke, Silhouette u. a. sind hin und her gewendet worden, ohne daß aus ihnen eine einleuchtende Gattungsbestimmung zu pressen gewesen wäre. Für Walther Pabst gab es schon 1953 aus grundsätzlichen Erwägungen „weder die ‚romanische Urform' der Novelle noch ‚die Novelle' überhaupt". Sein Resumee: „Es gibt nur Novellen"[2]. Damit ist nachdrücklich auf die Unmöglichkeit formalästhetischer Bestimmungen der Novelle verwiesen. Und in der Tat fassen alle Versuche zu kurz, die von einer normativen Gattungspoetik ausgehen und eine definierbare Novellenform postulieren, eine besondere Erzählform, die von Boccaccio oder Cervantes, spätestens für die deutsche Literatur von Goethe begründet worden sei.

Diese Einsicht ließ wohl nur die resignierende recht allgemeine Bestimmung zu, die Novelle sei als „Erzählung mittlerer Länge"[3] zu verstehen. Aber zugleich stellt sich die Frage, was denn nun eine „Erzählung" sei, denn sie meint bis weit ins 18. Jahrhundert eine eigenständige Form. Und mehrfach sind subtile Unterschiede zwischen ‚Novelle', ‚Erzählung' und ‚Geschichte' konstatiert worden[4]. Zudem müßte man, um der Abgrenzung zur Verserzählung oder

---

[1] Vgl. in der Auswahlbibliographie die Forschungsberichte von W. Pabst: Die Theorie der Novelle in Deutschland. K. K. Polheim: Novellentheorie und Novellenforschung. Zudem: Novelle, hrsg. v. J. Kunz. K. K. Polheim: Gattungsproblematik. In: Handbuch der deutschen Erzählung. Düsseldorf 1981. S. 9–16.

[2] W. Pabst: Novellentheorie und Novellenforschung. S. Auswahlbibliographie.

[3] Vgl. Bernhard v. Arx: Novellistisches Dasein. Spielraum einer Gattung in der Goethezeit. Zürich 1953. S. 7–9 u. ö.

[4] Willi Flemming: Epik und Dramatik. München 1955 (Dalp TB Bd. 311) S. 137–139. Vgl. auch K. K. Polheim: Handbuch der deutschen Erzählung, a.a.O. S. 15 f. Johannes Klein. In: Novelle. Hrsg. v. J. Kunz, a.a.O. S. 203 ff. J. Müller, ebd. S. 471 f.

mancher Balladen wegen, zumindest von einer „Prosaerzählung mittlerer Länge“ sprechen. Letztlich führt die Problematisierung der ‚Erzählung‘ in das gleiche Dilemma wie bei der Novelle.

Wichtig für jede Diskussion über die Novelle bleibt die Einsicht, daß nur gattungsgeschichtliche Fragestellungen weiterhelfen können; oder, wie es K. K. Polheim 1965 formulierte: „Es gibt nur eine historische, elastische Darstellung der Novelle, keine normativ einengende“[5]. Gleich anderen Gattungsformen, die wie das Lehrgedicht, das bürgerliche Trauerspiel oder das Versepos im Verlauf des literarischen Lebens entstanden, ihren Höhepunkten zustrebten und dann an Bedeutung verloren, so verhält es sich auch mit der Novelle in Deutschland. Und nicht nur an ihrer Geschichte läßt sich das verfolgen. Auch die Geschichte der romanischen Novellistik kennt vergleichbare Entwicklungen. Während die italienische Novellistik über drei Jahrhunderte in der Tradition von Boccaccios ‚Decamerone‘ geschätzt wurde, verfiel sie seit der Mitte des 16. Jahrhunderts unter erneuerten klassizistischen Tendenzen und moralisch klerikalem Widerspruch. Sie verlor schon zu Beginn des 17. Jahrhunderts ihre literarische Bedeutung. Vor allem mit Cervantes setzt sich dann eine deutlich veränderte Novellistik durch, die von der erzähltechnischen Basis des pikarischen und des Abenteuerromans aus zur Innovation novellistischen Erzählens führt. Und dabei sollte man nicht übersehen, wie weit auch Erzählungen aus Cervantes‘ ‚Novelas ejemplares‘ (1613) – so ‚Die englische Spanierin‘ – von den immer wieder proklamierten Idealvorstellungen der Novelle in Deutschland entfernt sind.

Zudem kennt die deutsche Literatur des 18. Jahrhunderts eine Fülle von Prosaerzählungen mittlerer Länge, die sich keineswegs als Novellen verstehen. Es sind ‚Moralische Erzählungen‘ in der Art Marmontels, ‚Philosophische Erzählungen‘ im Anschluß an Voltaire, ‚Kriminalerzählungen‘ in Abwandlungen und verändernden Erweiterungen von Pitavals ‚Causes célèbres‘, ‚Feenmärchen‘ in der Nachfoge von Charles Perrault oder die augenzwinkernd erzählten ‚Volksmärchen der Deutschen‘ (1782–1786) von Karl August Musäus.

Bei allen Unterschieden zwischen den einzelnen Erzählformen bleibt die grundsätzliche Trennung zwischen der Darstellung der Wirklichkeit und der des Wunderbaren wesentlich, die die Grenzli-

[5] K. K.Polheim: Novellentheorie und Novellenforschung, a.a.O. S. 105.

nie der Aufklärungspoetik zwischen dem Wahrscheinlichen und dem phantastisch Wunderbaren trotz aller Differenzierungen markiert. So verweisen die Märchen in amüsante Zauberwelten. Den ‚moralischen' und ‚philosophischen Erzählungen' hingegen wird die eindeutige Funktion der Belehrung zugewiesen. Durch ihre Lektüre gelangt der Leser zu Einsichten und Erkenntnissen, die ihn den Wert der Tugend schätzen und die vermeidbaren Laster verachten lehren. Neben dem durch Tugenden geprägten privaten Bereich erregen die gesellschaftskritischen Bezüge Aversionen gegen den deutlich abgegrenzten Bezirk des Öffentlichen, des Höfischen mit seinen Intrigen, Lastern und seinem unmenschlichen Justizwesen.

Um solche Einsichten und Erkenntnisse zu vermitteln, bedarf es eines besonderen Handlungsaufbaus und einer Personendarstellung, die nur aus dem Verständnis der allgemeinen Ursache-Wirkung-Relation des 18. Jahrhunderts zu begreifen sind. Der Handlungsaufbau folgt einer strengen Kausalkette, in der jede Wirkung aus ihrer Ursache zu verstehen ist, wie es paradigmatisch auch für den Roman von Friedrich von Blanckenburg gefordert wurde, daß nämlich jede Begebenheit „ein doppeltes Verhältniß" habe, „einmal ist sie die Wirkung vorhergegangener und dann ist sie die Ursache folgender Begebenheiten"[6].

Diesem Kausalitätsdenken im Handlungsaufbau entspricht in der Personendarstellung eine streng kausalmechanistische Psychologie. Die erzählten Personen verhalten sich auf eine absehbare und im voraus berechenbare Weise. Dadurch bieten sie dem zeitgenössischen Leser Transformationsmöglichkeiten nachvollziehbarer und wiederholbarer von der Vernunft bestimmter Verhaltensweisen. Wie Schiller seine ‚Schaubühne als eine moralische Anstalt betrachtet', so gewinnt auch der Leser der ‚moralischen' oder ‚philosophischen Erzählung' Hilfe und Orientierungsmöglichkeit für seine alltägliche Wirklichkeit. Die zahlreichen moralischen Wochenschriften fördern diese Möglichkeiten. Die Tatsache, daß junge Damen nun nicht mehr vor der die Phantasie gefährlich erhitzenden Lektüre gewarnt werden, ja, daß sie ihnen nun als belehrende Lebenshilfe empfohlen wird, unterstreicht die Bedeutung dieser Erzählformen.

---

[6] Friedrich von Blanckenburg: Versuch über den Roman. Faksimiledruck d. Originalausg. v. 1774. Mit einem Nachwort v. E. Lämmert (Slg. Metzler 39). Stuttgart 1965, [2]1977. S. 26

Bei der Umkehr vom Fehlverhalten zu vernünftiger Verhaltensweise gipfelt das dargestellte Geschehen in einem plötzlicnen Umkippen der Handlung, einer ‚Wende', die keinesfalls mit Tiecks Theorie des ‚Wendepunktes' gleichzusetzen ist. Die Wende in der ‚moralischen Erzählung' ist vielmehr Ergebnis einer lebensbestimmenden und lebensverändernden Einsicht und Erkenntnis, zu der eine erzählte Gestalt geführt wird. Diese Umkehr hat ihren Ursprung in der Erweckungstheorie des Pietismus.

Und schließlich gilt es, die Stellung des Erzählers innerhalb dieser Formen zu beachten. Hier genügt nicht der allgemeine Hinweis auf die zumeist auktoriale Erzählsituation. In den ‚moralischen' und ‚philosophischen Erzählungen' setzt der Erzähler neben dem tradierten Wechsel von Bericht, Dialog und monologisierenden Passagen vor allem seine eigenen auf allgemeiner Lebenserfahrung basierenden Reflexionen ein, mit denen er belehrend wirken will und zweifellos die Rezeptionshaltung des Lesers zu steuern vermag.

All diese Erzählformen erreichen erst gegen Ende des 18. Jahrhunderts den Höhepunkt ihrer literarischen Bedeutung. Schillers ‚Verbrecher aus verlorener Ehre' (1786) zeigt die Erfüllung ihrer Möglichkeiten wie die immer zur Festlegung des Entstehungsjahres der deutschen Novelle bemühten ‚Unterhaltungen deutscher Ausgewanderten' (1795). Hier greift Goethe zurück auf den reichen Fundus der tradierten Erzählformen von Gespenster- und Spukgeschichten, moralischen Erzählungen, Familiengemälden, Feenmärchen bis hin zur neu entfalteten Form des Kunstmärchens. Bei allen Erörterungen der Art und Wirkungsabsicht des Erzählens innerhalb der vorgegebenen gesellschaftlichen Gebundenheit benutzt keine der erzählenden oder erzählten Gestalten das Wort ‚Novelle'.

Dies alles sind Prosaerzählungen mittlerer Länge, Novellen aber sind es nicht, wie auch die Bezeichnung ‚Novelle' bis in die 70er Jahre des 18. Jahrhunderts unüblich ist. Man kann wohl erst dann von einer Novelle sprechen, wenn die klare Absicht deutlich wird, eine neue Erzählform zu schaffen, die den neuen veränderten Darstellungsabsichten gemäß ist. Davon kann in Deutschland erst seit der Frühromantik die Rede sein. Aber erst vor dem Hintergrund der Formenvielfalt, erst aus einer solch überblickenden Einsicht in die Intentionen des Erzählens im 18. Jahrhundert läßt sich die neue Erzählform ‚Novelle' begreifen.

Goethe hatte in den ‚Unterhaltungen deutscher Ausgewanderten' (1795) noch an einer klaren Unterscheidung zwischen den an der Wahrscheinlichkeit orientierten Erzählungen und dem ‚Märchen' festgehalten. Ludwig Tieck hingegen durchbricht mit seinen frühen Werken ‚Der blonde Eckbert' (1796) und ‚Der Runenberg' (1802) die starren Grenzen zwischen der überkommenen Erzählung und dem Märchen. In der Verbindung des Märchenhaften und Wunderbaren mit der vertrauten Realität vollzieht sich die entscheidende Abkehr von den bestimmenden Elementen der Erzählformen des 18. Jahrhunderts. Schon Tiecks Übersetzung und Beschäftigung mit Shakespeares ‚The Tempest' und sein Essay ‚Shakespeares Behandlung des Wunderbaren' bilden neue Markierungspunkte. Mit den hier gewonnenen Einsichten reißt Tieck die Grenzlinie zwischen der Darstellung des Wahrscheinlichen und des Wunderbaren ein. Das alltäglich Wirkliche wird transparent für das poetisierende Wunderbare, das Wunderbare erscheint als das geläufig Altvertraute.

Diese neue Erzählweise zeigt in ihrer weiteren innovativen Entfaltung die eindeutige Intention, die bisher getrennten Gattungen und Gattungsformen in immer neuen Kombinationen, Kontrafrakturen und Integrationen von narrativen, lyrischen und dramatischen Elementen zu vermischen. Ironische Brechungen und ironisierende Distanzierungen und Kontrastierungen von Rahmen- und Binnenerzählung eröffnen neue narrative Strategien. Erst jetzt wird man von der Ausformung der Novelle innerhalb der deutschen Literatur sprechen wollen. Dabei geht es nicht nur um die dichte Verknüpfung des Märchenhaften mit dem Realen wie in den frühen Erzählungen Tiecks oder Fouqués, nicht nur um das gestörte Verhältnis von Individuum und Gesellschaft, das sich wie bei A. v. Chamisso in alten Märchen- und Sagenmotiven offenbart oder wie bei Cl. Brentano in äußerst kompliziertem Erzählaufbau fatale Einbrüche schicksalhafter Verhängnisse als einfache Begebenheiten erscheinen lassen kann; es geht um die Zerschlagung vertrauter Wirklichkeit durch unerklärbare magische Kräfte und Mächte bei Achim von Arnim oder um den unvermuteten Zusammenprall alltäglichen Lebens mit einer Welt des Spukhaften und Phantastischen wie bei E. T. A. Hoffmann. Und schließlich wird in den Erzählungen H. v. Kleists die Wirklichkeit selbst für die erzählten Gestalten so verrätselt, daß keine Orientierung mehr möglich bleibt.

Insgesamt erscheint in den Novellen dieser Jahre die so lange optimistisch bewertete soziale Wirklichkeit als zutiefst zweideutig. Der Einbezug der neuen Auffassungen und Einsichten in die ‚Nachtseite der Naturwissenschaft' konnte solche Tendenzen nur verstärken. Das Unerklärbare im Bereich erfahrbarer Natur, das dämonisierte Elementare, die aus der romantischen Naturphilosophie als Magnetismus und Mesmerismus erkannten Phänomene, Grauen und schauererregende gespenstische Erscheinungen bis hin zum christlich verstandenen Wunder bedingen die große Bandbreite zwischen nihilistischer Verzweiflung und christlich gläubigem Vertrauen in der Novellistik der deutschen Romantik. Daß hier zudem die diese Generation aufrührenden und verstörenden wirtschaftlichen Wandlungen, politischen und kriegerischen Ereignisse greifbar werden, bedarf keines besonderen Hinweises.

Solches Erzählen ist mit den Erzählformen des 18. Jahrhunderts nicht mehr zu leisten. Und so läßt sich die Entfaltung der Novelle seit der Frühromantik im Rückblick auf die tradierten Erzählformen konkreter beschreiben als es mit novellentheoretischen Proklamationen der Gattungsästhetik möglich ist.

Die Integration äußerst heterogener Elemente läßt keine Erzählführung in Kausalreihen mehr zu. Im Gegenteil, es sind überraschende Wendungen, Einbrüche in das rational nicht Faßbare, schon gar nicht Erklärbare, es sind Zufälle, die das Geschehen bestimmen; aber Zufälle, die auf gefährliche und irritierend verborgene Sinnzusammenhänge schließen lassen. Hier kann von einer Ursache-Wirkungsrelation keine Rede mehr sein.

Mit dem Zerbrechen des Kausalnexus im Handlungsaufbau wird zugleich die kausalmechanistische Psychologie in der Personendarstellung durch Gestaltungen der Spontaneität seelischen Verhaltens überwunden. Die erzählten Personen reagieren nicht mehr auf absehbare Weise, ihr Verhalten ist unberechenbar, von verstörender Undurchschaubarkeit bis hin zum Wahnsinn. Auch die Stellung des Erzählers zum Erzählten verändert sich grundsätzlich. An die Stelle des auktorialen Erzählers mit seinen belehrenden Reflexionen tritt in der Novelle der Erzähler häufig zurück. Dann formt er das erzählte Geschehen aus der Erlebnis- und Wertungsperspektive einer oder mehrerer erzählter Gestalten. Der im Briefroman des 18. Jahrhunderts entwickelte Polyperspektivismus erhält in der Novelle neue Funktionen.

All diese Veränderungen führen schnell zur Ablehnung der wegen ihrer belehrenden Langeweile inkriminierten Erzählungen, wie Wieland dann im ‚Hexameron von Rosenhain' verspricht,

„daß alle empfindsame Familiengeschichten und alle sogenannte moralische Erzählungen, worin lauter in Personen verwandelte Tugenden und Laster, lauter Menschen aus der Unschuldswelt, lauter Ideale von Güte, Edelmuth, Selbstverleugnung und gränzenloser Wohlthätigkeit aufgeführt werden, ein für allemal ausgeschlossen seyn sollten“[7].

Erst mit dem schwindenden Interesse an moralischen und philosophischen Erzählungen verliert der Begriff ‚Erzählung‘ seine gattungsbestimmende Zuordnung und wird zum Synonym für alle kürzeren Erzählformen.

Wie kaum eine andere Epoche hat die Romantik das literarische Schaffen reflektiert und die Produktions- und Rezeptionstheorien gleichrangig abgehandelt. Von hier her sind ihre novellentheoretischen Äußerungen zu verstehen. Sie sind zudem „erst spät durch Editionen von Nachlaßmanuskripten oder Vorlesungsnachschriften bekannt geworden . . . Die schöpferische Ausbildung der romantischen Erzählung vollzog sich offenbar unabhängig von der Theorie der Kritiker“[8]. Dabei haben die immer wieder bemühten Äußerungen Tiecks zum ‚Wendepunkt‘ mehr zur Verwirrung als zur gattungsästhetischen Klärung beigetragen. Auch Friedrich Schlegels Bemerkungen zur Novelle sind zuerst einmal in dem größeren Zusammenhang seiner allgemeinen literaturtheoretischen Überlegungen zu sehen. Zudem aber enthalten sie Einsichten, die sich in der weiteren Diskussion immer wieder finden: so die Hinweise auf die Zusammenhänge mit der Novellistik der Romania oder Erläuterungen zur dramatischen Struktur der Novelle aus dem Verständnis der Dramen Shakespeares. Schlegel erkennt ein wesentliches Merkmal novellistischen Erzählens in der Spannung zwischen einem als fiktiv wahr dargestellten Ereignis innerhalb einer durch die Gesellschaftsgebundenheit des Erzählens objektiv gestalteten Wirklichkeit und der durch die Mittel der Ironie verborgenen Subjektivität des Erzählers. Für ihn ist die Bedeutung dieser Form von hier her einzusehen. In ihrer Vermischung von Subjektivität und Objektivität hält die Novelle eine formale Lösung für die Romantisierung der Wirklichkeit bereit. Das Ich des Erzählers schafft in seiner verborgenen Subjektivität die wenn auch fiktive Tatsächlichkeit einer neuen Objektivität. Die äußerst variablen Korrelationen zwischen beiden Bereichen ermöglichen die Vereinigung des Unendlichen mit dem Endlichen, des Phantastischen mit dem Alltäglichen, des Grotesken mit dem Vertrauten. Mit einem Wort: In der Verbindung von freier Phantasie und Tatsächlichkeit

[7] C. M. Wielands Sämtliche Werke. Leipzig 1853. Bd. 19. S. 154.

[8] Ernst Behler: Die Zeit der Romantik. In: Handbuch der deutschen Erzählung. Hrsg. v. K. K. Polheim, a.a.O. S. 120.

vermag das novellistische Erzählen einen Weg zur progressiven Universalpoesie zu bahnen.

Mit Recht hat Benno von Wiese das Fazit gezogen: „Verglichen mit Friedrich Schlegels grundlegenden Einsichten sind alle weiteren Erkenntnisse zur ‚Theorie' der Novelle in Deutschland mehr peripherer Natur. Sie werden nur zu oft überschätzt"[9]. Und in der Tat haben die Novellentheorien vor allem die Arsenale ihrer Gattungstheoretiker gefüllt. So liegt der Schwerpunkt eindeutig auf der Novellendichtung. Dabei bleibt festzuhalten, daß es letztlich nur etwa 25 Jahre sind, in denen die Novelle der deutschen Romantik ihre Ausprägungen erfuhr und ihre für die europäische Erzählkunst wichtigen Einflüsse erbrachte.

Bemerkenswerte Veränderungen erfuhr die deutsche Novellistik in den drei Jahrzehnten vor 1848. Sie werden vor allem verständlich durch die enorm erweiterten Produktions- und Distributionsbedingungen einer kaum überschaubaren Fülle von Journalen, Almanachen, Taschenbüchern etc. In ihnen fanden besonders Novellen lebhafte Akzeptanz, weil sie mit ihren Diskursen und Reflexionen, mit ihren beispielhaft geführten Konversationen neben der gebotenen Unterhaltung bildend wirkten. Zudem befriedigte außer den didaktischen Intentionen das wachsende Interesse an einer Wirklichkeitsdarstellung, die realistische, ja zum Teil naturalistisch anmutende Züge trägt. Das bedeutet den Ausschluß des romantisch Wunderbaren.

Die konservativen Autoren des Biedermeier suchen bei allem exakten Realismus immer zugleich metaphysische Bindungen und Begründungen der erzählten Gestalten und ihrer Handlungen. Bei den Autoren der progressiven revolutionären Strömungen dieser Jahre verflacht die Novellistik häufig zur propagandistischen Erzählung, die im Sinne Heinrich Laubes oder Theodor Mundts politisch beeinflussen will. Mundts häufig mißverstandener Hinweis auf „die Novelle als Deutsches Hausthier"[10] zielt vor allem auf die Möglichkeit, revolutionäre Ideen gerade durch die Novelle ohne Zugriffsmöglichkeit der Polizei in die Wohnstuben zu schmuggeln. Die Novelle nähert sich dem Feuilleton, Friedrich Sengle konstatiert: „Man muß annehmen, daß sich, infolge der Reflexionstheorie und

---

9 Benno von Wiese: Novelle. (Slg. Metzler 27). Stuttgart 1963. S. 15.

10 Theoror Mundt: Moderne Lebenswirren. Leipzig 1834. S. 157. Vgl. K. K. Polheim: Theorie und Kritik der deutschen Novelle von Wieland bis Musil (Deutsche Texte 13). Tübingen 1970. S. 71.

der gesellschaftlichen Interpretation der Gattung, viele Publizisten, die besser beim Feuilleton geblieben wären, in die Novelle verirrten"[11].

Auffallend ist die veränderte Erzählführung in den literarisch relevanten Novellen des Biedermeier. Georg Reinbeck[12] hat mit seinem Hinweis auf die Bedeutung der ‚Situation' den Zusammenhang mit dem Drama besonders akzentuiert. Dabei meint ‚Situation' vor allem Konzentration, nicht Isolation einer Begebenheit. Gerade die Reihung einzelner Situationen bestimmt die biedermeierliche Novellistik. Sie verzichtet auf die dramatische Aufgipfelung der Handlung zu einem Höhepunkt. Sie zeigt vielmehr „die Tendenz . . ., durch Darstellung einzelner Situationen das Ganze eines Menschenlebens wiederzugeben"[13]. Sie sucht die epische Reihung lebensbestimmender Begebenheiten unter dem Aspekt eines sinngebenden Ordnungsgefüges. Eine solche Reihung kennzeichnet bei allen thematischen und erzählerischen Unterschieden die Novellenform von Adalbert Stifters ‚Das Heidedorf' oder Jeremias Gotthelfs ‚Die schwarze Spinne' bis zu Annette von Droste-Hülshoffs ‚Die Judenbuche' oder Franz Grillparzers ‚Der arme Spielmann'.

In den folgenden Jahrzehnten bis zum Ende der 80er Jahre erreicht das Novellenschaffen seinen Höhepunkt. Das gilt einmal für die massenhafte Produktion, die Gottfried Keller den Seufzer abzwingt, „daß die Novelliererei zu einer allgemeinen Nivelliererei geworden sei"[14]. Zum anderen stellen die Novellen des bürgerlichen Realismus auch einen bedeutenden literarischen Höhepunkt in der Geschichte dieser Erzählform dar. Das hat mehrere Gründe. Die soziale Wirklichkeit verändert sich so tiefgreifend, daß ihre Komplexität kaum noch durchschaubar ist. Durch den wirtschaftlichen Wandel in raschen Umschichtungen von Investitions- und Kapitalvermögen, durch Arbeitsteilungen immer neuer Berufsbilder, durch schnellere Kommunikationsmöglichkeiten und sich verkürzende Entfernungen, durch die den bisherigen Wissenschaftsbe-

---

11 Friedrich Sengle: Biedermeierzeit. Bd. 2. Stuttgart 1972. S. 836.

12 Georg Reinbeck: Einige Worte über die Theorie der Novelle. In: Situationen. Ein Novellenkranz. Stuttgart 1841. S. XIII–XXIII. Vgl. K. K. Polheim: Theorie und Kritik, a.a.O. S. 34–38.

13 Friedrich Sengle: Biedermeier. In: K. K. Polheim: Handbuch der deutschen Erzählung, a.a.O. S. 200.

14 Der Briefwechsel von Paul Heyse und Gottfried Keller. Hrsg. v. M. Kalbeck. Hamburg 1919. S. 384.

griff verändernden Erfolge der Naturwissenschaften, durch politische und staatlich relevante Wandlungen und durch die hinter erstarrten gesellschaftlichen Konventionen nur mühsam verdeckte Relativierung sittlicher Normen sieht sich der einzelne vor der Frage nach seinem Ort innerhalb der sozialen Wirklichkeit. Ideologische oder revolutionäre Absichten sind im Bürgertum dieser Jahre so wenig gefragt wie die metaphysischen Bindungen der früheren Zeit.

Mögliche Antworten scheint da vor allem die Literatur geben zu können. Denn ihre Darstellungen wollen sich nicht mit der bloßen Wiedergabe der gesellschaftlichen Realität begnügen. Ihr geht es darum, die hinter den greifbaren Erscheinungen verborgene Ordnung transparent zu machen durch ihre Idealisierung und damit Poetisierung im Sinne der klassizistischen Ästhetik. So versteht Theodor Fontane in seiner programmatischen Bestimmung des Realismus darunter „nicht . . . das nackte Wiedergeben des alltäglichen Lebens, am wenigsten seines Elends und seiner Schattenseiten“[15]. Der Realismus will Darstellung der ‚Wahrheit‘. Und Wahrheit meint hier die poetisierte Wirklichkeit. Die Ideale, die man in der Komplexität der sozialen Alltäglichkeit nicht mehr zu erkennen vermag, hofft man in der Literatur zu finden. Das setzt eine Harmonie zwischen dem Individuum und seinem sozialen Ordnungssystem voraus, wie sie Gustav Freitag in seinem Roman ‚Soll und Haben‘ (1855) noch sichtbar machen konnte. Gottfried Keller fand in seinem ‚Martin Salander‘ (1886) schon keine befriedigende Lösung mehr. Nur die Romane Theodor Fontanes weisen in eine andere Richtung und erhalten in ihrem Anschluß an den europäischen Gesellschaftsroman im Sinne W. M. Thackerays oder Jane Austens zukunftsweisende narrative Strategien.

War die Totalität der Wirklichkeit aus einer intendierten Harmonie zwischen den Ansprüchen der Gesellschaft und den Forderungen nach Selbstverwirklichung des einzelnen im Roman nicht mehr darstellbar, so bot die Novelle Lösungsmöglichkeiten durch ihre segmentierende und konzentrierende Darstellung. Der subjektiv ausgewählte Teilbereich erstrebt die Fiktion einer sich objektiv gebenden Totalität. Gerade in diesen Spannungen zwischen der Fiktion einer objektiven Darstellung und der gestaltend auswählenden Subjektivität des Erzählers liegen die Möglichkeiten der Poeti-

[15] Theodor Fontane: Unsere lyrische und epische Poesie seit 1848. Nymphenburger Taschenb. Ausg. Bd. 14, S. 114.

sierung und damit der ‚Wahrheit' dieses Erzählens. So ist in der Novelle des bürgerlichen Realismus mit der epischen Wahrheit die Kombination des Mit- und Gegeneinander der verschiedenen Wirklichkeitsfaktoren gemeint, die auf fiktiv empirischer Basis die Ideale transparent werden lassen und so die erfahrbare Wirklichkeit poetisieren. „Das Erzählen erschien um so wahrheitsgetreuer, je mehr es alle einwirkenden Faktoren in das Spiel zog, je mehr es einen an Sinnbezügen reichen Erfahrungszusammenhang darstellte, in dem das Eine das Andere begründete, bewirkte und auslegte"[16]. Der Erzähler löst ein einzelnes Ereignis aus seinen Zusammenhängen und stellt es durch Einbezug eines oder mehrerer Zufälle in eine neue planvoll zielgerichtete Kombination mit anderen Wirklichkeitsfaktoren. So stilisiert er die dargestellte Wirklichkeit auf eine Begebenheit (dieses meint Paul Heyses ‚Falkentheorie') oder auf diese ‚Situation' hin.

Von hier wird der Variationsreichtum novellistischen Erzählens greifbar. Die Novelle zeigt die Kämpfe um das Ausnahmerecht der starken Persönlichkeit bis hin zum resignativen Rückzug auf das eng begrenzte private Glück. Sie gestaltet perspektivisches Erzählen in der Einzelerzählung eines isolierten Falls. Sie baut ihre Handlung auf aus der Spannung zwischen Rahmen- und Binnenerzählung oder sie sucht die Spiegelungen in einem zyklischen Erzählaufbau und zeigt in symbolischen Verweisungen die Sinngebung des Geschehens in der inneren Abhängigkeit der einzelnen dargestellten Phänomene. So reicht die breite Skala der Novelle im bürgerlichen Realismus von der Dorfgeschichte im Sinne E. Auerbachs, der kulturgeschichtlichen Novelle W. H. Riehls, den thematisch so breit gefächerten Novellen G. Kellers oder C. F. Meyers mit ihrem konzentrierenden auf einen dramatischen Höhepunkt angelegten Erzählaufbau bis zu Storms in wehmütiger Resignation erinnerter Wirklichkeit, die wie bei W. Raabe noch ganz in der Tradition der biedermeierlichen Situationennovelle steht. Dabei ist von der Fülle der nur noch sozialgeschichtlich interessierenden trivialen Liebes- und Familiengeschichten gar nicht zu reden. Zeigen doch auch die Publikationsorgane von der ‚Deutschen Rundschau' bis zur ‚Gartenlaube' eine vergleichbare Weite im Leserinteresse. Mit dem Naturalismus verliert die Novelle als formale Gestaltungsmöglichkeit ihre überragende Bedeutung. Die Angriffe der neuen literari-

[16] Fritz Martini: Deutsche Literatur im bürgerlichen Realismus. Stuttgart 1962. S. 72.

schen Bewegung richten sich vor allem gegen die ihr eigenes Verständnis von ‚Wahrheit' verfälschenden idealisierenden und poetisierenden Darstellungen der sozialen Wirklichkeit in der bisherigen Novellistik.

Innerhalb der aufgezeigten Wandlungen in den Voraussetzungen und Intentionen novellistischen Erzählens lassen sich mehrere Konstanten festmachen. Die jeweiligen unterschiedlichen Akzentuierungen ihrer einzelnen Elemente zeigen die Entwicklung der deutschsprachigen Novellendichtung vom 18. Jahrhundert bis zur Novellistik der Gegenwart.

Da ist einmal die Konzentration auf ein im Mittelpunkt stehendes Ereignis, auf eben jene „unerhörte Begebenheit", die seit Goethes Gespräch mit Eckermann vom 29. I. 1827 immer wieder betont worden ist. Dieses zentrale Ereignis bedingt die dramatische Struktur der Novelle. Sie wird vor allem erreicht durch die Spitzenstellung eines Grundmotivs, dem alle übrigen Motive der Erzählung untergeordnet sind. Diese Konzentration erscheint als Gipfelbildung des Geschehens oder als Auffächerung in einzelne Lebensstationen. Dann aber steht das erzählte Geschehen insgesamt unter dem einen Gesetz einer alles bestimmenden ethischen Norm oder metaphysischen Bindung.

Das ungewöhnliche oder außerordentliche Ereignis, auf das hin erzählt wird, bedingt eine Darstellung der fiktionalen Wirklichkeit, die wesentlich durch den Einbezug eines oder mehrerer Zufälle bestimmt ist. Der Zufall ist als konstitutives Element der Novelle anzusehen. Der Erzähler verbirgt die durch Zufälle und Konzentration auf die Spitzenstellung des zentralen Ereignisses bedingte Subjektivität des dargestellten Wirklichkeitsausschnitts, indem er als Rahmenerzähler, als Berichterstatter oder aus einer polyperspektivischen Erzählhaltung heraus um Objektivierung des erzählten Geschehens bemüht ist. Hier liegt auch die Begründung dafür, daß der Novellist selbst tragisches Geschehen durch Zufälle motivieren kann, die sich dem Dramatiker wegen ihrer fehlenden inneren Notwendigkeit verbieten. So ist die Handlungsführung im novellistischen Geschehen auf Finalität und weniger auf Kausalität angelegt.

Vor allem aus den Funktionen des Zufalls ergibt sich das für die Novellistik wesentliche Phänomen der Verrätselung. Nicht nur bei Kleist oder E. T. A.Hoffmann und nicht nur bis zu Kafka verrätselt sich die dargestellte Wirklichkeit für die erzählte Gestalt, die am Ende das Rätsel zu lösen vermag oder an seiner Unauflösbarkeit zu

Grunde geht. Aber auch der Leser kann auf solche Weise in die Verrätselung eingebunden werden, indem er sich einer undurchschaubaren bis zum Grotesken hin verfremdeten Wirklichkeit gegenüber sieht. Das auf die Spitze getriebene und von unerklärbaren und dennoch schicksalsträchtigen Zufällen bestimmte Geschehen kann dabei das Märchenhafte und Phantastische akzentuieren oder aber Abgründe sichtbar machen, die sich aus der Zweideutigkeit oder Undurchschaubarkeit der sozialen Wirklichkeit ergeben.

Und schließlich führen die Verrätselungen innnerhalb eines solchen Erzählens zu der so häufig sichtbar werdenden Isolation der Novellengestalten. Ihre Situation wird dann bestimmt durch den Verlust an Kommunikationsfähigkeit oder durch die abhanden gekommene Möglichkeit zur Integration, sie sehen sich unvermutet ausgegrenzt aus ihrer sozialen Gruppe, gezwungen zu Reaktionen, die vom Erzähler in distanzierendem Humor oder in ihrer ganzen Ausweglosigkeit aus der Perspektive der erlebenden Gestalten berichtet wird. So vermögen die einzelnen Aspekte insgesamt auf die Weite des Spielraums im novellistischen Erzählen zu verweisen.

Winfried Freund

Literaturhinweise

Zur Theorie und Geschichte der Novelle

Aust, Hugo: Novelle. Stuttgart 1990.

Eisenbeiß, Ulrich: Didaktik des novellistischen Erzählens im Bürgerlichen Realismus. Literaturdidaktische Studien zu Keller, Raabe und Storm. Frankfurt/M. 1985.

Ellis, John M.: Narration in the German Novelle. Theory and interpretation. London 1974.

Freund, Winfried: Die deutsche Kriminalnovelle von Schiller bis Hauptmann. 2. Auflage Paderborn 1980.

Ders.: Von der Aggression zur Angst. Zur Entwicklung der phantastischen Novellistik in Deutschland. In: Phaicon 3. Hg. v. R. A. Zondergeld. Frankfurt/M. 1978. S. 9–31.

Ders.: Literarische Phantastik. Die phantastische Novelle von Tieck bis Storm. Stuttgart 1990.

Himmel, Hellmuth: Geschichte der deutschen Novelle. Bern 1963.

Jolles, André: Einleitung zur neuen deutschen Ausgabe des Dekamerons. Leipzig 1921.

Klein, Johannes: Geschichte der deutschen Novelle von Goethe bis zur Gegenwart. 2. Auflage Wiesbaden 1954. (4. Auflage 1960).

Krämer, Herbert (Hg.): Theorie der Novelle. Stuttgart 1976.

Kunz, Josef (Hg.): Novelle. Wege der Forschung LV. Darmstadt 1968.

Ders.: Die deutsche Novelle im 19. Jh. Berlin 1970.

Ders.: Die deutsche Novelle im 20. Jh. Berlin 1977.

Lockemann, Fritz: Gestalt und Wandlungen der deutschen Novelle. München 1957.

Pabst, Walter: Die Theorie der Novelle in Deutschland. In: Romanist. Jb. 2. (1949). S. 81–124.

Paulin, Roger: The Brief Compass. The Nineteenth-Century German Novelle. Oxford 1985.

Polheim, Karl Konrad: Novellentheorie und Novellenforschung. Ein Forschungsbericht. Stuttgart 1965.

Ders. (Hg.): Handbuch der deutschen Erzählung. Düsseldorf 1981.

Sautermeister, Gert: Klassische Novellenkategorien in der Restaurationszeit. In: Textsorten und literarische Gattungen. Berlin 1983. S. 521–534.

Schönhaar, Rainer: Novelle und Kriminalschema. Bad Homburg 1969.

Schunicht, Manfred: Der „Falke“ am „Wendepunkt“. In: GRM.NF. 10 (1960). S. 44–65.

Silz, Walter: Realism and Reality. Studies in the German Novelle of Poetic Realism. Chapel Hill 1954.

Stutz, Elfriede: Frühe deutsche Novellenkunst. Göppingen 1991.

Swales, Martin: The German Novelle. Princeton 1977.

Thieberger, Richard: Le genre de la nouvelle dans la littérature allemande. Paris 1970.

Wiese, Benno v.: Die deutsche Novelle von Goethe bis Kafka. Interpretationen. 2 Bde. Düsseldorf 1956/62 u. ö.

Ders.: Novelle. 8. Auflage Stuttgart 1982.

Zu den einzelnen Novellen

(Insbesondere berücksichtigt werden in der Regel die jeweils neueren und neuesten Veröffentlichungen).

Friedrich Schiller: „Der Verbrecher aus verlorener Ehre“ (1786)

Aurnhammer, Achim: Engagiertes Erzählen: „Der Verbrecher aus verlorener Ehre“. In: A. A. (Hg.): Schiller und die höfische Welt. Tübingen 1990. S. 254–270.

Brandstätter, Horst: Eine wahre Geschichte von Friedrich Schiller. Aufs neue ans Licht geholt. Berlin 1984.

Freund, Winfried: Friedrich Schiller: „Der Verbrecher aus verlorener Ehre“. In: W. F.: Die deutsche Kriminalnovelle. A. a. O. S. 12–21.

Jacobsen, Roswitha: Schillers „Der Verbrecher aus verlorener Ehre“. In: WB 34 (1988). S. 746–760.

Köpf, Gerhard: Friedrich Schiller. „Der Verbrecher aus verlorener Ehre“. München 1978.

Lecke, Bodo: Schillers „Verbrecher aus verlorener Ehre“. Zur Aktualisierung eines Klassikers. In: Projekt Deutschunterricht 9. Stuttgart 1975. S. 113–146.

Rautenberg, H. H. u. a.: Friedrich Schiller: „Der Verbrecher aus verlorener Ehre“. Text- und Arbeitsbuch. Frankfurt/M. 1982.

Sautermeister, Gert: Unverjährte Aufklärung. Schillers „Der Verbrecher aus verlorener Ehre“. In: die horen 30 (1985). S. 273–279.

Heinrich von Kleist: „Michael Kohlhaas“ (1810)

Bogdal, Klaus-Michael: „Mit einem Blick, kalt und leblos wie aus marmornen Augen.“ Text und Leidenschaft des Michael Kohlhaas. In: D. Grathoff (Hg.): Heinrich von Kleist. Opladen 1988. S. 186–203.

Ders.: Heinrich von Kleist: „Michael Kohlhaas“. München 1981.

Bohnert, Joachim: Kohlhaas der Entsetzliche. In: Kleist-Jahrbuch. Hg. v. H. J. Kreutzer. Berlin 1988. S. 404–431.

Diesselhorst, Malte: Hans Kohlhase/Michael Kohlhaas. In: Kleist-Jahrbuch. Berlin 1988. S. 334–356.

Gerth, Klaus: Vom preußischen Helden zum Terroristen. „Michael Kohlhaas“ in der Rezeptionsgeschichte. In: PD 100. 17 (1990). S. 55–62.

Lützeler, Paul-Michael: Heinrich von Kleist: „Michael Kohlhaas“. In: Erzählungen und Novellen des 19. Jh. Bd. 1. Stuttgart 1988. S. 133–180.

Adelbert von Chamisso: „Peter Schlemihls wundersame Geschichte“ (1814)

Freund, Winfried: Adelbert von Chamisso. „Peter Schlemihl“. Geld und Geist. Paderborn 1980.

Ders.: Die Dämonie des Geldes. Adelbert von Chamisso: „Peter Schlemihls wundersame Geschichte“. In: W. F.: Literarische Phantastik. A. a. O. S. 56–65.

Gille, Klaus F.: Der Schatten des Peter Schlemihl. In: DU 39 (1987, 1). S. 74–83.

Neubauer, Wolfgang: Zum Schatten-Problem bei Adelbert von Chamisso oder zur Nicht-Interpretierbarkeit von „Peter Schlemihls wundersamer Geschichte“. In: LfL 1986. S. 24–34.

Schwann, Jürgen: Vom „Faust“ zum „Peter Schlemihl“. Kohärenz und Kontinuität im Werk Adelberts von Chamisso. Tübingen 1984.

Walach, Dagmar: Chamisso: „Peter Schlemihls wundersame Geschichte". In: Erzählungen und Novellen des 19. Jh. Bd. 1. Stuttgart 1988. S. 221–255.

E. T. A. Hoffmann: „Das Fräulein von Scuderi" (1819)

Alewyn, Richard: Das Rätsel des Detektivromans. In: Essays zur Literatur. Frankfurt/M. 1963.

Freund, Winfried: E. T. A. Hoffmann: „Das Fräulein von Scuderi". In: W. F.: Die deutsche Krininalnovelle. A. a. O. S. 43–53.

Ders.: Chaos und Phantastik. Der phantastische Erzähler E. T. A. Hoffmann. In: die horen 37 (1992,4). S. 77–85.

Gorski, Gisela: E. T. A. Hoffmann: „Das Fräulein von Scuderi". Stuttgart 1980.

Himmel, Hellmuth: Schuld und Sühne der Scuderi. In: Mitteilungen der E. T. A. Hoffmann-Gesellschaft 7 (1960). S. 1–15.

Pikulik, Lothar: E. T. A. Hoffmann als Erzähler. Ein Kommentar zu den Serapionsbrüdern. Göttingen 1987.

Schneider, Peter: Verbrechen, Künstlertum und Wahnsinn. Untersuchungen zur Figur des Cardillac. In: Mitteilungen der E. T. A. Hoffmann-Gesellschaft 26 (1980). S. 34–50.

Thalmann, Marianne: E. T. A. Hoffmanns „Fräulein von Scuderi. In: Monatshefte 41 (1949). S. 107–116.

Werner, Johannes: Was treibt Cardillac? Ein Goldschmied auf Abwegen. In: WW 40 (1990). S. 32–38.

Achim von Arnim: „Die Majoratsherren" (1819)

Casey, Paul F.: Images of Birds in Arnim's „Majoratsherren". In: Gll XXXIII. Nr. 3. 1980. S. 190–198.

Kluge, Gerhard: G. H. Schuberts Auffassung vom tierischen Magnetismus und Achim v. Arnims Erzählung „Die Majoratsherren". In: Aurora 46 (1986). S. 168–173.

Vadakethala, Raphael: Zur Groteskraumgetaltung in Achim v. Arnims Erzählung „Die Majoratsherren". In: GSI 15 (1991) S. 41–46.

Werner, Hans-Georg: Zur Technik des Erzählers Achim von Arnim. In: Neue Tendenzen zur Arnimforschung. Hg. v. R. Burwick u. B. Fischer. Bern 1990. S. 60–75.

Joseph von Eichendorff: „Aus dem Leben eines Taugenichts" (1826)

Anton, Herbert: „Geist des Spinozismus" in Eichendorffs „Taugenichts". In: H.-G. Pott (Hg.): Eichendorff und die Spätromantik. Paderborn 1985. S. 13–25.

Bormann, Alexander v.: Joseph von Eichendorff: „Aus dem Leben eines Taugenichts". In: Erzählungen und Novellen des 19. Jahrhunderts Bd. 1. Stuttgart 1988. S. 339–379.

Haar, Carel ter: Joseph v. Eichendorff: „Aus dem Leben eines Taugenichts". Materialien, Kommentar. München 1977.

Hillach, Ansgar: Arkadien und Welttheater oder Die Auswanderung des Märchens aus der Geschichte. Nachwort zu Joseph von Eichendorff: „Aus dem Leben eines Taugenichts". Frankfurt/M. 1976.

Köhnke, Klaus: Homo viator. Zu Eichendorffs Erzählung: „Aus dem Leben eines Taugenichts". In: Aurora 42 (1982). S. 24–56.

Polheim, Karl Konrad: Neues vom „Taugenichts". In: Aurora 43 (1983). S. 32–54.

Johann Wolfgang Goethe: „Novelle" (1828)

Fritz, Horst: Instrumentelle Vernunft als Gegenstand von Literatur. München 1982. S. 79–111.

Jacobs, Jürgen: „Löwen sollen Lämmer werden." Zu Goethes „Novelle". In: Literarische Utopie. Hg. v. H. Gnüg. Frankfurt/M. 1982. S. 187–195.

Kaiser, Gerhard: Zur Aktualität Goethes. Kunst und Gesellschaft in seiner „Novelle". In: Jb. der dt. Schillergesellschaft 29 (1985). S. 248–265.

Klingenberg, Anneliese: Goethes „Novelle" und „Faust I". Zur Problematik Goethescher Symbolik im Spätwerk. In: Impulse. Aufsätze zur dt. Klassik und Romantik. Folge 10. Berlin und Weimar 1987. S. 75–124.

Schulz, Gerhard: Goethes „Novelle". In: Erzählungen und Novellen des 19. Jahrhunderts Bd. 1. Stuttgart 1988. S. 381–415.

Jeremias Gotthelf: „Die schwarze Spinne" (1842)

Freund, Winfried: Dämon Weib. Jeremias Gotthelf: „Die schwarze Spinne". In: W. F.: Literarische Phantastik. A. a. O. S. 121–132.

Hermand, Jost: Napoleon und die schwarze Spinne. Ein Hinweis. In: Monatshefte 54 (1962). S. 225–231.

Lindemann, Klaus: Jeremias Gotthelf: „Die schwarze Spinne". Zur biedermeierlichen Deutung von Geschichte und Gesellschaft zwischen den Revolutionen. Paderborn 1983.

Rankin, Jamie: Spider in a frame: the didactic structure of „Die schwarze Spinne". In: GQu 61 (1988). S. 403–418.

Annette von Droste-Hülshoff: „Die Judenbuche" (1842)

Freund, Winfried: Der Mörder des Juden Aaron. Zur Problematik von Annette v. Droste-Hülshoffs Erzählung „Die Judenbuche". In: WW19 (1969). S. 244–253.

Ders.: Der Außenseiter Friedrich Mergel. Eine sozialpsychologische Studie zur „Judenbuche" der Annette v. Droste-Hülshoff. In: ZfdPh 99 (1979). S. 110–118.

Immerwahr, Raymond: The Peasant Wedding as Dramatic Climax of „Die Judenbuche". In: Festschrift für E. Catholy. Ed. by L. Dietrick u. a. Waterloo Press 1990. S. 321–336.

Koopmann, Helmut: Die Wirklichkeit des Bösen in der „Judenbuche" der Droste. In: ZfdPh 99 (1979). S. 71–85.

Moritz, Karl Ph.: Annette von Droste-Hülshoff: „Die Judenbuche". Sittengemälde und Kriminalnovelle. 2. Aufl. Paderborn 1989.

Rölleke, Heinz: Annette von Droste-Hülshoff: „Die Judenbuche". In: Erzählungen und Novellen des 19. Jahrhunderts Bd. 2. Stuttgart 1990. S. 7–39.

Adalbert Stifter: „Brigitta" (1843)

Hunter-Lougheed, Rosemarie: Adalbert Stifter: „Brigitta". In: Erzählungen und Novellen des 19. Jahrhunderts Bd. 2. Stuttgart 1990. S. 41–97.

Nischik, Traude-Marie: Umhegter Garten und Blankes Siegel. Emblematische Bildlichkeit in Stifters Erzählungen „Brigitta" und „Das alte Siegel". In: Aurora 38 (1978). S. 85–112.

Franz Grillparzer: „Der arme Spielmann" (1848)

Bahr, Ehrhard: Geld und Liebe im „Armen Spielmann". In: Grillparzer's „Der arme Spielmann". New Directions in Criticism. Ed. by C. Bernd. Columbia S. C. 1988. S. 300–310.

Birrell, Gordon: Time, Timelessness, and Music in Grillparzer's „Spielmann". In: GQu 57 (1984). S. 558–575.

Mullan, Boyd: Characterisation and narrative technique in Grillparzer's „Der arme Spielmann" and Storm's „Ein stiller Musikant". In: GLL 44 (1990/91) S. 187–197.

Seeba, Hinrich C.: Franz Grillparzer: „Der arme Spielmann". „Wie es sich fügte" – Mythos und Geschichte in Grillparzers Erzählung. In: Erzählungen und Novellen des 19. Jahrhunderts Bd. 2. Stuttgart 1990. S. 99–131.

Steffen, Hans: Die arme Kunst als hohe Kunst: hinterschauendes Verstehen von Grillparzers „Der arme Spielmann". In: In search of the poetic real. Ed. by J. F. Fetzer. Stuttgart 1989. S. 219–241.

Eduard Mörike: „Mozart auf der Reise nach Prag" (1855)

Braungart, Wolfgang: Eduard Mörike: „Mozart auf der Reise nach Prag". In: Erzählungen und Novellen des 19. Jahrhunderts Bd. 2. Stuttgart 1990. S. 133–202.

Field, G. Wallis: Silver and Oranges: Notes on Mörike's Mozart-Novelle. In: Seminar 14 (1978). S. 243–254.

Mahlendorf, Ursula: Eduard Mörike's „Mozart on the Way to Prague". Stages and Outcomes of the creative Experience. In: Mörike's Muses. Columbia 1990. S. 95–111.

Mayer, Birgit: Eduard Mörikes Prosaerzählungen. Frankfurt/M. u. a. O. 1985. S. 244–276.

Wittkowski, Wolfgang: „Von der schönen alten Zeit". Eichendorffs „Cupido" und Mörikes „Mozart". In: Eichendorff und die Spätromantik. Paderborn 1985. S. 133–155.

Conrad Ferdinand Meyer: „Das Amulett" (1873)

Brehmer, Karl: Determination oder Freiheit. Zur Problematik der Prädestination in C. F. Meyers Novelle „Das Amulett". In: WW 35 (1985). S. 18–38.

Burkhard, Marianne: Conrad Ferdinand Meyer, New York 1978.

Evans, Tamara S.: Formen der Ironie in C. F. Meyers Novellen. Bern 1980.

Knapp, Gerhard P.: C. F. Meyer: „Das Amulett". Historische Novellistik auf der Schwelle zur Moderne. Paderborn 1985.

Jackson, David A.: Schadau, the Satirized Narrator in C. F. Meyer's „Das Amulett". In: Trivium 7 (1972). S. 61–69.

Schimmelpfennig, Paul: C. F. Meyer's Religion of the Heart: A Reevaluation of „Das Amulett". In: GR 47 (1972). S. 181–202.

Zäch, Alfred: Conrad Ferdinand Meyer. Dichtung als Befreiung aus Lebenshemmnissen. Frauenfeld 1973.

Zeller, Hans: Conrad Ferinand Meyer: „Das Amulett". In: Erzählungen und Novellen des 19. Jahrhunderts Bd. 2. Stuttgart 1990. S. 279–300.

Gottfried Keller: „Kleider machen Leute“ (1873)

Bänziger, Hans: Strapinskis Mantel. Zu einem Motiv in der Erzählung „Kleider machen Leute“. In: Schweizer Monatshefte 51 (1971)72). S. 816 ff.

Kaiser, Gerhard: Gottfried Keller: Das gedichtete Leben. Frankfurt/M. 1981.

Neumann, Bernd: Gottfried Keller: „Kleider machen Leute“. In: Erzählungen und Novellen des 19. Jahrhunderts Bd. 2. Stuttgart 1990. S. 235–278.

Sautermeister, Gert: Erziehung und Gesellschaft in Gottfried Kellers „Kleider machen Leute“. In: Der alte Kanon neu. Hg. v. W. Raitz u. E. Schütz. Opladen 1976. S. 176–207.

Theodor Fontane: „Unterm Birnbaum“ (1885)

Freund, Winfried: Theodor Fontane: „Unterm Birnbaum“. In: W. F.: Die deutsche Kriminalnovelle. A. a. O. S. 85–94.

Friedrich, Gerhard: „Unterm Birnbaum“. Der Mord des Abel Hradscheck. In: Interpretationen Fontanes Novellen und Romane. Hg. v. Chr. Grawe. Stuttgart 1991. S. 113–135.

Gill, Manfred: Letschin in Fontanes Kriminalnovelle „Unterm Birnbaum“. In: Fontane-Blätter 29 (1979, 5). S. 414–427.

Müller-Seidel, Walter: Theodor Fontane. Soziale Romankunst in Deutschland. 2. Aufl. Stuttgart 1980. S. 216–228.

Voss, Liesellotte: Literarische Präfiguration. Dargestellte Wirklichkeit bei Th. Fontane. München 1985. S. 193–213.

Theodor Storm: „Der Schimmelreiter“ (1888)

Freund, Winfried: Theodor Storm: „Der Schimmelreiter“. Glanz und Elend des Bürgers. Paderborn 1984.

Ders.: Der Bankrott des Egoismus. Bürgerliche Krisenerfahrung in der Altersnovelle „Der Schimmelreiter“. In: W. F.: Theodor Storm. Stuttgart 1987. S. 136–162.

Frühwald, Wolfgang: Hauke Haien, der Rechner. Mythos und Technikglaube in Th. Storms Novelle „Der Schimmelreiter“. In: Literaturwissenschaft und Geistesgeschichte. Tübingen 1981. S. 438–457.

Heine, Thomas: Th. Storms „Der Schimmelreiter“. An Analysis of the Narrative Structure. In: GQu 55 (1982). S. 554–564.

Hermand, Jost: Hauke Haien. Kritik oder Ideal des gründerzeitlichen Übermenschen. In: WW 15 (1965). S. 40–50.

Hoffmann, Volker: Theodor Storm: „Der Schimmelreiter“. Eine Teufelspaktgeschichte als realistische Lebensgeschichte. In: Erzählungen und Novellen des 19. Jahrhunderts Bd. 2. Stuttgart 1990. S. 333–370.

Peischl, Margaret T.: Das Dämonische im Werk Theodor Storms. Frankfurt/M. 1983. S. 88–94.

Gerhart Hauptmann: „Bahnwärter Thiel“ (1888)

Heerdegen, Irene: Gerhart Hauptmanns Novelle „Bahnwärter Thiel“. In: Gerhart Hauptmann. Hg. v. H. J. Schrimpf. Darmstadt 1976. S. 260–277.

Krämer, Herbert, Gerhart Hauptmann: „Bahnwärter Thiel“. München 1980.

Martini, Fritz: Der kleine Thiel und der große Thienwiebel: das Erzählen auf der Schwelle zur Moderne. In: In search of the poetic real. Ed. by. J. F. Fetzer. Stuttgart 1989. S. 185–196.

Post, Klaus Dieter: Gerhart Hauptmann: „Bahnwärter Thiel". Materialien, Kommentar. München 1979.

Thomas Mann: „Der Tod in Venedig" (1912)

Reed, Terence J.: Thomas Mann: „Der Tod in Venedig". Materialien, Kommentar. München 1983.

Renner, Rolf G.: Das Ich als ästhetische Konstruktion. „Der Tod in Venedig" und seine Beziehung zum Gesamtwerk Thomas Manns. Freiburg 1987.

Vaget, Hans R.: Thomas-Mann-Kommentar zu sämtlichen Erzählungen. München 1984.

Franz Kafka: „Die Verwandlung" (1916)

Beicken, Peter (Hg.): Franz Kafka: „Die Verwandlung". Erläuterungen und Dokumente. Stuttgart 1983.

Michel, Gabriele: „Die Verwandlung" von Franz Kafka psychopathologisch gelesen. Aspekte eines schizophren-psychotischen Zusammenbruchs. In: JbiG 1991,1. S. 69–92.

Murphy, Richard: Semiotic excess, semantic vacuity and the photograph of the imaginary. The interplay of realism and the fantastic in Kafka's „Die Verwandlung". In: DVjs 65 (1991). S. 304–317.

Renner, Rolf G.: Kafka als phantastischer Erzähler. In: Phaicon 3. Hg. v. R. A. Zondergeld. Frankfurt/M. 1978. S. 144–162.

Waldeck, Peter B.: Kafka's „Die Verwandlung" and „Ein Hungerkünstler" as influenced by Leopold Sacher-Masoch. In: Monatshefte 64 (1972). S. 147–152.

Stefan Zweig: „Schachnovelle" (1941)

Blauhut, Robert: Österreichische Novellistik des 20. Jahrhunderts. Wien 1966.

Daviau, Donald G./Dunkle, Harvey J.: Stefan Zweigs „Schachnovelle". In: Monatshefte 65 (1973). S. 370–384.

Schwamborn, Ingrid: Schachmatt im brasilianischen Paradies. Die Entstehungsgeschichte der „Schachnovelle". In: GRM.NF. 34,4 (1984). S. 406 ff.

Unseld, Siegfried: Nachwort zu Stefan Zweig: „Schachnovelle". Frankfurt/M. 1979. S. 110–127.

Günter Grass: „Katz und Maus" (1961)

Kaiser, Gerhard: Günter Grass: „Katz und Maus". München 1971.

Ottinger, Emil: Zur mehrdimensionalen Erklärung von Straftaten Jugendlicher am Beispiel der Novelle „Katz und Maus". In: Von Buch zu Buch. Günter Grass in der Kritik. Hg. v. G. Loschütz. Darmstadt 1968. S. 38–50.

Ritter, Alexander: Günter Grass: „Katz und Maus". Erläuterungen und Dokumente. Stuttgart 1981.

Tiesler, Ingrid: Günter Grass: „Katz und Maus". Interpretation. München 1971.

Martin Walser: „Ein fliehendes Pferd" (1978)

Behre, Maria: Erzählen zwischen Kierkegaard und Nietzsche. Lektüre in Martin Walsers Novelle „Ein fliehendes Pferd". In: LWU 23 (1990) S. 3–18.

Dierks, Manfred: „Nur durch Zustimmung kommst du weg." Martin Walsers Ironie-Konzept und „Ein fliehendes Pferd." In: LfL 1984. S. 44–53.
Kaiser, Joachim: Martin Walsers blindes Glanzstück. Funktion und Funktionieren der Novelle „Ein fliehendes Pferd". In: Merkur 32 (1978). S. 828–838.
Schote, Joachim: Martin Walers Novelle „Ein fliehendes Pferd". In: Orbis litterarum 46 (1991) S. 52–63.

Christoph Hein: „Drachenblut" (1982)

Dwars, Jens-F.: Hoffnung auf ein Ende. Allegorien kultureller Erfahrung in Christoph Heins Novelle „Der fremde Freund". In: TuK 111 (1991). S. 6–15.
Fischer, Bernd: „Drachenblut". Christoph Heins „Fremde Freundin". In: Colloquia Germanica 21 (1988). S. 46–57.
Krauss, Hannes: Mit geliehenen Worten das Schweigen brechen. Christoph Heins Novelle „Drachenblut". In: TuK 111 (1991). S. 16–27.
McKnight, Philip S.: Alltag. Apathy. Anarchy: GDR everyday life as a provocation in Christoph Heins novella „Der fremde Freund". In: Studies in GDR culture and society 8. Lanham 1988. S. 429–441.

Bodo Kirchhoff: „Mexikanische Novelle" (1984)

(Eine Einzelanalyse lag bisher nicht vor. Zum Erzähler Kirchhoff allgemein:)

Barth, Ariane: „An einem heißen Januartag". Über den Schriftsteller Bodo Kirchhoff. In: Der Spiegel 32. 1990.
Rupp, Gerhard: Literarische Postmoderne und ihre Diskurse im Spannungsfeld empirischer Rezeption. Am Beispiel von Bodo Kirchhoffs Erzählung „Olmayra Sánchez und ich". In: Begegnung mit dem Fremden. Akten des VIII. Intern. Germanistenkongresses. Tokyo 1990. S. 416–424.

Hartmut Lange: „Das Konzert" (1986)

(Eine Einzelanalyse lag bisher nicht vor. Zum Erzähler Lange allgemein:)

Demet, Michel-Francois: Die Themen der Flucht und der Grenze als wiederkehrende Motive in den Prosawerken von Monika Maren und Hartmut Lange. In: Germanica 7 (1990). S. 123–133.